［新版］

評伝 古関裕而

菊池清麿

彩流社

［新版］評伝　古関裕而　　目次

目次

第二部　作曲家・古関裕而——苦闘の時代

第五部　放送・舞台・映画・創作オペラの世界

プロローグ

昭和四（一九二九）年、無名の一音楽青年がロンドンのチェスター音楽出版社募集の作曲コンクールに舞踊組曲「竹取物語」ほか四曲を応募し入選した。昭和初期、日本人が国際コンクールで評価されたことは快挙であり、それはストラヴィンスキー、ムソルグスキーの音楽を愛し独学の苦心を重ねた努力の賜《たまもの》であった。この青年こそ、後に国民音楽樹立の途を歩んだ国民的作曲家古関裕而である。やがて、この快挙が山田耕筰に認められ、山田の推薦によって日本コロムビア専属となり、古関の音楽人生がスタートしたのだ。そして、大衆音楽の分野で古賀政男、服部良一と並んで歌謡界の三大作曲家の一人に数えられるようになったのである。だが、そこまでの道のりは決して平坦ではなかった。

歌謡曲では、昭和一〇年《船頭可愛や》がヒットしたが、迫り来る軍国の嵐のなかで、クラシック音楽に裏付けられた音楽芸術が戦争に利用されるという結果となり、時代に翻ほん弄ろうされることになった。国民一丸となって戦う時代とはいえ、古関裕而作曲の《露営の歌》《暁に祈る》《若鷲の歌》に送られ、多くの若者の尊い命が散っていったのである。

愛国心が当然の時代とはいえ、音楽を純粋に創作する古関にとっては、愛国の情があったとしても、それは大きな哀しみでもあり、苦悩に満ちた日々であった。戦後、大きく価値観が転換し戦争協力への批判が古関へ集中したが、その潮流に対して「たとえ、反戦の意識があってもいったん開戦ともなれば、国民一丸となって非常の思いで戦うのだから、勝利へ向かって鼓舞するような楽曲を提供するのが国民としての在り方」と毅然とした態度を示した。そして、終戦を迎え平和な時代が訪れると、古関メロディーが大きく開花することになったのである。

劇作家の菊田一夫とのコンビからは、連続ドラマの名作がつぎからつぎへと生まれた。戦災孤児をテーマにした「鐘の鳴る丘」、「さくらんぼ大将」、戦争とすれちがい〈忘却とは忘れ去ることなり。忘れ得ずして忘却を誓う心の悲しさよ〉でお馴染みの「君の名は」などの劇中音楽や主題歌の名曲が生み出されたのである。

戦後の古関裕而の大衆歌はクラシックの格調と希望あふれる健康的なメロディー、ロマン的な抒情歌は古関の独壇場だった。平和への祈りを込めた《長崎の鐘》、ラジオ歌謡の名曲の数々、ロマン的な叙情に溢れたダイナミックな旋律で好評を博した《イヨマンテの夜》など日本の古典的歌謡曲の名作を世に送り出したのである。また、これらの歌曲を表現する歌手にも恵まれた。リートのベルカントの美しさで古関メロディーのクラシックの香りと格調を表現した藤山一郎の歌唱芸術、オペラ風のリリクなバリトンで古関裕而の叙情を歌い上げた伊藤久男がその代表である。さらに、メルヘン的で健康的な抒情歌では岡本敦郎の素直な流行歌調が古関裕而の柔和な作品と清潔感を反映していた。

古関の音楽は実に幅が広い。多岐にわたっているのだ。歌謡曲のみならず、あらゆる音楽分野に傑作をのこしている。一般に古賀メロディーはギター・マンドリン、服部メロディーはジャズとリズムに特徴づけられるが、古関の音楽には古賀、服部にはない魅力があった。それは若人の青春の躍動を伝える不滅のスポーツ音楽である。

古関のスポーツ音楽は多く国民に感動を与えた。それは国民名歌・名曲として古関音楽の声価を高め、ことに「オリンピック・マーチ」は全世界にマーチ王としての名を知らしめた。古関は「日本のスーザ」の称号を得て作曲家人生の頂点に立ったのである。それは、激動の時代と試練を乗り越え到達した国民音楽樹立への途の終着点でもあったといえよう。その軌跡を辿ることが本書のテーマである。

第一部　故郷福島——音楽への目覚め

故郷の風景

古関裕而（本名勇治）は、明治四二年（一九〇九）年八月一一日、福島市大町に父・三郎次（三郎治）、母ひさ（武藤茂平の三女）の間に生まれた。

この年は、閣議で日韓併合の方針が決定し進行するさなか、韓国統監を辞任した伊藤博文がハルピンで暗殺（一〇月二六日）された不穏な事件が起き、経済史的には、生糸輸出量が中国を凌駕して世界第一位となり、日本資本主義の発展が見られた。また、日露戦争後の国民統合の思想再編を図りながら、国家財政補強を意図し報徳運動と連動しながら内務省主導で地方改良運動が提唱された。社会・文化面においては、『スバル』創刊、小山内薫らが自由劇場創立、北原白秋の『邪宗門』の刊行など新たな気運が漲っていた。

古関の生家は福島市の目抜き通りの呉服問屋「喜多三《きたさん》」。古関が生まれた頃は、番頭・小僧が一〇数人いて、ナショナル金銭登録機を店頭に備え付けるほど市内有数の老舗として繁盛していた。大きな母屋の屋敷裏の敷地は広く、裏の道まで庭が続いているほどだった。

父母は結婚してから、長い間子宝に恵まれなかった。後継ぎに養子でも貰おうかという話もあったが、待望の男子が生まれ、古関は両親に大変可愛がられた。殊に母への思慕は強いものがあった。

「すべすべした母の背が、じかに胸や腹のあたりにぬくもりを伝えてくる。首すじのほつれ毛が鼻のてっぺんをくすぐる。とてもいい香りがする。母も裸。私も裸。おんぶされているのは、二歳くらいの私。やがて母は背からおろして、半てんをかけてくれる」（古関裕而『鐘よ鳴り響け』）

これが古関の幼いころの最も古い記憶である。時折、甦る母への思慕と思いはそのまま故郷福島の風景へとリンクされていた。古関裕而は、故郷福島をつぎのように記している。

「山に囲まれた盆地福島市がふるさとである。東には、日本で最も古い山脈の一つ阿武隈山脈が連なり、西には磐梯吾妻スカイラインが悠然とそびえ、南と北は台地をなして、その間を阿武隈川が南から北へと貫流している」（『同上』）

故郷福島の自然は春夏秋冬の季節に彩られて美しかった。古関裕而は、後年、作曲家になってから、故郷福島の風景、山形県と福島県の境に沿って伸びる火山群・吾妻山、福島市内が一望できる緑豊かな信夫山、澄みきった水の恵みをもたらす阿武隈川を思い浮かべ、その風景を回想しながら作曲することが多かった。古関メロディーには《あこがれの郵便馬車》などメルヘン的な抒情歌謡の作品がたくさんある。故郷の風景が夢幻の世界ともいうべき楽想となり、その古関メロディーの柔かさ・メルヘンの憧憬は、故郷の田園への愛慕が豊饒な叙情核になっていたのである。

古関は色紙にも信夫山と阿武隈川の風景を添えていた。ここに一篇の詩がある。大正五年、歌人の若山牧水が阿武隈川のほとりの紅葉山公園一隅にある「皆楽亭」において詠んだ歌である。

つばくらめ　ちらと飛びかひ　阿武隈の　きしの桃のはな　今さかりなり　夕日さし　阿武隈川の　かわなみの　さやかに立ちて　花ちり流る

古関は、後にこの牧水の四季を彩る詩情豊かな美しい短歌にメロディーを付け、《阿武隈の歌》として発表した。この牧水の歌は、福島市の本内《もとうち》で、月の輪の渡し付近に差し掛かった時、見事な桃畑を見て詠んだという説がある。敢えて、「川」を歌曲の題名から抜いたのは、牧水の詩想が単なる「阿武隈川」の風景に限定されたものではなかったからである。古関は、詩人によって阿武隈山地や福島盆地の自然美が詠まれていたことを十分に理解していた。福島の自然美を讃えた牧水の詩想の広がりを察知していたのである。

幼年時代の古関にとって、思い出の山といえば弁天山である。そこは市の街を流れる阿武隈川を隔ててみえる丘陵である、その下には桃畑が広がっていた。甘いスイートな香りのする桃は福島の名産である。市内にはモダンな軽便鉄道が走り、大正中期の古き良き時代の近代と伝統が程良く調和した地方都市の風景だった。都市のモダンと地方の日本情緒の融合は、古関の感性を育んだといえよう。

古関は幼い頃、汽車を見るのが好きだった。よく乳母に付き添われて、福島駅の近くの跨線に架けられた橋に行き、そこから、青い空、白い雲を背景に汽笛を鳴らしながら「はがねのみち」（レール）を走る汽車を眺めた。古関は後に列車をテーマに幾多の作品を生み出したが、楽想としての汽車のイメージはこの軽便鉄道だったと云われている。太陽が輝く青い空に向かって煙を吐きながら力強いリズムで走る列車の躍動感は、後の古関裕而作品に大きな影響を与えたのである。それは〝汽車もの〟という従来の哀調のある作風の類型を打ち破り、力強いリズムと躍動感溢れる明朗な青春ソングの創作へ結実したのである。

このように古関は福島の自然を愛してやまなかった。故郷への想いは古関メロディーの叙情・抒情を育み、通奏低音を奏でていたのである。

音楽への誘い

古関の父は邦楽に関心があり音楽好きだった。店の使用人のために蓄音器を購入し余暇には浪花節などのレコードがいつもかけられていた。

「音楽好きの父は、大正初期といえばまだ珍しい蓄音器を店の使用人の娯楽用に購入し、余暇にはいつもレコードをかけていた。—〈中略〉—私はその傍らで絵を描きながらよく聞いていた。主に浪曲が多かったが、私は民謡や吹奏楽が好きだった。これが私と音楽との出会いである」（前掲、『鐘よ鳴り響け』）

明治末期、日本蓄音器商会の成立によって日本のレコード産業の国産化の歴史がスタートした。レコード・蓄音器の国産化を本格化させたのだ。明治四三年に成立した日本蓄音器商会は「当会社ハ蓄音機ママ、音針及針先及付属品ノ製造販売其他之ニ附随スル一切ノ営業ヲナスヲ以テ目的トス」(『コロムビア五十年史』)の趣旨にもとづきニッポノホンの商標に統一して販売を拡大した。

このレーベルにおいては、長唄、薩摩琵琶、浪花節、義太夫などが多く吹込まれ、殊に、浪花節のレコードの人気が高かった。エジソンが蓄音器を発明してから三〇数年で日本にも本格的な国産会社が登場したが、この日本蓄音器商会こそ明治末期に成立し大正時代を通じて日本のレコード産業の主導権を握り業界に君臨した。まさにレコード・蓄音器界の王者だったのである。

古関の幼年時代の明治から大正へ、日本調の濃い俗謡から外国の洋楽趣味という音の歴史は動き始めていた。

「東北の田舎の、それもまだ幼い私は、あいかわらず好きなレコードを聞きながら、絵を描いたりするのに夢中であった」(前掲、『鐘よ鳴り響け』)

大正に入ると洋楽の輸入レコードも氾濫し始めていた。大正元年一二月二二日付の『東京朝日新聞』には、クライスラー、パデレフスキー　カルーソーらの洋楽レコードの広告が見える。輸入盤レコードは銀座にあった十字屋が取り扱っていた。また、野村湖堂の昭和一四年に刊行された『名曲決定盤』には、「カルーソーのレコードが、最初日本に来たのは、大正の初め頃であったろうと思ふ」と当時のレコード普及の状況が記されている。明治の青年らは大正期に入り相当数輸入されてくるクラシック音楽の名盤に聞き惚れたが、それは、時代を経た古関裕而らの大正後期から昭和期の音楽青年たちも同様である。

ところで、古関のレコード以外の洋楽体験の原初は何であったのだろうか。それは教会から聞えてくる讃美歌であった。讃美歌は新各宗派の讃美歌四八三曲に《君が代》を加えた『讃美歌・第一篇』が完成し、一層の普及を見せ、洋楽の響きとなり一般市民の音楽感性に影響をあたえていた。

古関の生家の近くには福島教会がった。ウィリアム・メレル・ヴォーリズによって設計された煉瓦・木造平屋建てのこの教会は古関が生まれた明治四二年に建てられた。構造は木骨煉瓦造、平屋一部二階建て、切妻（塔屋は尖塔屋根）で縦長で上部が尖塔状の窓が採用され、塔屋上部を木造の真壁造りにすることによって、洋風近代化の印象が強調されていた。

教会から聞こえてくる讃美歌の響きが少年の心に洋楽の美しさへの憧れをもたらし、その音楽美を刷り込ませたのである。柔らかいオルガンの演奏で歌われる旋律は優しく滑らかだった。讃美歌といえば、古関が敬愛してやまなかった山田耕筰も英語で歌われた高尚な讃美歌を聴いて育った。そして、居留地三番館から奏でられた美しいレガートな旋律に魅了され音楽の世界に憧れたのである。

作曲事始め

大正五年春、古関裕而は福島県師範附属小学校に入学した。クラシック音楽の聖地ヨーロッパは第一次世界大戦の壮絶な戦闘が展開していた頃である。この年、国内では政治学者吉野作造が「憲政の本義を説いて其有終の美を済すの途を論ず」を『中央公論』に発表し大正デモクラシーの理論になった。洋楽史の世界では、帝劇を去ったローシーが私財を投じて同年一〇月、赤坂見附の活動写真館の「万歳館」をオペラ上演用の小劇場に改装し名称を「ローヤル館」とし日本最初のオペラ常設興行を開始した。オッフェンバックの『天国と地獄』を皮切りにつぎつぎとオペレッタやグランドオペラを上演した。

古関が学んだ小学校の校舎は、阿武隈河畔にあって、舟を数隻ロープでつなぎその上に板が渡してある松齢橋のすぐそばにあった。師範学校の附属ということもあり、一、二年まで男子部女子部が一緒だった。

小学校三年の時、男女共学のクラスが男女別々となり、遠藤喜美治が担任となった。古関はそこで遠藤喜美治から唱歌と綴り方の指導を受けた。遠藤は音楽教育に熱心な先生である。大正七年『赤い鳥』（鈴木三重吉・主宰）の創刊から始まった童謡運動の影響から、音楽教育には大変な熱の入れようであった。内発性を重視した児童の芸術音楽の涵養の動きが福島にも押し寄せていたのである。

唱歌は国家主義的教育の色が濃かったが、童謡は自由主義的傾向を反映し文学的感覚、あるいは芸術教育の観点から推進された。芸術性を豊かにするという趣旨が貫かれていた。これが童謡運動の本質でもある。

美術では、山本鼎が自由化教育を主張し文学的感覚の鈴木と同じスタンスを取った。このような運動に作曲家も参画した。

大正の童謡には二つの潮流があった。それは、近代的都市感覚と農村的民俗領域ともいえる「童歌」「わらべ唄」の世界に分けられた。前者が西條八十、北原白秋、後者が野口雨情に代表される。古関の音楽は近代音楽によって構築されているが、どこか民俗的な領域の一面を感じるところがある。それはつぎのような少年体験があったからだ。

少年時代、古関は毎年夏になると、二本松に住んでいた従兄弟たちと安達太良山中腹の岳泉に二週間ほど遊びに行った。提灯まつりの夜になると、祭太鼓の音に目が覚めるような美しい装飾が施された山車から、聞こえてくる音曲に心が奪われた。遠くから風に乗って聞こえて来る囃子の音は民俗的な童の世界を奏で深く少年の心に刻まれたのである。

また、二本松といえば、「二本松少年隊」と官軍との激戦でもお馴染みである。戊辰戦争は東北諸藩の徹底抗戦によって壮絶な戦いが展開した。その中でも、「二本松少年隊」が官軍と一戦を交えた「二本松大壇口の戦い」は激戦の一つであり、また戊辰戦争の悲劇でもあった。白虎隊よりも年齢が低い少年たち（最少年齢十二歳）が戦いに殉じており、それをテーマに野村俊夫、古関裕而、伊藤久男の福島音楽人トリオによって《二本松少年隊》（野村俊夫・作詞／古関裕而・作曲）という哀歌が生み出された。

近代音楽の発展は、古関少年の音楽神経と感性を育んだ童謡運動に連動し、今度は成人向きの歌曲の創作運動をもたらした。その先頭に立ったのが、山田耕筰、弘田龍太郎、成田為三らだった。これが、外国音楽愛好者層拡大に貢献した浅草オペラなどと連動し、洋楽普及にさらに大きな影響を与えることになった。これらの歌曲は、俗謡を基調とした「流行り唄」とは明らかに異なり、レガートな旋律を主体に作曲されていた。このような大正期の音楽潮流の影響を少年期の古関は遠藤喜美治を通して受けることになるのである。

古関は遠藤の熱心な指導によって、唱歌に夢中になり、作曲に非常に大きな関心をしめすようになった。

これが、古関の作曲へ原初である。

「おとなしく目立たない存在だったが、作曲となると夢中になるので、次第にクラスメートは詩を書いて、私のところに持って来るようになった。頼まれるから人の分まで作る。できると楽しい。そんな繰り返しで知らず識らずのうちに作曲することに親しんでいった」（前掲、『鐘よ鳴り響け』）

遠藤の独自の音楽教育によって、古関の音楽神経は育まれ開眼して行くわけであるが後に古関は遠藤の母校要田小学校の校歌を作曲している。それは素晴らしい師弟合作の校歌として今尚、児童に〈五つの大字《あざ》のむつましく〉と元気に歌われている。古関少年はやがて授業だけでは飽き足らなくなった。市販されている楽譜を購入し数字譜から本格的に音符を五線譜に記譜するようになった。市販のセノオ楽譜（妹尾楽譜）の表紙には竹久夢二の絵が描かれており、それもまた魅力であった。

母が卓上ピアノを買ってくれたのも、その頃である。

「母がどこからさがしてきたのか、ある日卓上ピアノを買ってきてくれた。黒鍵もあり、三オクターブくらい弾けるもので、当時としてはかなり高価だったと思う。その日から夢中になってこのピアノに向かった」（『同上』）

少年は、夢中でピアノに向かい、知っている曲の楽譜の音形を思い浮かべ、さぐり弾きをしたのだ。そして、平均律で定められた合理的な音の世界を知った。小学校を卒業する頃には、楽譜は自由に読めるようになっており、楽譜も正確に五線紙に書けるようになっていた。少年は楽譜を想像し、音を察知すると言いようもない感動を覚えた。新しい音の発見はまさに精神の輝きだった。創造行為は感動を生み出す。まさにそれは無限な広がりと可能性を提示してくれる天啓に均しかった。そして、古関は神秘感を経験したのだ。

日々の音遊びの中で少年は何かを創造し、それを将来の夢に変化させ、自己実現への情熱を持ち続けたのである。

大正期・「流行り唄」から近代流行歌の確立

古関が作曲に目覚めた少年時代、その大正時代に入ると「流行り唄」の世界に大きな革命がおきていた。

西洋音楽の技法でレガートな旋律が作られ、俗謡に眠っていた日本人の心情が表現されたのである。これが中山晋平の登場だった。

自由民権運動の産物だった演歌は、いわゆる、路傍から湧き起こった有司専制、藩閥への怨嗟の声である。国会開設という政治参加の欲求をメロディーに託しながら、その運動を鼓舞する役割を果たした。やがて、心情をテーマに世相を伝える艶歌となり、壮士節から書生節へと移行した。現在、演歌と言われている歌は実は艶歌なのである。

大正時代になると、中山晋平が登場し西洋音楽の技法で日本の俗謡に眠る心情を旋律にし、「流行り唄」の近代化、流行歌の近代化の時代を迎えた。

中山晋平は、明治二〇年三月二二日、長野県下高井郡日野村新野三六番地（現中野市大字新野六五番地）に生まれた。島村抱月の書生をしながら東京音楽学校（現東京芸術大学音楽部）に学んだ。芸術座第三回公演・『復活』の劇中歌《カチューシャの唄》（島村抱月、相馬御風・作詞／中山晋平・作曲）、帝劇で上演されたツルゲーネフの『その前夜』の劇中歌《ゴンドラの唄》（吉井勇・作詞／中山晋平・作曲）などの洋風の新鮮なメロディーは、大正のロマン風景と共に俗謡・流行り唄の近代化（近代流行歌の成立）の到来を告げたのである。

中山は「ヨナ抜き音階」（七音音階から「ファ」と「シ」を抜いて五音音階・ペンタトニックで楽曲を構成する）を用いて独自のメロディー体系を作り民衆歌謡の基本音階を確立した。ここに「西洋型形式と日本人の心」、あるいは、「和洋折衷的音楽形式」が成立したのである。殊に《船頭小唄》（野口雨情・作詞／中山晋平・作曲）においては「ヨナ抜き短音階」に「ユリ」（小節をゆすように入れる）を加え、「都節」（陰音階）を浮き上がらせ、哀調・哀感のある曲を作ることに成功したのである。中山晋平の登場によって哀愁を帯びたセンチメンタリズム、日本的肌合いの溢れる「昭和演歌の範型」ができあがったといえよう。一方、街頭演歌師の中から洋楽的旋律を用いて作曲するものも現れた。それが鳥取春陽である。彼が作曲した《籠の鳥》（千野かほる・作詞／鳥取春陽・作曲）は、大正デモクラシーの底で呻く民衆の閉塞状況を見事に表現していた。

後に古関は作曲家としてコロムビア専属になり、レコード歌謡の作曲をするが、ハーモニーを重視したクラシックの体系・メソッドに固執しすぎて、たとえ、西洋音楽の作曲技法によってその形式が洋楽であっても、この手法に馴染めなかったのである。

「流行り唄」の近代化は洋楽調の唱歌派と前近代的日本の肌合いを満足させた。それは地方都市も含めた都市（外国調）と地方・農村（日本調）との分化をもたらした。明治期から始まった洋楽教育がさらに大正時代に入って広まり、欧風文化を享受できた明治期の社会的中間層の次世代、つまり、大正時代の都市インテリ青年層が外国調の洋楽の香りのする歌曲を愛好するようになったのである。洋楽の世界では、根岸歌劇団が隆盛を極め浅草オペラが絶頂を迎え、「流行り唄」では鳥取春陽らが歌う書生節レコードが飛ぶように売れていた。

この音楽文化の傾向は古関が生まれ育った地方都市の福島にも文化現象として現れた。浅草オペラで歌われた《恋はやさし野辺の花よ》《闘牛士の歌》《ベアトリねーちゃん》などのアリアが流行り唄となり、映画常設館で奏でられる《天国と地獄》《ウイリアム・テル序曲》《アルルの女》《カルメン前奏曲》などのクラシック作品の響きが古関少年の耳にも届けられたのである。

青春の福島商業

大正一一年春、古関は福島商業に入学した。古関の多感な青春時代を謳歌した舞台である。この年は日本農民組合が賀川豊彦、杉山元治郎らによって結成、部落解放を目指す全国水平社、日本共産党の結成など大正デモクラシーの諸運動が展開していた。また、オペラ《蝶々夫人》で海外において広く活動していた三浦環が帰国したのもこの年の春だった。帰国すると、三浦環は早速日本蓄音器商会でレコードを吹込み、国内の演奏会も頻繁に行ったのである。

福島商業は明治三〇年に創立された。「信義全力」「不撓不屈」の校訓をベースにした教育が貫かれ、多岐にわたる分野において多彩かつ多くの有為な人材を育成してきた。古関が入学した大正一一年は創立二五周年を迎えたばかりで、文武両道の校風は新たな伝統を育み始めていた頃だった。古関が福島商業入学直後、父は店をたたみ、京染の仲次を開業した。なぜ、父が店をたたむことになったのか、古関は自伝にもはっきりとのべていないが、大戦景気の最中に事業の拡大を狙った投機に失敗したのかもしれない。だが、古関の父は京染めの仲次の仕事もほどなくして廃業し、隠居生活をするようになった。以前から愛好していた謡曲にますます入れ込み、徒然なるままに日がな一日宝生流をうなり、その凝り性は尋常ではなかった。

一方、商業学校に進学した古関は、ますます学業の本分はそっちのけで音楽に熱中した。楽譜を買っては音楽書を丹念に読んで山田耕筰の楽曲を研究するようになった。

「商業学校での私は、ソロバンの玉よりも音符のタマの方が好きで、楽譜を買ってきては山田耕筰先生の曲に夢中になったり、また私自身の作曲に熱中していた」（前掲、『鐘よ鳴り響け』）

その言葉どおりに古関は勉学よりも音楽に打ち込んだ青春時代を謳歌したのだ。当時の古関を知る人たちから異口同音に出る言葉は、やはり、商業学校での勉学よりも音楽への異常な情熱を傾けた耽溺だった。すでに、古関は中学二年の頃に、「福島ハーモニカ・ソサエティー」に参加していた。その頃から、周囲を吃驚させたのは、古関がレコードを聴きながら音を採譜することであった。校内の柔道場で週一回のレコードコンサートの折、古関はその才能を披露し、同級生はすらすら楽譜に音符を並べて行く古関の姿にただただ感心するばかりであった。

ある時、年二回行われる弁論大会の幕間で演奏するために、ハーモニカバンドを仲間と組織して合奏した。福島商業に初めてハーモニカ合奏の音が響いたのである。それから、弁論大会の幕間ではハーモニカ合奏が必ず行われた。

「私は、それまでコツコツ作っていた曲を合奏用に編曲し、大勢の前で披露した。ここで初めて自分の作品が合奏されたのである。この体験は非常にうれしかったと同時に、その後に及んで大変勉強になった」（前掲、『鐘よ鳴り響け』）

すでに福島市内では、福島商業の先輩橘登が主宰する「福島ハーモニカ・ソサエティー」というバンドがあって、古関も参加しておりハーモニカは盛んであった。橘は福島市内の「広瀬庵」というそば屋の長男（実兄の逝去により長男）でありながら、稼業そっちのけで「福島ハーモニカ・ソサエティー」の活動に情熱を傾けていた。古関は商業学校卒業後に正式に入会することになる。

恩師との出会い

古関は文芸と絵画にも才能を発揮した。福島商業時代の学而会の機関誌『学而』に寄稿し健筆を奮ったのだ。絵画に関しては、手書きの歌集の表紙の片隅に色彩豊かな自作の絵を配した字体も独特で、一種の綺麗な装飾体ともいうべき美術小本だった。また、後年の色紙や風景画をみればその造詣の深さがわかる。音楽のみならず美術センスにも優れていたのである。

古関は福島商業では多数の人々の交流によって多くの恩恵を受けた。これらの人々は古関裕而にとっては自分を啓蒙してくれる重要な存在であり、地方都市の教育や芸術文化の担い手でもあった。このような青年インテリ層が全国の中小都市に存在し、外国趣味の洋楽に傾倒しながら後輩らを感化し啓蒙したのである。

その中の一人に丹治嘉市という先輩・恩師がいた。丹治は福島商業を大正一二年に卒業し、福島高等商業を終えて、大正一五年の春、母校の教壇に立った。古関より四歳長の先輩であり、教育者でもあった。

古関は、語学の教養に溢れ堪能であった丹治から英語を学んだ。そのおかげで、海外の楽譜出版社から出される新刊のカタログを読めるまでになった。古関は外国の音楽出版社から楽譜を購入する際の通信で役に立つと思い、英語通信の授業は真面目だった。英語の上達は早かった。フランス語で表記されているものは丹治に教えてもらった。古関の書棚には古い仏和辞典が大切にされていたが、それは丹治から譲り受けたものである。

丹治は古関に勉学は勿論のこと音楽的にも貴重な示唆を与えていた。丹治は音楽も愛好しており、レコードを蒐集し鑑賞をしていた。柔道場でのレコードコンサートの音源は丹治からの提供であり、古関がそれに丁寧な解説を付けた。音楽教養に裏づけられていて分り易く、至極好評だった。

古関は仲間数人と丹治のお誘いを受け下宿を訪れた。そこで、ニッポノホンのレーベルの藤原義江のレコードを聴いた。欧米で人気を博した愁いのあるテノールは味があった。日本語が不明瞭な点は困ったが、それをカバーする憂愁に溢れた歌唱の魅力が藤原にはあったのだ。

古関はレコードを聴きながら採譜した。反故紙に五線譜を書いて、レコードから流れるメロディーをスラスラと書いていったのである。周囲はその古関の音楽力に吃驚した。丹治は、後日、本譜を持って古関の採譜と照らし合わせその正確さにさらに驚いた。丹治はこのとき古関の才能は本物だと確信したのだ。将来、必ず音楽家として大成するであろうと思ったのである。

古関はすでに福島商業一年生の終わりの頃から、独学の音楽修業に入っていた。和声学と対位法の勉強にいそしんだ。山田耕筰の『音楽理論』（講義録）『近世和声学講和』を独習し、合理的な和音進行によるハーモニーを徹底的に修練した。後に古関はクラシック系歌謡曲の範疇で流行歌を作曲することになるが、古関メロディーはハーモニーの充実に定評があった。これもこの時の音楽理論の研鑽の所産といえよう。

商業学校の三年の頃になると、オーケストラ作品を作曲するまでになっていた。そして、五年生になると、ストラヴィンスキーの《火の鳥》の組曲からロマン的な民族的情熱溢れるインスピレーションを得て《竹取物語》の作曲を始めた。そして、優雅な幻想の世界を音楽で奏でる作業を試みたのである。

丹治と同じ頃、福島商業の教壇に立った国語・漢文の教師がいた。坂内萬《ばんないよろず》である。坂内は《福商青春歌》の作詩者であり、その歌は、上京直前に古関が作曲した詩情豊かな美しい旋律の逍遙歌である。これは今尚歌い継がれている。

国語の時間、文芸思潮の講義でゲーテ、シラーの話から古典派からドイツロマン主義音楽に及んだとき、古関にその概観を説明させたことがあった。その知識は造詣が深く、趣味のレベルをはるかに越え専門的で、教室の生徒はまるで音楽の専門家の講義を受けているような空気になってしまった。

周囲は古関の音楽知識・教養の深さに畏怖の念を抱き感服するだけであった。坂内は古関の天賦の才は当然のことながら、日々の努力を怠らず刻苦研鑽を惜しまない音楽への限りない情熱と真摯な姿を見ていた。丹治や坂内のような人物が地方都市の文化人として多くの人材を育成したのである。古関は丹治、坂内への感謝を終生忘れることがなかった。それは遠藤喜美治に対しても同じことが言えるのである。

福島ハーモニカ・ソサイティー

「福島ハーモニカ・ソサイティー」が創設されたのは、大正一一年である。「福島ハーモニカ団」という名称で創設され、同年四月には早くも福島公会堂で演奏会を催している。翌年には「福島ハーモニカ・ソサイティー」と改称し、その演奏レベルの高さは全国的に知れ渡っていた。古関はその頃は福島商業在学中で、創立直後の「福島ハーモニカ・ソサイティー」に出入りし、大正一三年の定期演奏会に出演している。

昭和三年春、古関は福島商業を卒業するとほぼ同時に同団体に正式に入会した。古関は卒業アルバムに「末は音楽家だよ」と寄せ書きした。古関の自信のほどが窺える。それには音楽へ情熱と傾倒、それに向かう努力の裏付けがあった。それは恩師や同級生たちも認めるところであった。

ハーモニカは一八二〇年頃、オルガンの調律用の道具として使用されたことが起源であると云われている。日本で国産品が登場したのは明治四三年頃である。トンボ楽器製作所が最初に製造開始し、日本楽器がその後に続いた。大正時代に入るとハーモニカの普及は凄まじく、邦人演奏によるレコードも発売されるようになった。そして、各地ではハーモニカバンド、オーケストラ団体も登場するようになったのである。

大正八年、明治大学で川口章吾がハーモニカバンドを結成し、同年には日本蓄音器商会から《ゼ・バーバー・オフ・セビラ》などのレコードを発売した。大正六年五月、春柳振作が東京蓄音器で吹込みを開始した。大正九年三月、上原元秋の《ドナウ河の漣》《金婚》が帝国蓄音器(ヒコーキ印)から発売され、さらに同社から同年五月、宮田東峰の《カルメン》も発売されたのである。このようにレコード発売が盛んとなり、大学のサークル活動は随分と盛んだったマンドリン、ギターとともにハーモニカは学生インテリ層にかなり浸透していたのである。

古関はハーモニカに夢中になった。自分の奏するハーモニカの音色に自信を深めた。自分で奏する愉悦を覚えたわけだ。次第に複音を求め、合奏の妙を知り、メロディーとハーモニーを楽しむ段階へ移り、ハーモニカは軽音楽への芽生えを少年の体中に生じせしめた。

古関の少年時代にあたる大正中期は、大・中都市の映画館音楽の充実もみられ、《天国と地獄》《ウィリアム・テル序曲》《ペールギュント》《アルルの女》などが演奏された。また、童謡運動や、家庭でも鑑賞できる洋楽系統の歌曲の創作が盛んに行われ都会的な傾向が深まった時代である。そのような風潮の中で、古関のハーモニカのレパートリーは《カルメン前奏曲》《トレアドル・マーチ》《天国と地獄》《ウィリアム・テル序曲》《リゴレット》だった。やや背伸びした感があるが、大正九年、浅草オペラの大合同といわれた根岸歌劇団が結成され、原信子、清水金太郎、田谷力三らが活躍し、その抜粋歌のハーモニカ譜も『セノオ楽譜』を通じて売られていたことを考えれば当然であろう。

古関が「福島・ハーモニカ・ソサイティー」に参加するのが、大正一二年である(正式には昭和三年)。この年、古賀政男(当時・正夫)は、明治大学予科に入学し明治大学マンドリン倶楽部の結成に参画している。

また、道頓堀ジャズの空間で育った服部良一は出雲屋少年音楽隊に入隊した。古関、古賀、服部の芸術を表現しその魅力を伝えた藤山一郎は慶応幼稚舎時代に本居長世の童謡をニッポノホンに吹込んでいる。淡谷のり子は、母、妹と一緒に故郷青森を捨て東京へと上京し東洋音楽学校に入学した。また、昭和期を通じて日本調の股旅・道中歌謡で一世を風靡した東海林太郎は早稲田大学の研究科でマルクス経済学を修め、同研究科を修了し南満洲鉄道株式会社に就職している。昭和期を彩った近代日本の大衆音楽の偉人たちは、大正時代にそれぞれの個性を育みだしていたのである。

大正一三年、古関の幼なじみの野村俊夫が、地元新聞の『福島民友』に記者として入社し、再会をはたした。

「当時流行のソフト、映画俳優バスター・キートンのかぶっていたソフトの山を平らにつぶした帽子をかぶり、和服に、派手なマフラーを衿元にのぞかせたインバネスを着て、さっそうと市内を闊歩していた。そんな彼の姿がとても印象的であった」（前掲、『鐘よ鳴り響け』）

野村は、編集部・報道部で文芸欄を担当し、昭和六年まで勤めることになる。野村は「ハーモニカ・ソサエティー」の主宰者・橘氏とは親友であり、同愛好会の練習に顔を出していた。そして、古関が編曲した合奏をじっと聞き入っていた。

古関の生家から通りを隔てたその向い側に一軒の魚屋があった。そこが野村俊夫の生家である。

本名鈴木喜八。鈴木少年は近所の餓鬼大将だった。古関は同じ町内ということもあり、五歳年長の鈴木少年を頭によく遊んだ仲だ。後年、この幼馴染みの二人が作詞家と作曲家になり、傑作を生み出すわけだが、こういうケースは非常に珍しい。この二人が後の日本の大衆歌謡界においてコンビを組み、幾多の名曲を生み出すとは、この時点で誰が予想したであろうか。

昭和三年、仙台に放送局が開局した。その記念番組に「福島ハーモニカ・ソサイティー」が出演し演奏した。この時、古関が編曲を担当した。大正一四年七月一二日、愛宕山から本放送が開始され、日本のラジオ放送の歴史が始まったが、それ以来、続々と放送局が開局していた。当然、洋楽番組も編制されることになり、音楽演奏で評判の高かった「福島ハーモニカ・ソサイティー」に出演依頼がくるのにそう時間がかからなかった。

ラジオは後に古関裕而が活躍するレコード歌謡の広告と普及を助けることになる。古関は、ハーモニカソサイティーでの活動の一方では、「火の鳥の会」（大正一四年設立）という会にも積極的に参加した。この会の設立者は竹内誠・至兄弟、三浦通庸であり、地方文化を担うインテリ層だった。

「そこでは主に近代音楽家のレコードコンサートが催されていた。私はそこにもよく出かけて行った。そこで初めてドビュッシーやラベル、ストラビンスキー、ムソルグスキー等の曲に出会ったのである。『ボレロ』や『火の鳥』などを聞いた時は『これが音楽か』と驚いた」（前掲、『鐘よ鳴り響け』）

レコードコンサートは古関にとっては強烈な音楽体験だった。リズムが保持されながら二種類のメロディーの繰り返しが、多彩・豊富な楽器で演奏されるという特徴によって楽曲が構成された《ボレロ》、ロシアの民話を素材にしたバレエ音楽・《火の鳥》などの楽曲を聴いてもう一つの天啓を感じたのだ。古関の本格的なクラック音楽への扉が開かれたのである。それは広大な無限な力を呼び起こす天啓でもあった。

《展覧会の絵》《禿山の一夜》などに見られるムソルグスキーの原色的な和声感覚、あるいは、複雑なリズム・ポリフォニー・不協和音を特徴にしたストラヴィンスキーの《春の祭典》によって、古関は自分の世界が急に広くなり、新しい生命力が与えられるような気がしたのである。それは、知性や情緒の内奥に潜在していて気がつかないでいた何かを呼び覚ますものであり、高熱を帯びたマグマのような民族意識・魂でもあった。

後年の作曲家・古関裕而の楽想には生命力が溢れた民族意識が貫かれているが、ムソルグスキー、新古典派主義音楽の理念を新音楽として提示したストラヴィンスキーからの影響は強いと思われる。明朗な旋律はおろか、たとえ悲愴感に溢れていたとしても、魂を鼓舞し希望への躍動を失わない旋律に内在する古関裕而の民族意識は、他の作曲家には見られないものであり、後の国民音楽樹立の大きな原動力になったといえよう。

古関はレコードコンサートで聴いた楽曲の楽譜を購入し、それを分析しながら編曲を試みた。

オーケストラは弦楽器を中心に編成されている。そして、弦の周りには木管、金管、打楽器が存在し豊富な音を構成しているのだ。それと同様にハーモニカもいろいろな種類の楽器がある。テナー、バリトン、ベースとそれぞれのパートに分類されるのである。

古関は、ハーモニカオーケストラ用にオーケストラのスコアを書き直してみた。最初は、山田耕筰の『作曲法』を下敷きにしながらの自己流だった。だが、次第にしっかりとしたスコアを書けるようになったのである。そして、夢はクラシックの音楽家になることへ膨らんでいた。

昭和楽壇の黎明

都市文化（外国調・洋楽系）と地方・農村（日本調）の二大潮流が明確になった昭和という時代を迎え、日本の楽壇の動きも俄かに活発になってきた。昭和三年二月一九日、日本青年館において、「国民交響管弦楽団」の第一回演奏会が開催された。ハイドン・《ト長調交響曲》シューベルト・《未完成交響曲》モーツァルト・《劇場支配人》が演奏されている。昭和四年に入ると、新交響楽団の近衛秀麿が《大礼交声曲》（第四四回定期演奏会）、ドヴォルザークの《新世界》（第四五回定期演奏会）を演奏し、精力的に活動した。

昭和四年一〇月、日比谷公会堂が竣工された。日比谷公会堂は、摩天楼建築が想像されるかのように天を目指して上、上へと昇華していく外観デザイン特徴とし、垂直的要素に壁面に覆われたネオゴシック建築である。設計は佐藤功一。日本建築音響学の扉を開いたパイオニアである。関東大震災後の復興建築として建てられたものであり、水辺の美しさと緑の色彩が豊かな空間に聳える高層建築は東京市民の精神的シンボルとなった。

日比谷公会堂は、一階二階併せて二七〇〇席の帝都随一の音楽堂としてその偉観を現したのである。

洋楽の発展は、レコードにも顕著に現れた。外資系レコード会社の成立によって、電気吹込みによるクラシックレコードが洪水のごとく輸入された。コロムビアの青盤、ビクターの赤盤がふんだんに聴けたのである。また、ジャズなどの洋楽レコードも同様だった。

日本のレコード・蓄音器の黎明の地は横浜である。この地に、F・W・ホーンが『ホーン商会』を設立したのは、明治二九年だった。明治四〇年一〇月三一日、一〇万円の資本金をもって神奈川県橘樹郡川崎町久根崎に日米蓄音機製造株式会社が誕生（松本武一郎は設立の日を見ずに急死）。明治四三年一〇月一日、株式会社日本蓄音器商会が新設（日米蓄音器商会は廃止）、明治四五年一月八日、日蓄は日米蓄音機製造株式会社を合併。吉田奈良丸の浪花節レコードで驚異的な躍進をしめした日蓄は、大正八年、J・R・ゲアリーが社長に就任するとさらなる飛躍を遂げた。小学生の古関が卓上ピアノで作曲の真似ごとをした頃である。日蓄は、複写による海賊盤レコードに操業以来、悩まされていた（リチャード・ワダマンの敗訴がその跋扈に拍車をかけていた）。そして、翌大正九年七月、「著作権法中改正法律案」が帝国議会を通過することによって、複写による海賊盤レコードの問題の駆除に成功した（八月公布）。それが業界制覇を狙う日蓄に大きな起爆をあたえたのである。

大正後期になると、米国ビクター、米英コロムビア　グラモフォンなど外国レコード産業は日本市場拡大を目指して進出を画策していた。これは日本蓄音器商会にとっても脅威となることは確実であった。欧米のレコード会社は、明治時代から日本を市場としていたので、日本進出を狙うのは時間の問題であった。それを加速させたのが大正一三年七月二九日に公布された「贅澤品等ノ輸入税ニ関スル法律」である。外国のレコード会社は高関税（輸入税一〇割）によって日本国内における利益を失うことを恐れた。この関税改正が外国レコード産業の日本進出に拍車をかけたのである。

大正一五年の夏、阿南商会の阿南正成（茂）と鈴木幾三郎（十字屋楽器店輸入部長）は渡独し、従来から取引のあったドイツ・グラモフォンと原盤輸入契約に成功し製造許可をとりつけた。同年の暮れには東京池上に原盤プレス工場を完成させた。電気吹込みによる原盤を輸入してプレスしドイツの名盤を安く発売する体制が整った。

昭和二年五月一〇日、「株式会社日本ポリドール蓄音器商会」が東京府荏原郡荏原町大字堤方七五番地に資本金二〇万円をもって設立した。欧州レコード界のトップメーカー、ドイツ・グラモフォンと原盤輸入契約をもつポリドールが輸入原盤のプレスによる洋楽盤の製造を開始した。五月の新譜発売では、リヒャルト・シュトラウス指揮の《交響曲第七番》（ベートーヴェン・作曲）他四五種類、七〇曲が発売された。

このように日本ポリドールは日本最初の輸入原盤（ドイツ・グラモフォン社）のプレスレコードを製造した歴史があった。音楽評論家の野村光一は、『レコード音樂讀本』でポリドールから発売されたフルトヴェングラー指揮によるベルリンフィルとベルリン国立歌劇場管弦楽団演奏レコードを聴くたびに「オーケストラのレコードで是程私を感激させるものは無い。是は管絃演奏の極致である」とのべているが、これらの名盤は古関ら音楽愛好青年らに音楽美をあたえ魅了したのである。昭和二年といえば、自分のペンネームを「古関裕而」にした年でもある。本名の「勇治」では勇ましさが先行し音楽家のイメージがしなかったからだ。

日本蓄音器商会は日本ポリドールの成立に敏感に反応した。昭和二年五月三〇日、日本蓄音器商会は、技術提携を条件に英国コロムビアに三五・七パーセントの株式を譲渡した。昭和二年九月一三日、米国ビクター（ビクター・トーキング・マシン社）の全額出資によって、日本ビクター蓄音器株式会社が発足した。翌三年一月一八日、日本蓄音器商会は、英国資本に米国資本（昭和二年一〇月、日蓄の総株式の一一・七パーセントを米国コロムビアに譲渡）が加わって、日本コロムビア（商号・「日本コロンビア蓄音器株式会社」）が設立された。日本蓄音器商会は英米コロムビアと提携して新たな製造会社を発足させたのである。

昭和三年二月、日本ビクターから、国内プレスによる洋盤の第一回新譜が発売された。ピアノ・ラフマニノフ、ヴァイオリンのクライスラー、ジンバリスト、声楽家・シャリアピン、スキーパーらの赤盤芸術家のレコードが綺羅星のごとく並んだ。この中にはアメリカのキャムデンで吹込まれた藤原義江の独唱レコード（日本歌曲・古謡）も含まれていた。

昭和三年四月、日本コロムビアは、英国コロムビア式電気録音機に改めた（昭和七年五月にはMC式録音装置）。同年一〇月には鷲印のニッポノホンから「Columbia」にマークが変更し、一一月には、国内録音の邦楽盤も材質の優れたラミネート盤（ニュー・プロセスレコード）になった。

このとき、売れ筋のニッポノホンの鷲印のレーベルがコロムビアのレーベルに変えられ再発売された。だが、流行歌は二村定一の数曲のジャズ・ソング（レコードレーベルには歌手名表記が無し）のみで、三浦環、関屋敏子、荻野綾子、柳兼子、柴田秀子、藤原義江ら声楽家陣が吹込んだ内外の独唱曲（旧吹込み）が中心だった。これらの旧吹込みレコードは録音機材とレコードの盤質が改善され音質の向上がみられていたが、新民謡を歌う佐藤千夜子、ジャズ・ソングの二村定一らが吹込んだ日本ビクターの電気吹込みの黒盤（大衆レコード）の前には沈黙せざるをえなかった。山田耕筰作品を中心にした日本歌曲では昭和モダンを満足させる民衆歌曲にはなり得なかったのである。

流行歌新時代を迎えた昭和だが、古関は流行歌には関心がなかった。なぜなら、彼にとっての音楽はクラシックが絶対だったからだ。藤原義江、荻野綾子らは福島を訪れており、古関は独唱会へ楽譜持参で足を運び面識を得て、クラシックの作曲家への夢を膨らませていた。とはいえ、後に古関が身を投じる大衆音楽の世界は、大正時代とは異なり飛躍的な発展を遂げていた。

大衆音楽新時代

昭和に入ると、耳新しいジャズのリズムがモダニズムを弾ませ、街頭演歌師たちが庶民の心を慰めた「流行り唄」の時代でなくなっていた。電気吹込みを完備した外資系レコード産業の成立によって、その仕組みが大きく変わっていたのである。路傍で流行っていた唄をレコード会社がレコードにするのではなく、レコード会社が企画・製作し宣伝によって、大衆に選択させるというシステムが誕生したのである。

昭和流行歌は歌謡作家を生み出した。近代詩壇で鍛え抜かれた詩人が歌謡作家となり、コマーシャリズムに即した歌詞を創作し、クラシック、ジャズに造詣を深めた作曲家が洋楽の手法でメロディーを付け、洋楽系歌手が歌唱するパターンが成立した。作詞・作曲・歌唱の分業システムが登場したのである。レコード産業の革新によって流行歌が成立し、戦前・戦後を通じて今日に至る巨大産業として飛躍的な発展を遂げたのである。「唄本」は、楽譜ピースに変わった。「楽譜出版」という産業も登場する。そこには街頭演歌師たちの丁寧な唄本作りはない。大量に印刷された楽譜が存在するだけである。詩壇で鍛えぬかれた歌謡作家が作った夥しい歌詞がレコード会社の文芸部に集められる。野口雨情、西條八十、時雨音羽につづいて、佐伯孝夫、佐藤惣之助、サトウ・ハチロー、高橋掬太郎らがレコード歌謡の基礎を作った。殊に詩壇の第一線にいた西條八十が本格的に流行歌の作詞を行ったことは一驚に値するものであった。

歌謡作家の詩想に洋楽の専門家の手によってレガートな旋律とジャズのリズムがつけられる。昭和初期は、新民謡の中山晋平、ジャズと日本情緒を融合させた佐々紅華が登場したが、その後はギター・マンドリンで感傷のメロディーを作曲した古賀政男、海軍軍楽隊出身の江口夜詩、和製ブルースを確立した服部良一、クラシックの格調をもって流行歌を作曲した古関裕而らが黄金時代を形成した。洋風に作られた楽曲は、洋楽系歌手や音楽学校出身の声楽家によって、ジャズバンドやシンフォニックなオーケストラ伴奏で歌唱された。

「ヨナ抜き歌謡」は、ハーモニーが薄くなるという批判を受けたが、それを十分に埋めたのが作り手・演奏家も含めた洋楽専門家たちの音楽技術である。創成期には世界的なオペラ歌手藤原義江、晋平節の第一人者佐藤千夜子、ジャズシンガーの元祖・二村定一らが登場した。その後は、クルーン唱法で古賀メロディーの魅力を伝えた藤山一郎（声楽家増永丈夫）、徳山璉、関種子、四家文子ら声楽家、淡谷のり子、渡辺はま子、二葉あき子、松平晃ら音楽学校出身者が流行歌手として名声を博し、花柳界出身の市丸、小唄勝太郎の日本調歌謡、さらには音楽学校出身者以外にも直立不動の姿勢で歌唱する東海林太郎、ジャズシンガーのディック・ミネ、ハワイアン出身の青春歌手灰田勝彦、庶民層の息遣いを歌い上げた艶歌唱法の上原敏、岡晴夫、田端義夫らが活躍することになる。

昭和四年以後は、毎月数一〇曲のレコード歌謡、いわゆる流行歌が生み出された（年々膨大な楽曲数に増加）。レコードは街頭、レコード店、カフェーなどに置かれた蓄音器から流され都市空間に浮遊する大衆の選択によって売れ行きが決まるのである。ここにマーケティングの概念も生まれ、映画会社と提携した各社レコード会社のヒット競争が展開することになるのである。

川俣の音楽青年

青年古関は、福島商業の学舎《まなびや》に別れを告げてから、作曲とハーモニカ・ソサエティーの活動に没頭していた。

はた目からみると、ブラブラしているように見えたが、古関は音楽学校への進学を真剣に考えていた。音楽学校といえば、官立の名門「上野」（東京音楽学校・現・東京芸術大学音楽部）が思い浮かぶが、当時「上野」には作曲科という学科がなく、受験となれば、古関の場合、作曲科でなければ器楽科ということになる。だが、ハーモニカは音楽学校の教科にはなかった。しかも、大正後期ともなれば、「上野」は難関であり、正規のレッスンを受けていない古関の器楽の力では入学は困難であった。当時は、入学は希望すれば広く門戸が開けられていた私立の音楽学校があったが、古関は学費と当面の生活費のことを考慮すれば、私立の音楽学校へ入学する決心もつかないままでいた。

昭和三年春、古関は、川俣銀行に就職した（五月）。この銀行は伯父の武藤茂平が経営していた。武藤は福島でも指折りの資産家で、「ちりめん屋」の屋号で、味噌、醤油の醸造業を営み、多額納税者として貴族院議員を務めたこともあった。

川俣町は、町に織機のリズミカルな音が響くほど羽二重《はぶたえ》の産地として名高く、アメリカへの輸出が盛んであった。古関が就職した銀行は、小さな銀行で行員も少なく、絹と生糸の市が立つ以外は、平日はのんびりしたものだった。遠くからは機織のリズミカルな音が古関に快い響きに聞こえてくる。平和な日々の毎日であった。

古関は、一番末席にいた。大きな帳簿の間に五線紙をはさんで、日頃から愛唱していた北原白秋、三木露風の詩集から好きな詩を選んで旋律を付けたり、休日になると、伯父の家の向いにある小高い丘に登って風景を眺めながら楽想を練った。また、古関は『万葉集』の雄大な美しいストレートな感情表現にも魅かれていた。古関は自伝につぎのような『万葉集』の歌を引用している。

やまとには　むらやまあれど／とりよろふ　あまのかぐやま／のぼりたち　くにみをすれば／
くにはらは　けぶりたちたつ／うなはらは　かまめたちたつ／うましくにぞ／あきつしま　や
まとのくには

舒明天皇が天の香具山の頂上から眺め見た美しい日本を讃えた歌である。古関自身も、『万葉集』のなかで最も好きな歌の一つである。『万葉集』への傾倒は伯父の家の裏手にあったお寺の住職の影響だった。この住職は文学青年で、古関が遊びにゆくといつも古典文学の話をしてくれた。

古関はもともと和歌や詩歌にも興味があり、『古今和歌集』のような技巧を駆使した理屈の歌よりもノスタルジアを思わせる素朴かつストレートな感情の直叙の方が好きだった。しだいに、万葉の世界に引き込まれていった。古関メロディーのロマン主義には、本質を見極める自然観照に優れた抒情性と人間の生活感情をストレートに表現するおおらかな万葉集の影響が多分にあるといえよう。

古関は、さらにこの住職からは催馬楽の影響も受けた。住職は自分でもよく歌を作る人で、古関はその詩に曲を付けたりした。この経験が後に若山牧水の詩に格調のあるメロディーをつけた《白鳥の歌》の作曲にいかされたのである。この《白鳥の歌》については後述するが、短音階の抒情性が十分に楽想において展開され、若山牧水の感傷性に富んだ詩想が伝わってくるという絶賛に近い評価だったのだ。

古関の作曲熱はますます高揚した。音楽上において影響を受けた山田耕筰への敬愛が高まっていったのである。

「作曲をする時は、自然と先生の旋律が浮かんできた。知らず識らずのうちに先生の作風を模倣していた。いつの間にかゆったりとした日本的で、抒情的な美しい音楽が、私の中にすっかり入り込んでいたのだった。五線譜の上に並んだ音符をたどると、先生の心情が伝わってきた」（前掲、『鐘よ　鳴り響け』）

古関は山田耕筰への傾倒を深め、川俣の四季折々の美しい風物と人情の機微のなかで、音楽感性を育んだ。美しい情緒豊かな風景を眺めながら、即興に作曲したメロディーを吹いたり、五線紙に書きなぐったり限りなく自由だった。感情をそのまま直にぶつけることができたのだ。その一方、古関は「ハーモニカ・ソサエティー」で指揮棒を手にするようになっていた。指揮法は自ら厳しい精進を課して独学で学んだ。

昭和三年五月二七日、「ハーモニカ・ソサエィー」の春の定期演奏会が開かれた（福島公会堂）。古関は昭和天皇即位を慶賀し作曲した《御大典奉祝行進曲》など、同演奏会で堂々と指揮を振った。自己流だが、初めての指揮演奏に体が震えるほどの感動を覚えた。聴衆との一体感から日常世界におけるそれとは異なる幸福感を受け取ったのである。

古関は、「火の鳥の会」（レコードコンサート主催）の創始者の一人である竹内至に演奏会後の批評会で真摯に彼の批判を受け止めた。ハーモニカ合奏の編曲を始めてから、山田耕筰の『音楽理論』（講義録）などを手元に置き、和声楽と対位法を研鑽し、さらなる精進に励んだ。

古関の川俣時代は作曲家古関裕而の揺籃の時代である。オーケストラ作品の第一から第三までの《交響楽》、《ヴァイオリン—セロのコンツェルト》、《五台のピアノの為のピアノ・コンツェルト》、《一茶の句に依る小品童曲》《和歌を主題とせる交響楽短詩》、舞踊詩・《線香花火》などは川俣時代に作曲したと云われている。また、福島商業在学中の大正一五年から上京する昭和五年八月までの音楽記録である古関の音楽ノートが日々の音楽研鑽によって充実し完成したのもこの川俣時代である。《追分け》（北原白秋・詩）《風のとり》（北原白秋・詩）《梨の花》（北原白秋・詩）《雨がふる》（三木露風・詩）《母を葬るの歌》（島崎藤村・詩）など、近代詩壇で活躍する詩人らの詩想を楽曲にした。そして、国際コンクール入選の快挙となった舞踊組曲・《竹取物語》の完成を急いだのである。

国際コンクール入選の快挙

古関は音楽に没頭していたが、昭和という時代になるとクラシック音楽の発展とともに大衆歌謡の在り方も大きく変貌していた。昭和四年一月新譜でビクターから発売された《君恋し》（時雨音羽・作詞／佐々紅華・作曲）が二村定一の歌唱でヒットした。作曲者の佐々紅華は、すでに《ダンス・オリエンタル》（ルポミルスキー・作曲）をベースに作曲しており、歌詞を新たにし編曲においてジャズのリズムと日本情緒を融合させた流行歌に仕上げ、二村定一とのコンビでヒットを放った。つづいて、ビクターから六月新譜で発売された《東京行進曲》（西條八十・作詞／中山晋平・作曲）が大ヒット。歌唱者の佐藤千夜子は、女王の座に上りつめた。

ジャズ、リキュール、シネマ、などのモダニズムの記号がちりばめられ、まさにモダン都市東京の戯画（カリカチャー）だった。昭和モダンを背景にした都市文化を象徴していたのだ。

当時は、マルクス主義の全盛の頃で、〈シネマみましょうか、お茶のみましょか、いっそ、小田急で逃げましょか〉は最初、〈長い髪してマルクスボーイ、今日も抱える『赤い恋』〉だった。西條八十は、当時、ビクターの文芸部長だった岡庄五の「官憲がうるさい」という言葉に折れて瞬時に言葉を組み替えた。《東京行進曲》は、レコード会社と映画会社の提携企画による映画主題歌第一号である。レコードと映画が同時に企画制作されヒットしたのはこれが最初である。

市内一青年の作曲が
認められて世界の舞臺へ
應募曲は竹取の翁
古關君とその曲譜

《竹取物語》２位受賞・新聞記事（古関裕而記念館提供）

昭和四（一九二九）年七月、古関裕而は、《東京行進曲》の流行をよそに、ロンドンのチェスター音楽出版社募集の作曲コンクールに舞踊組曲《竹取物語》ほか四曲を応募し入選した（一〇月入選発表）。無名の一音楽青年が国際コンクールで評価されたのは快挙であり、ストラヴィンスキー、ムソルグスキーの音楽芸術を愛し、刻苦研鑽の日々を送り苦心を重ねた努力の賜物であった。殊にストラヴィンスキーの組曲《火の鳥》から受けたインスピレーションは多大なものがあった。古関は真の芸術の根源である神秘感に触れ、畏怖の念に打たれ、感動を覚え、雅《みやび》と幻想的な楽想を創造したのである。

古関は作品の入賞をきっかけに同社出版社経営による作曲

家協会の会員になることができた。同協会の会員には、シュトラウス（独）、アルノルト・シェーンベルク（墺）、ラヴェル（仏）、オスガー（仏）、ミロー（仏）、ユージング・グーセンス（英）、アーノルド・バックス（英）ら当時の現代音楽の一流の作曲家がメンバーに名前を連ねていた。古関裕而の名前がこれらの作曲家たちと並んだのである。これは大変名誉なことでもあった。そして、古関にはさらなる朗報が舞い込んだ。それは、《竹取物語》がグーセンス指揮・「ロンドン・フィル・ハルモニック・ソサエティー」の演奏によって英国コロムビアで吹込まれることになったということだった。

この舞踊組曲は、雅楽の伝統旋律を踏まえ平安朝の艶美を楽想にし、前奏曲と、1「生い立ち」2「つまどい」3「仏の御石の鉢」4「蓬莱の玉の枝」5「火鼠の裘《かわごろも》」6「龍の首の珠」7「つばくらめの子安貝」8「天の羽衣」という、八つの楽章で構成されていた。古関は各楽章にオーケストラの編成を異にして各楽章で舞踊の楽想を特徴づけようとした。楽器の編成についてはベルリオーズの影響にみられる。『ATreaties on Modern Instrumentation and Orchestration』を参考にし、瀬戸口藤吉の『管弦楽器の取扱法』で習得した知識を使って語学上の不備を補った。古関は、雅楽を意識し、みやびな貴族文化で栄えた平安朝の美しさを楽想にしたのである。

そして、それぞれの楽曲における舞踊者には、かぐや姫、竹取の翁と嫗、石作皇子、車持皇子、右大臣阿部御大人、大納言大伴御行、中納言石上麻呂、蓬莱の玉の枝を作る大工達数名、火鼠の裘を売る唐の商人、龍の首の珠を取りに行く家来、船頭数名、かぐや姫を迎える天女五人、その他武士等が想定され、『竹取物語』が仏教経典、中国文学の影響が多分にあることを熟知しての創作でもあった。

福島の地元紙『福島民報』『福島民友』は青年音楽家・古関裕而の偉業を讃えた。古関は、福島商業時代の恩師丹治嘉市に入選の喜びとイギリス留学（シベリア経由）の旨を手紙にて伝えた。つまり、古関は、丹治嘉市に宛てた手紙において協会から旅費も送金され、ロンドン駐在の従兄弟の大島俊一（英国大使館秘書候補）の所に世話になることや、両親の許可を得たことなどを書き綴ったのである。だが、現実はすでに生家の呉服屋「喜多三」は廃業という状況であり、イギリスへ音楽留学など、そのような経済事情を考慮すればとても無理な計画であった。

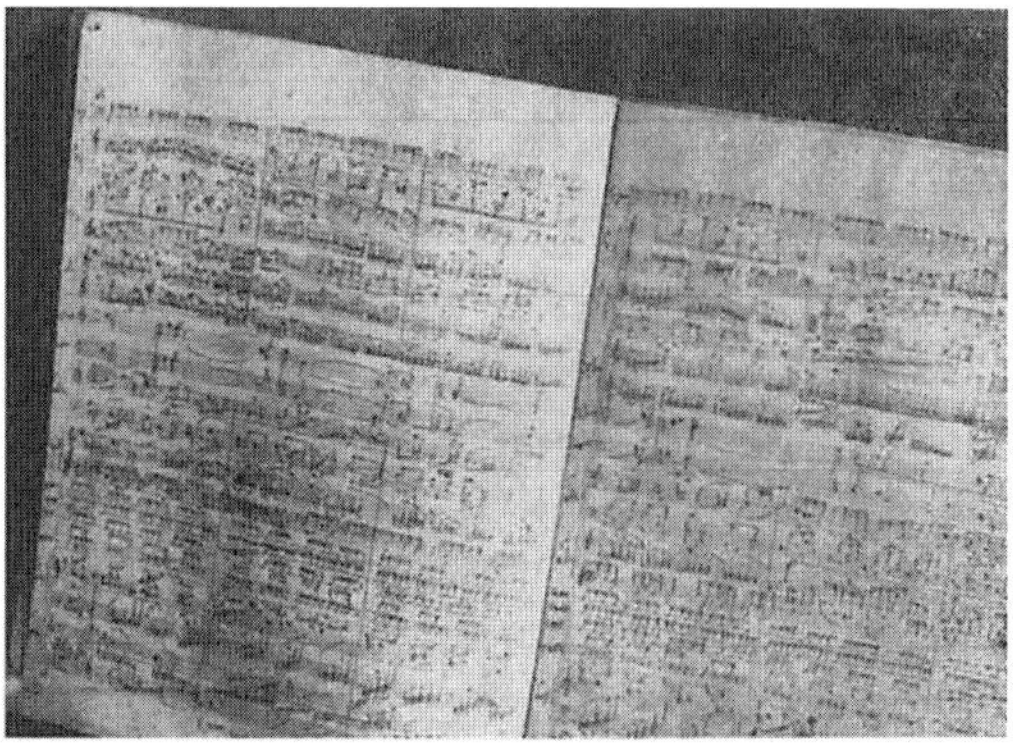
《竹取物語》楽譜（齊藤英隆提供）

昭和五年六月一日、古関は内山金子と結婚した。これも周囲を驚かせた。一年に満たないイギリス留学断念から電撃結婚、そして上京という目まぐるしい状況の変化について、人知れぬ古関裕而の葛藤の日々が推測できるが、古関は自伝でほとんどそれについては詳細に触れていない。山田耕筰の推薦によってコロムビアからの専属契約の朗報を得たことが淡々と事実のみ語られているだけである。

「両親や親族は、演歌師の片棒かつぎか　あるいはせいぜい成功しても地方小唄程度の作曲をするのが関の山だくらいにしか思っていないようだった。それでも出発に際しては『がんばってやって来い』と言ってくれ、別段反対はしなかった。そこでその年の九月、妻とふたり東京へ向かった」(前掲、『鐘よ鳴り響け』)

この時点で、古関はなぜ、コロムビアが専属に自分を指名してきたか、その理由を知らなかった。電気吹込みを完備した外資系レコード会社の成立、クラシック・ジャズのメソッド・体系に従ってレコード歌謡が製造される時代を迎え、「流行り唄」から洋楽としての「流行歌」(歌謡曲)の時代、つまり、西洋音楽の技法で日本人の心情を楽想とするようなレコード歌謡の時代が到来していた。流行歌新時代を迎えヒット競争を展開し始めていた日本のレコード産業界が古関の音楽技術を必要としていたのである。

昭和四年の暮れ、日本ビクターのスタジオでは、日本のギター・マンドリン(プレクトラム音楽)に新風を巻き起こした青年音楽家の作品が当代随一の人気歌手・佐藤千夜子の歌唱で数曲吹込まれた。演奏は作曲者が自ら指揮するマンドリンオーケストラ(明治大学マンドリン倶楽部)が担当した。この青年が古賀正男といって後の「古賀政男」である。

第二部　作曲家・古関裕而——苦闘の時代

コロムビア入社

昭和五年の秋、古関裕而は日本コロムビア専属作曲家となり、妻金子と共に上京した。古関夫妻の耳目には、早速、日本楽檀の状況が届けられた。九月二六日、エフレム・ジンバリストの演奏会が帝劇で五日間にわたって開催された。第一夜のブラームスの《二短調ソナタ》とベートーヴェンの《協奏曲ニ長調》は好評だった。一一月一日、井口基成がマリーナ・スクリアビンの作品を仁寿講堂で演奏し渡欧の置き土産となった。《作品二三番ソナタ》《悪魔の詩》《第九ソナタ》等への意欲的な取り組みが見られ、演奏としては申し分のない評価を得たのである。

古関夫妻は、上京するとまもなく、慶応大学に在学していた従兄の関係で、「ヴォーカル・フォア合唱団」に入った。この合唱団は、当時の新進声楽家、松平里子、平井美奈子、内田栄一、下八川圭祐らが主宰しており、放送オペラや演奏に活躍していた。妻金子の練習に古関も同伴していたので、彼自身もバスパートに入ることになった。

古関のコロムビア専属は山田耕筰の推薦によるものだが、同社から出社通知と辞令をまだ手にしていなかった。古関夫妻は濃い緑の色彩豊かな阿佐ヶ谷にある義姉の家に部屋を借りて住んでいた。三百円という多額の契約金を貰っていたので、当面の生活の心配はなかったとはいえ、コロムビアからは一行に音沙汰がない。これが古関に猜疑心を生むような不安をあたえていた。

昭和五年といえば、昭和恐慌によってモダニズムの翳が目立ち始めていた。輸出の増大と為替相場の安定を図り、慢性的な日本経済の不況を打開するために断行された金解禁は失敗し、日本経済は破綻したのである。都市では華やかなモダニズムの展開の翳で大量の失業者が街頭に溢れ、貧民層の喘ぎ、農村では娘の身売り、欠食児童が社会問題になっていた。「エロ・グロ・ナンセンス」の風潮を反映するような煽情的なエロの要素の濃い流行歌も巷に流れていた。

古関は不安を抱えながら昭和六年を迎えた。昭和六年に入ってもビクターの勢い衰えず、コロムビアの劣勢は変わらなかった。昭和六年一月新譜の《女給の唄》（西條八十・作詞／塩尻精八・作曲）は華やかな昭和モダンの「翳」ともいうべき女給の哀しき姿をテーマにした歌である。同月新譜には佐藤千夜子が吹込んだ古賀メロディー・《影を慕いて》（古賀正男・作詞／古賀正男・作曲）が発売された。A面は《日本橋から》（浜田広介・作詞／古賀正男・作曲）でハバネラタンゴのリズムを生かしながらのマンドリンオーケストラ伴奏、B面・《影を慕いて》はギター歌曲だった。だが、レコードは売れなかった。

昭和六年の春、東京音楽学校出身の声楽家徳山璉が朗々と歌う《侍ニッポン》（西條八十・作詞／松平信博・作曲）がビクターから発売され、巷では流行していた。古関はクラシックの声楽家が、しかも、音楽界で権威のある「上野」出身者が流行歌をレコードに本格的に吹込むなど、改めて知り驚いた。しかも、作曲者の松平信博も東京音楽学校出身のピアニストで「富士館」のオーケストラ指揮者でもあり、映画館音楽でも活躍した作曲家である。昭和は、書生節、流行り唄の時代が去り、洋楽としての流行歌（レコード歌謡）の時代を迎えていた。

紺碧の空

昭和六年二月二五日、日本青年館でヴァイオリンの名手モギレフスキーの演奏会が開かれた。演奏曲目はチャイコフスキー・《協奏曲二長調》、モーツァルト・《アダージョーホ長調》シューマン・《ファンタジー・作品七三ノ一》、ブラームス・《ハンガリア舞曲・ヘ短調》ドビュッシー・《小さき羊飼ひ》《ミンストレル》などがちりばめられ、好評を博したヴァイオリン独奏会だった。

三月一日には、昨秋ベルリン郊外で不慮の死を遂げた故井上織子の音楽葬が日本青年館で行われた。新響の近衛文麿指揮でベートーヴェンの第三交響曲の《葬送行進曲》が演奏された。

昭和六年春、妻金子が帝国音楽学校に入学した。その頃、古関は音楽学校近くの緑の色彩が鮮やかな世田谷代田に妻の通学の便を考えて引っ越した。ちょうど、音楽学校には古関と同郷の伊藤久男がいて、下宿先も近かった。世田谷代田には福島県出身のテノール歌手平間文寿が声楽塾を主宰しており、伊藤はそこでも声楽を学んでいた。伊藤は下宿が近いこともあって古関の所にしょっちゅう遊びに来ていた。古関はコロムビアからいっこうに何も音沙汰のない不安な優鬱な日々を送っていたので、そのような時の豪放磊落な伊藤の来訪は嬉しかった。

古関が悶々とした日々を送っていた頃、作曲家古関裕而を最初に知らしめることになる仕事の依頼が来た。それが、早稲田大学の応援歌《紺碧の空》である。昭和六年春のリーグ戦を前にして、早稲田は打倒慶応を果たすために新応援歌を作ろうとしていた。しかも、前年度は慶応戦において一勝もできなかった。早稲田としては、慶応の応援歌《若き血》に対抗できる新応援歌が是非でもほしい。それは早稲田校友の願いでもあった。

　歌詞は応援団が全早大生から募集した。その中から、当時高等部に在籍していた住治男の作品が選ばれた。選者の一人である西條八十が絶賛するほどの詩だった。だが、「覇者、覇者、早稲田」の個所が作曲上難しいと見なされ、作曲者の選定を悩ますことになった。失敗の許されない大事な新応援歌である。そのため、中山晋平、山田耕筰ら大家でなければ、作曲は難しいであろうという声が大勢を占めていた。当時の早稲田大学の応援歌は、山田耕筰、中山晋平、近衛秀麿ら大家が作曲したものが並んでいたが、慶応の《若き血》を負かすほどのものがなかった。

《紺碧の空》歌碑（古関裕而記念館提供）

　早稲田応援団の幹部の一人、伊藤茂は、帝国音楽学校に通っていた伊藤久男の従兄弟であり、伊藤久男を通じて古関に新応援歌の作曲を依頼した。当時の古関は日本コロムビアの専属作曲家といえ、まだ、作品を書いていなかった。作曲家として無名であり、早稲田関係者の間では反対する声も多かった。

伊藤茂は母校の命運を古関に託した。古関も引き受けたからには、「陸の王者」に負けない歌を作曲しなければならない。だが、早稲田の劣性を挽ばん回かいするような旋律がなかなか浮かばなかった。発表会の期日が迫ってくる。応援団の幹部は催促のために古関の家に押しかけた。苦心の末、ようやく完成した。応援団関係者からは「少し難しすぎる」という声もあったが、古関は躍動溢れる己のメロディーに自信を持っており、ほとんど手を加えず発表した。

六年春のリーグ戦は早稲田が早慶戦を前に優勝の有無にかかわらず、宿敵慶応を打倒しなければならない。胸部疾患で戦列を離脱したエース小川正太郎に代わってマウンドに登った伊達正男の三連投や、二回戦で三原脩の勝ち越しを決めた劇的なホームスチールなどで、早稲田は三シーズンぶりに慶応から勝ち越し点を奪った。

初夏の陽がさんさんと輝く神宮球場。澄み切った蒼い空。早稲田側のスタンドから湧き起こる歓喜あふれる《紺碧の空》の大合唱が響き渡った。神宮球場は興奮の坩堝《るつぼ》となった。学生は絶叫し勝利に酔いし《紺碧の空》は早稲田の校友にとって青春を謳歌《おうか》する魂の躍動であり、忘れえぬ青春の譜となったのである。

福島行進曲

昭和六年五月、風薫る緑鮮やかな色彩を感じる頃、ようやくコロムビアから古関の所へ二曲早急に作曲してくれとの依頼があった。古関はコロムビアから仕事の依頼がきたことに安堵した。ところが、その作曲とは、クラシックではなく流行歌だった。古関は躊躇した。なぜなら、昭和流行歌新時代を迎えていたとはいえ、古関自身、まだ、まだ、流行歌といえば、書生節、俗謡としての「流行り唄」の感覚から抜けきれないでいたからである。

古関の希望はクラシックの作曲家である。だが、コロムビアは電気吹込みによる新しい流行歌の作曲を古関に期待していた。ロンドンのチェスター音楽出版社募集の作曲コンクールに舞踊組曲「竹取物語」ほか四曲を応募し入選した実績などまったく何の意味も成していなかったのである。つまり、会社としては、このぐらいの組曲を作れるなら、流行歌の作曲家として十分にやっていけるだろうという考えだった。コロムビアは、古関の音楽を認めていたからこそ、流行歌の作曲を依頼したのである。古関も契約時に貰った三百円もそろそろ底をつき始めたので、流行歌とはいえ、背に腹を代えられなかった。

さて、古関は作曲にとりかかったが、流行歌といっても作曲したことがなかったので、楽想が湧いてこなかった。そこで、とりあえず、日本歌曲のつもりで作曲していた自作品を吹込むことにした。それが《福島行進曲》と《福島夜曲《せれなあで》》である。発売は昭和六年七月新譜。ちょうど、古賀政男と藤山一郎の第一作の《キャンプ小唄》も同月に発売されていた。古賀はコロムビアから専属作家としての打診を受けたとき、流行歌の作曲には自信がないことをのべて、社員入社を希望していた。

しかし、古賀は、その希望が叶わず、コロムビアからは「月二曲」を条件に強引に専属作曲家の契約を結ばされている。古賀は作曲家としての自分に全く自信がなかった。会社に毎日出社し社員の真似ごとをやっていたことも事実である。

古関と古賀は入社がほぼ同期ということもあり、お互いを励まし合いながら地下食堂で語り合うことが多かった。古賀はこのとき自分の音楽の夢はギター・マンドリン、プレクトラム音楽の演奏家として身を立てることであると古関に熱く語った。現に古賀は母校の明治大学のマンドリンオーケストラを指揮・指導していた。古関が古賀と将来の夢と抱負を語り讃え、励まし合っていたということは、古賀自身がまだコロムビア入社直後において、マンドリン・ギターのクラシック音楽を志向していたことになると捉えて差しつかえないであろう。現に古賀政男は入社後、「古賀正男」を作曲者名として使用していた。

古賀は、会社の意向である「月二曲」という条件を呑んで解雇を恐れながら、作曲家として恐る恐る仕事をしていた。だが、藤山一郎との出会いによって大きくその才能が開花して行くのである。

古関のデビュー曲は《福島行進曲》でジャンルは新民謡である。

胸の火　燃ゆる宵闇に
恋し福ビル引き眉毛
サラリと投げたトランプに

心にゃ　金の灯愛の影

「引き眉毛」というモダン語が登場することから、地方都市のモダン文化の隆盛が容易に理解できる。この頃の新民謡はご当地ソング的な地方小唄が多く、その土地の固有の地域的特色に加え、地方都市のモダン現象も詩句になっていた。三番の歌詞の〈柳並木に灯がともりゃ〉は、福島駅から真っ直ぐに伸びた大通りの両側の並木のことであり、その風情が歌われていた。

昭和に入り、近代定型詩、西洋音楽技法、洋楽演奏に特徴付けられる流行歌新時代を迎えると、地方の故郷色と日本情緒を盛り込み、その土地の名称をつけた新民謡の流行に影響され、地名を歌のタイトルにつけた「ご当地ソング」が作られるようになった。昭和四〇年代の演歌隆盛の時代、数多くの「ご当地ソング」が生まれたが、先駆的な企画と原型はすでに昭和初期に見られていたのである。殊に東京・大阪・京都の三大都市を中心に江戸情緒とモダン風俗がうまく融合した歌が昭和三年から五年にかけて作られた。《道頓堀行進曲》《銀座行進曲》《浅草行進曲》《東京行進曲》や「行進曲ブーム」を反映したものや、「○○小唄」という形式をとった《浪花小唄》《神田小唄》

《福島行進曲》（信夫山）色紙（古関裕而記念館提供）

《祇園小唄》などがそれぞれの情緒風景と風俗を描きヒットしていた。

これらのレコード歌謡企画は、都市文化（モダン感覚と外国情緒）と地方文化（日本調趣味と俗謡）の乖離を埋めるような志向があり、都市生活のなかに残滓する郷土調を描いた原始的郷愁や俗謡に潜む哀調を帯びた日本的肌合いを求める傾向を反映していた。古関の《福島行進曲》はこのような系脈に位置づけられるのである。

B面には、古関はやはり故郷福島をテーマにした《福島夜曲《せれなあで》》を選んだ。この曲は、昭和四年、福島で「竹久夢二展」が催された時、作曲したものである。古関は絵画にも関心があったので、鑑賞するために同会場を訪れた。竹久夢二が滞在中に書いたと思われる墨絵の福島の風景画とその下段に書かれた民謡調の歌謡に心を魅かれた。古関はこの詩画に深く感動し、早速、全部ノートに写して帰宅した。そして、感興のおもむくまま楽想を練ったのである。

古関はレコードに吹込むうえで次の三編を選んだ。

遠い山河たずねて来たに　吾妻しぐれて見えもせず
川をへだてた弁天山の　松にことづてしてたもれ
信夫お山におびときかけりゃ　松葉ちらしの伊達模様

弁天山は福島市を流れる阿武隈川を隔てて見える丘陵地である。信夫山は自然の色彩が豊かで桜の名所で知られている。古関は、哀調のある民謡調の歌曲に仕上げていた。《福島行進曲》は天野喜久代、《福島夜曲》は阿部秀子が歌った。天野は帝劇出身のオペラ歌手だが、ジャズ・ソングを二村定一と一緒に歌っていたので、流行歌には馴染みがあったが、阿部秀子の方はクラシックの声楽家で、言葉が不明瞭で歌唱力に難があった。福島では竹久夢二愛好家が比較的多いので、《福島夜曲》の方が地元では歌われた。だが、流行歌、いわゆるレコード歌謡としてのヒットというわけではなかった。クラシックの作曲を自負している古関はむしろ、流行歌で声価が決定しなかったことに内心では安堵していた。

日米野球行進曲

昭和六年九月二二日、古関夫妻が所属する「ヴァーカル・フォア合唱団」のソリストとしてオペラ、演奏に活躍した松平里子がイタリアのミラノにて急逝した。九月二九日、ドイツに留学していたテノールの奥田良三が帰朝して独唱会を開いた。奥田はすでに「鈴野雪夫」、「植森たかを」という名前でビクター、コロムビアで流行歌を吹込んでおり、ポピュラー音楽にも熱い眼差しを向けていた。

昭和六年八月新譜で古関裕而のユニークな新民謡・《平右衛《へい》（ヱ《ね》）門《も》》（北原白秋・作詞／古関裕而・作曲）が発売された。北原白秋の飄逸《ひょういつ》な詩想は卑俗な世界をユーモラスに描いたものだった。

古関は、奇抜な作曲法で楽想を深め、歌手・藤山一郎も格調を徹底的に捨て去り、白秋の卑俗な野調をくんだ俗謡的でユーモラスな歌唱だった。このレコードを聴いたかぎりでは、あのクラシックの殿堂・官立「上野」（東京音楽学校・現東京芸術大学音楽部）が期待する音楽学校生・増永丈夫が歌っているとは誰も思わなかったであろう。

藤山一郎は明治四四年四月八日、日本橋蠣殻町の生まれ。本名増永丈夫（声楽家）。幼少のころから、山田源一郎、弘田龍太郎、山田耕筰、梁田貞ら日本の近代音楽の巨匠らに師事し英才教育を受け、慶応幼稚舎時代には童謡をレコードに吹込んでいる。慶応普通部時代にはワグネルソサエティーのメンバーであり、ジャズバンドを結成するなど多岐に渡る音楽活動を行った。そして、クラシックの声楽家になるために東京音楽学校に進んだ。古関は、この慶応普通部（現慶応高校）から東京音楽学校というクラシックの音楽青年が何故に流行歌を歌うのか、不思議であり理解できなかった。しかも、「上野」では、声楽を船橋栄吉、音楽理論・指揮法をクラウス・プリングスハイムに師事し、来年にはベルリン国立歌劇場の音楽監督を務めたヴーハー・ペーニッヒがこの増永丈夫のために招聘されることになっていたのだ。

聞くところによると、増永青年は、昭和の恐慌で傾いた生家の借財返済に少しでも役立てようと流行歌の吹込みを始めたということらしい。ところが、音楽学校は校則で学校以外での演奏を禁止していた。卒業後に流行歌を歌うことは、すでに、徳山璉、四家文子、関種子ら「上野」出身らの声楽家が流行歌手として歌っているので問題にならないが、在校中は校則に抵触するのでまずかった。発覚すれば厳しい処分がまっていた。そこで、素性を隠すために芸名「藤山一郎」が生まれたのである。

古関はとにかく藤山一郎の歌で《山の唄》(中山輝・作詞/古関裕而・作曲)《輝く吾等の行くて》(佐伯たかを・作詞/古関裕而・作曲)を吹込んだ。スポーツ映画の主題歌として作られた行進曲風の歌だった。古関も藤山も吹込み料さえ貰えれば文句はないので、歌がヒットすることなど全く念頭においていなかった。

昭和六年一〇月一日、古関裕而は正式に日本コロムビア専属作曲家になった。コロムビアから朗報の通知を受けてからおよそ一年が過ぎていた。古関は《紺碧の空》の作曲以来、野球との結びつきを深めてゆく。

昭和六年一一月、読売新聞社は大リーグの選抜チームを招いた。このときのメンバーはすごかった。アメリカンリーグが誇るレフティ・グローブ、首位打者・アル・シモンズ、名捕手・ミッキー・カクレーンらフィラデルフィアのアスレチックスを中心に、ヤンキースのルー・ゲーリッグ、ドジャースのオドゥールら錚々たるメンバーだった。日本はプロ野球が発足する前であるから東京六大学のチームが中心となって対戦したのだ。

《日米野球行進曲》SPレコード
(古関裕而記念館提供)

日本コロムビアは読売新聞社とタイアップし、大リーグチームを歓迎するという意味もあり大会歌を作ることになった。作詞は久米正雄、作曲に古関裕而が起用された。古関は大リーグの一流選手の打球の凄さ、投げるボールのスピード感を旋律にしなければならなかった。ところが、歌詞には「野末を走る稲妻」「まこと草葉」など、洗練されたスピード感溢れる高度な大リーグ野球にそぐわない言葉もあり、古関は苦労した。古関は実際にアメリカのスタープレーヤーたちを見たことがない。想像力を駆使して作曲するほかなかったのである。

昭和六年一一月二日、アメリカ選抜チームの歓迎会が日比谷公会堂で開催された。そして、古関が作曲した《日米野球行進曲》が披露された。オーケストラの指揮は古関が担当することになった。古関は自伝に次のように記している。

「この歌を新交響楽団の伴奏で、大合唱団が合唱することに決まった。伴奏は私自身が三管編成のシンフォニーオーケストラに書きおろし、私が指揮をすることになった。

当時、東京市内随一の音楽の殿堂といわれた日比谷公会堂で、しかも、日本に一つしかない新交響楽団を指揮するというチャンスがこんなに早く到来するとは、思ってもみなかった」(『鐘よ鳴り響け』)。

日比谷公会堂には四千人のファンが集まった。古関はそのような大観衆を前に日本のクラシック音楽の殿堂・日比谷公会堂で指揮をしたのである。古関は一流の音楽家と同じステージに立ち感無量だった。

さて、試合だが、日本チームは一七戦全敗に終わった。だが、古関が作曲した《紺碧の空》で意気上がる早稲田・伊達選手の好投が光り、早稲田が八回まで五―〇とリードする試合などもあり、立教は〇―七、明治は〇―四と一応は試合にはなっていたゲームもあった。このような熱戦は日本の野球ファンを十分に熱狂させたのである。日米野球はその後も全慶応が〇―二と惜敗するなど、興行は大成功に終わった。《日米野球行進曲》もその成功に大いに貢献したのである。

古関は上京してから一年が過ぎようとしていた。古関は満足だった。敬愛する山田耕筰には励まされ、そして《平右衛（ヱ）門》を随分と褒められた。古関は山田の言葉に感激し涙が溢れそうになった。無難に作曲家としてデビューし、《紺碧の空》で古関裕而の名を知らしめ、レコード歌謡では新民謡に新たな境地を開拓したことに一層の自信を深めたのである。だが、昭和新流行歌時代は甘いものではなかった。古関には試練がまっていたのである。

二人の明暗

無事、日比谷公会堂での大役を終えて、安堵していた古関裕而に衝撃が走った。古賀政男がヒットの鉱脈をあてたのだ。《酒は涙か溜息か》（高橋掬太郎・作詞／古関裕而・作曲）が一世を風靡したのである。それは、昭和六年の秋、柳条湖事件を契機に満洲事変が本格的になりだした頃である。

歌唱者は藤山一郎。究極の声楽技術を正統に解釈して、豊かな声量をメッツァヴォーチェの美しい響きにして、効果的にマイクロフォンに乗せたクルーン唱法で古賀政男のギターの魅力を伝えたのである。古関は自宅の蓄音器でしっかりと《酒は涙か溜息か》を聴いた。古関は古賀のギターのテクニックに驚き、すでに知己を得ていた藤山一郎の奥の深い音楽の源を再認識した。そして、ヴァイオリンとチェロとのコラボレーションに新鮮さを感じたのだ。古関は《酒は涙か溜息か》のヴァイオリンを前田璣（環）が演奏し、チェロが新響の首席演奏者大村卯七による演奏とは知らなかった。しかも、セブンスコードの巧みさとベース音にはジャズのリズムが使用されていた。

古賀メロディーは古関が思っている以上であった。しかも、「古賀メロディー」は感傷のメロディーだけではなかった。昭和モダンをテーマにした青春の躍動があったのだ。

つづいて、藤山一郎が豊かな声量で高らかに歌いあげた《丘を越えて》（島田芳文・作詞／古賀政男・作曲）が大ヒット。藤山は《丘を越えて》の吹込みでは、かなりマイクロフォンから離れた位置から発声した。軟口蓋の後ろから突きぬけるようなスピントをかける。頭部共鳴への連動は神業である。響きが体から離れ飛んでゆくようだった。藤山はファルセットと実声を連動させているので清流のような澄んだ透明感もあり、声量・響きの増幅も自由自在であった。この藤山一郎の登場によって、「古賀正男」（マンドリン・ギター）は「古賀政男」（作曲家）の地位を得て流行歌の寵児になろうとしていた。日本の流行歌は古賀メロディー一色に塗りつぶされたかのようであった。

古賀メロディーが一世を風靡すると、社内では古関への風当たりが強くなってきた。古関にしてみれば、その理由が分からなかった。実を言うと、コロムビアは古賀政男と古関裕而を天秤にかけていたのだ。藤山一郎と二人（古賀・古関）を組ませ、どちらがビクターの勢いを止めコロムビアの巻き返しができる曲を作れるのか、実は競争させていたのである。コロムビアがこんな思惑で古関に仕事を依頼していたとは、古関は知るよしもなかった。

だが、古賀政男にもブレーキがかかった。《酒は涙か溜息か》のレコードがあまりにも売れすぎて、歌っている藤山一郎が東京音楽学校声楽科に在籍する学生、本学期待の増永丈夫であることが発覚して問題になり、藤山はレコード界から去ることになったからである。これが有名な「藤山一郎音楽学校停学事件」である。これはコロムビアや古賀にとって大きな痛手だった。

新鋭作曲家の登場——佐々木俊一と江口夜詩

昭和七年、古賀政男・藤山一郎による《影を慕いて》が巷では流行っていた。高度な声楽技術を駆使してポルタメントを加えた名唱盤だった。世相は、満洲事変の翌年であり、井上準之助、団琢磨が凶漢の手にかかり（血盟団事件）、神奈川県の大磯の心中事件とその後の猟奇事件で有名な「坂田山心中」、この「坂田山心中」の騒動のさなか、「問答無用」の一言で時の総理大臣犬養毅が青年将校に暗殺される「五・一五事件」がおきるなど、血なまぐさい不安な時代を象徴していた。このように不気味な「翳」が日本を覆い尽くしていた頃、古関裕而は苦闘の時代を迎えていた。

昭和七年三月、満洲国が建国された。古関はそれに合わすかのように《満洲征旅の歌》(桜井忠温・作詞/古関裕而・作曲)《我等の満州》(高橋掬太郎・作詞/古関裕而・作曲)を作曲した。古関はロシア民謡が好きだった。雄大な大陸から感じる異国情緒に魅了されていたのだ。満洲を舞台にしたこれらの歌の歌唱は藤山一郎とバリトン歌手の内田栄一。古関は内田とはヴォーカル・フォアで親交があった。この頃から菅原明朗との付き合いも始まった。

昭和七年四月二九日から四日間にわたって、フランス女流ヴァイオリニスト・ルネ・シューメが東京劇場で独奏会を開いた。さらに五月三一日、日比谷公会堂で告別演奏会を催し、彼女自ら編曲し宮城道雄・作曲《春の海》を演奏した。同ステージでは作曲者の宮城道雄との共演も見られ聴衆に感銘を与えた。それより、二日前であるが、妻金子が敬愛する三浦環が一二年ぶりに帰朝しており、東京劇場で独唱会を催した。六月一一日、フランスから留学を終えて帰国していた荻野綾子が朝日講堂で演奏会を開き、同じく渡仏していた佐藤美子が日比谷公会堂で独唱会を開いている。音楽学校で声楽を学び声楽家を目指している金子にとって、日本声楽界の動向は大きな刺激になっていた。

流行歌では、昭和七年の初夏、《天国に結ぶ恋》(柳水巴・作詞/林純平・作曲)が流行した。神奈川県の大磯の心中事件とその後の猟奇事件で有名な「坂田山心中」を題材にした時事歌謡である。慶応の学生・調所五郎と静岡の素封家の娘・湯山八重子は親の反対にあって結ばれず、二人は自殺した。それを悲しんでの心中だった。とはいえ、昭和モダンの「翳」が目立ち始めた頃、《天国に結ぶ恋》は徳山璉とアルトの四家文子の歌唱で哀歌として世に広まったのである。

藤山一郎無しの古賀メロディーは劣勢だった。そこにビクターには新鋭佐々木俊一という作曲家が現われた。佐々木俊一のメロディーは楽想が広く、叙情性と哀愁豊かな旋律と慕情溢れる曲想に特徴がある。今度はビクターの挽回が始まることになった。佐々木俊一は、明治四〇年九月二七日、福島県浪江町の生まれ。古関と同じ福島県出身である。

佐々木俊一は、東洋音楽学校に学び、浅草・富士館のオーケストラボックスでチェロを弾いていた。電気吹込みと外資系レコード会社の設立によって新時代を迎えた頃、映画館楽士からレコード会社のバンドマンに転向した。佐々木はバンドオーケストラの一員でありながら、仕事が終わった後、夜遅くまでピアノに向かい作曲をしていた。その努力が実り、《涙の渡り鳥》が誕生した。レコードは小林千代子の歌で、昭和七年一〇月に新譜発売された。藤山一郎の古賀メロディーで形勢を逆転させたコロムビアを追う立場になっていたビクターにとって、願ってもないヒットだった。小林千代子は、佐々木俊一と同じ東洋音楽学校（現東京音楽大学）出身の歌手。金色仮面という覆面歌手として話題を呼んでいたが、このときは覆面をすでに取っていた。

同昭和七年の晩秋、《忘られぬ花》（西岡水朗・作詞／江口夜詩・作曲）というロマンチックな抒情歌謡がポリドールから発売された。江口夜詩という新しい作曲家が歌謡界で注目されたのである。《忘られぬ花》は江口自身、亡き妻を思いピアノの鍵盤を涙で濡らしながら作曲したと言われている。江口は古賀政男の《酒は涙か溜息か》を意識して作曲した。当然伴奏にもギターが使用されていた。歌手は新人の池上利夫。後の松平晃である。西岡水朗の抒情詩に甘美なメロディーをつけた江口夜詩の新しいギター曲と新しい歌手の登場だった。

その《忘られぬ花》のヒットによって、作曲者の江口夜詩が注目された。江口夜詩は、本名江口源吾。明治三六年生まれ。一六歳のとき海軍軍楽隊に入った。海軍省委託生として東京音楽学校に学んだ。昭和三年には、昭和天皇即位大典演奏会で吹奏楽大序曲《挙国の歓喜》を発表した。流行歌の作曲はビクターから発売された（昭和四年一一月新譜）《夜の愁》（玉置光三・作詞／江口夜詩・作曲＊B面も江口夜詩作品）である。昭和六年五月、海軍を除隊してポリドールの専属で活動したが、その後、フリーの立場をとりながら、各レコード会社で流行歌の作曲をしていた。多種多様に楽器を使い、吹奏楽の演奏手法を巧みに取り入れた楽想を流行歌に込めた新しさがあった。

漂う暗雲

佐々木俊一、江口夜詩が台頭し始めた頃、古関はコロムビアでの仕事が減ってきていた。古関の周辺には暗雲の翳が蔽いかぶさり始めていたのだ。だが、古関は現状に満足していた。自分はクラシックの作曲家だという自負が強く、《紺碧の空》の作曲で人気絶頂を誇る東京六大学野球に名を轟かせ、《日米野球行進曲》では日比谷公会堂で指揮を振るなど、音楽家としての地歩を着実に築いていると思っていた。その頃、ハーモニカの大御所宮田東峰（コロムビア専属）から、「ミヤタ・

バンド」の指揮を依頼された。このバンドはハーモニカのオーケストラとしては日本最高峰であり、古関はクラシック作品が演奏できると思い、喜んで引き受けた。

当時、ハーモニカ・バンドは、行進曲が中心だったが、古関はそのレパートリーや演奏形式を一変させた。ドビュッシー、ラベル、ストラヴィンスキーなどの楽曲をちりばめた。同オーケストラの上原秋雄の独奏をいかし、メンデルスゾーン、ベートーヴェンの《ヴァイオリン・コンチェルト》を演奏した。

古関が指揮するようになってから、「ミヤタ・バンド」は斬新なハーモニカオーケストラとして注目を浴びるようになった。歌手にはコロムビア専属の中野忠晴、ミス・コロムビアらが度々出演した。古賀政男が明治大学のマンドリンの学生オーケストラを指揮するなら、古関はハーモニカオーケストラを指揮しクラシックのスタンスをあくまでもとろうとした。

藤山一郎がクルーン唱法でギター曲の魅力を伝えて以来、ギター曲が流行歌の主役になり始めた。その頃、古関もギター曲に挑戦している。《山のあけくれ》（松坂直美・作詞／古関裕而・作曲）のB面《時雨する頃》（松坂直美・作詞／古関裕而・作曲）がそうである。歌唱は美貌のソプラノ歌手の関種子。東京音楽学校出身の才媛である。古関は声楽家が自分の作品を歌ってくれることに満足だった。

この曲の伴奏のギター演奏は古賀政男である。古関は古賀のギター演奏のテクニックに驚いた。「ギターの詩人」の形容がぴったりだった。古関は、古賀政男という人はギター演奏家としても大成できた人であると思った。だが、古関が師事している菅原明朗は古賀政男のギターを認めていなかった。菅原は、流行歌にギターを融合し楽器の表現力の可能性を広めたという点を評価しようとせず、古賀のギター芸術に邪道のレッテルを貼り、まったく音楽価値と芸術性を与えようとしなかったのである。

古賀はギター・マンドリン演奏家としても一流である。だが、《時雨する頃》のレコードは妻金子が憧れる声楽家・関種子の歌唱と古賀のギター演奏にもかかわらずヒットしなかった。関種子は流行歌にある程度の理解をしめす声楽家である。しかし、声を張りオペラ調に歌唱することから完全に抜けきれておらず、ギター歌曲の繊細な情緒表現には難があることは言うまでもなかった。一方、佐々木俊一は、昭和七年の暮れ、さらに《島の娘》(長田幹彦・作詞/佐々木俊一・作曲)という大ホームランを放った。作詞は長田幹彦。小唄勝太郎が一躍大スターの座についた。絹糸のような細い美声で官能豊かに歌い上げ、〈ハァー〉が女心をやるせなく燃え上がらせた。ライバルの市丸(ビクター専属)と共に日本情緒艶やかな歌声で多くの歌謡ファンを魅了したのだ。そして、小唄勝太郎、市丸の登場がその邦楽的技巧表現を十分に堪能させた艶歌唱法によって衰退していた流行り唄・演歌を演歌系歌謡曲として復活させたのである。

コロムビアは古賀政男に続くヒットメーカーとして、新たな作曲家を必要としていた。ライバルビクターは大御所中山晋平と新鋭の佐々木俊一の両輪で打倒古賀メロディーを図っていた。コロムビアは、江口夜詩を専属に招く方針を決定した。コロムビアは古賀政男と競わせようということなのだ。

昭和七年一二月二七日、早速、《浮草の唄》（久保田宵二・作詞／江口夜詩・作曲）という江口夜詩の曲がコロムビアで吹込まれた。昭和八年二月、江口夜詩はコロムビアに正式入社。江口夜詩は、コロムビア専属作曲家として同専属作曲家古賀政男と激しい競争を展開するのである。そして、さらにコロムビアは日本調の芸者歌手赤坂小梅、すでにアメリカでデビューしていた二世歌手の川畑文子を専属アーティストに加えた。

古関裕而の二月新譜は《国立公園日本アルプス行進曲》（本山卓・作詞／古関裕而・作曲）だった。また、二月新譜の中には松竹映画・『限りなき舗道』の主題歌・《限りなき舗道》（佐藤惣之助・作詞／古関裕而・作曲）《街の唄》（北村小松・作詞／古関裕而・作曲）も発売されたが、ヒットしなかった。

専属契約解除の危機

江口の入社以来、古関への風当たりもますます強くなっていた。古関の場合は、実績のある古賀のように作曲上のスランプによる理由からヒット曲を書けないということではなく、もはや専属作曲家として失格という烙印がおされていた。専属レコード歌謡作家は会社の利益となるヒット曲を書いてこそ、会社において存在価値が認められているのである。

古関はクラシックの作曲家であるという自負を曲げることがなく、社内の風当たりなどいっこうに気にしない様子だった。菅原明朗の下でリムスキー・コルサコフの音楽理論の勉強も怠らなかった。妻が声楽の勉強に励み、自分は音楽理論の本格的理論研究に没頭する日々を送っていた。古関の日々の音楽追究と研鑽は充実していたのだ。だが、古関には社内でますます厳しい眼差しが向けられていた。そして、コロムビアはついに古関に対して契約をしないという趣旨のことを通告してきたのである。契約解除通告である。

コロムビアは江口夜詩の入社によって、もはや古関裕而は必要ないと判断した。古関にとってこれは寝耳に水であった。契約解除を通告された時、古関は専属契約打ち切り理由が分からなかった。このとき、古関はようやく自分の立場が理解できた。専属になって、二年目、ヒット作品を創作できないようでは会社の利益にはならない。古関裕而という作曲家はもはやコロムビア内に存在する意味がないということなのである。

古関は自分に求められているのは、クラシックの作曲家ではないことが分かった。あくまでも流行歌の作曲家として専属作家の地位があたえられていたにすぎなかった。それがようやく理解できた。古関は、音楽学校を出ていない自分など音楽家として認められていなかった現実を目の当たりにし、直面した危機的状況に愕然とした。古関は振り返って見て、なぜ、古賀政男が社員入社にあれほどまでに拘っていたのかが今になってよく分かったのだ。ヒットがなければ、流行歌の作曲家は会社にとって不必要である。会社の利益にならない専属作家など無用の長物だった。そのような苦しい立場に立たされた古関を救ったのは古賀政男だった。

古賀は文芸部長の和田登（竜雄）を通じて会社の重役に古関解雇の件を直訴した。古関のようなクラシック音楽を基調にした芸術家肌の作曲家をヒットの損得で判断してはならないと訴えたのである。それはスランプに喘ぐ古賀自身のことでもあった。古賀においても、まだ、この頃はギター・マンドリンへの芸術の魂を失っていなかった。古賀はコロムビアの専属作曲家でありながらも、明治大学の学生が組織するマンドリンオーケストラの指揮者であり指導者であった。定期演奏会の第一部・古典音楽において必ずクラシック作品を指揮し、純粋に音楽を追求する姿勢を保っていた。そのような古賀だから音楽を愛し日々追究し研鑽を怠らない古関を理解できたのである。もし、古賀が古関を擁護しなかったならば、古関はまちがいなくコロムビアを解雇されていたであろう。

コロムビアは、同社のヒットメーカーとして実績のある古賀政男の主張を聞き入れた。古賀の「芸術家はスランプがつきもの」という発言に納得したのだ。創作芸術に必要な充電期間に利益優先主義を理由に契約が左右されたら、たまったものではない。ましてや、スランプを理由に解雇されたのでは、安心して作曲などできるはずがない。

古賀がこのような言葉を発したのも、彼自身流行歌・レコード歌謡のヒットメーカーという意識よりも、芸術家・音楽家というそれがやはり強かったからである。古賀は一世を風靡したヒットを得たのも、たまたまアルバイトの素性を隠した覆面歌手・藤山一郎が歌ったおかげであることを十分に認識していた。その藤山一郎の存在は古賀の前からは消えていた。だから、次のヒットの鉱脈を得るための新たな創作芸術には時間が必要なのである。古賀も苦しんでいた。

さて、話題の藤山一郎（増永丈夫）が昭和八年年三月、東京音楽学校声楽科を首席で卒業した。昭和七年の暮れ、クラウス・プリングスハイム指揮の《ローエングリン》の独唱（日比谷公会堂）では、マリア・トール、ヴーハー・ペーニッヒら外国人歌手に伍して堂々とバリトン独唱し豊かな将来性を示した。卒業演奏ではパリアッチのアリアを独唱し「上野最大の傑作」の賛辞を得た。そして、改めて誰憚ることなくビクターと専属契約を結び、世に定着した「テナー藤山一郎」と「声楽家増永丈夫」をスタートさせたのである。

藤山一郎のビクター入社は古賀政男を中心としたコロムビアにとって大きな痛手だった。なぜなら、日独親善をかねてのドイツのハーゲン・ベックサーカス団の来日宣伝のために作った《サーカスの唄》の歌手に藤山を予定していたからだ。また、当然、藤山はニットーレコードで「藤井龍雄（竜男）」の変名で江口夜詩の作品を吹込んでいたので、藤山がコロムビアに来れば、当然、江口夜詩とコンビを組んだであろう。コロムビアとしてはニットーで実現していた藤山—江口のコンビも予定していた。

当時、ビクターには、藤原義江、関屋敏子らの赤盤芸術家、中山晋平、古関が敬愛する橋本国彦、徳山璉、四家文子らの「上野」出身の先輩らがいて、クラシックと流行歌との両立ができる雰囲気があった。しかも、ビクターとしては、クラシックの名盤を鑑賞する家庭にも流行歌を、という方針からも藤山一郎の入社は当然のことだったのである。古関にとっても藤山一郎は、待ち望んでいた歌手である。古関は藤山のレジェロなテノールの音色を生かした爽やかな歌唱で軽快なマーチ風の曲を考えていたからだ。

《サーカスの唄》に藤山一郎が使えないとなると、それに代わる男性歌手が必要になった。中野忠晴のような外国系のポピュラー歌手では、古賀の哀愁に満ちたセンチメンタルな感情表現が難しい。古賀政男のスランプに拍車がかかった。

古関は中野の歌で地元歌、行進曲をすでに吹込んでいた。昭和七年一〇月新譜発売の《八戸行進曲》(谷草二〔郎〕・作詞/古関裕而・作曲)は東奥日報社懸賞当選歌だったので、地元では好評だった。だが、中野のバリトンは重く、スイートな軽快さが求められる流行歌には不向きだった。

コロムビアの文芸部は、上野の音楽学校の学生(師範科在学)を古賀政男と西條八十の前に連れて来た。この青年は、藤山がニットーレコードに紹介した福田恒治という青年である(「大川静夫」の名でデビュー)。福田青年は松平晃という芸名をコロムビアで名乗った。昭和八年三月新譜の松竹映画『椿姫』の主題歌《かなしき夜》(西條八十・作詞/江口夜詩・作曲)を吹込み、コロムビアからデビューした。コロムビアは、ビクター専属テナー藤山一郎の対抗馬として、新鋭・松平晃を歌謡界に登場させたのである。新たな青春歌手の登場だった。

厳しい現実とスランプ

昭和八年に入り、古関は、専属契約打ち切りという最悪の危機は脱してはいたが、ご当地ソングの行進曲、市民歌など、いわゆる、ヒット競争とは無縁の仕事すら無くなっていた。同年五月新譜の古関メロディーは僅か《外務省警察歌》（岩崎栄蔵・作詞／古関裕而・作曲）だけだった。六月新譜は《春のうたげ》（野村俊夫・作詞／古関裕而・作曲）《青森市民歌》（岩村芳麿・作詞／古関裕而・作曲）の二曲、《青森市民歌》はAB両面なので、結局古関メロディーの六月新譜発売レコードはたった二枚のみだった。

七月新譜発売は《五色旗の下に》（島田芳文・作詞／古関裕而・作曲）と《萬里の長城》（島田芳文・作詞／古関裕而・作曲）はAB面にカップリングだから、七月の新譜発売レコードはたった一枚しか発売されなかった。

《萬里の長城》では初めてコロムビアの新たな看板歌手・松平晃とコンビを組んだ。だが、古関は松平の甘いバリトンを生かしきれずにヒットには程遠かった。

大御所中山晋平と新鋭佐々木俊一を擁するビクターと古賀政男と江口夜詩を掲げるコロムビアのヒット競争のさなか、コロムビア社内における江口メロディーと古賀メロディーの競争は熾烈な戦いだった。古関はそのような状況のなかで創作に苦しんでいた。純粋歌曲ではヒットは出ない、俗謡の哀調趣味は避けたい、「ヨナ抜き」音階ではハーモニーが薄くなり、楽曲としての充実感が無くなる、古関は悩んだ。

コロムビアは、藤山一郎を失った片翼の古賀メロディーから江口―松平コンビに看板の主役を変更しつつあった。古賀メロディーで一世を風靡した古賀政男でさえ、ヒットがなければ、厳しい状況を迎えることは時間の問題であった。あの古賀政男でも、ヒットの源泉が枯れると掌を返されて針の筵《むしろ》に座らされることになるとは、そう考えると古関はますます不安を覚えたのである。

古関はコロムビアのスタジオで古賀政男を見かけるが、精鋭を欠いていた。常勝古賀メロディーへの期待の重圧だけではなかった。また、スランプから来る疲労だけでもなかったようだ。

昭和八年六月、日本のクラシック界はクラウス・プリングスハイムと近衛秀麿のベートーヴェン・《第九》の競演が大きな話題となっていた。東京音楽学校のオーケストラを指揮するクラウス・プリングスハイムと、新響を率いる近衛との対決だったのである。六月一八日、日比谷公会堂においてクラウス・プリングスハイムの指揮で颯爽と第四楽章のバリトンの逞しいソロを響かせたのが、期待の新鋭増永丈夫だった。まるで、響きが体から離れ眼の前に飛んでくるような感じでホールの隅々まで響き、豊かな声量・響きと確実な独唱は聴衆に感銘を与えたのである。

当夜の聴衆は、テノールのような美しい音色を持つバリトン歌手が、まさか古賀メロディーのギター曲の魅力を伝えた流行歌手テナー藤山一郎であるとはとても信じられなかった。古関も同様だった。と同時に美しいテナーのメッツァヴォーチェから声量豊かなバリトンまで自由自在に発声する増永丈夫の高度な声楽技術に感銘したのである。この藤山一郎と古関裕而の合作芸術が十分に発揮されるのは、やはり戦後を待たなければならなかった。

昭和八年九月新譜の《東京祭》(門田ゆたか・作詞/古賀政男・作曲)は、《東京音頭》(西條八十・作詞/中山晋平・作曲)の前に敗れた。B面を人気上昇中の松平晃が歌ったにもかかわらず、中山晋平—西條八十コンビの《東京音頭》の前に消されてしまったのである。古賀としては自信作のはずだったが、完敗だった。

古賀は、このレコードが発売された頃、肺浸潤を患った。昭和八年八月二一日、神田杏雲堂病院に入院した。中村千代子との結婚生活の行き詰まり、また、《東京祭》の敗北、藤山一郎無しでの各社レコード会社とのヒット競争、同じコロムビアでの江口夜詩とのライバル関係等々、古賀は追い詰められていたのだ。ここに天才作曲家古賀政男の知られざる苦悩があったのである。完全なスランプだった。

昭和八年一〇月九日、古賀は正式に離婚した。古賀の結婚はあきらかに失敗であった。古賀は、音楽で結ばれ愛を育んだ古関夫妻の姿を理想に東洋音楽学校出の中村千代子という女性と結婚したはずだったが、音楽を基本にした夫婦生活を営むことはできなかった。古関夫妻のように音楽を通しての夫婦愛を築くことができなかった。中村千代子は虚栄心が強く、古賀を利用することしか考えていなかった。

昭和八年の晩秋から九年の四月まで、古賀政男は病気回復と精神的に負った傷を癒すために伊東の温泉で静養した。当然、その間の作曲活動は中断である。とにかく体を休めたかった。古賀は静かに傷を癒していた。古賀が雲隠れした後、古関は矢面に一人立たされていた。コロムビアにとっては、ヒットの鉱脈を当てることができなくなった作曲家は必要ないのである。

伊藤久男との出会い

古関がスランプに喘ぎ、また、いつ襲ってくるかもしれない会社からの解雇通告に怯えながら、音楽追究の日々を送っていた頃、伊藤久男が古関の紹介でコロムビアに入社した。本来なら頼もしい助っ人になるはずだが、古関には伊藤の入社を素直に喜べるほどの余裕がなかった。ヒット曲を満足にかけない作曲家は肩身が狭かったからだ。

昭和の歌謡曲の歴史において古関メロディーを彩った歌手に伊藤久男を挙げなければならない。古関裕而にとっても、身近な歌手の中で最も親しく、信頼していた歌手が伊藤久男であった。それは、やはり、二人を育んだ福島という故郷がそうさせていた。

伊藤久男の歌声は、雄大な山脈のようにダイナミックである。勇壮さと哀愁がある感情豊かで男性的な美声で多くの歌謡ファンを魅了した。

伊藤久男は、明治四三年七月七日、福島県安達郡本宮町（現本宮市）に伊藤弥《わたる》と千喜の四男として生まれた。本名は四三男。本宮小学校時代から唱歌がうまくピアノを習い音楽に天賦の才が見られた。四三男は兄・幟がアメリカ旅行のお土産として持参した蓄音器でビクターの赤盤歌手エンリコ・カルーソーのテノールを聴いて感銘し、将来の夢を音楽家へと膨らませた。伊藤は、東京農大に進学したものの音楽への志やみがたく、そこを中退して世田谷の代田にあった帝国音楽学校に入学した。伊藤は、音楽学校へ通いながら、近くで声楽塾を主宰していた福島県出身の声楽家平間文寿（テノール）に声楽を学んだ。ところが、勝手に音楽学校へ転校したことが親代わりの兄・幟に知れ、学費の仕送りを止められてしまった。そこで、学費を工面するために、廉価盤のマイナーレーベルのリーガルレコードでレコードを吹込むことになったのである。

伊藤は、入学当初から音楽学校の仲間とレコード会社で新民謡の囃子、三味線歌手と交互に歌う合いの手を手伝うアルバイトをしていたこともあり、古関裕而の紹介もあってレコード歌手の仕事を始めたのである。

リーガルレコードはメジャーレーベルのコロムビアから発売された歌の歌詞だけを変えてメロディーはそのままで発売するという海賊盤的な性格もあり、しかも、値段もコロムビアが一枚一円五〇銭に対して八〇銭と安く、そのレコードを歌う歌手も「リーガル歌手」と呼ばれ一段低く見られていた。実を言うと、古関は日本蓄音器商会のもう一つのマイナーレーベルのヒコーキで自作品を吹込んでいた。《静かな日》（三木露風・作詞／古関裕而・作曲）《たんぽぽ日傘》（西岡水朗・作詞／古関裕而・作曲）を妻の金子（内山金子）が歌って吹込んだ。自分はクラシックの音楽家、妻は声楽家を夢見ていたが、三木露風、西岡水朗が作詞とはいえマイナーレーベルでの仕事は惨めだった。

古関はメジャー・マイナーの格差・格付けのあるレコード歌謡の世界を知らない妻には日本歌曲レコードと言って納得してもらった。多種少量生産のシステムでカフェー街をターゲットにした使い捨てレコードの消耗品とはとても妻には言えなかった。しかも、同種の関西系のマイナーレコードは正規のレコード店ではなく、露天の夜店で売られていた。ヒット曲を書けない作曲家は必然的に廉価盤のマイナーレーベルの仕事が待っていたのである。その証拠にメジャーレーベルのコロムビア発売・《肉弾三勇士の歌》は同タイトルで山田耕筰と古賀政男はAB面のカップリングだったが、古関の《肉弾三勇士の歌》(清水恒雄・作詞/古関裕而・作曲)はヒコーキからのマイナーレーベルでの発売だった。

伊藤久男は、昭和八年三月新譜の《今宵の雨》(高橋掬太郎・作詞/今井三郎・作曲)でリーガルレコード(コロムビアの傍系会社)からデビューした。「四三男」を「久男」にして「伊藤久男」と名乗った。同年秋、伊藤久男は、メジャーレーベルのコロムビアからもデビューする。昭和八年九月新譜の《ニセコスキー小唄》(森田作郎・作詞/小松平五郎・作曲)を歌った。この時は「伊藤久男」ではなく、出身地の本宮町(現本宮市)をひっくり返し「宮本一夫」という名前で吹込んだ。宮本武蔵にあやかり、そこにはコロムビアとリーガルの二刀流の意味も込められていたらしい。

同年一一月新譜発売の《旅に泣く》(久保田宵二・作詞/千振勘二・作曲)からコロムビアで「伊藤久男」を使用し、同月リーガルから宮本一夫歌唱による《酒場の唄》(高橋掬太郎・作詞/山野芳作・作曲)が発売された。

そして、一二月の新譜発売から、コロムビア＝「伊藤久男」、リーガル＝「宮本一夫」に入れ替え双方のレーベルで使い分けた。だが、念願のメジャーレーベルとはいえ、コロムビアで吹込んだレコードはご当地ソングが多く、ヒットを狙うという種類のものではなかった。

オペラ歌手平間文寿に仕込まれた伊藤久男のバリトンは、ヴェルディーのバリトンをこなせるほどのドラマティックな叙情性に溢れていた。テノールの低い音域も出るので、バリトンとしてはかなりの期待が持てた。古関の妻金子も夫と同じ意見を持っており、伊藤の才能を認め、頻りに最期までオペラ歌手を目指すことを勧めていた。伊藤久男は古関と同様に苦闘の歌手生活を送っていたが、やがて、歌謡界の新たな展開に奮起することになった。

状況の変化

昭和九年一月新譜で古関メロディーの流行歌、三曲が発売された。その中の一曲を歌った歌手に荘司史郎という歌手がいた。この歌手はキング・ポリドール専属の東海林太郎である。東海林太郎はコロムビアで変名を使って数曲吹込んでいる。だが、ほとんど話題にならなかった。

古関は東海林がクラシックの声楽家を熱望していたことを知っていた。その夢を実現するために、東海林は満鉄を辞したのである。音楽学校を出ていないということもあり、売り込み先のレコード会社からは門前払いの憂き目に遭っていた。それは古関が専属であるコロムビアでも同じだった。

ところが、時事新報社主催の音楽コンクールの声楽部門で入賞すると、レコード会社の態度が急変したのだ。コロムビアも態度を変えたレコード会社の一つだった。

東海林太郎はすでにキングとポリドールの両方の専属になっていたので、コロムビアでは変名を使って吹込んだ。その中に古関メロディーがあった。《春の哀歌《エレジー》》（島田磬也・作詞／古関裕而・作曲）である。古関メロディーでは異色の感傷歌だった。

東海林は、声楽家ではなく流行歌手としてレコードを吹込まざるを得ない状況に落胆していた。古関は東海林とは個人的には伊藤久男を通じて知己となった。東海林は当時平間文寿にも声楽を師事していたので、伊藤久男とは同門の誼みだった。

古関も歌手と作曲家の立場を変えれば東海林太郎と同じ心境だった。詩人が歌謡作家になり、クラシックの技法・洋楽の手法で作曲され、洋楽演奏家が流行歌を歌う新時代とはいえ、メジャーレーベルは多種大量生産、マイナーレーベルは多種少量生産の違いこそあれ、粗製乱造の時代であり、しかも、艶やかな邦楽唱法の小唄勝太郎の登場によって、「ユリ」を濃く、独特の節回で哀調を帯びながら媚態的に歌う演歌系歌謡曲の復活が明確になっていた。ところがこれが、皮肉にも東海林太郎時代へとリンクされて行くのである。

東海林太郎が変名・「荘司史郎」で歌った古関作品が発売されてからまもなく、二月新譜の《赤城の子守唄》（佐藤惣之助・作詞／竹岡信幸・作曲）で東海林太郎は一躍スターダムに押し上げられた。これは発売元のポリドールも全く予想外だった。民謡風とはいえ、股旅という「ヤクザ」をテーマにしたレコード歌謡は哀調溢れる艶歌調を濃くした分、浪花節愛好家の心情にマッチした。

アルバイトで歌った藤山一郎は別として、松平晃、東海林太郎が歌ってヒットしないとなれば、古関メロディーではヒットの鉱脈を当てることはできないという判断がコロムビア内部において再び生まれたとしても不思議ではなかった。確かに、古関はクラシックに固執するかぎり、ヒットは望めないことは十分に理解していた。だが、頭では状況を認識できても、いざ曲を作るとなるとなかなか思うように楽想を練ることができなかったのである。

日比谷公会堂は、昭和七年九月、新交響楽団が定期演奏会の会場の定位置にして以来、さらにクラシック音楽の殿堂の存在価値を高めていた。古関は、いつの日か再び新響を指揮したように自作品を日比谷公会堂でオーケストラを指揮して演奏したいと思うたびに、ますますクラシックへの情熱を燃やす日々を送っていた。古関はその思いを抑えることができなかった。しかし、ヒット曲を書けなければ、コロムビアにとって古関裕而という作曲家の存在意義はなかった。古関は苦しんだ。

古関は、コロムビアからの解雇通告に怯えていた。それは憂鬱で不安な日々だった。そこへ、古関にとっては衝撃的なニュースが伝わった。それは、古賀政男が正式にコロムビアを辞めるということだった。状況が変化したのだ。古賀はテイチク移籍をめぐってコロムビアと係争中だった。古賀とテイチクの関係は、古賀が伊豆の伊東の温泉宿で南口重太郎と接触したことから始まるが、それ以前に古賀政男が「正木真」という変名でテイチクから自作品をリリースした事実があり、かなり、密接な間柄であったことは歌謡史の秘話として伝えられている。

結局、コロムビアは折れ、古賀のテイチクへの移籍を認めたのだ。昭和九年五月一五日、テイチクの東京文芸部が古賀政男を中心に発足した。そうなると、コロムビアはポリドールの東海林太郎旋風を含めて新興勢力に対抗するために一人でも作曲家が必要だった。古関裕而は専属契約破棄という解雇対象どころか、古賀メロディーに対抗するための重要な戦力の一人に加えられた。古関裕而のコロムビア残留は決定したのである。

利根の舟唄

コロムビアの社内には緊張感が漲っていた。テイチク専属となった古賀政男が挑んできたからだ。社運をかけたヒット競争の緊迫感の中で、古関裕而は、コロムビア専属作曲家となって以来、初めてレコード歌謡・流行歌の作曲に心底から本格的に苦しんだ。なぜなら、本気でヒットを意識したからである。今までは、自分はクラシックの作曲家であるという自負が頭をもたげ、逃げていた面があった。だが、このままヒットを出さずに終われば、いずれは最後通牒としての専属打ち切りという解雇通告を受けることが決定的だ。前回は古賀政男の助け舟があったが、今度はタイム

《利根の舟唄》楽譜ピース
（古関裕而記念館提供）

リミットである。

とはいえ、己の楽曲創作においてクラシックの格調は失いたくない。古関は大御所山田耕筰を理想にすればするほど、歌曲の作曲への夢を抱きながら、試行錯誤を繰り返し苦悩し苦闘の日々が続いていたのである。

西洋音楽の技法によって日本人の心情を表現するためには、流行り唄、江戸俗謡が孕む低俗な感傷趣味、頽廃性を帯びたセンチメンタリズム、日本人の伝統的な肌合いは必要である。とはいえ、邦楽的技巧表現ともいえる微妙な節回しは洋楽の記譜法で表現することがほぼ不可能である。西洋音楽は「十二平均律」による記譜法であるから、洋楽音符で示されるレガートなメロディーラインのなかに「微妙な音」の表現が不可能なのである。古関はこの矛盾を克服する途を模索した。

古関は苦しんだ末、メロディーの源泉を日本民謡に求めた。頽廃的哀調を避ける意味でも、農村民謡が流入し都会化される以前の純粋な民謡にメロディーのそれを求めたのである。西洋では近代以前の民族独自の音楽文化を尊重する。日本においてそれに相当する伝統音楽の一つに民謡があるのだ。古関はそう考え、原始的ではあるが生活感情の生命エネルギーに音源（楽想の基調）を求めたのである。だが不安もあった。なぜなら、昭和八年夏に赤坂小梅の歌で発売された《月は宵から》（南四郎・作詞／古関裕而・作曲）は楽曲の完成度の高さが好評だったにもかかわらず、思ったほどのヒットではなかったからだ。広い意味で捉えれば、邦楽歌謡も民謡も日本調である。その日本調でヒットを出せないのに果たして民謡でヒット曲を書けるのだろうか。だが、古関には時間がなかった。とにかく、古関は民族の音楽美感を民謡に求め、その研究を始めたのである。

古関は作詞家の高橋掬太郎と一緒にヒット作品の素材を求めて水郷で有名な茨城県の潮来へ赴いた。土浦から古びた一銭蒸気に乗った日帰りの小旅行である。潮来はひっそりとした寂しい町であった。二人は舟を雇って出島、十二橋と水郷の風景を隅々まで見て回った。

高橋は純農村地帯の素朴な風景からインスピレーションが湧いたらしく、甘い「利根の朝露櫓柄《ろづか》がぬれる。恋の潮来は　恋の　恋の潮来は身もぬれる」という抒情詩を練り上げた。古関は、春の潮来から黄昏《たそがれ》に近い秋の利根川の流れに浮かぶ小舟を想像した。

「あのひっそりとした潮来や静かな木々の影を映す狭い水路を思い浮かべると、私にはすぐメロディーが浮かんだ」（前掲、『鐘よ鳴り響け』）。

利根の朝霧　櫓柄《ろづか》がぬれる
恋の潮来は　恋の
恋の潮来は　身もぬれる

たそがれてゆく初夏の利根川の風景は古関の楽想を豊かにしていたのである。

日本の流行歌には「マドロスもの」というジャンルがあるが、その源流は「潮来もの」と呼ばれる水郷での生活である。古関は、水郷生活の風景をテーマに「さすらい」という漂泊の感情を旋律に込め、それが大衆の心にふれることに成功したのである。

編曲は奥山貞吉が担当することになった。古関は間奏に潮来の地方色を出すために尺八を使うことを指定し、コロムビアのオーケストラの演奏に川本晴朗の七孔尺八が入った。コロムビアの人気歌手松平晃がこの《利根の舟唄》を歌うことになり、昭和九年八月新譜で発売された。コロムビアのドル箱作曲家・江口夜詩のメロディーの第一人者・松平晃が歌って、もしヒットしなかったら、コロムビアの看板・スター歌手松平の面子をつぶすだけではなく、もはや古関はコロムビアでは不要となるのだ。だが、それは杞憂だった。

《利根の舟唄》は、松平晃の甘いバリトンによって、浪花節的な悪どい演歌調にならなかった。虚無的な頽廃を抑制してくれたおかげで、利根の抒情が伝わり好評だった。松平という人は、東京音楽学校で学んだというプライドが高く、音楽学校出身でない者に対しては冷淡なところがあった。だが、古関に対しては違っていた。むしろ、松平は古関の音楽研鑽に畏怖の念を持っていた。

ようやく、古関の流行歌における最初のヒット曲が誕生した。B面はミス・コロムビアが歌う《河原すゝき》(高橋掬太郎・作詞/古関裕而・作曲)。《利根の舟唄》とともに大正期の《船頭小唄》の系譜に位置づけられるものであり、古関メロディーの知られざる名曲である。

都市対抗野球行進曲

《利根の舟唄》が新譜発売された翌月、古関裕而の野球をテーマにした歌が発売された。これも神宮に轟く《紺碧の空》の実績を買われてのことだった。だが、古関はここでも悩んだ。会社の意向は一般の人が歌える平易な楽想をという要求だったからである。あまりにも豊かなハーモニーによるクラシック的なマーチだと、一般の人にはなじめないということなのだ。

戦前、夏の風物詩は甲子園の中等野球であったが、神宮球場ではもう一つ熱戦が繰り広げられていた。それが今日でも社会人野球の頂点として開催されている都市対抗野球大会である。都市対抗野球大会は昭和二年にスタートした。橋戸信の発案で、各都市の代表するクラブチームが競う大会として開催された。戦後、都市対抗野球は企業チームが中心となり、隆盛を極め日本経済の発展とともに歩んだのである。

第一回優勝は満洲倶楽部、翌年には大連実業団が優勝するなど、満洲の社会人野球の高水準が注目された。当時の大連の実業団チームは東京六大学のスタープレヤーが集まっており、大連の市民に夢を与えていた。戦前のチームで最も人気があったのは、東京倶楽部だった。東京六大学出身のスタープレーヤーを集めた日本一のクラブチームである。ことに昭和五、六年、宮武三郎（慶応大卒、後に阪急）の投打にわたる活躍で二連覇を達成していた。七年には、神宮の疾風・田部武雄の加入がありながらも、全神戸に不覚を取り一回戦で敗退したが、翌八年には、剛腕宮武三郎が復活し、再び優勝の栄光に輝いた。都市対抗野球大会の人気は甲子園の中等野球、東京六大学野球と並んで頂点に立ったのである。

昭和九年は全大阪が戦力を充実させ優勝候補に挙げられ、常勝東京倶楽部との東西対決が話題だった。そこで、大会を盛り上げるために、都市対抗野球大会の歌が企画された。歌詞は『東京日日新聞』の懸賞募集で小島茂蔵の作品が当選し、古関が作曲の依頼を受けた。そして、レコードの題名は《都市対抗野球行進歌》として、日本コロムビアから発売されたのである。

ジャズ・ソングで売り出し中の中野忠晴が歌った。中野はジャズ・ソングを歌うようになってから、重さを感じさせなくなっていた。古関は旋律を明るい前奏で始まる雄大な楽想に仕上げている。編曲は奥山貞吉が担当し吹奏楽風にアレンジした。中野の歌にコロムビア合唱団の「ガンバレ、ガンバレ、ガンバレ通せ」と「フレーフレー」という合いの手が力強く挿入されている。

さて、全大阪と東京倶楽部の対決だが、両チームは二回戦で対決し八―七で全大阪が勝利した。全大阪は三原脩、伊達正男らの活躍で勝ち進み、念願の優勝を果たしたのである。三原と伊達は早稲田時代に古関の《紺碧の空》で荒ぶる魂を奮い立たせ、神宮ではつらつとプレーしたスターだった。古関は神宮のスターたちが再びプレーする都市対抗野球の大会歌を作曲し熱戦に花を添えたのである。

古関裕而の野球界における知名度が高まってきた頃、昭和九年の暮れ、古関に衝撃が走った。東海林太郎が万感の思いを込めて熱唱する《国境の町》（大木惇夫・作詞／阿部武雄・作曲）である。

大陸風の異国情緒が溢れるメロディーは古関を動揺させた。メロディーの美しさはさることながら、雄大な大陸の地平の音楽空間が広がっていくようなスケールの大きさがそこにはあった。大陸をテーマに雄大な楽想を練っていた古関にとって、彗星の如く現れた阿部武雄という作曲家の登場は全くの予想外であった。低音のパッセージを巧く使い、高音への連動がスムーズである。

古関は阿部武雄が全国の映画館を流れ歩く流転のヴァイオリン楽士出身であることは知っていた。また、よく山田耕筰のところにも楽士として出入りしていたので深い付き合いこそなかったものの、面識はお互いに有った。だが、まさかレコード歌謡の作曲家として浮上してくるとは。いったいどこで、これだけの作品を創作する作曲技術を磨いたのだろうか。独学にしては凄すぎるほどの楽想の豊かさである。古関は彗星の如く現れた阿部武雄の登場にただ茫然とするばかりであった。

船頭可愛や

昭和八年から一〇年にかけて、古関裕而の創作上の苦闘の時代、ジャズを主音にしたモダニズムの音楽風景が見られた。日本の近代の発展はジャズを中心としたポピュラー音楽の領域でも凄まじかったのである。クラシックとジャズは洋楽という範疇に入るが、実際は音楽の構成となるとメソッド・体系が違う。しかも、昭和一〇年前後は、ディキシーランド・ジャズの時代から「スウィング時代」へと日本のジャズシーンが移ろうとしていた時期でもあり、シンフォニック的な要素も

《船頭可愛や》自筆譜（古関裕而記念館提供）

加味されようとしていた。

確かに、ジャズを主音にした外国リズムは晋平節やその亜流作品のマンネリズム化を打破するものとしては有効かもしれないが、旋律を都節（陰音階）のまま、外国のリズムによって旋律の表層的に変化させることには、古関自身抵抗があった。たとえ、外国のリズムによって洋風な楽想になっても、五音音階ではやはり、ハーモニーを重視する古関にはどうしても納得がいかなかった。また、七音音階であっても、充実したハーモニーの合理的進行と六度の上がりを使って、歌曲のレガートな旋律を基調とするかぎり、ジャズやハバネラタンゴ、ルンバなどの外国のリズムは、自ら理想とする楽想を考慮すれば、そう簡単に使えなかった。

昭和一〇年前後になると、都市中間層の増大と外国文化の吸収によって、外国歌曲が大衆レコードとして、つまり、家庭鑑賞用の流行歌として流布するようになっていた。もっとも、これは、藤原義江、三浦環、関屋敏子らの邦人歌手（声楽家）による赤盤・青盤レコードとは区別される。赤盤・青盤は輸入レコードで関税が高く、外国レコード会社が高級レコードとして上層階級をターゲットに売るもので、中間層が愛好する大衆レコード盤（黒盤）とは異なっていた。この場合の中間層の一般家庭を対象にした外国歌曲レコードはすでに流行歌でヒットの実績のあった声楽家たちの大衆盤・黒盤レコードを意味するのである。藤山一郎、奥田良三、徳山璉、関種子、四家文子、中村淑子ら東京音楽学校出身の声楽家が中心となったレーベルである。古関の理想はこれらの声楽家が独唱する歌曲に相応しいハーモニーを充実させたレガートな旋律に彩られたクラシック系歌謡曲だった。だが、古関がこのようなコンセプトで仕事(合作芸術)ができるようになるには、やはり、戦争のない平和な時代を迎えた戦後を待たなければならなかった。

レコード歌謡は、スウィング・ジャズや外国歌曲の大衆化の影響を受ける一方で、小唄勝太郎、市丸らの登場以来、邦楽的技巧表現に重点を置く日本調の演歌系歌謡曲が目立ち始めていた。昭和一〇年四月新譜発売で、《旅笠道中》(藤田まさと・作詞/大村能章・作曲)が発売されポリドールは早速ヒット曲を出した。大村能章が日本調の道中・股旅歌謡で台頭してきたのである。歌唱は東海林太郎。ポリドールは藤田まさと―大村能章―東海林太郎のトリオを売り出した。同年五月新譜では、《国境の町》で注目された阿部武雄作曲・《むらさき小唄》(佐藤惣之助・作詞/阿部武雄・作曲)が東海林太郎の歌唱によって発売された。この大村能章と阿部武雄の台頭は日本調の哀歓を基調にした昭和演歌の原型を形づくっていた。

テイチクの古賀政男は、《夕べ仄かに》(島田芳文・作詞/古賀政男・作曲)がまずまずのヒットを記録した。だが、ポリドールから発売された《大江戸出世小唄》(湯浅みか・作詞/杵屋正一郎・作曲)の前には霞んでしまった。モダン調な古賀メロディーは哀愁溢れる旋律であっても、ポ

《船頭可愛や》楽譜ピース
（古関裕而記念館提供）

リドールの退嬰的な情緒趣味といえる日本調路線には今ひとつ退かなければならなかった。一方、ビクターは、《無情の夢》（佐伯孝夫・作詞／佐々木俊一・作曲）がヒットした。これもメジャーコードでありながら哀調を帯びた昭和演歌の古典的な名曲となる、佐伯孝夫―佐々木俊一コンビの作品である。イタリアから帰国した児玉好雄が邦楽的技巧表現を巧く取り入れて歌った。

古関は媚態・頽廃的な哀調趣味を避け、健康的な家庭でも鑑賞できる流行歌を作曲した。昭和一〇年二月新譜発売の《ヒュッテの一夜》（佐藤惣之助・作詞／古関裕而・作曲）は、清楚な歌唱に定評のあるミス・コロムビアが歌って女学生の間に広まり好評だった。月夜に照らされた白銀世界と山小屋の夜のムードをテーマにしたホームソング調の歌だった。

六月新譜ではやはりミス・コロムビアの歌唱で《月のキャムプ》（久保田宵二・作詞／古関裕而・作曲）が発売され、古関の健全なメロディーの個性が楽曲に表れるようになった。この歌は、古賀政男と江口夜詩の「ハイキング決戦」といわれた《ハイキングの歌》（西口春雄・作詞／江口夜詩・作曲）のB面だった。テイチクの古賀メロディーがマンドリンオーケストラの伴奏を全面に出すという情報を聞いて、古関も伴奏にマンドリンを入れた。

軍配は古賀メロディーの《ハイキングの唄》（島田芳文・作詞／古賀政男・作曲）に上がったが、コロムビア盤・B面レコードの古関メロディーもなかなか好評で中間層の若い女性に人気があった。昭和一〇年、高橋掬太郎の一片の民謡調の詩が古関にインスピレーションをあたえた。雄大な海を思い浮かべた。これが《船頭可愛や》のモチーフとなった。

古関裕而の最初の大ヒット曲《船頭可愛や》は日本民謡の旋律を生かした曲である。日本人の生命エネルギーの源泉となる純粋な民謡に民族的な要素、すなわち、悠久の歴史によって形成された解放的な大らかさに満ち溢れた「日本民族固有の旋律情緒と律動」を求めながら作曲した。したがって、その楽想は短調ではなく、瀬戸内海、遠洋漁業の男を想う乙女の歌にふさわしい長調の旋律だった。古関は民衆歌謡特有の退廃性を極力避け、間奏には《利根の舟唄》と同様に日本情緒を浮き彫りにするため、再び尺八（川本晴朗・七孔尺八）を使った。素朴な音色が、独創的な「瀬戸の民謡」の抒情性を一層高めた。そして、日常の解放的な生命エネルギーを独創的な旋律において生かすことに成功し、自然な日本民族の舞踊リズムや原始性に宿る大らかな解放性を表現したのである。

《船頭可愛や》歌碑（古関裕而記念館提供）

テイチクのディック・ミネ、コロムビアの中野忠晴、淡谷のり子、二世歌手のベティ稲田、ヘレン隅田、川畑文子らが歌うジャズ・ソング、藤山一郎、奥田良三、関種子らが独唱する内外の歌曲、外国民謡、市丸、小唄勝太郎らの艶やかな邦楽系日本調歌謡、東海林太郎の道中・股旅歌謡などが流行する一方で、古関裕而の独創ともいうべきこの独特な民謡調の旋律は新鮮なイメージを与えたといえよう。

夢もぬれましょ　潮風夜風
船頭可愛や
エー　船頭可愛や
波まくら

歌手には商家の主婦だった音丸が起用され彼女のヒット盤となった。音丸は琵琶歌が得意で民謡のフィーリングを持ち合わせていた。装飾音を巧く小節にした味わい深い歌唱だった。音丸が《船頭可愛や》を歌った頃は、小唄勝太郎、市丸ら芸者出身の日本調歌手が「艶」を競っていた時代と重なり、艶歌唱法による艶やかな芸者歌手の全盛を迎えていた。すなわち、日本調の艶歌唱法によって、邦楽的技巧表現が流行歌に官能的色彩を色濃くすると、芸者歌手の全盛時代が到来したのである。音丸も先輩格の歌手を向こうに回して大いに活躍した。

古関裕而の名前がそろそろ流行歌においても知られるようになった頃、江口メロディーは満洲を舞台にした《夕日は落ちて》（久保田宵二・作詞／江口夜詩・作曲）を松平晃と豆千代の歌でヒットさせた。一方、テイチクの古賀政男も夏頃から、ヒット量産にエンジンがかかりだした。映画『のぞかれた花嫁』の挿入歌・《二人は若い》（玉川映二・作詞／古賀政男・作曲）が都市文化のモダンライフをテーマにヒットした。ディック・ミネと星玲子が歌った。そして、昭和一〇年一一月新譜で発売され、楠木繁夫の熱唱で知られる《緑の地平線》（佐藤惣之助・作詞／古賀政男・作曲）がテイチクの春を呼ぶかのようにヒットした。それに対してポリドールは東海林太郎が歌う《野崎小唄》（今中楓渓・作詞／大村能章・作曲）で対抗した。

昭和一〇年の晩秋から暮れにかけて古関メロディー・《船頭可愛や》が売れ行きを見せ始めた。レコード発売当初（一〇年七月新譜）、音丸の歌唱盤ということでコロムビアは大々的に宣伝したが、最初あまり反響がなかった。だが、昭和一〇年の暮れから猛烈な勢いで流行し始め、全国を風《ふう》靡《び》することになったのである。古関はこのおかげで、入社以来の赤字が全部棒引きとなり、印税もプレスの最初の一枚から付くことになった。これで、古関裕而もレコード歌謡においてヒット曲に恵まれ、コロムビア専属作曲家として胸を張れるようになったのである。

大阪タイガースの歌

昭和九年の日米野球を機に結成された大日本東京野球倶楽部（昭和一一年大東京巨人軍に改称）は、翌年のアメリカ遠征で成果を挙げ、職業野球の展望を開いた。そのころ、大阪の阪神電鉄も職業野球のチーム結成の動きを見せていた。昭和一〇年一二月一〇日、「大阪タイガース」が設立され、現在の阪神タイガースが誕生したのである。

昭和一〇年一〇月一七日、巨人軍は全大阪と対戦した。この試合が大阪タイガースの結成のきっかけになった。舞台となる甲子園球場を経営していたのは、阪神電鉄である。阪神側は、昭和六、九年の二度にわたる日米野球開催が職業野球のビジネスとして成り立つことをすでに読んでいた。もし、関西に職業野球チームが誕生すれば、あきらかに今後の職業野球を大きく発展させることになるであろうという展望から「大阪タイガース」の結成へと踏み切ったのである。

大阪タイガースの創立に合わせて、早速、球団歌が作られた。作詞はすでに《赤城の子守唄》で名を成していた佐藤惣之助、作曲は昭和六年の日米野球の応援歌《日米野球行進曲》や早稲田の応援歌《紺碧の空》、流行歌の《船頭可愛や》で知られ始めていた古関に白羽の矢が立った。

歌が出来上がると、早速、昭和一一年三月二五日、「甲子園ホテル」で開かれたチーム激励会で初披露された。そして日本コロムビアから、ジャズシンガーで売り出していた中野忠晴の歌によって、レコードが吹込まれた。だが、レコードは関係者

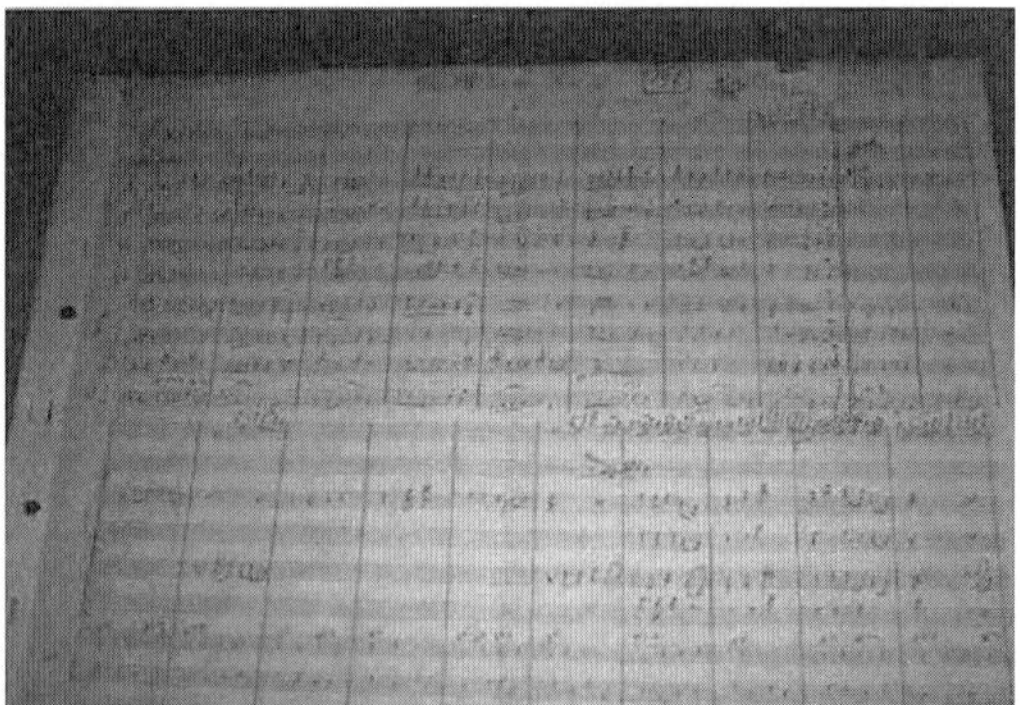

《大阪タイガースの歌》自筆譜（古関裕而記念館提供）

に配布されただけで、一般に発売されたものではなく、当時はあまり現在のように一般的には普及しなかったのである。この歌が阪神ファンの間で知られるようになったのは戦後、昭和六〇年の優勝以後のことである。

しかも、《六甲おろし》という名称に変わって、阪神ファンにとっては欠かせない歌になったのである。

昭和一一年七月一日、日本のプロ野球の公式戦が幕を明けた。七月一日から、「日本職業野球連盟結成記念全日本野球選手権試合」が開催されたのだ。七月一一日から甲子園で大阪大会が開かれ、宮武三郎、山下実らのホームランが飛び出し、阪急が優勝した。一五日からは五日にわたって名古屋大会が行われた。この名古屋大会では大阪タイガースが優勝した。タイガースは松木謙治郎、景浦将、平桝敏男、山口政信、小川年安らの猛打線で勝ち抜いたのだ。チーム打率は〇・三七六。投げては、若林忠志、藤村富美男、御園生崇男らが好投した。藤村は甲子園優勝投手のプライドがあり、巨人の沢村に対してはライバル意識をむき出しにしていた。だが、タイガースは洲崎球場で行われた巨人との優勝決定戦で敗れ、日本一の王座を逃した。

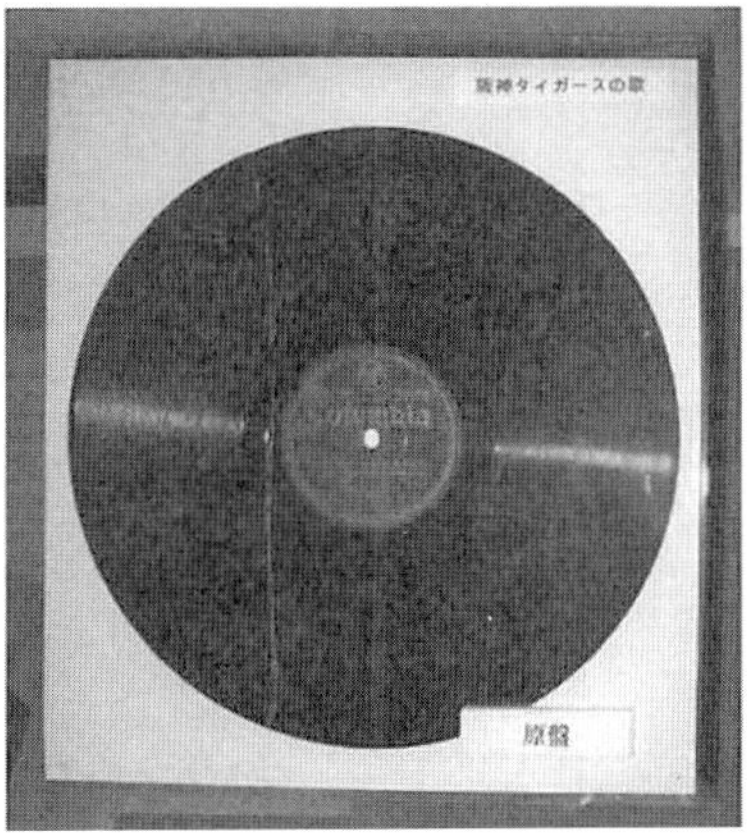

《大阪タイガースの歌》ＳＰレコード
（古関裕而記念館提供）

昭和一二年春のリーグ戦も巨人とタイガースが熾烈な優勝争いを演じた。巨人・四一勝一三敗二引分け、タイガース・四一勝一四敗一引分けで、ゲーム差がわずか〇・五ゲーム。五月一日の試合では沢村がノーヒットノーランを演じた。沢村はタイガース戦八試合中五勝をマークした。

昭和一二年秋のリーグ戦が始まった。〈六甲颪に　颯爽と　蒼天翔る日輪の〉と、メジャーレーベルのコロムビア発売の古関メロディーに乗って、打倒巨人に燃えるタイガースは怒涛の快進撃だった。タイガースは五月一日の試合で沢村に二度目のノーヒットノーランを喫しており、その雪辱のために猛特訓をしていた。松木の考案で投手を三歩前から投げさせ、それを打つ練習をした。松木をはじめ、景浦、山口、藤村らタイガースの速球打ちの猛者どもが甲子園の夕陽が落ちてゆくまで練習したのである。

その成果が早速、現れた。古関メロディーの応援歌も弾みをつけた。秋季リーグ戦の開幕戦、タイガースは一〇―五で巨人を下した。先発の沢村を打ち込んだのだ。九月一二日、後楽園でのタイガース戦、沢村は四、六回に連打を浴び、七回には景浦、藤井に痛打を浴びてKOされたのである。試合は九―八でタイガースの勝利となった。打倒沢村を果たしたタイガースは「海内無双」の強さを発揮した。三九勝九敗一引分け、勝率〇・八一三という驚異的な成績で優勝したのだ。新人で「酒仙投手」の異名を持つ西村幸生が一五勝をマークし巨人戦でも四勝をあげた。

昭和一二年度の優勝決定戦では、春の覇者・巨人と秋のリーグ戦を制した猛虎タイガースが激突した。西村が第一戦と六戦で沢村に投げ勝ち、タイガースが王座についた。巨人は、古関裕而によって作曲された新応援歌・《大阪タイガースの歌》を得たタイガースの強さに圧倒されたのである。

戦後、巨人―阪神戦全盛の時代を迎える。昭和三八年、古関は巨人軍の応援歌《巨人軍の歌～闘魂こめて～》（椿三平・作詞／西條八十・補作／古関裕而・作曲）を作曲した。これは巨人軍創立三〇周年を記念してつくられたものである。古関は日本プロ野球の王者巨人軍にふさわしい力強いメロディーに仕上げた。

古関のスポーツ音楽は軽快・さわやかさに特徴づけられるが、この歌には巨人軍選手が溌剌《はつらつ》とダイナミックにプレーする躍動感があふれていた。《闘魂こめて》が作曲されてから、巨人軍の九連覇が始まった。戦前からの巨人阪神戦の伝統を継承し、川上体制の下に王・長嶋を中心にした巨人はまさに破竹の勢いでペナントを制しプロ野球の王者として君臨した。巨人戦の試合では古関裕而作曲による《大阪タイガースの歌》と《闘魂こめて》、双方の応援歌が交互に歌われ、白熱した試合を一層盛り上げたのである。

三浦環――古関メロディーを歌う

昭和一一年は、陸軍の皇道派の青年将校らが国家改造を目的にクーデターを挙行した。いわゆる、「二・二六事件」である。雪降る帝都東京を震撼させたのだ。首相官邸・警視庁・朝日新聞社などが襲撃され、斎藤実内大臣・高橋是清蔵相・渡辺錠太郎陸軍教育総監らが殺害され、侍従長の鈴木貫太郎は重傷を負った。戒厳令が敷かれ、戒厳司令部が設置された。当初は、青年将校等は「蹶起部隊」とされたが、後に「反乱軍」となり、鎮圧された。その結果、統制派が実権をにぎることになり、粛軍が行われ軍部の政治的発言権が高まることになった。

この物騒なクーデター事件が起きた二月は、ロシアの声楽家、シャリアピンが来日し（一月二四日）、圧倒的な声量が日比谷公会堂に響き渡った。表現力も豊かでその芸術に古関は感銘を受けたのだ。古関はロシアの歌魂を聴いて叙情豊かな民族性の濃い重厚なドラマティックな歌を作りたいと思った。

五月に入ると、今度は荒川区尾久で「阿部定事件」という猟奇事件が起こった。流行歌・SPレコード歌謡では、渡辺はま子が甘ったるく歌う《忘れちゃいやヨ》（最上洋・作詞／細田義勝・作曲）が流行した。渡辺はま子は武蔵野音楽学校出身の才媛で女学校の音楽教師でもあった。その渡辺がエロ歌謡を歌うのだから、周囲は驚いた。

民謡に境地を見出した古関は昭和一一年に入ると、前年の実績が影響し新譜発売が非常に多くなった。一月新譜の《山は初雪》（高橋掬太郎・作詞／古関裕而・作曲）はギター・尺八の伴奏によって静かな山の風景を主題にした抒情歌謡で人々の胸を打った。また、ジャズ・コーラスレコード・《一九三六年》（西條八十・作詞／古関裕而・作曲）も発売された。二月に入ると古関の新譜発売は一〇曲を数えた。五月新譜発売の《夜霧朝霧》（高橋掬太郎・作詞／古関裕而・作曲）は日本調の豆千代が民謡調の古関裕而の楽想を生かした歌唱だった。

こうなると、古関もヒット数ではまだまだだが、社内での地位が江口夜詩と並ぶようになってきたのだ。

そして、大衆歌の作曲家としても知名度が大分上がってきたのである。だが、時はまさに古賀メロディー第二期黄金時代を迎えることになろうとしていた。

昭和一一年春、ビクターから、藤山一郎をテイチクに迎えた古賀政男は、都市文化の讃歌・昭和モダンを高らかに歌った《東京ラプソディー》を作曲した。声量豊かな響きと正確無比な歌唱を誇る藤山一郎の歌でヒットし、古賀メロディーの第二期黄金時代が確定し、「古賀政男・流行歌王」としての地位が確立したのである。藤山はビクターでは、本名の増永丈夫で本格的なクラシックを独唱することは別にして、流行歌はもちろんのこと、外国民謡、内外の歌曲、タンゴ、ジャズ・ソングなどを幅広く歌っていた。だが、経済事情から、「流行歌手テナー藤山一郎」としてふたたび流行歌のヒットを狙う必要に迫られていた。

藤山一郎のテイチク入社からほどなくして、古関にとって驚くべきことが起こった。当時、海外で広く活躍していたオペラ歌手三浦環が流行歌の寵児《ちょうじ》藤山一郎と共に明大マンドリン倶楽部の第二六回定期演奏会（一一年六月一六日）で古賀メロディーを独唱したのである。三浦は以前から流行歌にも関心が深かった。当然、古賀メロディーにも注目していた。しかし、外国リズムの新鮮さを付した洋楽調や日本調の艶えんな情緒に彩られたレコード歌謡・流行歌の進歩は三浦環にカルチャーショックを与えた。もはや、高度な技法で作られる流行歌はオペラ歌手が歌えるレベルでは無くなっていた。日本のオペラ歌手は、レガートな旋律をメッツァヴォーチェで歌うことができず、また、テンポの速い外国リズムの楽曲は言葉数も多いので、母音の響きで唸るオペラ歌手の歌唱では、不明瞭な日本語によって歌詞の意味もよく伝わらず、流行歌の世界ではその存在が無意味になっていたのである。藤原義江が藤山一郎の登場によってなぜ流行歌を歌うのを止めて、オペラの普及に邁進するようになったのもそのような理由からである。また、帰国した佐藤千夜子が地味な声楽家として活動する意味もそこにあったのだ。藤山一郎、淡谷のり子、小唄勝太郎、古賀政男らの登場によって、昭和という時代は日本音楽の急激な進歩を遂げていたのである。

ところが、敢えて、三浦環は、古賀メロディーばかりではなく音丸でヒットした《船頭可愛や》の吹込みを古関に申し込んだ。日本人が作った日本の歌を歌いたいという熱意が彼女を動かしたのである。古関はこれに驚くと同時に欣喜雀躍《きんきじゃくやく》した。古関は、民謡とはいえ、作曲上クラシック風な楽想を考えており、しかも、欧米で人気を博したプリマドンナ三浦環の熱意に心を打たれたのである。早速、コロムビアのスタジオで吹込みに立ち会った。三浦環が古関メロディーを歌う企画には三浦を尊敬する古関の妻金子も喜んだ。

三浦環が吹込んだレコードは、昭和一四年四月新譜でコロムビアから発売された。レーベルは外国の著名な音楽家が録音する青盤レコードで発売された。これは作曲家古関裕而にとって最高の名誉だった。古関は三浦環に自作品を吹込んでくれたお礼に《月のバルカローラ》（服部竜太郎・作詞／古関裕而・作曲）を献呈した。

「バルカローラ」はイタリア語で「舟唄」という意味である。古関はヴェネツィアのゴンドラを漕ぐ船頭が唄う舟唄をイメージしたのだ。楽想はゆっくりとしたテンポにし、舟が波に揺れる感じを色濃くするために、リズムには分散和音を使った。この独唱曲はオペラのベルカントで歌われているので、リート的な言葉の明瞭度が欲しかったが、古関メロディーの理想に近い楽曲でもあった。

その一方、古賀・藤山コンビは、流行歌界の頂点に立った。ヒットは続く。各レコード会社は古賀メロディーに圧倒された。クラシックの正統派・藤山一郎、ジャズシンガー・ディック・ミネ、洋風演歌・楠木繁夫を得てモダン都市文化をテーマにヒットを放つ古賀メロディーに対して、古関は民謡調のレコード歌謡で勝負を挑んだ。

昭和一一年七月新譜の古関メロディーは、西條八十が作詞し《船頭可愛や》ですっかり人気歌手になった音丸が歌った《大島くずし》（西條八十・作詞／古関裕而・作曲）だった。B面は松平晃が歌う《夢の大島》（西條八十・作詞／古関裕而・作曲）。佐々木俊一の《島の娘》が《相馬節》をベースにしていたこともあり、古関も民謡に日本人の生命的エネルギーを求めたのである。だが、モダン都市文化の讃歌・《東京ラプソディー》の前には沈黙した。都市文化の隆盛はモダンな軽快な洋楽調の旋律と外国リズムを求める風潮が強かったのである。

八月新譜の古関メロディーでは、伊藤久男が歌った《緑の大地》（久保田宵二・作詞／古関裕而・作曲）、西條八十の詩にバンジョー、マンドリン、スチールギター、フルートなどの楽器を融合させ作曲した《キャムプは更けて》（西條八十・作詞／古関裕而・作曲）を発売したが、ヒットにはつながらなかった。《キャムプは更けて》の歌唱者の二葉あき子は東京音楽学校師範科を卒業後、故郷の広島で女学校（三次高女）の先生をしていたが、上京しコロムビアからデビューした。古関は、そのデビュー曲である《愛の揺籃》（久保田宵二・作詞／古関裕而・作曲）を作曲している。

古賀メロディー第二期黄金時代の翳で

古関は《船頭可愛や》のヒット以後、再び、流行歌の作曲に行き詰まりを感じていた。確かに、古関は民謡に着目し喜び悲しみをさらけ出す解放性や原始性、人間性にあふれた純粋な日本民謡の環境をクラシックの技法で表現することに成功した。しかし、これだけでは、洋楽調の旋律に込められた日本情緒と外国リズムを巧みに操る古賀メロディーや日本調の邦楽歌謡や道中・股旅歌謡に代表される演歌系歌謡曲とのヒット競争において、勝てる見込みがないことを実感していた。大衆心理に内在する退嬰的な哀調趣味を肌合いにしたレコード歌謡となると、民謡を基調にしても、クラシックの常套ルールの体系に嵌められた複雑・高級な音の表現を求めるかぎり、大衆の共感を呼ぶ日本的心情は成立しないのである。その点、やはり、古賀政男は巧かった。晋平節（五音の短音音階）を踏襲しながら、外国リズムを使ってマンネリ化を防ぎ、繊細なマンドリンのトレモロとギターの和音で甘美な旋律を創作した。退嬰的な哀調趣味の自国の俗謡・流行り唄を把握し、古賀が西洋音楽の技法で作られた晋平節を踏まえながら、リズムに変化と特徴をもたせることによって、新生面を切り開いたのである。

クラシックの体系・メソッドから外れた流行り唄、俗謡の哀調・頽廃性は、生の原始的な叙情核のように深い心情にふれたものではなく、哀しみに溺れ自己を慰めるという弱さがある。それが刹那的快楽・享楽を求める大衆の好むところでもある。だが、音楽には強靭な精神性を追求し哀調・感傷から逆転できるバイタリティーがあるはずだ。甘美な格調を保持し日本情緒を失うことなく、クラシックの音楽技法でどう楽想を深め音律化するのか、古関にとってはそれが問題だった。

古関は楽想を練るたびに壁にぶつかった。ヒットが生まれた後だけにその第二のスランプは深刻だった。俗謡に眠る日本的な心情となれば、やはり、哀調趣味を求めた浪花節的な艶歌調か退嬰的な俗謡風の流行り唄にするしかないのだろうか。また、その一方で、ジャズも「スウィング時代」を迎え、リズムも豊かになり日本流行歌にも新たなシーンが展開し始めていた。

服部良一がニットーレコードからコロムビアに移籍してきた。服部はポリフォニーなシンフォニックジャズやスウィング・ジャズの要素を流行歌において本格的に試みている。

服部良一がコロムビアに入社した頃、「コロムビア・ジャズ・バンド」は充実したジャズサウンドを奏でていた。芦田満（サックス）、松本伸（サックス）、小畑益男（トランペット）、森山久（トランペット）、鶴田富士夫（トロンボーン）、楽長の渡辺良（ベース）、角田（ギター／バンジョー）、田中和男（ドラムス）、加藤辰男（ピアノ）ら、ジャズ界で定評のある演奏家が腕を奮ってかなり高いレベルの演奏をしていた。

古関は、洋楽調の古賀メロディーと日本調の演歌系歌謡曲に加えてスウィング・ジャズの隆盛がレコード歌謡に影響を及ぼすかと思うと、彼自身の夢は遙かに遠のいてゆくことを感じた。美しい旋律とハーモニーを充実させたクラシック音楽の範疇で日本歌曲として十分に認知できる流行歌の時代は果たして見果てぬ夢なのだろうか。

古賀メロディーのヒットは快調だった。日活映画『魂』の主題歌《男の純情》（佐藤惣之助・作詞／古賀政男・作曲）は、いわゆる現代の演歌調であるが、正統派の藤山一郎が歌うと格調が高い。《男の純情》のB面の《愛の小窓》（佐藤惣之助・作詞／古賀政男・作曲）も好評だった。歌唱はディック・ミネ。邦楽的技巧表現に重点を置いた《愛の小窓》をジャズシンガーのディック・ミネに歌わせるなど、奇抜な古賀のアイディアは成功した。古賀メロディーはこの《愛の小窓》のヒット以後は、モダンな洋楽調の楽想から哀調趣味を優先させる邦楽的技巧表現の方に重心が移行するのである。

昭和一一年一二月新譜で吉屋信子原作『女の階級』の映画主題歌・《女の階級》（村瀬まゆみ・作詞／古賀政男・作曲）が楠木繁夫の情感溢れる歌唱でヒットした。B面は《回想譜》（今城靖児・作詞／古賀政男・作曲）。藤山一郎が美しいメッツァヴォーチェの響きで哀愁の色濃い浜辺の抒情をしんみりと歌った。

コロムビアから、一一月新譜で淡谷のり子が妖艶なソプラノで歌った《暗い日曜日》（久保田宵二・作詞／セレス・レゾ・作曲）が発売された。淡谷は、昭和モダンの哀愁を歌いあげた。コロムビアは翌月新譜で松平晃が歌う《人妻椿》（高橋掬太郎・作詞／竹岡信幸・作曲）を発売した。同月新譜の古関メロディーは、同郷福島県いわき市出身の霧島昇に歌わせた《月の夜舟》（西岡水朗・作詞／古関裕而・作曲）が発売された。霧島昇は流行歌手を目指し東洋音楽学校に学び、昭和一一年、エジソンレコードから坂本英明（夫）の名前で《僕の思ひ出》（島田磬也・作詞／飯田景応・作曲）を吹込みレコード歌謡に登場した。その後、コロムビア松村武重文芸部長の目に止まり、《思い出の江の島》（久保田宵二・作詞／竹岡信幸・作曲）《月の夜舟》を吹込み、霧島昇として同社からデビューした。

昭和一二年一月新譜で、古関メロディー・《米山三里》（高橋掬太郎・作詞／古関裕而作曲）が発売された。古関は《米山甚句》の元歌の歌いだしの最初と結びのパッセージを使い音丸の技巧表現豊かな歌唱に期待し民謡に固執した。だが、同月のテイチクから新譜発売された《ああそれなのに》（星野貞志・作詞／古賀政男・作曲）の前に古関の民謡歌謡は霞んでしまった。《ああそれなのに》はサラリーマン・ソングとして、ホワイトカラーの中間層のペーソス溢れる生活（モダンライフ）を歌い、美ち奴《みちやっこ》の歌唱でヒットした。

戦前のホワイトカラー全盛時代にも戦争の気配は感じられた。昭和一〇年の美濃部達吉の憲法理論が国体に反すると批判を浴びた（天皇機関説問題）、昭和一一年には、歌にも登場する「アドバルン」が人々を不安な表情にさせた「勅命下る　軍旗に手向かうな」のそれを思わせた。しのびよる軍国の足音と昭和モダンの都市文化が共存していたのだ。

昭和一二年一月新譜で《人生の並木路》(佐藤惣之助・作詞/古賀政男・作曲)が発売された。これは、古賀の少年時代の故郷喪失の体験がそのまま歌になったようなものだ。その故郷との離別を主題とした《人生の並木路》をジャズシンガーのディック・ミネが根気よく歌ってヒットさせるのだから、古賀メロディーの奥深い魅力があるのである。

古関は前年八月新譜で発売された《ミス仙台》の詩を作り変え、《乙女十九》(西條八十・作詞/古関裕而・作曲)として再生した。歌唱は二葉あき子。また、同月新譜では、昭和一二年の御勅題にちなんで西條八十—古関裕而によって作詞・作曲された《田家の雪》(西條八十・作詞/古関裕而・作曲)が発売された。前奏・間奏には尺八が使われ、日本の藁屋根や田圃に積もる雪の「シバレル風景」が楽想に込められ、まるで墨絵のような日本農村の伝統美を表現している。だが、都市文化を享受する中間層のレコード歌謡ファンはモダニズムの哀歓を求めていた。テイチク三月新譜では、青春の哀歓をテーマに都市文化を謳歌する青年心理を巧みに衝いた《青い背広で》(佐藤惣之助・作詞/古賀政男・作曲)と青春の感傷を美しく歌い上げた《青春日記》(佐藤惣之助・作詞/古賀政男・作曲)が藤山一郎の歌唱で発売され、ヒットした。

一方、ポリドールは藤山一郎を迎えた古賀メロディー・テイチクに対して、文芸歌謡・名作歌謡を企画していた。東海林太郎がこの傾向を歌うことによって、モダン都市文化の讃歌を格調高く歌う藤山一郎と共に歌謡界の「団菊時代」を形成していた。そして、ポリドールは、東海林太郎の人気を確保しながら、それよりも、もっと泥臭い道中・股旅歌謡で浪花節ファン層を取り込むために上原敏を売り出した。《妻恋道中》（藤田まさと・作詞／阿部武雄・作曲）は上原敏をスターダムに押し上げたのだ。ポリドールは藤田まさと―阿部武雄―上原敏のトリオで道中・股旅歌謡で新たな展開を迎えるのである。

ヒット競争が展開し流行歌の花咲く頃、古関が憧れを持つクラシックは、エルマンの一七年ぶりの来日（一月二一日・「エルマンヴァイオリン独奏会」・日比谷公会堂）、マレシャル・「チェロ独奏会」（一月二三日・日本青年館）、世界的な指揮者としての名声を誇るワインガルトナーの来日など外国人演奏家の来日が大きな話題であった。昭和一二年五月三一日、日比谷公会堂で「ワインガルトナー夫妻指揮交響楽演奏会」が開催された。曲目はベートーヴェンの《交響曲第五番》《交響曲第六番》《レオノーレ序曲第三番》が中心だった。世界的な指揮者の音楽性に聴衆は感銘を受けた。古関も七四歳とも思われないワインガルトナーの楽曲に対する適切な解釈による指揮ぶりに感動したのである。ワインガルトナーの悠揚迫らざる静の姿は、音楽解釈においても奇をてらわない態度であり、音楽家としての立派なそれであった。

古関はこの感動によって、初心を貫く決意をした。あくまでも、レコード専属作家として流行歌を作ろうがクラシックの作曲家としての誇りをもって仕事をしようと思ったのである。だが、戦争という時代は、軍国歌謡という戦意高揚のための音楽を古関に新たな創作芸術の使命を課し、蔽いかぶさるように迫ってきた。国民の戦意高揚を高める音楽を創造しなければならなかったのだ。しかも、それが　古関裕而という作曲家を世に知らしめる皮肉な結果となったのである。

第三部　古関裕而――哀しき名歌の時代

露営の歌

古関裕而のロマン的な民族音楽ともいえるクラシックの作風が戦争への大衆動員を主眼に国民の精神高揚のために有効に発揮される時代が到来した。盧溝橋事件が勃発し（昭和一二年七月七日）、近衛内閣は当初不拡大方針をとった。七月一一日、現地でも停戦協定の動きがあったにもかかわらず、やがて、大軍が投入され戦線は中国各地へと広がりを見せ全面戦争となった。近衛は軍部に押される形で「重大決定を為し、北支派兵に関し、政府としてとるべき所要の措置をなす事」を表明し派兵が決定されたのだ。大軍が投入され、陸軍の軍事行動は拡大し戦線は中国各地へと広がった。そうなると、レコード会社も国民の戦意高揚のために軍国歌謡の制作に乗り出すことになる。それは古関メロディーの哀歌の時代の始まりを意味していた。

国民の戦争協力を強化するために、内閣情報部、内務省、文部省が中心となり国民精神総動員運動が展開した。

都市文化の繁栄を謳歌し酔いしれる国民の華美贅沢な消費を抑制する意図からそのスローガンとして「挙国一

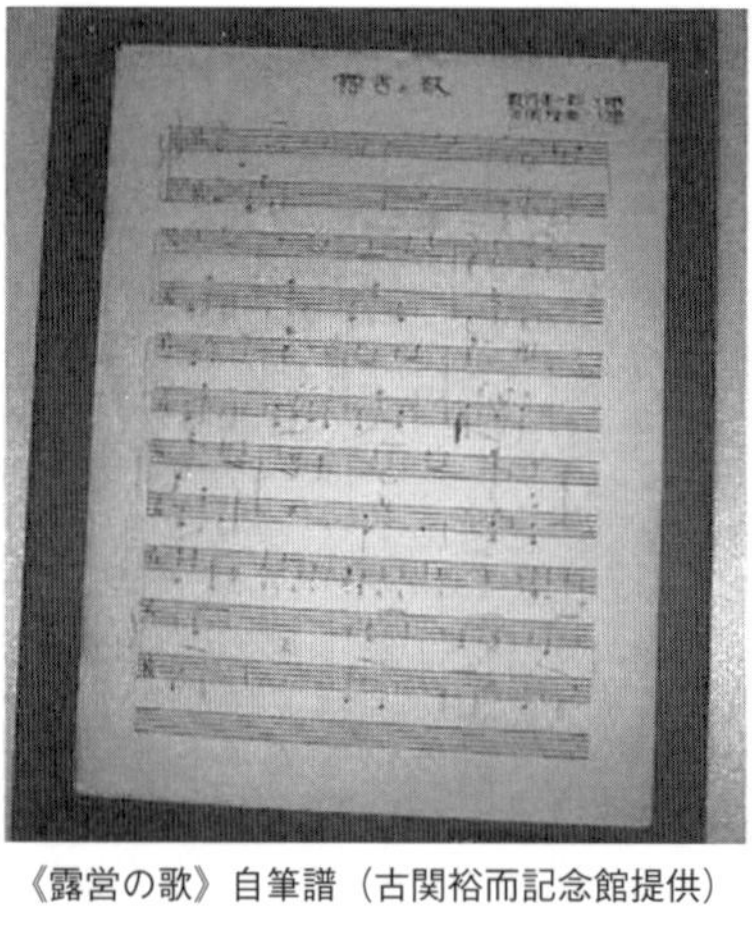

《露営の歌》自筆譜（古関裕而記念館提供）

致・尽忠報国・堅忍不抜」が掲げられ、自発的な戦争協力のための国民精神の発揚が求められた。すでに、昭和一二年九月、近衛内閣は国民精神総動員計画実施要綱を発表し、一〇月にはその推進団体として国民精神総動員中央連盟を結成した（会長は海軍大将有馬良橘）。一一月には、内閣情報部（九月）募集歌・《愛国行進曲》（森川幸雄・作詞／瀬戸口藤吉・作曲）が制定され、一方、近衛首相は、一一月五日からドイツの中国駐在大使トラウトマンを通じて和平工作を行っていたが、一二月一三日、南京が陥落すると近衛は強硬な態度に変わった。

日中戦争も泥沼化し戦時体制が強化される中で、次第に流行歌にも軍国歌謡が目立って来ていた。召集令状を受けて戦場へ行く人々を見送る旗の波、戦地へ送られていった夫やわが子の無事を念じて千人針のために街頭に立つ女性の姿が増えていった。レコード会社もこのような状況に応じて軍国歌謡という時局を反映するような流行歌の製作に乗り出した。

大阪毎日新聞社と東京日日新聞社が大陸の進軍を意図する歌を募集した。その第一位が《進軍の歌》で、第二位が《露営の歌》だった。

勝ってくるぞと　勇ましく
誓って国をでたからは
手柄立てずに　死なりょうか
進軍ラッパ　きくたびに

瞼に浮かぶ　旗の波

この歌の歌詞が募集され、企画が進行していた頃、古関は満洲を旅行中だった。帰国の途中、豪華船・吉林丸の中でコロムビアの文芸部から電報を受け取った。それは急ぎの作曲の仕事があるので至急門司で特急に乗れとのことだった。古関はフェリーで下関に渡り、そこで買った『東京日日新聞』に掲載されていた第二位の《露営の歌》（藪内喜一郎・作品）が目にとまった。古関にはこの「勝ってくるぞと勇ましく」の件から始まる入選詩が妙に印象的だった。召集令状を受けて戦場へ行く人々を見送る旗の波が目立ち始めていた。出征兵士の出発状況は車窓から見られる山陽本線の各駅に翻る武運長久の幟《のぼり》でも容易にわかった。日の丸の旗を必死に振る家族の涙で目を赤くしている様子が古関の魂を揺さぶった。また、日露戦争の血腥《ちなまぐさ》い戦跡が残る旅順で見たままの光景と〈土も草木も人と燃える／鳴いてくれる草の虫〉などの詩想がオーバーラップし、哀調溢れる悲壮感のある旋律が車中の古関の脳裏に浮かんだのである。

《露営の歌》は昭和一二年一〇月新譜でコロムビアから発売された。歌手陣には伊藤久男（本宮

《露営の歌》楽譜ピース
（古関裕而記念館提供）

市出身）、霧島昇（いわき市出身）など、コロムビアの男性歌手陣が総動員されるという力のいれようだった。ところが、〈〝手柄立てずに死なりょうか〟／〝死んで帰れと励まされ〟／〝笑って死んだ戦友の〟〉と勇壮よりも悲壮・哀感が溢れ、ややもすると反戦歌のイメージをあたえかねない短調のメロディーだった。《露営の歌》のレコード売り上げは六〇万枚。東京市中のレコード店からひっきりなしに流れ、新橋、新宿などの各駅でも出征兵士を見送る歓送風景には《露営の歌》の合唱が聞かれた。だが、大衆の心に響いた軍国歌謡の傑作とはいえ、肉親の絆を切り裂く戦争という哀しみを背負った「哀しき名歌」であることにはかわりないのである。

軍国歌謡が目立ちはじめた頃、淡谷のり子が歌う《別れのブルース》（藤浦洸・作詞／服部良一・作曲）は、哀愁に満ちたメロディーで人々の心をとらえた。昭和モダンの哀愁に大衆は魅了されたのだ。

また、都市文化の裏町の庶民の息遣いをテーマにした《裏町人生》（島田磬也・作詞／阿部武雄・作曲）も流れた。歌唱者の原敏は、煌びやかなモダン都市の讃歌とは対照的に艶歌唱法で人生の裏街道を歌い、演歌系の色濃い道中・股旅、ヤクザ歌謡の代表的な《流転》（藤田まさと・作詞／阿部武雄・作曲）《妻恋道中》（藤田まさと・作詞／阿部武雄・作曲）などをヒットさせた。《別れのブルース》は、作曲者の服部良一を浮かびあがらせた。

《露営の歌》SP レコード（古関裕而記念館提供）

服部良一が台頭してきた頃、日本の流行歌の系脈も複雑になってきた。すでに昭和一〇年頃から、その傾向は見られたが、とにかくクラシック系歌謡曲と演歌系歌謡曲からなる、日本系流行歌は、東西混合歌曲（ブルース／タンゴ調／古賀、服部の系統）、ヨナ抜き短音階・都節調（晋平節の亜流）、艶歌唱法・浪花節調、外国系流行歌は芸術音楽、外国民衆歌曲（ジャズ・タンゴ・ブルースなどのポピュラー音楽）、歌曲・唱歌調の七音音階のホームソングという複雑な系脈からなる音楽シーンが登場していた。古関はこのような日本流行歌の系脈の複雑化の時代において軍国歌謡の旗幟となったのである。

《露営の歌》歌碑前の古関夫妻
（古関裕而記念館提供）

愛国の花

《愛国の花》は銃後を守る婦人たちを対象に作られた国民歌謡である。国民歌謡は大阪中央放送局文芸部長・奥屋熊郎の発案で、昭和一一年、健全な歌謡曲という趣旨で始められた「新歌謡曲」

である。

《椰子の実》（島崎藤村・作詩／大中寅二・作曲）《朝》（島崎藤村・作詩／小田進吾・作曲）《落葉松》（北原白秋・作詞／長村金二・作曲）など、北原白秋、島崎藤村らの抒情詩に格調あるメロディーが付けられ、ＮＨＫのラジオから放送された。当時の歌謡曲は、藤山一郎が歌い上げる都市文化の讃歌《東京ラプソディー》が流行する一方で、エロ・グロ・ナンセンスの影響を受けたエロ歌謡の系譜を継ぐ《忘れちゃいやヨ》などの媚態官能的色彩が色濃く露出する頽廃的な歌も流行していた。そこで、健全なホームソング風の歌謡曲が求められたのである。だが、昭和一二年に日中戦争が始まると、健全な歌曲という趣向よりも戦意昂こう揚ようを主とするようになっていった。

昭和一二年一〇月一八日「愛国の花」が美貌《びぼう》の歌姫・渡辺はま子の歌唱によって放送された。そして、翌一三年五月、渡辺の歌声によってレコードが発売されると、次第に国民の間で歌われるようになった。

《愛国の花》ＳＰレコード
（古関裕而記念館提供）

日中戦争が拡大し泥沼化し始めていたが、この《愛国の花》は銃後の女性を讃《たたえ》、すがすがしい美しさと凜々《りり》しさが際立つ抒情豊かなメロディーだった。しかも古関は、みんなで明るく唱和できるように八分の六拍子のリズムでワルツ風に作曲している。

ましろき富士の　けだかさを
こころのつよい　楯《たて》として
御国《みくに》につくす　女等《おみなら》は
かがやく御代の　山ざくら
地に咲き匂う　国の花

《愛国の花》はワルツのリズムに乗った実に美しい歌である。

この歌を聴くと心が洗われ清められるようである。日中戦争という状況下の銃後を護る女性を対象にした歌でなかったならば、その抒情的な美しい旋律と優雅なワルツのリズムは、日本歌曲の名曲の一つになっていただろう。古関メロディーの音楽性豊かなクラシック音楽の格調を考えれば非常に惜しまれる。

この曲は太平洋戦争中、南方でも流行した。日本軍が各地に転進するとき、慰問品などとして届けられるレコードから広まったのである。インドネシアのスカルノが戦争中から《愛国の花》を愛唱し、終戦後、独立したインドネシアの大統領になってからも愛唱し続けたことは有名である。本人もインドネシア語に翻訳したり、古関メロディーに自作の詩を付けたりしている。

古関も自著で「歌が国境を越え、人種を越えて一つの心に同和する不思議な力をまざまざと感じ、

《愛国の花》色紙（古関裕而記念館提供）

自分の仕事の意義をあらためて感じた」と述べているように、《愛国の花》は古関メロディーの国境を越えた普遍性を認識させた名曲といえよう。

渡辺はま子は、明治四三年一〇月二七日、神奈川の生まれ。昭和八年、武蔵野音楽学校（現武蔵野音楽大学）を卒業。『読売新聞』主催の「オール日本新人演奏会」で、好評を得る。この年は、「上野」（東京音楽学校）がバリトンの増永丈夫（藤山一郎）とソプラノの長門美保、武蔵野からは、ソプラノ・井崎加代子とメゾ・ソプラノ・渡辺はま子が出演し注目された。

昭和八年、母校の講師、横浜高等女学校の音楽教師をしながら、ビクターから、《海鳴る空》（西條八十・作詞／乗松立一・作曲）でデビューする。それよりも前にポリドールでもテストを受け《最上川小唄》を吹込んだが、これは発売にはならなかった。ビクターでは、美貌と美しいソプラノの音色をいかして流行歌を意欲的に取り組んだ。

昭和一一年、《忘れちゃいやヨ》があまりにも官能的な歌唱ということになり、話題になったことはすでに述べた。内務省のお叱りを受けレコードは発禁処分。ビクターは《月が鏡であったなら》に改題して発売した。その後、渡辺はま子は、ビクターからコロムビアに移り、古関メロディーでは《バラ色のたそがれ》（久保田宵二・作詞／古関裕而・作曲）を歌った。そして、国民歌謡の《愛国の花》を格調高く歌い、異国ムード溢れる《支那の夜》（シナの夜）をヒットさせたのである。

昭和一三年九月二九日、日中戦争が深まる中、従軍音楽部隊として、飯田信夫、佐伯孝夫、深井史郎らと共に中国戦線へ向かうことになっていた。ところが、一足先に古関は九月二八日、飛行機で西條八十と共に出発した（博多で飯田、佐伯、深井らと合流）。また、山田耕筰も一〇月五日、文化工作の目的遂行のために陸軍省の嘱託となり上海に向かった。

古関は陸軍病院での慰問演奏の折り舞台挨拶を求められたが、酷暑の炎天下に座っている将兵の顔を見て思った。自ら作曲した《露営の歌》で見送られて激戦地に赴き、はたしてどのくらい無事に祖国に帰還できるのだろうか。そう思うと、万感が胸に迫り絶句して一言も話すことができず涙が溢れてくるばかりだった。自分の作った歌で戦場に送られ肉体は砕け散華してゆく。古関は、ただ、号泣するだけだったのである。将兵たちも古関の姿に共感し、ともに涙したのであった。

暁に祈る

泥沼化し果てし無く続く日中戦争のさなか、昭和一四年の楽壇は「新交響楽団一九九回定期演奏会」（一月二五日）で幕をあけた。六月五日、豊増昇のベートーヴェン・チクルス（日本青年館・豊増昇ピアノ独奏会）など話題も多かったが、昭和一三年から一四年にかけては上海歌謡の隆盛を見ることができる。「上海」をテーマに異国情緒漂う哀愁やロマンチシズムを歌うものが多くなってきた。東海林太郎の歌声で《上海の街角で》（佐藤惣之助・作詞／山田栄一・作曲）、ディック・ミネが歌う《上海ブルース》（島田磬也・作詞／大久保徳二郎・作曲）、藤山一郎の甘く流麗な艶と張りのあるテナーでヒットしたタンゴ・《上海夜曲》(野村俊夫・作詞/仁木他喜雄・作曲)などがある。

SPレコード歌謡は軍国歌謡の台頭と並行して映画主題歌を中心に隆盛し、黄金時代を迎えた。古関が軍国歌謡で認められた頃である。昭和一三年、コロムビアが新鋭・霧島昇でホームランを飛ばした。雑誌「婦人倶楽部」に連載された川口松太郎の小説を映画化した『愛染かつら』の主題歌《旅の夜風》(西條八十・作詞/万城目正・作曲)が爆発的にヒットしたのである。また、コロムビアからは渡辺はま子が歌う《支那の夜》(西條八十・作詞/竹岡信幸・作曲)がヒットした。

昭和一四年に入ると、二葉あき子が歌ったブルース調の《古き花園》(サトウ・ハチロー・作詞/早乙女光・作曲)がヒットした。これは松竹映画『春雷』の主題歌である。そして、コロムビアと松竹がタイアップした映画『純情二重奏』の主題歌《純情二重奏》(西條八十・作詞/万城目正・作曲)が高峰三枝子・霧島昇の歌で発売されヒットした。

昭和一四年という年は、庶民層から異色歌手が登場した。戦後「オカッパル」の愛称で親しまれた岡晴夫は、上野松坂屋の店員のかたわら、阿部徳治、坂田義一に師事し、やがてデパートをやめ、演歌師の途に入った。やがて、上原げんとと知り合い、昭和一四年、《上海の花売娘》(川俣栄一・作詞/上原げんと・作曲)《港シャンソン》(内田つとむ・作詞/上原げんと・作曲)がヒットし「上原げんと・岡晴夫コンビ」が歌謡界において誕生した。田端義夫は少年時代から苦労して歌手になった。昭和一四年《大利根月夜》(藤田まさと・作詞/長津義司・作曲)でヒットを出し、昭和

《暁に祈る》楽譜ピース
（古関裕而記念館提供）

一五年《別れ船》（清水みのる・作詞／倉若晴生・作曲）でマドロス歌謡の先駆となる。

昭和一五年に入ると、コロムビアが立て続けに映画主題歌でヒットを放った。東宝映画『白蘭の歌』の主題歌《白蘭の歌》（久米正雄・作詞／竹岡信幸・作曲）《いとしあの星》（サトウ・ハチロー・作詞／服部良一・作曲）、さらにコロムビアは古賀メロディーが第三期黄金時代を迎え、《誰か故郷を想わざる》（西條八十・作詞／古賀政男・作曲）、東宝映画『新妻鏡』の主題歌《新妻鏡》（佐藤惣之助・作詞／古賀政男・作曲）《目ン無い千鳥》（サトウ・ハチロー・作詞／古賀政男・作曲）がヒットした。服部メロディーでは蘇州の美しい風景と抒情を盛り込んだ《蘇州夜曲》（西條八十・作詞／服部良一・作曲）がヒットした。これも、映画『支那の夜』の主題歌で、主演の長谷川一夫と李香蘭の人気はすさまじいものであった。李香蘭は妖艶な美貌であり、この映画ですでにレコード歌謡としてヒットしていた《支那の夜》を甘く情緒豊かにスクリーンで歌って絶大な人気を博した。コロムビアのヒット街道に対して、ビクターも映画主題歌でヒットを出した。東宝系の南旺映画『秀子の応援団長』の主題歌・《燦めく星座》（佐伯孝夫・作詞／佐々木俊一・作曲）は、灰田勝彦の人気を都会偏重から全国的なものにした。

このような昭和一三年から一五年にかけて、映画主題歌を中心にして黄金時代を迎えたＳＰレコード歌謡といわれた歌謡曲・流行歌は、軍国歌謡の逆襲を受けることになった。コロムビアも軍国歌謡の企画にのりだしたが、作曲は古関裕而が中心となった。

古関裕而の軍国歌謡の最大のヒット曲は《暁に祈る》（野村俊夫・作詞／古関裕而・作曲）である。また、古関自身の快心の作でもある。この歌は陸軍馬政局からの依頼で、「愛馬思想普及」を目的にした松竹映画『暁に祈る』の主題歌だった。作詞の野村俊夫は、福島市大町出身で古関とは幼少の頃からの友人。また、これを歌った伊藤久男も福島の本宮市出身で、同郷福島の歌謡界トリオによる作品だった。

ああ　あの顔で　あの声で
手柄頼むと　妻や子が
ちぎれる程に　振った旗
遠い雲間に　また浮かぶ

野村は軍部から八度も書き直しを命じられた。繰り返し書き直しているあいだに思わずついた溜め息から「ああ　あの顔で」のおなじみの詩が生まれ、ようやくＯＫが出た。古関は中支戦線に従軍した経験をいかし、歌い始めの「ああ」のところ

《暁に祈る》SPレコード
（古関裕而記念館提供）

で苦労しながらも、兵士の心情を理解して作曲した。古関は自著の中でこう語っている。

「私はこの詞を見た時、中支戦線に従軍した経験がそのまま生きて、前線の兵士の心と一体になり作曲が楽だった。兵隊の汗にまみれ、労苦を刻んだ日焼けした黒い顔、異郷にあって、故郷を想う心、遠くまで何も知らぬままに運ばれ歩き続ける馬のうるんだ眼、すべては私の眼前にほうふつし、一気呵成に書き上げた」（古関裕而『鐘よ鳴り響け』）。

これは昭和一五年四月、内田栄一の歌唱により国民歌謡で初放送され、その後、コロムビアから伊藤久男の歌唱するレコードが発売された。伊藤久男の劇的な叙情溢れる歌唱が人々の胸を打った。伊藤の歌唱は、明日の命も知らぬ兵士の望郷の念や無常を歌い上げ、楽曲においてはヒューマニズムを鼓舞する思想・楽想が根底に流れ、古関裕而の悲壮感溢れるメロディーを際立たせていた。「ああ　堂々の輸送船」は兵士の望郷の念を募らせ、「ちぎれるほどに振った旗」などは、出征する兵士と肉親の張り裂ける心情を巧みにメロディーにし、反戦的なイメージさえもあたえていた。見送る人は切ない悲しいメロディーに胸がふさがり、戦地に向かう兵士は、望郷、孤独、悲愴、諦念などの感情が交錯し入り乱れ、やがて、いつとはなしに涙が自然に頬を伝った。愛馬思想の普及歌

《暁に祈る》歌碑
（古関裕而記念館提供）

の影が薄くなり、輸送船で出征する兵士の哀歌となったのである。太平洋戦争中、戦局の悪化に伴い、南方に向かう輸送船はアメリカの潜水艦によって沈められるケースが多かった。輸送船に乗り込み戦地へ向かう兵士とその家族は《暁に祈る》を歌って別れを惜しんだそうだが、潜水艦の攻撃によって命を落とす運命が待っているかと思うと、この歌の持つ悲壮美、切なさはますます当時の人々の心を揺さぶるのである。

《暁に祈る》の詩碑が福島市の信夫山第一展望台に建立されており、古関自身が書いた曲譜が刻まれている。後年、古関はこの《暁に祈る》について「最も大衆に愛され、自分としても快心の作」とのべていたが、それは、この歌の悲壮感が「哀しき名歌」として戦争の惨さを今に伝え、古関のヒューマニズムが溢れているからである。

海の進軍

古関裕而は軍国歌謡で声価を高めた。それに合わすかのように日本は戦時国家体制の構築を完成させていった。昭和一五年六月、近衛文麿が枢密院議長を辞職して新体制運動の先頭に立つことを声明した。これは、ナチスのように強力な指導政党を中心とする新しい政治体制をめざす運動だった。七月二六日、第二次近衛内閣成立直後、「基本国策要綱」が決定した。これによって、「大東亜新秩序の建設と国防国家の確立」という方針が確定された。翌二七日には「世界情勢ノ推移ニ伴フ

《海の進軍》自筆譜（古関裕而記念館提供）

時局処理要綱」が決定され、支那事変の急速な終結、独伊との提携強化、日米国交の調整、南方武力行使、国内戦時体制の強化という方針が明示された。だが、南進政策を推進すれば、英米の勢力圏に抵触することになり、反発を招くことは必至だった。

同年九月、日独伊三国同盟が締結され、これによってドイツ、イタリアとの軍事同盟が成立した。一〇月になると新体制運動は大政翼賛会として結実する。大政翼賛会の成立は政党を解消し、国民の戦争協力体制のための国民統合組織の完成である。このような情勢のなかアジアの盟主として興亜奉公日がすでに前年定められた（昭和一四年九月一日以後、毎月一日を興亜奉公日）。国民の戦争協力を喚起する国民精神総動員運動の流れで制定された。国民歌謡では、大政翼賛会という上意下達の官製体制の底辺を根底から支え、全体主義の官僚支配の流れを思想のみならず日常生活における意識にまで貫徹させ浸透・普及させるために童謡風の単純な曲調で楽しい歌が生まれた。それが《隣組》（岡本一平・作詞／飯田信夫・作曲）である。バリトン歌手徳山璉が歌った。明るく微笑ましい光景が旋律に浮かび、隣近所の交流が絵画的に浮き彫りにされた。

戦時国家体制を精神的に堅固にするために日本精神を強調することが実施された。『日本書紀』

にもとづき神武天皇が即位した紀元前六六〇年を皇紀元年とし、その建国を祝い国民の精神高揚に利用したのである。昭和一五年五月、全国町村長の奉祝神前大会、六月の天覧武道会などの記念行事が催され、一一月一〇日、一一日の両日にわたり、天皇・皇后・皇族親臨のもとに式典は、宮城前広場の式場で開催された。全国各地からの参列者は五万人。旗行列、提燈行列、音楽行進などが行われ国民の精神高揚が図られた。しかし、映画主題歌の隆盛に見られるように都市文化の全盛というモダニズムの謳歌という状況において、架空の神話による大衆操作の試みも国民を熱狂させることには成功しなかった。とはいえ、紀元二六〇〇年祝賀行事は全国で盛大に挙行され《紀元二千六百年》（増田好生・作詞／森儀八郎・作曲）のレコードセールスは六〇万枚を記録した。

昭和一五年一一月二二日、共立講堂において「紀元二千六百年奉祝大演奏会」が開催された。《紀元二千六百年記念大行進曲「建国」》《奉祝讃歌》《紀元二千六百年頌歌行進曲》などが荘厳に演奏された。一二月七、八日、一四日、一五日に渡って歌舞伎座で山田耕筰指揮による《祝典序曲》（イベール・作曲）、橋本国彦指揮・《交響曲》（ヴェレッシュ・作曲）、そして、フェルマー指揮による《祝典音楽》（リヒャルト・シュトラウス・作曲）が盛大に演奏された。一六〇名の混成オーケストラで新響（現・NHK交響楽団）を中心に寄せ集めにしてはまとまっていた。また、歌舞伎座においては山田耕筰のオペラ・《夜明け》が上演されている（一一月二五日、東京宝塚劇場で初演、戦後《黒船》と改題）。

昭和一六年に入ると国民の士気昂揚のために次々と軍国歌謡が発売された。《出せ一億の底力》

（堀内敬三・作詞／作曲）は藤山一郎、二葉あき子、柴田睦陸、大谷冽子、奥田良三らの共演により各社から発売された。

テイチクに移籍した東海林太郎が歌った《ああ草枕幾度ぞ》（徳土良介・作詞／陸奥明・作曲）が発売され、それは、銃後の人々の胸を打つものであった。

古関は、自伝に「昭和一六年に入ると、益々世相が暗く国民生活もまた苦しくなって」と記しているようにアメリカとの戦争の気配を感じていた。昭和一六年四月、日ソ中立条約を締結、日本はこれを背景に日米交渉に臨んだ。だが、交渉は最初から難航した。ヨーロッパ戦線で破竹の勢いで追撃するドイツは突如ソ連侵攻を開始。ついにヨーロッパ戦線では独ソ戦が開始された。政府は御前会議を開き、情勢の推移に応じ対米英戦覚悟で南方進出。もしくは情勢有利の場合はソ連を攻撃するという方針を定めた。これが「帝国国策要綱」である。

このように緊迫した情勢が続く中、昭和一六年七月新譜でコロムビアから《海の進軍》（海老沼〔名〕正男・作詞／古関裕而・作曲）が発売された。これは陸・海軍省の後援を受けた読売新聞社の公募によって作られた歌である。メロディーは、マイナーだが、古関裕而によってスケールのある雄大なマーチ風の楽想で作曲されている。その旋律は太平洋を進軍する連合艦隊の堂々たる威容

《海の進軍》楽譜ピース
（古関裕而記念館提供）

な姿がイメージされていたのだ。だが、古関のメロディーには悲愴感があった。古関裕而のマーチといえば、格調と弾むような躍動に満ちているのだが、なぜかこの《海の進軍》は悲劇的結末へと突き進むような印象を受けてしまうのである。

あの日揚がったZ旗を
父が仰いだ　波の上
今日はその子が　その孫が
強く雄々しい　血をついで
八重の潮路を　越えるのだ

歌手陣には「国民総意の歌」のコンセプトにふさわしく、伊藤久男、二葉あき子、藤山一郎、さらに合唱団が配された。〈あの日　揚がった　Z旗を〉と歌う伊藤久男はドラマティックな愁いのあるバリトンである。そして、二葉あき子の歌唱の後《軍艦マーチ》の間奏が入り、藤山一郎が流麗甘美なテナーの音色のあるバリトンで格調高く三番を歌った。最後は歌唱者と合唱団が一体となった斉唱で終曲する。

日本の進路は、《海の進軍》のグランドマーチに歩調を合わせるかのように、太平洋戦争へと突き進んだ。

政府は日米交渉の継続を図るが、すでに決定されていた南部仏印進駐が実行に移された。それに対してアメリカは態度を硬化させ、対日石油禁輸で経済制裁を強めた。軍部は「ABCD包囲陣」を打破するために、戦争に訴える以外に道はないと主張した。日米交渉におけるアメリカは日本に対して満洲を除く中国からの撤兵、日独伊三国同盟の死文化を要求し、日米双方お互いに妥協を見出せないまま、開戦を主張する東条英機陸軍大臣が近衛内閣に代わり内閣を組閣した。

昭和一六年一〇月一八日、東条英機内閣成立。一一月五日の御前会議で「帝国国策遂行要領」が最終決定した。これに対する「ハル＝ノート」（一一月二六日）は、満洲事変以前の状態に戻せという日本に対してさらに厳しい突き付けの内容を含んでおり、開戦は避けられないという情勢となった。

一二月一日の御前会議で対英米蘭開戦が決定された。そして一二月八日、突然ラジオから臨時ニュースが流れた。それは真珠湾攻撃に成功し南太平洋で米英と戦争状態に入るという運命のニュースであった。江口夜詩・作曲の《月月火水木金金》（高橋俊策・作詞／江口夜詩・作曲）が発売当初はまったくレコードが売れなかったが、開戦によって脚光を浴びるようになった。

《海の進軍》は、発売当初、古賀政男・作曲の《そうだその意気》（西條八十・作詞／古賀政男・作曲）のB面だった。太平洋戦争が勃発すると、《海の進軍》が盛んに歌われるようになりA面に変更された。だが、威風堂々と太平洋を進撃する日本海軍は真珠湾攻撃、マレー沖海戦の勝利、インド洋海戦の圧勝と緒戦の相次ぐ勝利に湧いたとはいえ、ミッドウェー海戦の敗北以後、戦局の転換とともに戦いは南ソロモンでの激しい日米消耗戦へと移行し、昭和一八年二月、ガダルカナル撤退、一一月、マキン・タワラ両島日本守備隊全滅、昭和一九年二月ラバウル撤退、六月、マリアナ沖海戦敗北、七月インパール作戦中止、サイパン島陥落、一〇月、レイテ沖海戦で連合艦隊の主力壊滅と、日本は落日へと向かうのである。古関裕而が作曲した《海の進軍》はまるで日本海軍の黄昏を暗示していたかのように悲愴感に溢れていた。そう思うと、《海の進軍》は栄光ある日本海軍の鎮魂歌のようにも聴こえてきてならないのである。

英国東洋艦隊潰滅

日本海軍は、昭和一六年一二月八日、先制攻撃によりハワイでアメリカ太平洋艦隊の主力に大打撃をあたえ、一〇日にはマレー沖でイギリス東洋艦隊の主力を全滅させた。

一二月一〇日午後三時、大本営海軍部発表の臨時ニュースが流れた。海軍航空隊がクワンタン沖で、雷撃と爆撃の波状攻撃を果敢に行ない撃沈したニュースは、国民から米英との戦争に果たして勝てるかどうかという不安を払拭させ、感激と興奮の坩堝にした。作曲家の古関裕而も、コロムビアでニュースを耳にして思わず勝利に拍手し、興奮した一人だった。古関は自伝に「我々は思わず拍手し昂奮、感激した。始まった以上、勝たねばならぬからである」と記した。残虐な戦争はしたくないというのは誰しもが持っている感情である。だが、ひとたび戦争となれば、一致団結して臨むのは当時の国民心情であった。

その直後、ＮＨＫの丸山鉄雄ディレクターからコロムビアに電話が入った。イギリスの至宝「プリンス・オブ・ウエールズ」と「レパルス」撃沈の大勝利を祝うために、「ニュース歌謡」として今夜七時に東京放送管弦楽団の演奏、東京放送合唱団、藤山一郎の歌唱で放送したいとのことだった。作詞はたまたまコロムビアに所用できていた高橋掬太郎にお願いした。だが、放送まで三時間しかない。

古関は、先程の臨時ニュースの興奮をそのままメロディーにした。曲が一部できあがると、すぐに高橋に渡した。藤山が内幸町の放送会館に到着した。藤山は当然、詩と曲もできていると思っていた。ところが、古関は楽想の構想を練り、高橋が作詞の真っ最中だった。高橋は相当苦戦しているようだった。時間はどんどん過ぎていった。「プリンス・オブ・ウエールズ」と「レパルス」は洋上で航空機の攻撃によって撃沈された初めての戦艦である。主力戦艦と航空機、どちらが勝つか、久しくこれについて議論が交わされてきた。マレー沖海戦は、その議論に決着をつけた「革命的戦闘」である。

航空主兵主義の時代の到来を告げ、航空部隊の援護無しの洋上艦船の脆さを証明したことにおいても意義深い戦いであった。

作詞に苦闘する高橋は歌の中に今まさに沈み行くイギリスの至宝の二隻の艦名を入れなければならず、これがなくては、マレー沖海戦のニュース歌謡の意味がない。「プリンス・オブ・ウエールズ」「レパルス」を最後に入れることにした。「レパルス」は四つ音でよいが、「プリンス・オブ・ウエールズ」を巧くはめ込むのには困難を極めた。藤山一郎の高度な発声技術と明瞭な発音なら、少々難しくても充分に歌ってくれるだろうと思い、強引に言葉を当てはめたのである。

ほろびたり　ほろびたり　敵　東洋艦隊は
マレー半島　クワンタン沖に　いまぞ沈みゆきぬ
勲し赫《かく》たり　海の荒鷲よ
沈むレパルス　沈むプリンス・オブ・ウエールズ

作曲者の古関も残りの旋律を作りながら編曲も同時に行った。普通は、オーケストラのスコアを書いてから写譜させるが、放送局にスコア用紙を持参していなかったので、放送まで三時間しか時間がないという制約の中でそれは無理だった。作曲中に頭のなかでスコアを構想し、作曲しながら楽譜を書きおろした。最初はハーモニーの基本となるピアノ譜を書き、前奏に《軍艦マーチ》を使い簡潔に二小節にまとめ、すぐに歌唱に入ることにした。間奏は三回繰り返し、《軍艦マーチ》を効果的に挿入した。リハーサルは一回のみで数分後に本番に入った。緊張の漲る中、颯爽と藤山一郎がマイクロフォンの前に立ち、古関の指揮棒が振りおろされたのである。

問題は「沈むレパルス」と「沈むプリンス・オブ・ウエールズ」であり、同じリズムで音譜を歌わなければならない。だが、藤山一郎が古関の勇壮なマーチを鮮やかに歌いこなし、その歌唱が見事に放送においても「プリンス・オブ・ウエールズ」と「レパルス」を撃沈したのである。

古関はこの放送に満足だった。灯火管制で街は真暗だったが、内幸町から新橋駅まで、本日作曲し放送したメロディーを口ずさみながら家路に着いた。「真珠湾」攻撃の成功と「マレー沖海戦」の勝利と、日本の勝利という有頂天の中、昭和一六年も暮れたのである。

若鷲の歌

昭和一八年五月、古関は、コロムビアから海軍航空隊の予科練習生をテーマにした映画を東宝が制作することになり、その主題歌の作曲を依頼された。そこで、古関は作詞担当の西條八十と制作ディレクターらと共に、土浦航空隊に一日入団することになり、起床から就寝までその訓練生活をつぶさに見学することができた。

昭和一八年以降、太平洋上の制空権をかけての戦いは人的、物的にも激しい消耗戦を呈した。殊にガダルカナル島攻防戦に始まる南ソロモンにおいて展開された日米の凄まじい航空消耗戦は、死闘そのものだった。

その激闘のさなか、多くの搭乗員たちが南の空に散っていた。したがって、航空戦力の低下を阻止すべく新たな搭乗員の養成は、日本海軍にとって緊急を要する課題だった。

そのような逼迫した状況の中で、海軍飛行予科練習生は時代のホープとして脚光を浴びていた。通商「ヨカレン」と呼ばれ、その練習生は厳しい訓練を受けることになるのだ。軍人精神の涵養はもちろんのこと、海軍軍人としての知識の向上、攻撃精神を養う武技、体技など緻密な教育計画のもとに三年間厳しく教育された。

午前六時、「総員起こし」のラッパが鳴り終えた瞬間、一斉に飛び起き、競争でハンモックをくくる。秒を争う厳しい訓練の一つである。八時一五分から午前の授業が始まり、午後の課業は陸戦、武技、短艇といった類のものが中心に行われた。

体育から学科の勉強、各種航空技術の習得など様々な課業をこなす生徒の勉強は、並大抵なことではなかったのである。教官からは、訓練生への連日連夜、激励叱咤が飛んだ。

ソロモン方面における熾烈な航空消耗戦が伝えられた。予科練習生たちは一日も早く、錬成課程を終え、明日の日本の航空戦力を担う若鷲として第一線に出ていかなければならない。そのような「ヨカレン」をテーマにした歌が《若鷲の歌》（西條八十・作詞／古関裕而・作曲）である。

《若鷲の歌》自筆譜（古関裕而記念館提供）

古関らは見学しながら、若い予科練習生たちの真剣な敏捷に満ちた動作、教官たちの講義に対する熱いまなざし、航空計器等を扱う注意深さや慎重な態度、探究心に心がうたれた。作詞の西條も同様であった。

若い血潮の予科練の
七つボタンは桜に錨
今日も飛ぶ飛ぶ　霞ヶ浦にゃ
でかい希望の雲が湧く

この歌の詩想は、作詞者の西條八十が土浦の海軍航空隊の応接室に張ってあったポスターからヒントを得たものである。西條には桜で彩られた若い美少年の七つのボタンの軍服が印象的だった。西條は、青空を仰ぐ若人の雄々しい姿を想像し、詩想を練り上げたのである。

作曲者の古関裕而は、作曲に取り掛かったが、西條の思想にぴったりとした旋律が浮かばなかった。当初、手渡された西條の詩には音頭風の〈ハア　ヨカレン　ヨカレン〉という箇所があり、それは〈若い血潮の予科練の〉で始まる勇壮と悲壮が溢れた歌詞全体を考慮した結果、作曲上不都合ということになり、削除することにした。古関は軽い印象になることを避けたかったのだ。

航空隊や映画の制作現場から矢のように催促が来ていたので、古関は不満を残しながら、明るい

《若鷲の歌》自筆譜（古関裕而記念館提供）

メジャーコードの曲を作った。楽想は単純明快で良いが、少年たちの胸に飛び込むような勇壮さの一方で、短音音階（マイナーコード）特有の悲壮感を求めていた。古関は作曲のために撮影スタッフと共に一日、土浦航空隊に入団し、起床から就寝までつぶさに予科練を見学したことがあった。古関はそのときの印象を自著『鐘よ鳴り響け』で「若い少年たちの真剣で敏しょうな動作、勉強中の教官に対する熱心なまなざし、また航空計器等に対する慎重な取り扱いと探求心あふれる態度には、何か打たれるものがあった」と記している。

古関は予科練習生の真剣な訓練を見て、どうしてもメジャー（長調）の旋律にしてしまうことが納得できなかったのである。一日入団の体験を生かした旋律がどうしても浮かばず形にならなかった。

古関は内奥にくすぶる情念を昇華しないまま、西條八十、歌手の波平暁男、アコーディオン演奏者らと歌の発表会のために土浦の海軍航空隊へ向かった。一行を乗せた列車が利根川を渡り茨城県に入ったころ、突然、古関の脳裏にすでに作曲され用意されていた曲とは別なメロディーがふと浮かんだ。

古関が求めていた勇壮かつ悲壮感に溢れたマイナーの旋律である。絶えず古関の楽想の中で滞っていた何かが、突然堰

《若鷲の歌》楽譜ピース（古関裕而記念館提供）

を切って流れ出したのである。古関は迸《ほとばし》るメロディーをすぐに五線譜に書きとめた。

　古関は航空隊に到着すると、まず事務室で教官たちに即興で車内において作曲したマイナーと既製のメジャーの二曲を聴かせた。ほとんどの教官はメジャーのほうが良いと言った。だが、教官は「折角二曲用意してくれたのだから、生徒に聴かせて決めてみてはどうだろう」と粋な計らいをみせてくれた。昼食後の休憩時間に第一練兵場の校庭には全生徒が集合していた。隊長の挨拶のあと、同行した歌手波平暁男が力感のあるテナーでこの二つの歌を二回ずつ歌った。

　アコーディオンの伴奏に乗せて歌う波平の歌唱は力強く悲壮感があった。隊長が「最初に歌った明るい歌が良いと思う者」と言って手を挙げさせたが、一〇人程度の者しかいなかった。ところが、「後の方が良い者」と言うと、生徒のほとんどが一斉に手を挙げた。生徒たちは、古関が咄嗟にわずか十数分で作曲した非壮感のあふれるマイナーの旋律を支持したのである。

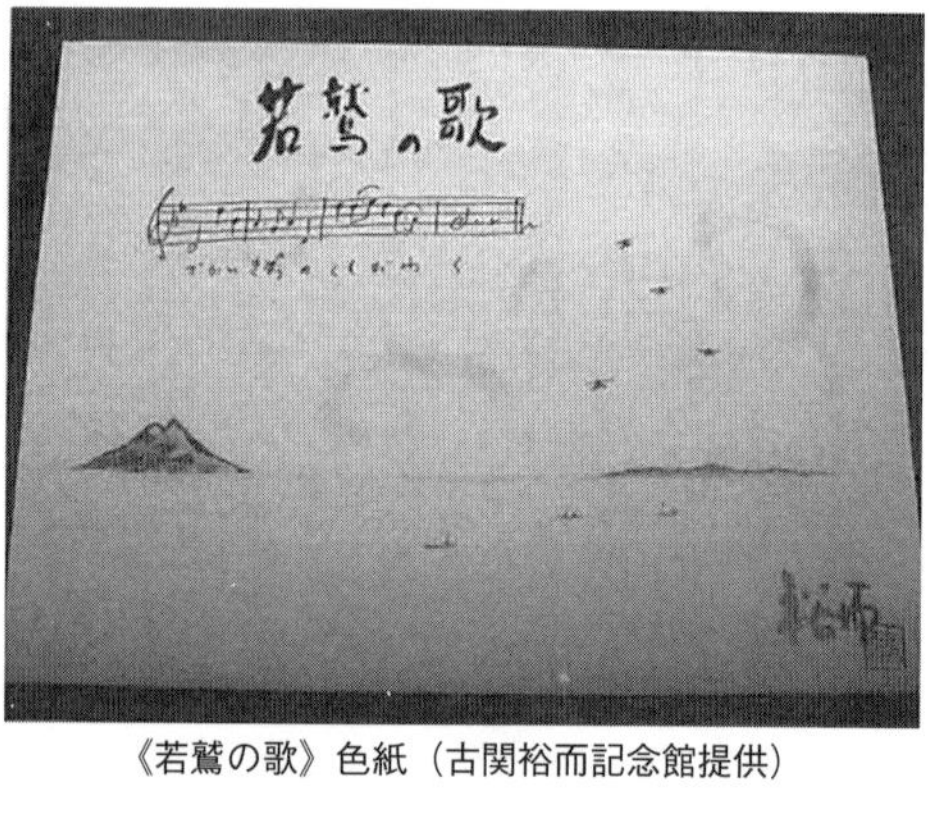

《若鷲の歌》色紙（古関裕而記念館提供）

　このように教官の粋な計らいによって《若鷲の歌》が誕生したのである。レコードは昭和一八年九月新譜で発売された。歌唱は霧島昇、波平暁男。映画も九月一六日に全国一斉に封切られた。監督・渡辺邦男、主演は高田稔、原節子、小高まさる、黒川弥太郎。また、松竹からは陸軍士官学校出身の若き陸鷲を主人公にした『愛機南へ飛ぶ』が同時に封切られた。航空映画の陸海軍の競演で、当時声高に叫ばれていた航空決戦に向け、緊急の課題にされていた航空人員の確保を青少年に強くアピールする意図が見られたのである。『決戦の大空へ』の映画では藤山一郎が《若鷲の歌》を歌っており、好評だった（レコード・B面の《決戦の大空へ》は藤山一郎の歌唱）。

映画館から出てくる少年たちは、〈七つボタンは桜に錨〉とすぐに歌を覚えた。また、霧島・波平のレコードも飛ぶように売れ、二三万枚のヒットは驚異的であった。

映画に登場した予科練習生たちには、やがて太平洋戦争の末期、神風特別攻撃隊を中心とする航空戦で散華していく運命が待ち受けていた。《若鷲の歌》の歌詞の〈見事轟沈した敵艦を　母へ写真で送りたい〉は西條のセンチメンタルな詩想と言われているが、この映画・歌が完成した時点では、まだ神風特別攻撃隊は存在していなかった。

《若鷲の歌》ＳＰレコード
（古関裕而記念館提供）

だが、映画や歌が完成してからおよそ一年後、昭和一九年一〇月二五日、関行男大尉率いる神風特別攻撃隊がフィリピンのマバラカットを飛び立った。この関の下に結集したのが第一〇期甲種飛行予科練生だった。甲飛一〇期生たちが飛行練習生教程を終えて、松山の一航艦第二六三航空隊に入隊したのは昭和一八年一〇月である。それから、テニアン、グアム、ヤップと苛烈な航空戦を悪戦苦闘しながら転進した。

昭和一九年八月、フィリピンの二〇一空に来たときには二二〇名の同期は六三名になっていた。大西中将から特別攻撃隊の決定を下された一〇月一九日の夜、甲飛一〇期生総員が集合し、玉井浅一中佐から日本の重大な運命を左右する特別攻撃の命令を受けた。

それは捷一号作戦を成功させるために零戦に二五〇キロ爆弾を積み、敵に体当たりするという作戦だった。この時集合した総員は二三名。

第一次神風特別攻撃隊に編入された甲飛一〇期生たちは、敷島隊、大和隊、朝日隊、菊水隊、山桜隊に編成された。それぞれの隊が出撃前、整備兵ら見送る人たちが涙ながらに歌う《海ゆかば》《「若鷲の歌」(通称「予科練の歌」)》の歌声が飛行場に流れた。それが終わると「出発」が下令され、つぎつぎと「若鷲」たちは飛び立っていった。

戦果を挙げた特攻第一号の菊水隊(加藤豊文・宮川正)、朝日隊(上野敬一)山桜隊(宮原田賢・滝沢光雄)が一〇月二五日午前七時四〇分に突入、三時間後には敷島隊が敵艦へ突っ込んだ。〈命惜しまぬ予科練の〉と歌われた第一〇期甲種飛行予科練習生(甲飛一〇期生)たちは、見事に〈さっと巣立てば　荒海越えて　行くぞ敵陣なぐり込み〉を果たし、護衛空母以下の敵艦を撃沈撃破して散華したのである。

ラバウル海軍航空隊

古関裕而の軍国歌謡の作品の中で最もマーチのリズムに溢れ躍動感のある歌が《ラバウル海軍航空隊》（佐伯孝夫・作詞／古関裕而・作曲）である。これは古関裕而の軍国歌謡の中でも最も愛唱された歌でもある。古関自身も好きな自作品だった。

ニューギニアの北東に浮かぶ島ニューブリテン島ラバウルは、日本海軍の精強を誇った航空部隊の前線基地であった。昭和一七年一月一三日の占領以来、ニューギニア方面の陸上作戦支援の重要な基地でもある。

帝国海軍の最大の拠点であるトラック島を守る防壁の役割をはたしてきた。そして、ソロモン航空戦の檜舞台であるラバウルにおいては、連日の激しい戦闘が展開されたのである。

《ラバウル海軍航空隊》はＮＨＫの放送用に作られたものだった。昭和一八年一〇月、ＮＨＫの吉田信音楽部長が古関裕而に依頼したことから始まった。遠く日本から離れたソロモンの前線基地で華々しく大活躍する航空部隊を讃え、

《ラバウル海軍航空隊》自筆譜
（古関裕而記念館提供）

国民の沈滞する士気を鼓舞するような曲を作ってもらいたいということだった。詩はすでに佐伯孝夫に依頼し完成していた。

銀翼連ねて　南の前線
ゆるがぬ護りの　海鷲たちが
肉弾砕く　敵の主力
栄えある我等　ラバウル航空隊

作曲者の古関は、旋律を凛とした気分に溢れた勇壮なマーチ風に作曲した。颯爽と滑走路を飛び立つ零戦を容易に想像させるような明快な前奏で始まる〈銀翼連ねて　南の前線　ゆるがぬ護りの海鷲たちが〉という勇ましいこの歌は航空戦をテーマにした軍国歌謡の傑作である。

この旋律を聴いていると、前線基地を颯爽と飛び、押し寄せる敵の大編隊に挑む勇猛果敢な荒鷲たちの姿が浮かんでくるかのようである。彼らはどんな困難な状況でも弱音を吐かず敢然と戦ってきた。南海の空の陽の光は強烈だ。その空を哨戒し、二、三倍の敵と空戦の激闘を敢行する。必ず勝つという信念のもとに敵大編隊に勇ましく飛び込んで行くという〈海軍精神　燃えたつ闘魂〉だったのである。まさに、それはラバウル海軍航空隊の尊い伝統と誇りにかけて戦うラバウル魂といえよう。

抒情派詩人の佐伯にとって、《ラバウル海軍航空隊》は初めての軍国歌謡だが、〈胸にさした　基地の花もにっこり笑う　ラバウル航空隊〉の箇所は佐伯らしい詩である。また、〈忘れて見つめる、夜更けの星はわれに語る　戦友《とも》の御霊《みたま》〉は激しい戦闘のなかにかいま見ることのできるヒューマニズムといえる。これは亡き戦友に想いを託す佐伯孝夫ならではの叙情詩の傑作である。また、これが悲壮感一辺倒にならないのも、古関のラバウルの勇姿に相応しい力強い旋律・リズムが佐伯の叙事詩と絶妙に調和しているからである。もし、戦争という時代でなければ、《ラバウル海軍航空隊》のメロディーはマーチ曲として優れた作品になっていたであろう。

人気歌手の灰田勝彦の歯切れの良い歌がラジオから流れると反響を呼び、早速レコード化されることになった。また、ラバウルを訪れたニュース映画班が激烈な空戦状況をフィルムに収めており、これが報道されるとソロモン方面における日米の航空戦の鍔ぜり合いの凄さ、ラバウル海軍航空隊の活躍に国民は熱狂したのである。

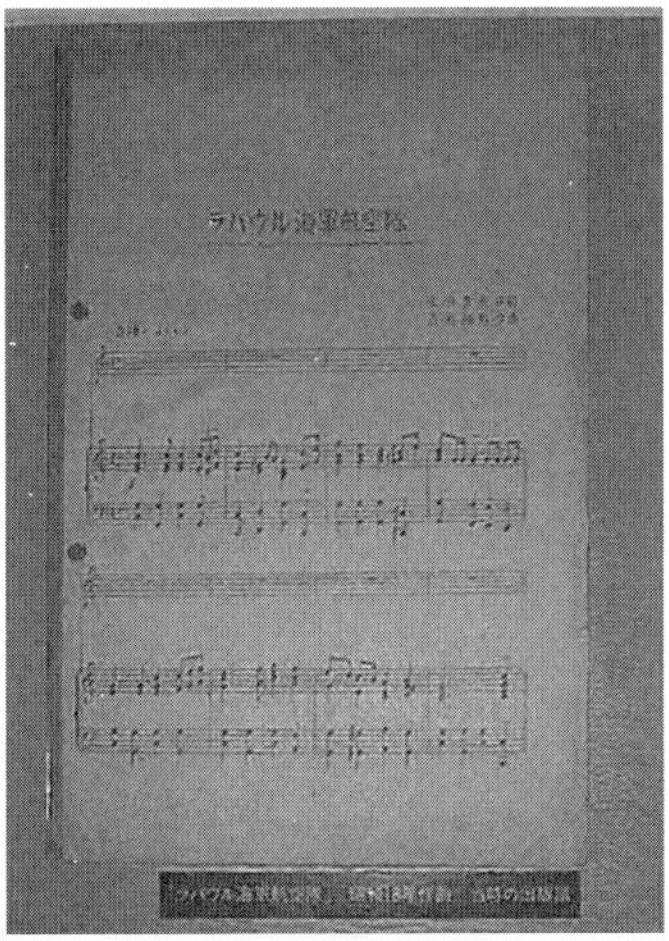

《ラバウル海軍航空隊》楽譜
(古関裕而記念館提供)

さて、レコードが制作される段階になってのことであるが、思わぬ問題が生じた。専属制の壁である。佐伯、灰田はビクター、古関はコロムビアと、それぞれレコード会社の専属が違う。普通このような場合、レコード会社の専属が違えば、レコード吹込みは無理である。だが、昭和一八年末という戦況を考えればそうは言ってはいられない状況だった。「マーチふうな前奏や　灰田君の熱のある軽快な歌い方。それを聞いたビクター・レコードでは、作詞と歌手がビクター専属の人なのだから、作曲だけ、特に古関のを貸して、と、私の専属しているコロムビアと交渉した。コロムビアは、それでは代償として、信時潔氏の曲を使わせてもらいたい、という条件でOKした」（前掲、『鐘よ鳴り響け』）

レコードはビクターのスタジオで灰田勝彦の歌で録音され、昭和一九年二月新譜で発売された。ところが、レコードが発売された頃は、昭和一九年二月、ソロモン群島におけるラバウル航空決戦はやがて終焉を迎えてしまうのである。

比島決戦の歌

昭和一九年に入り、古関は大本営が企画した「特別報道班員派遣」の一員として、ビルマ方面に派遣されることになった。上海、台湾、バンコクを経て、二年ぶりにラングーンの地を再び訪れた。同地で火野葦平が作詞した《ビルマ派遣軍の歌》を作曲した。だが、インパール作戦は無惨な結果に終わっていた。古関は「作戦は中止しても、多数の傷病兵をかかえた部隊が豪雨で崩れた密林や、山岳地帯の道をどのように撤退するか、まことに胸が痛む思いだった」（『鐘よ鳴り響け』）と記している。

昭和一九年八月、古関ら一行は帰国することになった。だが、古関だけはインドシナのサイゴンに向かうことになった。途中、シンガポールで母の悲しい訃報を知った。その夜、母の思い出が頭に浮かび、一睡もできなかった。

同地では、日本文化会館主催で「古関裕而音楽と映画の夕」(八月一八日)がエデン映画劇場で開催された。亡き母を想いながら指揮棒を振った。盛大な演奏会も終わり、慰問演奏もスケジュールどおりにこなし帰国の途についた。昭和一九年九月五日、郷里福島で母の葬儀を行った。古関の帰国を待ったうえで葬儀が取り計られたのである。

アメリカ軍は、すでにサイパンを陥落させていた。マリアナ諸島を制圧したアメリカ軍のつぎの目標はフィリピンだった。昭和一九年一〇月二〇日、陸軍総司令官・マッカーサーは、レイテ島東北部タクロバンに近い海岸に上陸した。マッカーサーは、「私は帰ってきた」と自らの演説を移動放送局のマイクの前に立ち行った。「I shall return」の誓約を果たしたのである。そのマッカーサーに対して、敵愾心と憎悪を剥き出しのレコード歌謡が作られた。それが《比島決戦の歌》(西條八十・作詞/古関裕而・作曲)である。

レイテ湾を目指す栗田艦隊がサマール沖で護衛空母に打撃を与え、追撃し、神風特別攻撃隊がアメリカ機動艦隊に体当たり攻撃を加え、護衛空母・「セント・ロー」を撃沈するなどの戦果を挙げ、壮絶なレイテ沖海戦が展開している頃、《比島決戦の歌》が企画された。陸軍、海軍省、情報局、読売、放送局が中心になって制作されたのである。〈出て来い　ニミッツ　マッカーサー　出て来りゃ地獄へ逆落とし〉の歌詞は非常に有名だが、これらの固有名詞は最初、西條八十が作詞した段階ではなかった言葉である。国民を総決起させ、敵愾心昂揚という趣旨にもとづいた憎むべき敵将の「ニミッツ」「マッカーサー」の名前とはいえ、それを露骨に入れることは、日本の誉れ高き武士道精神や武人の礼儀・礼節を欠いた恥ずかしい罵詈雑言に等しかった。西條もこれには「そんな勝手なことを言われても困る」と、語調を強めて反論した。だが、「水師営の会見」の「ステッセル」と同じように、敵将の名前を入れろという軍の要望は強く、陸軍報道部・沖縄出身の親泊中佐の意向に従って、西條は結びの詩句を書き直して歌が出来上がったのである。

作曲者の古関裕而は調子の良い明るいメロディーにしているが、古関メロディー特有の勇壮な力強さがなく、悲愴感溢れる旋律でもなかった。古関には、どうしても陸軍の要求が楽曲の創作において障害となり、満足のゆく楽想を練ることができなかった。現にこの〈出て来い　ニミッツ　マッカーサー〉という言葉に対して、文化人の中からも批判が出ている。愛国主義的詩風で知られる福田正夫、国学者で右翼系の有力者・千々波敬太郎らのグループや同じような想いを抱く文化人ら一〇〇人が「行き過ぎた良識なき行為は、今後日本文化の名誉のため慎まれたい」という趣旨を国民の意見として情報局に申し入れたのである。

《比島決戦の歌》のレコード発売は昭和二〇年三月新譜。歌手陣には酒井弘、朝倉春子が起用された。B面は《一億体当たりの歌》。波平暁男、渡辺はま子、近江俊郎らが歌手陣に名前を連ねている。だが、このレコードの音源は現存していない。発売されたかどうかも不確実なのである。しかも、《比島決戦の歌》が発売されたと思われる昭和二〇年三月新譜では、悲劇的な誤報戦果を敢えて〈その日は来たれり　その日は遂に来た〉と讃えた《台湾沖の凱歌》（サトウ・ハチロー・作詞／古関裕而・作曲）、すでに大勢がほぼ決していたフィリピン決戦の決意を〈はやる心の梓弓ひきしぼり　神機の至るを待ちし歳月〉と歌い上げた《フィリピン沖の決戦》（藤浦洸・作詞／古関裕而・作曲）が発売されている。だが、国民を鼓舞し戦意昂揚を目的にレコード歌謡が作られたにもかかわらず、比島決戦の大勢はすでに決していた。

昭和二〇年一月九日、米軍一九万の兵力がリンガエン湾に上陸を開始した。ルソン決戦の始まりである。日本の航空部隊は、一月四日から九日にかけて特攻を敢行し、軽空母などを撃沈し艦船撃破の戦果をあげたが、米軍上陸を阻止することはできなかった。米軍の大軍を迎え撃ったのは、尚武集団（山下大将直轄軍）・振武集団・建武集団だが、兵力数では米軍を上回っていたとはいえ、戦力の内容において雲泥の差があった。

二月四日、米軍はマニラに突入し、フィリピン市民を巻き込んだ市街戦が展開した。一方、国内では、丸ビルの屋上には〝来て見ろ　ニミッツ　マッカーサー、来たら地獄へ逆落とし〟という垂れ幕が下げられていた。また、有楽町駅近くの屋根には、同じ文句の大きな看板が掲げられていた。《比島決戦の歌》も国民合唱として放送されたが、当初放送予定の四週連続放送を四週目で打ち切りにしている。軍部の意向は、比島がほとんど米軍に取られたから、次は沖縄ということらしい。

だが、フィリピン戦線の状況は、国民にはまったく情報が伝わっていなかった。

昭和二〇年四月に入ると、バギオ攻略とバレテ峠突破を目標にしたアメリカ軍は爆撃の威力を増してきていた。米軍の戦車群と重砲隊をサント・トーマス方面の正面から迎え撃ち、日本軍は必死の抵抗を見せたが、怒濤のごとく押し寄せる米軍の圧倒的な重火力の前に次々と制圧されていた。さらに、米軍はカガヤンを制圧するために、バレテ、サラクサクの二つの峠に侵入し、ここでも日本軍は皇軍精神の片鱗を見せたが、米軍の火力、爆撃の前には、局地的な小戦果をあげても決定的な打撃を加えることができなかった。

山下奉文中将らの司令部は「玉砕戦法」を排し、「永久持久戦」を唱え、アメリカ軍を比島に拘束し釘づけにする方針を採った。だが、米軍のカガヤン平原の制圧が終了し、六月二八日、マッカーサーはルソン島戦闘終結を宣言した。それから、およそ二ヶ月後、《比島決戦の歌》の〈出て来い　ニミッツ　マッカーサー〉という呼びかけに応えるかのように、昭和二〇年八月三〇日、マッカーサーは厚木飛行場に占領軍最高司令官としてその姿を現したのである。

《比島決戦の歌》は古関自身、軍の横暴圧力によって、作られたということで最も思い出したくない軍国歌謡だった。古関は、酷い詩句に対する嫌悪から、戦後も幻の戦時歌謡としてそっとしておいたのである。

嗚呼神風特別攻撃隊

　特攻とは人類史上稀に見る最高の自己犠牲である。これは特攻を美化する言葉ではない。真実なのだ。特攻の精神については、フランス人・ベルナール・ミローが自著・『神風』で「この世界に純粋性の偉大さというものについて教訓を与えてくれた」とのべている。だが、特攻は精神が崇高であり、純粋だが、作戦そのものは「統率の外道」・「統帥の邪道」という矛盾を孕んでいる。この矛盾を理解せずして特攻とは何かという命題の答えを見つけることは不可能といえよう。

　古関裕而の軍国歌謡で、もっとも悲愴感に溢れ涙なしでは聴けない歌が、《嗚呼神風特別攻撃隊》（野村俊夫・作詞／古関裕而・作曲）である。作詞は同郷の野村俊夫。軍国歌謡の中において、戦争の悲惨さを最も象徴している歌なのだ。古関は戦後、この歌について多くを語らなかった。

　太平洋戦争において、最初の個人意思による特攻は空母「飛龍」から飛び立った雷撃機分隊長・友永丈市大尉である。昭和一七年六月五日、ミッドウェー海戦において敵空母「ヨークタウン」に体当たりして散華したのである。友永の行為は軍命ではないとはいえ、個人自由意思の判断による最初の体当たり攻撃による戦果だった。

　正式な「特別攻撃隊」の編成・命令は、大西瀧次郎によって発案され実行された。大西は神風特別攻撃隊が「統帥の理」に反することを承知していた。そのため、敵空母の甲板を一時的に機能停止させ、使用不能にさせるということを念頭において、肉弾による体当たり攻撃を限定目的で行うつもりでいた。だが、その後、戦果に過大な期待が生まれ、全面的に拡大してしまったのである。最初の戦果が華々しかっただけに、殉国の精神に溢れる若き航空隊員の共感を呼んだことも事実である。

神風特別攻撃隊の成功は、昭和一九年一〇月二五日、マバラカットを出撃した敷島隊（指揮官・関行男）が護衛空母「セント・ロー」を撃沈、「キトカン・ベイ」、「ホワイト・プ（プ）レーンズ」を大破したことに始まる。敷島隊の出発は午前七時二五分、同日六時三〇分、すでにダバオを出発していた朝日・山桜・菊水隊の各一機が護衛空母「サンティー」、「スワニー」に命中し撃破した。また、セブ島を発進した大和隊は「カリニン・ベイ」を撃破した。このように神風特別攻撃隊の戦果は大きかったのである。

レコード歌謡において、この神風特別攻撃隊を称賛する歌が作られた。それが《嗚呼神風特別攻撃隊》という歌である。〈無念の歯がみ　こらえつつ　待ちに待ちたる決戦ぞ〉という詩は、祖国の存亡をかけて決戦にいざ臨み飛び立つ特攻隊員の心情を歌いあげている。野村と古関は軍国歌謡の傑作・《暁に祈る》でもおなじみのコンビ。野村の詩想からは死に向かって突入する若者の悲痛な感情が滲みでている。しかも、野村俊夫の詩想は〈送るも往くも　今生の別れと知れどほほ笑みて〉と、整然と編隊を組み死にゆく者と、帽子を振って送る者たちの戦場におけるヒューマニズムも忘れていなかった。

古関のメロディーも厳粛かつ悲愴感に溢れている。飛行機に乗れば、死ぬことは分かっている。

祖国日本、愛すべき家族、故郷を守るために捧げた命が今後の日本の運命を左右することへのせつない希望を古関は悲愴・壮絶な楽想に込めた。まさに、日本民族が滅びようとしている状況において、日本の敗戦後の講和の条件、つまり、《嗚呼神風特別攻撃隊》は死を目前にしギリギリの精神状態において日本の進路を決定する重要な未来を託し散華した者への鎮魂歌といえる。

《嗚呼神風特別攻撃隊》のレコードは、昭和二〇年三月に、日蓄からバリトン歌手・伊藤武雄と安西愛子の歌で発売されたと云われているが、市販された形跡がない。録音されたものの、レコードとしては発売されなかった可能性が高いのである。

《嗚呼神風特別攻撃隊》は神風特別攻撃隊の「悠久の大義」の称賛とはいえ、あまりにも悲愴感溢れる詩想と楽想である。凄惨な肉弾攻撃の特攻をリアルに生々しくつたえている。レコード歌謡として陽の目を見ることができなかった理由がここにあるような気がしてならない。この幻のレコードは戦後になって、伊藤久男、春日八郎らによってステレオ盤に吹込まれた。これらのレコードを聴くと確かに血腥い悲愴なメロディーで胸が張り裂けそうになる。ややもすると、この歌の悲愴美によって反戦的な厭世気分に陥りかねない。伊藤久男のバリトンは叙情的で悲愴感そのものであり、望郷演歌の春日八郎の高音の渋みは勇壮とはいえ哀調があり、涙を誘うのである。

《嗚呼神風特別攻撃隊》とタイトルが似た《神風特別攻撃隊の歌》（西條八十・作詞／古関裕而・作曲）という神風特別攻撃隊をテーマにした歌が日蓄からほぼ同時期に発売されている。レコード番号が一〇〇九二八とあるので、発売されたと思われるが。ちなみに《神風特別攻撃隊の歌》の作詞は西條八十。作曲者は古関裕而である。歌唱者は《嗚呼神風特別攻撃隊》と同じ伊藤武雄と安西愛子。B面は《翼の神々》（西條八十・作詞／古関裕而・作曲）。波平暁男、志村道夫、近江俊郎、奈良光枝、柴田つる子らが歌唱者に名前を連ねていた。

昭和二〇年四月一日、沖縄へアメリカ軍が殺到し、いよいよ本格的な沖縄特攻が展開する。日本陸海軍の航空部隊は総力をあげて特別攻撃隊を編成し、四月六日、「菊水第1号作戦」（海軍）、「第1次航空総攻撃」（陸軍）が発令された。海軍特攻機（零戦爆装備八五、彗星二四、天山一六、九七艦攻三〇、九九式艦爆四九）、陸軍の特攻機は九〇機、台湾友軍（第一航空艦隊と第八飛行師団）で編成され、今までにない大規模な体当たり攻撃を敢行したのである。まさに〈此の一戦に勝たざれば、祖国の往くて、如何ならむ〉決戦だったのである。

敵艦に突入できたのは、特攻機二八四機中、わずか二四機。戦果は日米で食い違いはあるが、敵艦二四隻撃沈破。「神鷲」の肉弾が散華したのだ。これは戦果としては満足ゆくものであり、米軍にあたえた精神的打撃は大きかった。日本陸海軍の沖縄特攻作戦は熾烈を極めてゆく。そのため、アメリカ大艦船群の損失は甚大で、陸海軍の四月六、九、一六、一七日の三回にわたる「菊水作戦」と「航空総攻撃」によって、「一大艦隊」潰滅に等しい損害を被ったのである。アメリカ幕僚の中には、沖縄の海から大艦隊を一旦引き揚げる方針を机上に提出する者もいた。艦隊の大半をウルシー基地に引き揚げて特別攻撃隊の圏外に移し、沖縄への補給は別方法で行うという意見が出たのである。だが、四月中旬の段階で、米軍は陸上戦闘の地上戦で苦戦中だった。これほどまでに「戦略持久」で臨む日本守備隊の防御線が固いとは、予想を遥に超えていたのである。

銃後の人々は、このように神風特別攻撃隊が敵を見事に殲滅し、或いは無念にも敵艦に到達せず千尋の海原に散っていった神鷲を熱涙が伝う顔を上げて、彼らの勲を讃え偲んだ。国民の熱涙は決して美化された感動ではないのだ。古関が作曲した六節から成る《嗚呼神風特別攻撃隊》の歌の最後はつぎのように結んでいる。

〈永久に忘れじ　その名こそ、　神風特別攻撃隊　神風特別攻撃隊〉

古関は日本民族の誇りにかけて、祖国の未来永劫を願い散華していった者たちの歴史を音楽に永遠のレクイエムとして刻んだ。我々は戦後六〇有余年の平和が彼らの日本の存続を護った「純粋精神」によって成しえたということを忘れてはならないのである。

第四部　平和への祈り・希望・抒情と叙情

敗戦

昭和二〇年八月一五日、玉音放送が流れた。国民は、虚脱状態のまま、この放送を耳にした。天皇が国民にむかって肉声を発することは前例のないことである。言葉が雑音のなかから、とぎれとぎれに聞こえてくる。それを聞いているうちに、国民はポツダム宣言を受諾し初めて経験する無条件降伏の悲哀と屈辱を実感した。だが、一方では戦争終結によって、死の恐怖から解放された安堵感もあった。ある程度、敗戦を密かに予想していた人々は、そのような感情を抱いても、不思議ではなかったのである。

古関はこの日を自伝につぎのように記している。

「東北線の夜汽車に揺られ、昼近く、新橋駅の改札口を出ると、駅長室付近に人だかりがしている。『何ですか』と近くの人に尋ねると、『正午に天皇陛下の玉音放送があるそうです。敗戦ですかねえ、それとも本土決戦かも……』という。すぐに放送があったが、人のざわめきでよく聞きとれなかったが降伏らしく、目頭を押さえる人や嗚咽《おえつ》が聞こえた」(古関裕而『鐘よ鳴り響け』)

日本の降伏が伝えられた日、鈴木貫太郎内閣は総辞職した。かわって、我が国唯一の皇族内閣東久邇宮稔彦内閣が成立した。この内閣の意味は日本軍隊の武装解除を円滑に遂行し、天皇＝国体の崩壊によって予想される敗戦の混乱を「国体護持」の名の下に抑制することにあった。だが、「一億総懺悔」を掲げ、この度の戦争は国民全体が総反省し懺悔しなければならないと説いたことからもこの内閣の性格を窺うことができる。

敗戦から僅か五日目には東京新宿には葦簾《よしず》張りの闇市がたった。闇市では人々がごった返していた。

「戦後の街に闇市ができて、配給品や、それ以外の生活必需品が、公定価格以上の高値、すなわち闇値で売買され、どこからともなく野菜や魚介類、皮製品、あるいは、にぎりめし、餅、衣類や、アメリカの救援物資としての使い古しのセーター、ワンピース等々まで出回り売られた」（『同上』）

その青い空に響いたのが岡晴夫の歌声だった。岡晴夫の歌声が戦後の荒廃した世相に響きその人気を高めたのだ。《東京の花売娘》（佐々詩生・作詞／上原げんと・作曲）や《青春のパラダイス》（吉川静夫・作詞／福島正二・作曲）がキングから発売された。岡晴夫のかん高く鼻にかかった歌声は、打ちひしがれた人々に希望をあたえた。

終戦の翌年になると、戦地からの復員、引き揚者を乗せた列車が目立つようになった。窓ガラスのない列車は戦地から帰還した兵隊を満載していたのだ。そうした状況のなか、田端義夫の《かえり船》（清水みのる・作詞／倉若晴生・作曲）も人々の心を打った。この歌は引き揚船が入港する舞鶴、博多あたりから広がっていた。田端義夫も岡同様に戦前派歌手である。ポリドールからデビューした。独特のバイブレーションで哀調切々と人生の波間に揺れる心情を歌い、敗戦後の人々に感動をあたえたのである。

だが、古関の心を痛めたのは戦意高揚と鼓舞のために作った軍国歌謡だった。盛り場の賑わいの傍らで、戦争で負傷し手足を失った傷痍軍人が義手、義足をはめ眼帯をしながら《露営の歌》や《暁に祈る》など古関の歌をアコーディオンの伴奏にのせて歌っているのだ。古関は幾度も戦線を訪れたこともあり、自ら作曲した歌で祖国のために命を捧げ、たとえ生き残ったとしても五体満足な姿でなくなったことを思うと悲痛な気持ちになった。古関は戦争責任追及を覚悟したのである。

日本はポツダム宣言にもとづいて連合国に占領されることになった。アメリカ軍が昭和二〇年八月末から日本に進駐してきた。占領軍はアメリカ軍からなり、アメリカ主導のもとに占領政策が進められた。その目標は日本の非軍事化・民主化であり、アメリカの脅威に再びならないように徹底的に日本社会を改造することにあった。東久邇宮内閣は「国体護持」「一億総懺悔」を唱え、GHQの政策に対応できず総辞職。マッカーサーは次の幣原喜重郎内閣に「五大改革指令」（婦人の解放・労働組合の結成・教育自由主義化・圧政的諸制度の廃止・経済機構の民主化）を口頭で伝えた。これらの方針が、農地改革、財閥解体、男女平等選挙、教育基本法の制定へと具体化されていったのである。

翌二一年一月、天皇自ら、天皇の人間宣言を行い、神格化（現人神・現御神）を否定した。また、同年には財界、政党、官僚を含めた大量の公職追放を行った。保守系政治家は、政治の表面から姿を消した。戦時における責任を問われ職を追われたのである。

戦争犯罪人の処罰はポツダム宣言第一〇条に定められており、昭和二一年五月三日から、東京裁判（極東国際軍事裁判）が旧陸軍省内に設置された市ヶ谷法廷において始まった。古関は、「敗戦国の悲運」を予想し「戦争製造人」というレッテルを貼られることを覚悟した。ところが、古関をはじめ、山田耕筰ら多数の音楽家らは戦犯にはならなかった。裁く側（連合国）は戦争になれば文化人は勝つためにその芸術作品を強力なナショナリズムの形成のために提供するという論理を知っていた。つまり、その芸術作品は戦争立案・計画・遂行とは無関係な思想なのである。戦勝国でも文化人は戦時における国民動員への戦争協力は当たり前であり、戦争が終われば、文化人の役割は平和と復興にむけて芸術作品を提供し協力するものなのである。

古関裕而の終戦後初めての仕事は菊田一夫とのそれだった。古関メロディー行くところ菊田ありと言われるほど、古関音楽は菊田との拍車をかけて走る車輪のようなものになっていった。

昭和二〇年の一〇月初旬、ＮＨＫの独う活ど山やま万司から電報が古関の許に届いた。古関は早速上京し、放送局に赴いた。正面玄関にはＭＰが自由に出入りしており、その威圧感に敗戦という悲哀を感じた。中に入ると、館内の様子は戦前とは大違いで、一階と四階は進駐軍に占領され、総司令部のＣＩＥ（民間情報教育局）が入っていた。

古関は放送局・演芸部の独活山《うどやま》と再会した喜びを分かち合いながら、早速、仕事の打ち合わせに入った。戦後のラジオ・ドラマの第一号として『山から来た男』が一〇月から年内一杯、二週一回の連続放送が決定していたのである。台本は疎開先から帰京したばかりの菊田一夫だった。ストーリーは、田舎に疎開していた男が山から帰って会社を再建してゆくというもので、復興へ意欲的に立ち上がろうとする人々に勇気と希望をもたらすのに十分な内容であった。建設的な気運が戦後の復興を願う人々の心情にうまくマッチしたのである。ラジオ・ドラマ『山から来た男』は好評だったので、今度は、マスクをかぶった男がミステリーに富んだ殺人事件を起こすというスリラーの要素を存分に加えた『夜光る顔』を放送した。これも、また好評で、その後、菊田とのコンビは続き、『駒鳥夫人』が放送された。

敗戦という混乱の中で、安堵と不安が交錯しながら戦後歌謡史がスタートした。複雑な民衆心理に一瞬咲いた明るさを象徴するかのように《リンゴの唄》（サトウ・ハチロー・作詞／万城目正・作曲）が発売され、並木路子という新しいスターが誕生した。戦後の古関裕而の歌謡曲は昭和二一年六月新譜の《いとしき唄》（サトウ・ハチロー・作詞／古関裕而・作曲）である。霧島昇と新人栗本尊子が歌った。古関裕而の戦後歌謡曲史が始まったのである。

三日月娘

昭和二一年五月一日、戦前の国民歌謡（「われらのうた」から太平洋戦争中は、「国民合唱」）は、

「ラジオ歌謡」として再スタートした。クラシックの香りのする健全な歌・抒情歌がラジオから流れたのである。《風はそよ風》（東辰三・作詞／明本京静・作曲）が東京放送合唱団と東京放送児童合唱団によって放送された。レコードは安西愛子が吹込んだ。

古関裕而は戦前の国民歌謡時代には軍国歌謡の傑作を随分と作曲したが、音楽性のある歌曲の創作はあまりできなかった。だが、戦後の平和な時代を迎え、水を得た魚のようにこのラジオ歌謡において数多くの名曲を作曲した。その最初のヒット曲が、恋と砂漠の旅をテーマにした《三日月娘》（藪田義雄・作詞／古関裕而・作曲）である。歌詞の〈恋はひと目で火花を散らし　やがて真赤に燃えるもの〉という情熱的な歌詞は戦時中には考えられない言葉だった。

幾夜重ねて　砂漠をこえて
明日はあの娘の　いる町へ
鈴が鳴る鳴る　ラクダの鈴が
思いだささせて　風に鳴る

古関は、作詞・藪田義雄の詩想に驚きながらも、オリエント風の異国情緒溢れる楽想をベースに作曲した。旋律はマイナーで作曲されているが、管

《三日月娘》自筆譜（古関裕而記念館提供）

《三日月娘》色紙（古関裕而記念館提供）

楽器を巧みに使ったメロディーと三拍子のリズムが広大な砂漠を急ぐキャラバンの一行の旅情を効果的に高めている。また、夜の砂漠という異国の風景を舞台にしながらも、月を眺めながらいとしい人へ想いを寄せる日本人古来からの情緒感を呼び起こすような歌でもある。《三日月娘》が当時の若い女性に人気があったことも頷ける。

　古関は、ヨーロッパ音楽文化において確立しているオリエンタル地方の中東音楽に深い関心があった。ムソルグスキー、ストラヴィンスキーの音楽に魅了され傾倒したことからもわかるように、アラビア的なもの、オリエント的なもの、シルクロードの旅情に深い関心を持ちその楽想を求めていた。殊に、古関がストラヴィンスキーの特徴でもある「象徴社会における神話の代替物としての音楽の諸形態」や、あるいは神話の音楽家に分類できるドビュッシーなどに大きな関心を持っていたことからも納得できる。

　また、オリエント世界の異国情緒をテーマしたレコード歌謡の流れは、すでに戦前に見られた。ジャズ・ソングの《キャラバン》以来、数多くの作品が生まれ、オリエンタルな情緒に憬れモダニズムを満喫するモボ・モガに愛好された。だが、戦前は赤い夕陽の満州を舞台にした「曠野もの」

から「上海」・「南方」がテーマの中心になっていたので、神秘的な夢幻に満ちたオリエントの異国情緒はレコード歌謡として存在していたとはいえ、その主流でなかった。

昭和二一年八月一八日、《三日月娘》は松田トシと東京放送合唱団によって放送された。ところが、レコードは藤山一郎の流麗甘美なテナーによって格調高く歌われ、コロムビアから発売された（昭和二二年二月新譜）。《三日月娘》は国民歌謡以来、初めての流行歌（クラシック系歌謡）らしい歌で、この歌をきっかけにラジオ歌謡は大衆性においてその幅を広げることになった。また、この《三日月娘》は、戦後において古関裕而のクラシック音楽の香りと大衆性が溢れた作品の第一歩でもある。

古関裕而には、《三日月娘》のほか、ラジオ歌謡ではなかったがオリエンタルな砂漠の抒情をテーマにした歌がもう一つある。《幻の笛》（菊田一夫・作詞／古関裕而・作曲）という歌曲がそうだ。この楽曲もオリエントの異国情緒に溢れ、砂漠の夜空に妖しく流れる幻の笛の調べを主題にしている。レコードは昭和二三年三月新譜発売。古関は前奏の冒頭に無伴奏（カデンツァ）によるフルート独奏と藤山一郎の独唱の掛け合いを入れ、聴く人々に感銘をあたえた。

砂漠の夕べに　微風ささやく
祈りのひととき　きらめく金の星
乙女よ　ききませ

夜空の太鼓　幻の笛
ききませあの歌　美わし恋のうた

フルート奏者は後にNHK交響楽団の常任指揮者を務めた森正。森正のフルートの見事な助奏（オブリガート）は主旋律の藤山一郎の豊かな歌唱芸術に花を添えている。戦争で閉塞していた青春の抒情を追慕する心情が求められていた時代、《三日月娘》と《幻の笛》は古関裕而の音楽への情熱と豊かさの所産であり、そのオリエンタルな異国情緒は古関メロディーの新たな境地でもあった。

雨のオランダ坂

戦争によって国民生活は徹底的に破壊され絶望的な状況だった。終戦の年は極端な凶作で、食糧不足は深刻な問題であった。極度の物資不足に加えて、敗戦後の日本には凄まじいインフレーションの嵐が吹き荒れた。

幣原喜重郎内閣は昭和二一年二月、預金封鎖による旧円の流通禁止、新円切り換えによる引き出し制限、つまり、緊急金融措置令を発令しインフレを抑えようとした。これは耐乏生活を強いられ僅かな預貯金に頼る庶民生活を見捨てた政策だった。これは明らかに企業と銀行の救済措置を優先したものだった。翌年に資材と資金を石炭・鉄鋼などの重要産業部門に集中する傾斜生産方式が採用された（第一次吉田茂内閣）。だが、その生産復興のために作られた復興金融金庫による通貨増発のため、インフレがますます進行し、庶民の生活を圧迫したのである。

数々の流行歌の名盤を作りだした各レコード会社は戦禍の被害を受けていたが、その再建に向け、新たな出発をした。コロムビアは、川崎工場も被害が少なく、東洋拓殖ビルには被弾もなかった。川崎工場の原盤も無傷で保存がしっかりなされていた。第二東拓ビルのスタジオも無事だった。

終戦後すぐに文芸部の活動が始まった。昭和二〇年の秋が深まった頃、職員の新しい機構も整備され、新しい職制も決まり、プレス台も稼働しはじめた。ビクターは、空襲で築地のスタジオ、新子安にあったプレス工場も灰燼に帰していた。そのため、昭和初期の電気吹込み開始以来ライバル関係にあったコロムビアのスタジオを借りて吹込んだ。ポリドールは大森の工場も空襲で焼け、青山表参道のスタジオも同様に戦災で消失した。キングは戦災の致命的な打撃を受けずに済んだ。当時、各レコード会社は、戦後の混乱期のため思うように新譜レコードが製作できず、戦前のヒット曲を再発売していた。だが、レコード会社の生産機能が回復するメドが立つと新しい流行歌が誕生した。

古関裕而の戦後最初のヒット曲は《雨のオランダ坂》（菊田一夫・作詞／古関裕而・作曲）である。これは、新国劇で上演された『長崎』（菊田一夫・原作）の芝居で歌われるために作られた。古関が長崎を訪れたのは昭和一〇年。古関は自著においてその印象を「南国の香りと、横浜以上に、異国情緒のあふれた歴史のある街に、私はすっかり魅せられていた」（前掲、『鐘よ鳴り響け』）と記している。殊に菊田一夫の詩には鮮やかな色彩が異国の香りを放ち、古関の長崎の印象を浮彫にさせ創作意欲を湧かせるのに十分であった。だが、原爆で長崎の街並みは破壊され昔の姿を失っていた。そこで、古関は、菊田一夫の歌詞に散見する「マドロス」「異人屋敷」という長崎の異国情緒とロマンチックな美しい詩想と己の美しい回想に描かれた長崎の鮮やかな印象を二重写しにしながら作曲にとりかかった。

こぬか雨ふる　港の町の
青いガス灯の　オランダ坂で
泣いて別れた　マドロスさんは
しまのジャケツに　オイルのコート
煙にむせてか　泣いていた
泣いていた

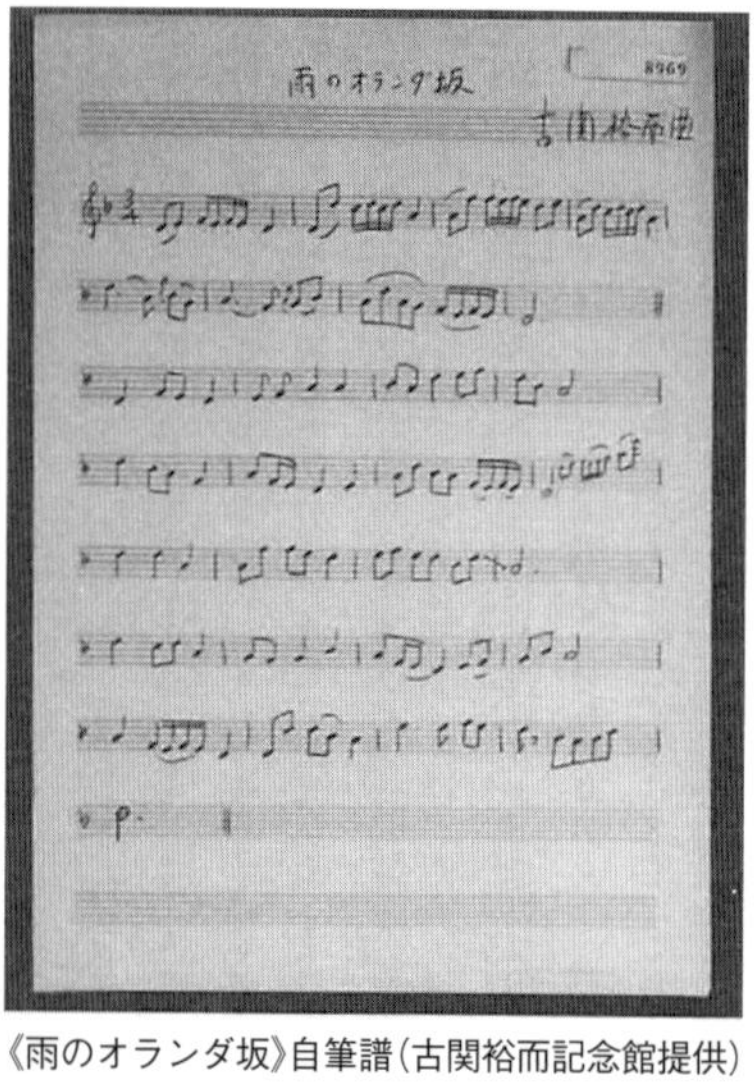

《雨のオランダ坂》自筆譜（古関裕而記念館提供）

古関の記憶の中に「雨の長崎」「オランダ坂」の日暮れの情景が鮮やかに蘇り、それが異国情緒豊かな楽想を深め、作曲完成と同時にレコード化されたのである。美しく哀愁を込めて歌う渡辺はま子の歌唱も好評で、古関裕而の快心の作品としてヒットした。

この歌には古関裕而のクラシックへの造詣の深さが見られた。歌の間奏に長崎を舞台にしたプッチーニのオペラ《蝶々夫人》(「マダム・バタフライ」)の有名なハミングコーラスの一部を入れて、異国情緒に彩られた長崎のムードを高めているからだ。恋しいマドロスとの哀しい別れを歌った三拍子の歌唱と、四拍子の間奏に込められたピンカートンの愛をひたすら信じて一途に帰国を待つ蝶々さんの心情がオーバーラップとなり、これが抜群の音響効果になっていた。そして、渡辺はま子の美しい歌唱が長崎の異国情緒を色濃く感情豊かに歌い上げたのである。

異人屋敷の　窓の灯りで
ぬれてさまよう　マドロスさんの
恋しい人かと　のぞいて見れば
遠いお国の　見知らぬお人
オランダ坂の雨の日よ
雨の日よ

《雨のオランダ坂》のレコードは昭和二二年一月新譜でコロムビアから発売された。B面が《夜更けの街》（菊田一夫・作詞／古関裕而・作曲）でこれも菊田・古関コンビの作品。伊藤久男が〈暗い酒場の　ダイスの影に　ひょいと覗いた　地獄の顔よ〉と叙情的に歌っている。伊藤のバリトンは心に響く歌唱だった。B面とはいえ、好評でA面に劣らぬ人気があった。その後、松竹が『長崎』を映画化し、古関メロディーが映画・『地獄の顔』（昭和二二年）のなかでも歌われた。映画のストーリーは、上海往来のやくざが帰国して孤児たちのために尽力するというもの。水島道太郎、月丘夢路・主演。この映画の主題歌はコロムビア盤と、テイチクから発売されたディック・ミネが霧のエトランゼの哀愁を切々と歌う《夜霧のブルース》（島田磬也・作詞／大久保徳二郎・作曲）、ディック・ミネと藤原千多歌が共唱した《長崎エレジー》（島田磬也・作詞／大久保徳二郎・作曲）が競演となり、話題を呼んだ。

《雨のオランダ坂》が発売された昭和二二年は、戦前の歌謡界を彩ったスター歌手たちも復活の狼煙を本格的にあげた。藤山一郎、伊藤久男、灰田勝彦、淡谷のり子、渡辺はま子、二葉あき子らが戦前に引き続いて戦後もヒットを放ったのである。新人では平野愛子がビクターから《港が見える丘》（東辰三・作詞／作曲）をヒットさせ、また、同じビクターの新鋭竹山逸郎の《泪の乾杯》（東辰三・作詞／作曲）もヒットした。

夢淡き東京

平和な時代が訪れた。古関裕而の時代がやってきたのだ。クラシック音楽の芸術性と格調をもつ古関裕而の音楽がようやく国民の大衆歌として全面展開することになった。新しい平和国家日本の構築に向けて、古関メロディーは敗戦で打ちひしがれた人々の心に潤いをあたえ、そして、勇気づけ奮い立たせたのである。

昭和二二年は、古関裕而の豊かなクラシック音楽の技法によって創作された大衆歌が本格的に始動した年でもある。《雨のオランダ坂》（昭和二二年一月新譜）《三日月娘》（昭和二二年二月新譜）と続き、五月新譜で名曲《夢淡き東京》（サトウ・ハチロー・作詞／古関裕而・作曲）が発売され、大ヒットしたのである。この歌は、連続ラジオ・ドラマ『音楽五人男』（長谷川幸延・原作）を映画化した東宝映画『音楽五人男』の主題歌である。

柳青める日　燕が銀座に飛ぶ日
誰を待つ心　可愛いガラス窓
かすむは　春の青空か
あの屋根は　かがやく聖路加か
はるかに　朝の虹も出た

誰を待つ心　淡き夢の町　東京

敗戦という現実は、焼け跡、闇市、食糧難、浮浪児、夜の女に象徴されるように悲惨な状況だった。古関は荒廃する東京の風景をつぶさに見て、人々の荒んだ心を癒し、清らかな潤いをあたえるメロディーをと思い楽想を練った。古関は転調という手法を用いている。マイナー（短調）で始まりながらも、それは春の日を浴びて輝く川面の上を春風が心地よく吹いてゆく風景を思わせた。芽生えを感じさせる息吹があり、〈霞むは春の青空かあの屋根は〉からメージャー（長調）に転調し、藤山一郎は爽やかな春の風を呼ぶかのようにレガートに平和と希望の溢れる東京を歌いあげた。そして、最後は愁いを誘うようなマイナー（短調）で余韻を残しながら終曲している。この手法によって、淡き夢と哀愁が漂いながらも軽快で新鮮な瑞々しい叙情曲が出来上がったのである。

《夢淡き東京》は、サトウ・ハチローの詩がなかなかできなかったので、楽曲の完成が先行した。サトウ・ハチローは、詩人としては珍しく楽譜の読める人で古関のメロディーに感銘し、それに相応しい詩をハメこんだ。焼け跡には魅力ある建物も僅かしかなかった。歌詞に登場する「聖路加」も米軍に接収され米陸軍病院に使用されていたが、焼け跡には雑草の芽が吹き始めた。それが、一番の「柳青める銀座」の歌いだしとなり、二番・「大川端の回想と詠嘆」、三番・「下町の風とあかね雲」、四番・「路地裏の雨」という叙事詩になったのである。

なやみ忘れんと　貧しき人は歌い
狭い路地裏に　夜風はすすり泣く
小雨が道に　そぼ降れば
あの灯りうるみて　なやましく
あわれはいつか　雨にとけ
狭い路地裏も　淡き夢の町　東京

この歌の創唱者・藤山一郎は、映画でもアコーディオンを演奏し声量豊かに格調高く歌った。映画『音楽五人男』の冒頭は音楽青年を演じる藤山が《夢淡き東京》を歌うシーンで始まる。歌唱が爽やかに流れ、透明度の高い澄んだ美しい歌声が焼け跡の東京に響いた。この《夢淡き東京》は古関裕而と藤山一郎の歌謡曲における本格的なヒットでもある。潤いとなつかしさを感じさせる古関メロディー・《夢淡き東京》は戦争が終わり、久々に聞く都市文化の讃歌であった。

藤山は転調をスムーズにするために八小節をノーブレスで歌っている。レコードを聴くとブレスがどこに入っているのかが分からない。しかも、最後の〈淡き夢の町　東京〉を「トウキョ」と切らずに「トウキョー」と余裕をもって十分にのばし爽やかな余韻をあたえている。藤山は澄んだ美

《夢淡き東京》自筆譜（古関裕而記念館提供）

しい響きと確実な歌唱によって、古関裕而の音楽芸術を高めているのである。

《夢淡き東京》は映画のスクリーンから飛び出し、群衆が坩堝化する闇市でも流れた。雑然とした街並みがつづき、瓦礫があたりを蔽い、飢えた人々の群れが犇めく闇市の立ち込める湯気、何かを焼く匂い、そこには虚栄もなければ、見栄もなく、裸のままの人間生活があるだけだった。また、その一方で、欲望、野心をえげつなく剥き出しにした得体の知れない人間の群れも満ち始めていた。そして、復員服が溢れ、古関の《若鷲の歌》で祖国のために死を覚悟して出撃し生き残った予科練出身の特攻くずれの若者が行き場を失い荒んでいた。軍人、カストリ酒場では喧嘩が絶えなかった。

確かに、労働運動の高揚、「二・一ゼネスト」の中止、日本国憲法施行、片山哲内閣成立（日本社会党第一党）、物価体系の崩壊、昭電疑獄事件と、戦後の混迷は続いた。だが、藤山一郎が歌う古関メロディー・《夢淡き東京》によって、淡い夢と希望の光が当てられたことも事実である。猥雑な感情が渦巻きながらも、《夢淡き東京》によって心が浄化され、新しい時代に生きる道を模索しながら、無残な敗戦と混乱から立ち上がり、苦しいながらも未来に淡い夢を描いたのである。

バラ咲く小径

映画・『音楽五人男』は同名のNHKの連続ドラマ（長谷川幸延・作）を東宝で映画化し、五人の音楽仲間をテーマにした青春映画である。焼け跡の東京を舞台に古川ロッパ、藤山一郎らが演じる若者たちの夢の可能性が謳いあげられた。そして、それぞれの夢を実現していくというストーリーで展開した。

音楽を担当した古関裕而のメロディーが出演者によって歌われスクリーンを彩り、ミュージカル映画としても十分に楽しめた。主題歌では、《夢淡き東京》がレコード歌謡として広く歌われ、挿入歌として《白鳥第四部　平和への祈り・希望・抒情と叙情の歌》（若山牧水・作詩／古関裕而・作曲）が歌曲としての評価が高かった。

《白鳥の歌》は、若山牧水の短歌でもよく知られているが、短歌は作曲上難しいとされている。だが、古関は短音階の抒情を生かした作曲を試み、短歌のもつムードをストレートに表現した。古関以前の作曲家でも、山田耕筰など多くの作曲家が古典から現代短歌までをも作曲したが、大衆に愛唱された短歌の歌曲は《白鳥の歌》だった。

藤山一郎と松田トシの二人が独唱し、レコードはコロムビアから発売された。

白鳥は悲しからずや

《バラ咲く小径》楽譜ピース
（古関裕而記念館提供）

空の青
海の青にも
染まずただよう

映画では藤山一郎が流行歌調のテナーではなく声楽家増永丈夫的なバリトンで独唱している。この《白鳥の歌》のB面にカップリングされたのが《バラ咲く小径》（野村俊夫・作詞／古関裕而・作曲）である。ハバネラタンゴのリズムにB♭のメジャーコードで始まる美しいメロディーが印象的であり、古関裕而の音楽の豊かさを感じさせるクラシックの香りがする歌曲だった。

バラは咲きぬ　青き小径に
そよ風の　歌もやさしく　夢さそう
一すじの思いをこめて　ささやくとき
君のひとみいとしや　わが胸もゆる

《バラ咲く小径》の作詞は古関と同郷の野村俊夫、歌唱は藤山一郎。古関は〈バラは咲きぬ　青き小径にそよ風の歌もやさしく夢さそう〉という野村の優雅な叙情詩からインスピレーションを受け、流麗甘美な藤山一郎のテナーを想定しながら作曲し、その歌唱の魅力を引き出すことに成功した。古関は、〈ひとすじの思いを〉からBマイナーに転調させ、〈いとしや〉の「や」のところを延《えん》音《おん》（フェルマータ）にし、テナー藤山一郎の絶妙な歌唱の美しさを際立たせたのである。そして、〈我が胸〉の箇所からメジャーに戻り、この部分を無伴奏にすることによって藤山一郎の声だけになり、その豊かな歌唱表現が聴く人々に感銘を与えている。

《バラ咲く小径》は映画では、光子を演じる久我美子がワンコーラスしか歌わなかったこともあり、スクリーン上では印象が薄かった。映画では藤山一郎の歌がテーマ曲のような形で全面展開しているので、藤山によって《バラ咲く小径》が歌われなかったことが惜しまれる。だが、《バラ咲く小径》は、古関裕而と藤山一郎の合作芸術であり、格調高いレコード歌謡として当時の人々の心に深く刻まれたのである。

戦争孤児――鐘の鳴る丘

戦前古賀メロディーを歌っている菊池章子が戦後はテイチクに移り、戦争で身を崩した女性の悲哀をテーマにした社会派歌謡の《星の流れに》（清水みのる・作詞／利根一郎・作曲）をヒットさせた。作詞の清水みのるは、新聞（『東京日日新聞』）の投稿欄に掲載された手記の内容を読んで怒りに体をふるえさせながら書きあげた。その内容は、奉天から引き上げた元看護婦の悲惨な夜の女への転落だった。「こんな女に誰がした」は戦争によってもたらされた悲惨さを告発したものだった。敗戦時、生活苦から身を売ることをよぎなくされたり、米兵に暴行され転落した女性は数知れなかった。米兵の日本人女性への強姦・暴行は相当の件数に上っていた。

清水みのるは歌のタイトルを《こんな女に誰がした》と名称をつけたが、GHQから「日本人の反米感情を煽る」というクレームがつけられた。そこで、《星の流れに》になったのである。テイチクは、昭和二一年秋に同社の専属になっていた淡谷のり子に吹込ませようとしたが、淡谷は歌詞の内容に不満を持ち、「パンパン歌謡は歌えない」という誤解を招く発言をして会社の意向を蹴ってしまった。この一件で淡谷とテイチクのわだかまりは消えず、淡谷はビクターに移籍した。淡谷がテイチクで吹込んだ《君忘れじのブルース》（大高ひさを・作詞／長津義司・作曲）はヒットしていた。

敗戦国の惨めさは、戦災で親を失い身寄りのない幼少年が煙草を拾い、物乞いをする姿にも象徴されていた。戦争の悲劇が生んだ戦災孤児は、大きな社会問題になっていた。惨い戦争によって、父母を失った子供たちは、幼い記憶にその忌まわしい過去が残り、戦争が終わっても食べる物もなく、家もない悲惨な状態だった。

昭和二一年四月、GHQは映画『少年の町』で有名になったフラナガン神父を招いた。『少年の町』は日本においては昭和一四年に封切られており、不良少年を集めて共同生活し孤児院少年たちの町を建設したというフラナガン神父の伝記映画だった。NHKはフラナガン神父の来日を機会に、CIE（民間情報教育局）の勧告もあり、新しい連続ドラマの企画を立てようとしていた。昭和二二年の春、ＣＩＥ（民間情報教育局）は、菊田一夫を呼び「浮浪児救済の連続ラジオドラマ」の企画を命令した。だが、菊田は、その場で断った。なぜなら、一回一五分という時間はヤマ場を盛り込むうえで、日本語の特質からして無理があり、しかも、これまでの日本の放送劇は最短時間でも二〇分を要し、どう考えても承知できなかった。ところが、ＣＩＥは浮浪児救済の意図もあり、強硬な姿勢を菊田に対して崩さなかった。結局、菊田は、命令に等しい説得に結局は折れることになり、古関がその番組の音楽と主題歌（《とんがり帽子》）の作曲を担当することになったのである。

『鐘の鳴る丘』の物語のストーリーは、青年が浮浪児隆太にカバンを奪われそうになったことから始まる。青年は、それを咎めず逆に少年の戦争で傷つき頑なな心をほぐしてゆく。やがて、青年と浮浪児たちが力を合わせ信州に少年の家を建てるという荒廃した時代においての、人間精神の美しさが讃えられていた。主題歌・《とんがり帽子》の作詞者・菊田一夫の詩は愛らしく優しい詩情に溢れ、美しかった。

古関は、暗いイメージを吹き飛ばす「鐘の音」「緑の丘」「赤い屋根」「とんがり帽子の時計台」「黄色いお窓」など、童画的幻想をどう表現するかで苦しんだ。だが、古関は、「単純で印象的で、この音を聞いただけで、子供たちがラジオの前にとんでくるくらい引きつけねばならない」（前掲、『鐘よ鳴り響け』）という思いを楽想に込め、丘に向かって進む力強いリズムとメロディーを作った。子どもたちの心を強くとらえたのである。

『鐘の鳴る丘』の第一回放送は、昭和二二年七月五日。ぶっつけ本番の生放送で古関自らハモンドオルガンを弾いた。多種の音色のでるハモンドオルガンの機能が十分に生かされ、音楽効果も充実し明るく希望あふれる力強いリズムに乗って、音羽ゆりかご会がこれに合わせて歌った。出演する子供たちは、練馬区の小学生たちでその素朴な演技が好評だった。ナレーターの巌金四郎の語り口も全国の子供たちにすっかり定着した。当時の子供たちは、放送時間になると遊びをやめて家路へ急いだ。ドラマは感動的な人間愛を呼び、昭和二五年一二月二九日、七九〇回の大団円でロングランの幕をおろしたのである。

古関は子供向けには《鐘の鳴る丘》を作曲したが、青年層には健康的な青春讃歌・《若人の歌》を作曲した。歌唱は藤山一郎で古関メロディー特有のアップテンポのリズムに軽快さが溢れ、藤山一郎の歯切れのよい日本語の明瞭度の高さと溌溂とした明るい歌声が好評だった。藤山はこのような傾向のある古関メロディーを軽やかな共鳴の響きで歌唱する。それが、かえって、希望溢れる若者の大地を踏みしめる力強い姿が表現され、希望溢れる若人の息吹が伝わってくるのである。

戦後の混乱期、若者は価値観の大きな転換によって、方向性を失い閉塞し、その精神は病んでいた。自暴自棄に走り、暴力を求め闇社会に入って行く者など様々であった。健康的な青春歌謡など綺麗ごとのように聞こえるが、未来を切り開く力溢れるエネルギーはやはり健全な明るい歌でなければ、その活力にはならない。古関はそう信じて作曲したのである。

栄冠は君に輝く

古関裕而の音楽はスポーツとの結びつきによって、国民に躍動感、希望、夢、感動を与える国民音楽樹立の途を辿ることになった。それは、復活した甲子園野球において大会歌の作曲からスタートした。

炎天下の甲子園球場で熱戦が繰り広げられている。開会式では例年通り、古関裕而作曲の《栄冠は君に輝く》が響き渡った。甲子園大会はまさに夏のスポーツの祭典である。昭和二三年四月、学制改革により新制高等学校と新制大学が発足した。それまでの全国中等学校野球大会も、全国高等学校野球選手権大会と改められた。そこで、主催者の朝日新聞は新しい大会歌の制定を企画していたのである。

歌詞は全国から募集し、作曲は古関に依頼された。五二五二編の詩が集まり、加賀大介の作品が最優秀作品に選ばれた。

雲はわき　光あふれて
天たかく　純白の球きょうぞ飛ぶ
若人よ　いざ
まなじりは　歓呼にこたえ

いさぎよし　ほほえむ希望
ああ　栄冠は君に輝く

古関が朝日新聞学芸部の野呂信次郎から依頼を受けたのは七月である。だが、〈雲はわき光あふれて〉にふさわしく、若人の夢と希望、青春の情熱に応えるようなメロディーが浮かんでこなかった。各地では予選の熱戦が展開していた。大会まで時間が無い。古関は作曲に苦しんだ。

古関は、大阪の朝日新聞社に打ち合わせに赴いた時、甲子園球場に足を伸ばした。誰もいない無人のマウンドに一人立った。周囲を見回し、天を仰ぎながら大歓声の下で繰り広げられる球児の熱戦を想像した。紺碧《こんぺき》の空に天高く舞い上がる白球の音と、プレーごとに発せられる歓呼の声が聞こえてきた。そして、溌剌《はつらつ》とプレーする球児の夢へと情熱をかきたてるメロディーが湧き上がったのである。

《栄冠は君に輝く》自筆譜先頭ページ
（古関裕而記念館提供）

その年、夏の甲子園開会式で《栄冠は君に輝く》が合唱された。さわやかなスポーツ歌が流れたのだ。躍動感がありながらも、力強く大地を踏みしめるような落ち着きのあるリズムだった。歌詞

《栄冠は君に輝く》レコード
（古関裕而記念館提供）

《栄冠は君に輝く》レコードジャケット
（古関裕而記念館提供）

の中の「若人」は野球を通じて戦後の日本復興を担う青年の人格形成をうたっている。以来、夏になると毎回開会式で歌われ、幾千幾万の高校球児がこの歌を聴いて熱戦を繰り広げた。日本コロムビアからレコードが発売され、同郷の伊藤久男（本宮出身）が堂々と劇的に歌い上げた。伊藤久男の歌唱表現の豊かさはこの古関メロディーに相応しかった。

平成元年八月一九日、夏の甲子園。いつものように「栄冠は君に輝く」が朝のテレビ、ラジオから流れた。ところが、この日だけはいつもと違った。古関裕而逝去の悲しいニュースが流れたからだ。古関は毎年、甲子園で流れる《栄冠は君に輝く》を聴くことを楽しみにしていたそうだ。青春の躍動とヒューマニズムにあふれたメロディーは永遠に若人の心に刻まれ、不滅なのである。

スポーツ・ショー行進曲

古関裕而のスポーツ音楽はクラシックの格調と香りのする

軽快・明朗な旋律であり、そのリズムは青春の快い響きを与えてくれる。これこそ、古関のスポーツ音楽が多くの大衆の心をとらえ感動を生む所以でもある。

NHKのスポーツ番組のオープニング・テーマ曲と言えば、もうすっかりおなじみになった古関作曲の《スポーツ・ショー行進曲》である。敗戦から二年後、古関は名アナウンサー藤倉修一からスポーツ実況放送のテーマの依頼を受けた。古関は戦争中、故郷福島に疎開しており、その当時、福島のNHK放送局にいたのが藤倉だった。それ以来、二人は親交を深めていた。

戦争が終わり、自由に番組が放送できるようになった。世界記録を次々と樹立した水泳の古橋広之進の活躍、復興するプロ野球、東京六大学野球、甲子園野球などスポーツ放送の実況は敗戦によって打ちひしがれた国民に勇気と希望を与えてくれた。そこで、NHKは「スポーツ・ショー」という番組を登場させたのだ。そこで、ラジオから流れるスポーツの実況放送に視聴者をわくわくさせるようなテーマ曲が必要となったのである。

《スポーツ・ショー行進曲》SP レコード
(古関裕而記念館提供)

藤倉は、昭和二二年当時、日本で初めてのドキュメンタリー番組「社会探訪」を担当していた。戦後の平和日本にふさわしいスポーツ番組のオープニング・テーマ曲がなければならないと思った。戦時中、古関は戦時歌謡とはいえ、兵士を鼓舞する勇壮なマーチ風の曲を悲痛な思いで作曲した体験がある。だが、戦後の平和な時代を迎え、古関音楽の真価が発揮されるときがやってきたのである。

古関は放送ために作られた短いテーマを中心にしながら、ひとつの行進曲に仕上げた。戦後の平和日本のスポーツ放送のテーマにふさわしい、颯爽《さつそう》とした軽快で躍動感のある楽曲だった。最初の放送のときは、現在のＮＨＫ交響楽団が演奏した。番組のテーマ音楽にＮＨＫ交響楽団を使った最初でもあった。放送が始まると反響が大きかった。「作曲者はだれなのか」作曲者が日本人なら誰なのか」という問い合わせがＮＨＫに殺到したのである。古関は感無量だった。

昭和二四年四月にレコード化され、学校の運動会でよく流れるようになった。大地を力強く堂々と踏みしめる《スポーツ・ショー行進曲》は、戦後日本の未来を担う青少年たちに躍動感あふれる快い響きを与えたのである。

フランチェスカの鐘

昭和二三年は、帝銀事件（青酸カリを飲まされた行員一二名が死亡）に始まり、昭和電工にからむ贈賄事件（昭電疑獄事件）、その責任をとって芦田内閣総辞職など不安な世相だった。また、米ソの対立（冷戦）の深まりから占領政策の転換など世界の動きにも変化が見られ、国内ではアメリカの占領政策に柔順な吉田茂長期政権がスタートした。この年は、小畑実の《長崎のザボン売り》

（石本美由起・作詞／江口夜詩・作曲）、コロムビアからキングに転じた津村謙の《流れの旅路》（吉川静夫・作詞／上原げんと・作曲）がヒットして、キングがその年の上半期をリードした。また、ビクターからは、シベリア抑留の収容所で歌われていた望郷歌をもとにした《異国の丘》（増田幸治・作詞／吉田正・作曲）が発売されヒットした。この歌はシベリアからの復員兵が持ち帰ったものだが、ＮＨＫの「のど自慢」でこの歌が歌われ、これを聴いた作詞家の佐伯孝夫（ビクター専属）がビクター文芸部・上山敬三に連絡を取り、自ら補作してビクターから発売したのである。歌手には竹山逸郎と「のど自慢」で歌った中村耕造が起用された。

このように戦後の歌謡曲も大正世代の活躍の時代となり、古関裕而も楽想において新たな展開を迎えようとしていた。《フランチェスカの鐘》（菊田一夫・作詞／古関裕而・作曲）は、古関メロディーのヒット曲のなかでは珍しい哀愁に満ちたブルース歌謡である。この歌は、映画主題歌やドラマのテーマソングではなく、新しい歌謡曲として作曲された。作詞は菊田一夫。「フランチェスカ」とは菊田一夫が想定した架空の修道院の名称である。

ああ　あの人と別れた夜は
ただなんとなく　面倒くさくて
さよならバイバイ　言っただけなのに
フランチェスカの　鐘の音が

チンカラカンと　鳴りわたりゃ
胸はせつない　涙がこぼれる
なぜか知れない　この悲しみよ

古関は歌の内容をつぎのように理解していた。

「女の何気ない、面倒くさくてと言ったさようならの別れの言葉を、まともに受け止め失恋したと嘆いた男は僧院に入ってしまった。女はなお、愛していて男を想う未練の歌だという」（前掲、『鐘よ鳴り響け』）。

古関は〈何となく　面倒くさくて、　さよならバイバイ〉の台詞の箇所が作曲しにくかった。歌詞に従来の古関メロディーのモチーフには見られない大衆のデスパレートな心情を映した自暴自棄的な世相が反映されていたからだ。当時、古関は、「鐘の鳴る丘」の出演で多忙であり、《フランチェスカの鐘》の作曲に一年を費やしている。古

《フランチェスカの鐘》楽譜ピース
（古関裕而記念館提供）

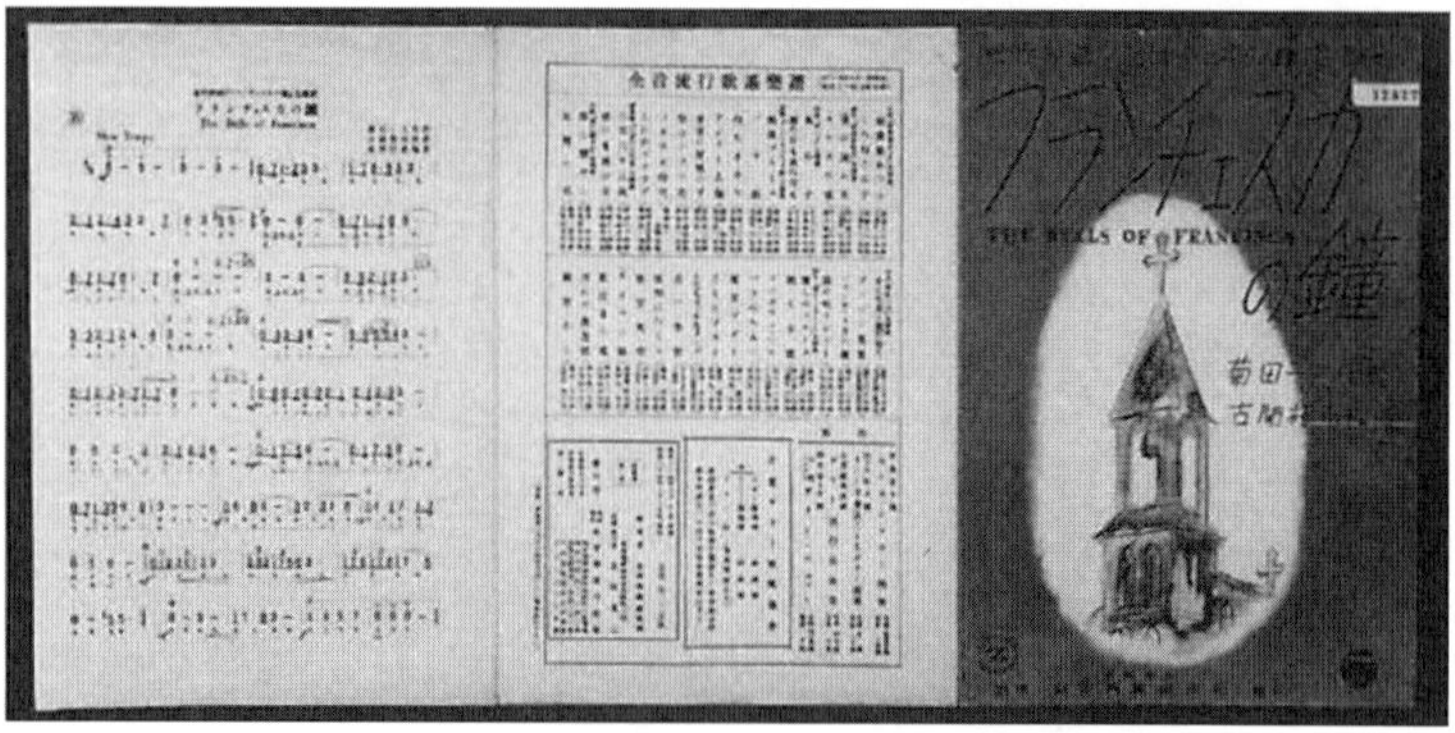
《フランチェスカの鐘》楽譜ピース（古関裕而記念館提供）

関は作曲にじっくりと時間をかけた。戦後、スウィング・ジャズが随分歌謡曲に取り入れられていたので、古関もその音楽傾向を意識し、楽曲を完成させている。

レコードは昭和二三年六月新譜で発売された。歌唱は二葉あき子。二葉あき子は、戦後、《別れても》（藤浦洸・作詞／仁木他喜雄・作曲）《夜のプラットホーム》（奥野椰子夫・作詞／服部良一・作曲）など「別れ」をテーマにした歌でヒットし、ブルース歌謡でも女王淡谷のり子とその人気を二分するまでになっていた。二葉はこの歌を歌う時、原爆で亡くなった人々を想いうかべるそうだ。二葉は、原爆投下の瞬間、広島を発した汽車がトンネルに入ったおかげで、被爆を免れた経験があった。二葉にとって《フランチェスカの鐘》はまさに鎮魂歌である。

《フランチェスカの鐘》は二種類のSPレコードが存在した。昭和二三年の最初の録音の時には、間奏に高杉妙子の台詞が入っていた。レコードは好評だったが、台詞は頽廃的であまり好まれなかった。歌もヒットしたこともあり、松竹で同名の映画を制作することになった。翌昭和二四年、映画の主題歌として、再び二葉あき子の歌唱で再盤が発売されたが台詞は削除された。曲全体もスウィング・ジャズが見られるブルース歌謡にはかわりなかったが、落ち着いたテンポとなりシンフォニックな編曲が加味されていた。古関は「歌手の二葉あき子さんは、非常に感受性の強い人なので、この詞の心境も、曲想もよく自分のものとしてとらえて歌ってくれたので、この歌はヒット」（前掲、『鐘よ鳴り響け』）したとのべている。

昭和二三年は、古賀メロディーが《湯の町エレジー》（野村俊夫・作詞／古賀政男・作曲）で完全に復活した年でもある。《湯の町エレジー》のレコードは空前の売れ行きをみせた。古賀メロディーの戦前・戦後を通じての最大のヒット曲になった。

翌月には岡晴夫の《憧れのハワイ航路》（石本美由起・作詞／江口夜詩・作曲）がキングから発売され競合することになった。

古賀メロディーが演歌系歌謡曲の個性を強め始めたが、古関はクラシック系歌謡曲のスタンスを貫いた。ここに両者の創作上のスタンスがはっきりと異なることが明確となってきた。古賀政男が西條八十とのコンビなら、古関は菊田一夫と組み、昭和二四年以後、古関の楽想から格調高い多くの名曲が生まれることになるのである。

平和への祈り――長崎の鐘

平成一〇年一一月一日、古関の故郷・地元福島で開催された第八回古関裕而記念音楽祭のテーマは「古関裕而音楽物語─鐘よ鳴り響け」だった。コンサートのフィナーレは《長崎の鐘》・《新しき朝の》。福島から発進された平和への祈りが歌に込められた感動溢れる大合唱だった。また、平成一三年一一月四日、第一一回古関裕而記念音楽祭では、《長崎の鐘》と《新しき朝の》の大合唱によって、長崎市浦上天主堂と福島市公会堂の中継二元放送で結ばれた。古関メロディーを生んだ福島と《長崎の鐘》の舞台になった長崎から被爆者への鎮魂、そして、平和への祈りと願いが世界平和に向けて、発せられたことは大きな意義があったのである。

　昭和二〇年八月九日、広島の原爆投下に続いて、長崎にも原子爆弾が落とされた。長崎医大で物理療法（放射線）の研究をしていた永井隆博士は、この原爆投下によって妻を喪い、自らも被爆によって重

《長崎の鐘》手書き楽譜（古関裕而記念館提供）

症を負いその後も原爆病で苦しんだ。博士は焼け跡のバラック、如己堂に愛児二人と暮らしていた。白血病で臥床の身でありながら、『長崎の鐘』『この子を残して』などの随想を書き、戦争の悲惨と平和への願いを希求した。これがたちまちベストセラーになり、永井博士と親交のあった式場隆三郎の強い要請によって、レコード化が企画されたのである。作詞はサトウ・ハチロー、作曲は古関裕而。サトウ・ハチローは戦争によって打ちひしがれた人々の深い悲しみを詩想に込めた。古関裕而は「戦災の受難者全体に通じる歌だと感じ、打ちひしがれた人々のために再起を願って」（前掲、『鐘よ鳴り響け』）、歌詞の「なぐさめ」の箇所から長調に転調して力強いメロディーを付けている。人間愛と芸術性豊かな歌曲を創作したのである。

こよなく晴れた青空を
悲しと思ふ　切なさよ
うねりの波の　人の世に
はかなく生きる　野の花よ
なぐさめ　はげまし　長崎の
ああ　長崎の鐘が鳴る

吹込み当日、藤山一郎は、高熱でとても歌える

《長崎の鐘》楽譜ピース
（古関裕而記念館提供）

状態ではなかった。スタジオでは関係者が藤山一郎の歌を生で聴けるということでその期待感が溢れており、オーケストラもいつでも演奏できる用意が整っていた。意識が朦朧としながらも藤山一郎は録音マイクの前に立った。

《長崎の鐘》色紙（古関裕而記念館提供）

藤山は、《長崎の鐘》（サトウ・ハチロー・作詞／古関裕而・作曲）のようなクラシック歌曲の場合は、声量豊かに澄んだ透明感のある美しい音色で格調と気品をもって歌うが、この時は高熱に耐えながら情感の溢れる悲壮に満ちた歌い方だった。このような歌唱表現はあまり藤山一郎には見られない。藤山は、感情移入しながらも声を張らずにファルセットにして切々と歌ったのだ。古関は藤山の絶唱に感動した。スタジオにいる関係者一同も同じだった。当初は再録音をするという約束で藤山は吹込みを了承したが、コロムビアのスタッフはこの悲愴感溢れる藤山一郎の歌唱にすっかり魅了され、そのまま発売した。

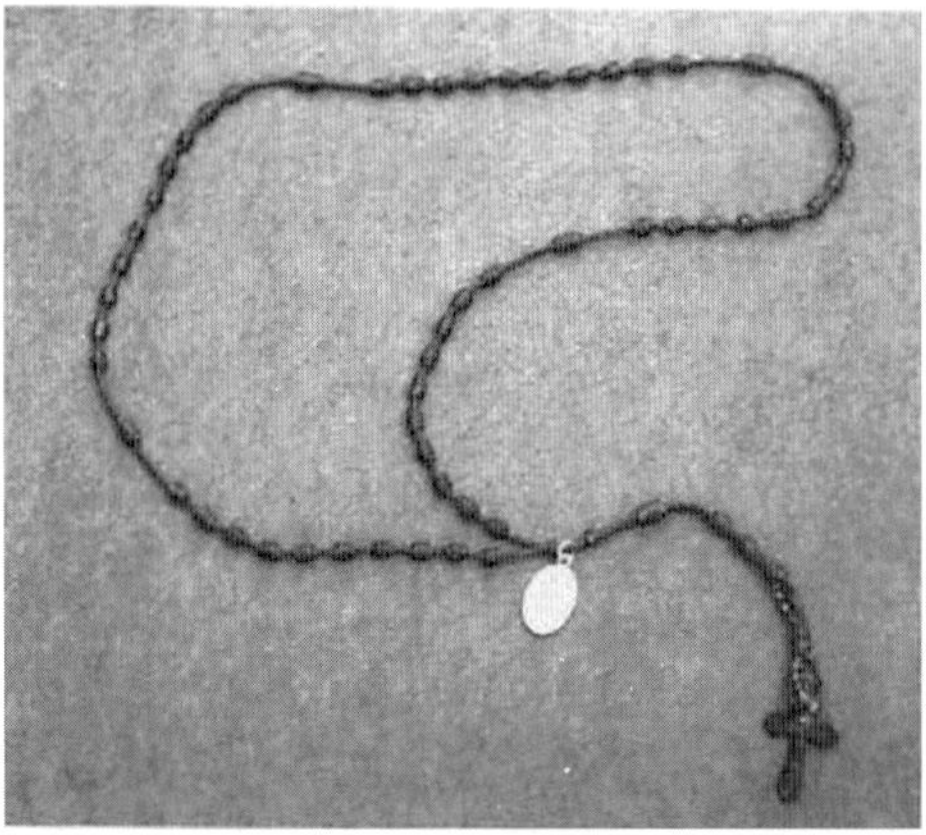
永井博士ロザリオ（古関裕而記念館提供）

《長崎の鐘》は、昭和二四年四月に臨時発売され、原爆がもたらした戦争の悲惨さを訴え、平和の尊さを願い愛唱された。藤山一郎が澄んだ透明感のある美しい音色で格調と気品をもって歌う《長崎の鐘》がラジオから流れ、病床に伏した永井博士はこの放送を聴いて感動した。その後、永井博士と作曲者の古関の親交が始まり深まった。終戦記念日には、マリア像が描かれた奉書の墨絵と木綿糸で編まれたロザリオが永井博士から古関のもとへ送られた。古関は添えられた短歌・「新しき朝の」に美しいメロディーを付した。また、藤山一郎も旋律を作曲し、《長崎の鐘》につなげて歌った。二人の歌曲・《新しき朝の》は、《長崎の鐘》と共に全国の戦災荒野に生きようとする人々に平和の尊さと希望・勇気をあたえているのである。そして、この《長崎の鐘》は古関裕而と藤山一郎合作芸術を決定的なものにしたのである。

古関裕而は、音楽人生において古賀政男と異なり、最後まで己の音楽スタンスを変えなかった。古関はクラシックの基本を決して崩さなかったのだ。古賀政男は初期の洋楽調から、戦後、昭和三〇年代に入り完全に邦楽技巧表現を重視した演歌系歌謡曲にその楽想の叙情核の中心を置いた。江戸俗謡が孕む詠嘆的退嬰性、哀調趣味、感傷的情緒を楽想の基調にしたのである。また、それはクラシック音楽の技術をもって究極の歌唱を構築した藤山一郎との乖離を意味し、昭和三〇年代後半における邦楽的技巧表現の最高峰の美空ひばりへの接近ともパラレルなのである。それに対して、古関裕而はクラシック音楽を基調にしており藤山一郎に歩み寄り尊敬もし、哀しみに傷ついた自己を癒し溺れる感傷的情緒趣味を避け、スタンスを変えることなく、最後までクラシック音楽のそれを貫き通したのである。

ロマン的叙情歌――イヨマンテの夜

古関裕而の歌謡曲は美しいメロディーに溢れたクラシックの格調に特徴づけられる。その一方で、古関自身に秘められた炎のような情熱に満ちたロマン的叙情と自然をテーマにした抒情豊かな作品もある。その代表的な歌が伊藤久男のドラマティックなバリトンによって歌いあげられた《イヨマンテの夜》(菊田一夫・作詞/古関裕而・作曲)である。この原曲は『鐘の鳴る丘』の劇中に奥多摩の山奥で木材を切る杣人《そまびと》が口ずさむメロディーである。菊田一夫はこの旋律を大変気に入っていた。菊田は放送の終了とともにこの旋律が消えるのを惜しみ、神聖なアイヌの民俗儀式である「熊祭り」をテーマに祭の儀式で使う神へ祈ることばをちりばめ、歌詞をつけたのである。旋律は原曲に多少手を加えている。

古関は、この《イヨマンテの夜》に独特、しかも、男性的な豪快さをだすために、冒頭においてオペラ風に「アア…」で劇的に始まる「レシタティヴォ」(叙唱法)をつけた。伊藤久男はそれを叙情豊かに熱唱している。古関裕而と伊藤久男の福島コンビは戦前、軍国歌謡・《露営の歌》と《暁に祈る》のヒットを放ったが、戦後になり二人の本来の音楽個性が開花することになった。

アーホイヨーア…イヨマンテ
熊祭り《イヨマンテ》　燃えろ　かがり火
ああ　満月よ　今宵　熊祭り
踊ろう　メノコよ
タム　タム　太鼓が鳴る
熱き唇　我によせてよ

この歌は、古関が「リズムが十六分音符と八分音符の二拍子系なのに、メロディーには三連音符が多く現れる二対三の変則的なリズムをいかに歌いこなすかが問題」（前掲、『鐘よ鳴り響け』）とのべているように民俗音楽的な要素もあり、難しい曲だった。しかも、前奏がいきなり歌唱部分から入るという型破りな手法に加えて、合唱は日本語ではなく、熊祭りの儀式で神に祈る言葉を集めて「アイヌ語」にした。当然、コロムビア内部では不評だった。

当時の文芸部長だった伊藤正憲はすっかり困ってしまった。にもかかわらず、ＮＨＫ「素人のど自慢」でも随分と歌われ人

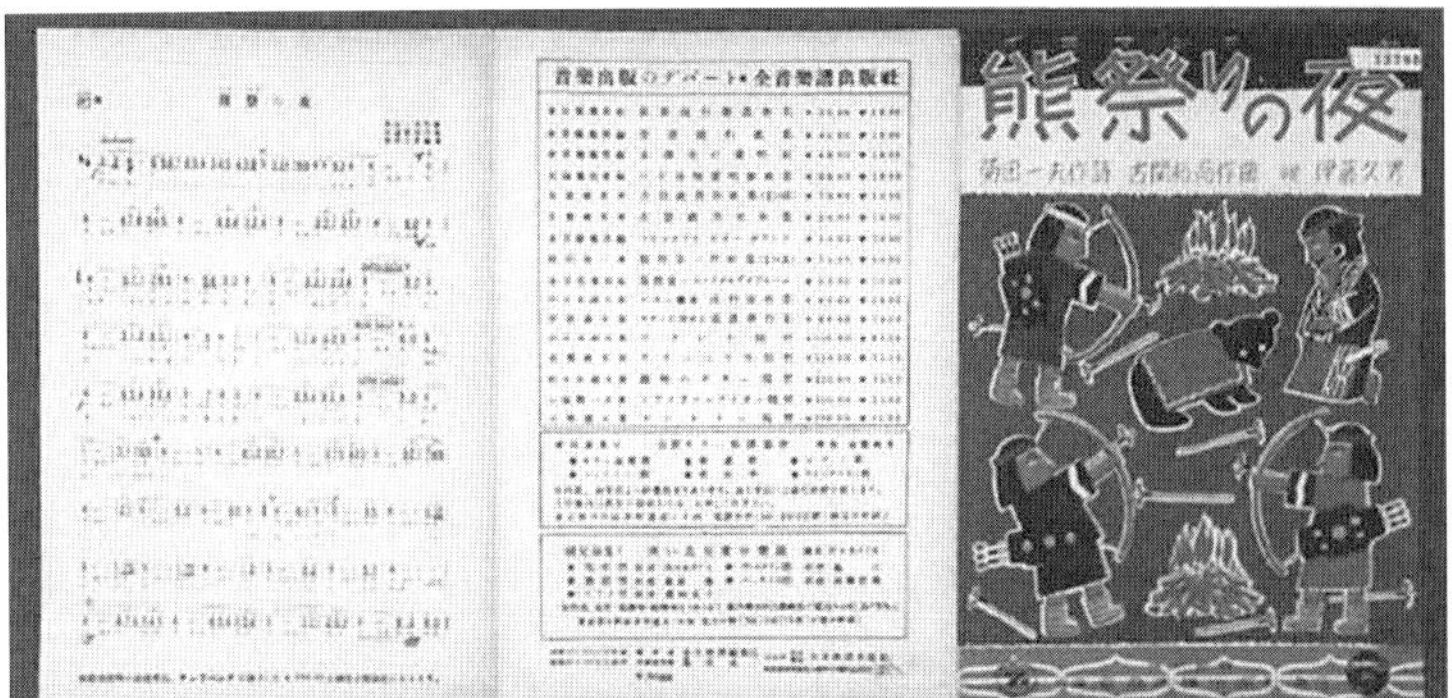

《イヨマンテの夜》楽譜ピース（古関裕而記念館提供）

気を博し、歌う人が後を絶たなかった。《イヨマンテの夜》はスケールの大きいオペラ風の楽想と難解なリズムであるとはいえ、大衆の心情を捉えた点において古関メロディーの凄さがあり、《長崎の鐘》と並んでクラシック系歌謡曲の傑作のひとつといえよう。

古関裕而の大衆歌謡はクラシック音楽の格調の香りに溢れていることはすでにのべた。藤山一郎が美しいリートのベルカントで古関メロディーのクラシックの格調を歌ったのに対して、伊藤久男はオペラのベルカントで古関メロディーのロマン的叙情性を豊かに歌いあげた。古関の秘められた音楽への情熱と伊藤久男の叙情的なバリトンが融合した歌曲が《イヨマンテの夜》であり、古関裕而のクラシック系歌謡曲の範疇におけるロマン的叙情歌謡の確立でもあった。

《イヨマンテの夜》のレコードは昭和二五年二月新譜で発売された。だが、スケールの大きな魂をふるわせる遠大な民族音楽を思わせるような歌謡曲にもかかわらず、コロムビアは売れないと最初から判断し宣伝もほとんどしなかった。すっかり、コロムビアの宣伝部から見放されていた。ところが、発売してみると予想に反し、ラジオの視聴者からもリクエストが多く、伊藤久男も昭和三〇年代の紅白歌合戦で二回歌って聴衆を感動させた。昭和三九年の第一五回紅白歌合戦で、藤山一郎が《長崎の鐘》、伊藤久男が《イヨマンテの夜》をそれぞれ歌ったが、聴衆は二人の歌唱芸術によって表現された古関裕而のクラシック系歌謡曲の美しい格調とロマン的叙情に感銘したのである。

白いランプの灯る道

《白いランプの灯る道》（丘十四夫・作詞／古関裕而・作曲）は、古関裕而と同じ福島県出身の丘灯至夫の作詞である（当時・丘十四夫）。この歌は古関と丘の最初のヒット曲でもある。丘灯至夫は本名、西山安吉、大正六年田村郡小野新町（現小野町）に生まれた。昭和七年郡山商工学校（現郡山商業）を卒業後、西條八十に師事しながら詩作（詩・歌謡・童謡）を学び、昭和一二年四月新譜でリーガルから発売された《焦れったいわネ》（岡としを・作詞／車三吉・作曲）でデビューした（「岡としを」の名前を使用）。その後、ＮＨＫ・郡山放送局を経て、毎日新聞に入社し福島支局記者になった。戦後、昭和二五年、日本コロムビアの専属作詞家になり、本格的に作詞家の途に入ったのである。

《白いランプの灯る道》は、昭和二六年二月新譜で発売された。古関は《白いランプの灯る道》の詩を見て咄嗟に浮かんだのが、大船駅から松竹撮影所へ行く舗道だった。撮影所に行くとき、夜が多かったので、寂しく灯る舗道の街路燈が印象的だった。古関は霧降る夜の街路燈をイメージし、夜の敷石道を歩く重い足取りを思わせるように敢えて重いリズムにしている。奈良光枝の歌い方が常にそのリズムに凭れるように歌うのでブルース的な情感が加味され、別れを惜しむ女性のやつれた姿を感じさせてくれるのである。

通い馴れた　歩き馴れた
甃石《しきいし》道よ
今宵別れの　霧が降る
さようなら　さようなら
涙見せずに　別れましょうよ
銀杏並木に　霧が降る

《白いランプの灯る道》は、古関メロディーにしては珍しいしみじみとした感傷溢れる抒情歌謡だった。丘灯至夫は、元々、西條八十門下の童謡詩人として出発しているので、清純で健康的な抒情歌謡詩が多い。西條八十の童謡の系譜を受け継いでいた。

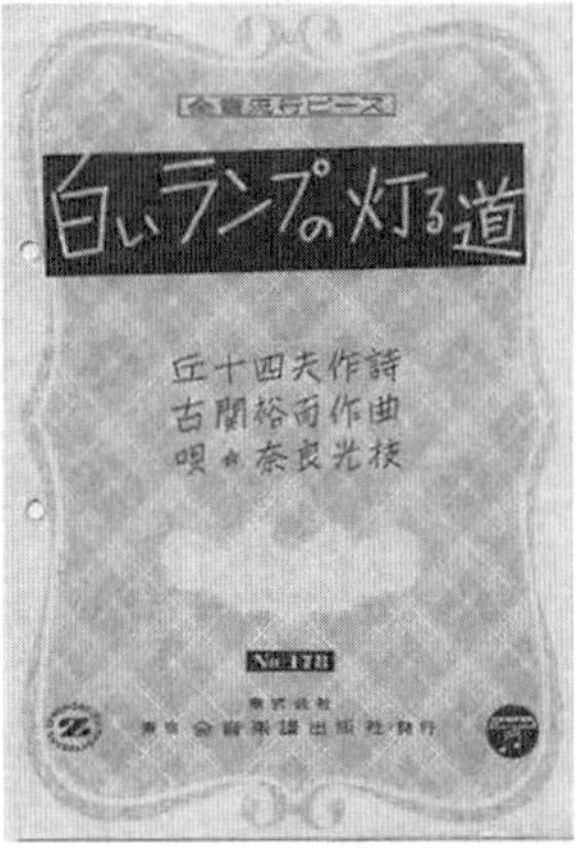

《白いランプの灯る道》楽譜ピース
（古関裕而記念館提供）

夜冷たい霧降る舗道に寂しく灯る「白いランプ」と「別れ」の切なさをテーマにした詩想は丘にとっても異色の作品である。この時代は、戦争で閉塞された青春を追慕する心情と結びつきながら、ラジオ歌謡のような明るく健康的な抒情歌が誕生している。だが、古関と丘は、敢えてしっとりとした青春の感傷の濃い抒情歌・《白いランプの灯る道》を作った。朝鮮戦争による特需景気は日本経済を復興させ始めていたとはいえ、まだ、暗い現実が人々の生活を覆っていた。古関と丘はそこに題材を求めたのである。

歌唱者の奈良光枝は、『或る夜の接吻』の主演女優を物色にきていた千葉泰樹の目にとまり抜擢され、これをきっかけに一躍人気歌手になった。その主題歌《悲しき竹笛》がヒットし「接吻歌手」として人気歌手の仲間入りを果たした。その後、昭和二四年《青い山脈》(西條八十・作詞／服部良一・作曲) 昭和二五年《赤い靴のタンゴ》(西條八十・作詞／古賀政男・作曲) などがヒットし、清純イメージを前面に出した歌唱が人気を博した。

奈良は、昭和二九年と三一年の紅白歌合戦で《白いランプの灯る道》を歌っており、ステージでもこの歌を重要レパートリーにしていた。《青いランプの並木道》(丘十四夫・作詞／古関裕而・作曲) も後に作られたが、これはあまりヒットしなかった。《白いランプの灯る道》はNHK・「のど自慢」でも女性出場者に愛唱された。視聴者のリクエストも多く、異色の古関メロディーでありながら、《白いランプの灯る道》は長く人々に親しまれたのである。

ニコライの鐘

昭和二〇年代後半、二六、七年の流行歌は低調の時代と言われているが、名曲が多い。昭和二六年と言えば、タンゴのリズムにのって津村謙が哀愁をこめて歌った《上海帰りのリル》(東条寿三

《ニコライの鐘》楽譜ピース
（古関裕而記念館提供）

郎・作詞／渡久地政信・作曲）がヒットしたが、一種の名曲の時代でもあった。ビクターは、戦前からビクターのヒットメーカーとして活躍した佐々木俊一がつぎつぎとヒットを放った。《アルプスの牧場》（佐伯孝夫・作詞／佐々木俊一・作曲）は、灰田勝彦が甘いヨーデルを存分にいかし、澄みきった高原の情景を想像させた。灰田勝彦が軽快に歌い戦後復興した国民的スポーツ・野球人気を煽った《野球小僧》（佐伯孝夫・作詞／佐々木俊一・作曲）もヒットし、これによって灰田人気が蘇った。また、テイチクからビクターに移籍した淡谷のり子が《白樺の小径》（佐伯孝夫・作詞／佐々木俊一・作曲）のヒットを放ち、女王の貫録を見せた。

《高原の駅よさようなら》（佐伯孝夫・作詞／佐々木俊一・作曲）は、作曲者・佐々木俊一が疎開先から上京のさいに浮かんだ心象風景と有楽町で耳にした深夜の夜汽車のリズムをもとに書いたヒット曲である。小畑実のビクター復帰第一作としてヒットした。テイチクでは、「女バタやん」の異名をとる独特のバイブレーションで菅原都々子が人気を確定した。独特の唱法で哀感を込めて歌うワルツ調の《江の島悲歌》（大高ひさを・作詞／倉若晴生・作曲）と朝鮮戦争で消息を絶った金海松のメロディーに大高ひさをが歌詞をつけた《連絡船の歌》（大高ひさを・作詞／金海松・作曲　レーベルは「連絡船の唄」）のヒットを放ったのだ。

《ニコライの鐘》楽譜
（古関裕而記念館提供）

服部メロディーでは藤山一郎が《丘は花ざかり》（西條八十・作詞／服部良一・作曲）をヒットさせた。昭和二七年になると、ラジオ歌謡からも名曲が生まれた。お馴染みのラジオ歌謡の抒情歌《山のけむり》（大倉芳郎・作詞／八洲秀章・作曲）である。伊藤久男が抒情溢れるドラマティックなバリトンで歌った。

古関メロディーは、このような名曲の時代、「鐘シリーズ」といわれるほど、それをモチーフにした音楽性豊かな格調ある作品を生み出した。《鐘の鳴る丘》《長崎の鐘》《フランチェスカの鐘》はすでに世に知られた古関メロディーの傑作である。

昭和二六年獅子文六の新聞連載小説『自由学校』が松竹と大映で映画化され、学生の街、神田がその舞台になった。そのタイミングに合わせて《ニコライの鐘》（門田ゆたか・作詞／古関裕而・作曲）の詩と曲が誕生したわけである。作詞は門田ゆたか。

青い空さえ　小さな谷間
日暮れはこぼれる　涙の夕陽
姿変われど　変わらぬ夢よ
今日も歌うか　都の空に
ああ　ニコライの　鐘がなる

この《ニコライの鐘》で古関と初めてコンビを組んだ門田ゆたか（本名穣）は、福島県信夫郡福島町出身で、野村俊夫、丘灯至夫と並んで福島三大歌謡詩人のひとりである。西條八十門下の純粋詩人として出発し、《東京ラプソディー》《ジャワのマンゴ売り》などをヒットさせ歌謡作家としての声価を得ていた。門田はすでに都市文化の讃歌で《東京ラプソディー》（藤山一郎・歌）で「ニコライ堂」を歌詞に歌い込んでいたので、詩を完成させるのにはそう時間はかからなかった。会社の意向によって三番の歌詞に登場する「リルケの詩集」が「悲しい詩集」に変えられただけだった。レコードは昭和二七年一月新譜で発売された。藤山の流麗なテナーによる豊かな歌唱表現は好評だった。

古関裕而は、音楽に情熱を燃やした若き日、中央線のお茶の水駅を出て駿河台の並木路を通り、古本屋街に楽譜・音楽書を求めて足繁く通った。神保町に向かう道の途中にロシア正教のビザンチン式建築のニコライ堂が見え、聖橋から駿河台にかけての風景から異国情緒を強く感じた。音楽に青春の日々を燃やした古関にとって、夕暮れに響くニコライ堂の鐘は胸に深く刻まれた懐かしいそれである。遥か遠く過ぎ去った青春の日々を回想するとき、青春の郷愁が夕暮れの哀しいセンチメンタリズムに溢れた《ニコライの鐘》の楽想になったのである。

《ニコライの鐘》のB面は《明るい歌声》(門田ゆたか・作詞/古関裕而・作曲)という青春讃歌である。作詞・作曲・歌唱はA面と同じメンバー。門田は古関メロディーの《夢淡き東京》が好きで、それに比肩する曲を古関に熱望した。古関は門田の東京の青春風景をテーマにした詩想にメジャー(長調)からマイナー(短調)、そして、メジャー(長調)で結び、テンポを四分の二拍子のクイックテンポにして、藤山一郎の弾むような爽やかな歌声を想定して作曲した。不滅の古関メロディーの知られざる名曲の一つである。

《明るい歌声》は甘い軽快な美しい旋律だが、《東京ノスタルジア》(サトウ・ハチロー・作詞/古関裕而・作曲)は東京の郷愁をテーマにした歌曲である。東宝映画『息子の花嫁』の挿入歌でもある。テンポは軽快だが、藤山一郎が楽想に込められた哀愁と郷愁を豊かに表現している。

あこがれの郵便馬車

《あこがれの郵便馬車》(丘十四夫・作詞/古関裕而・作曲)は、古関裕而の健康的な明るい抒情歌の代表曲である。丘灯至夫の牧歌的な情緒がメルヘン世界へ誘う詩を得て作曲された。元来、日本の流行歌において「ロマン」「メルヘン」というような傾向をテーマにした歌は非常に少ない。だが、クラシックの香りのある清純な抒情歌謡は古関メロディーの独壇場だった。

《あこがれの郵便馬車》は、作詞者・丘十四夫（後の灯至夫）との福島コンビによる「乗物シリーズ」の第一号でもある。

南の丘を　はるばると
郵便馬車が　やってくる
うれしい便りを　乗せて
ひずめの　ひびきもかるく
耳をすまして　ごらんなさい
ほら　ほら　ほら
ほら　やって来る
郵便馬車は　夢の馬車

後年、古関は丘と会った時、「作ったことがないのは、乳母車と霊柩車ぐらいだね」と二人で顔を見合わせお互いに笑みを浮かべたそうだ。確かに、古関が自著において「ケーブルカー、ヨット、高原列車と続き、ソ連が最初に人工衛星を打ち上げた時は、丘君は、すかさず『人工衛星空を飛ぶ』を作った」(『鐘よ鳴り響け』)とのべているように、その傾向の作品は実に多い。二人は歌謡史に「乗物シリーズ」の歴史をしっかりと刻んだのである。

このメルヘン世界をテーマにした抒情歌謡は、すでにラジオ歌謡《白い花の咲く頃》(寺尾智沙・作詞/田村しげる・作曲)で注目され始めていた岡本敦郎の幅を拡げる意図で企画された経緯がある。

「郵便馬車」で手紙を配達するなど現実ではありえない。とはいえ、丘は夢の世界、ロマン世界をテーマに清純な詩想を描いた。ここに童謡詩人としての真骨頂がある。古関は、このままスイスかオーストリアのアルプスの牧場へ情景を移しても違和感のない明朗な旋律に仕上げた。

前奏が馬の蹄の音で始まる。オーボエが蹄の音の感じを奏で、車輪の廻るイメージを与えている。その音が遠くからだんだん近づいてきて目の前を通過する所でフォルテになり、郵便馬車のイメージを浮かび上がらせるという手法がとられていた。このような雰囲気のある歌が歌謡曲として、はたしてヒットする

《あこがれの郵便馬車》の印刷譜(古関裕而記念館提供)

かどうかという不安がコロムビア内部でもあったが、いざレコードが発売されるとNHK「のど自慢」でも定番になった。
　岡本敦郎の清潔感溢れる健康的なバリトンが歌のイメージに合っていた。岡本敦郎はラジオ歌謡の《白い花の咲く頃》で売り出され、健康的なホームソング歌手として活躍していた。その歌手岡本敦郎も古関メロディーには欠かせない一人である。古関と丘とのコンビによる「馬車」をテーマにしたメルヘン抒情歌謡には《みどりの馬車》（丘十四夫・作詞／古関裕而・作曲）という歌がある。歌唱は岡本敦郎。やはり、この歌も明るい健康的な古関メロディーの傑作のひとつといえよう。

《あこがれの郵便馬車》楽譜ピース
（古関裕而記念館提供）

　昭和二八年、日本橋三越本店社長岩瀬英一社長がコロムビアの文芸部長伊藤正憲を通じて、「三越ホーム・ソング」の企画を古関裕而に申し出た。健全でかつ誰でも楽しく歌える美しい歌を三越が作り、三越の宣伝力で全国に広めたいという趣旨を伝えてきたのだ。早速、作詞を西條八十が担当し古関が作曲した。レコードはコロムビアが製作し、東京放送がラジオの電波に乗せることになったのである。歌手陣には健全なホーム・ソングの第一人者の藤山一郎、歌謡歌手では伊藤久男、二葉あき子、奈良光枝、コロムビア・ローズ、演歌系歌手では美空ひばり、島倉千代子ら名前を連ねた。また、長門美保、安西愛子、松田トシら声楽家も歌った。作品としては、抒情豊かな《秋草の歌》（西條八十・作詞／古関裕而・作曲）が最も好評で、レコードでは藤山一郎が吹込んだ緑豊かな高原の美しい自然美を讃えた《美しき高原》（西條八十・作詞／古関裕而・作曲）がヒットした。また、安西愛子が歌った《寒椿の歌》、二葉あき子の《花咲く街》もホームソングに相応しかった。

君の名は

《君の名は》は銭湯の女湯が放送時刻（毎週木曜日夜八時）になると空っぽになるという伝説を生んだラジオ・ドラマ『君の名は』の主題歌である。このドラマは太平洋戦争末期、昭和二〇年五月の空襲の夜、氏家真知子（ラジオ・阿里道子／映画・岸恵子）が数寄屋橋で後宮春樹（ラジオ・北沢彪／映画・佐田啓二）に助けられ、名前も住所も知らせぬまま一年後の同じ日、同じ時刻に逢うことを約束し、それから延々と二人がすれ違うというストーリーで展開した。放送から半年が過ぎた頃には、夜の木曜日の午後八時からの三〇分間のゴールデンアワーにふさわしい大変な人気番組になったのである。

このラジオ・ドラマ『君の名は』の映画は、松竹で制作され、第一部はまだ放送中に封切られた。

翌二月には第二部が、放送終了直後第三部が封切られ、各部とも大当たりだった。「真知子巻」というファッションまで生まれるほどだった。放送テーマ曲となった《君の名は》（菊田一夫・作詞／古関裕而・作曲）は放送当初高柳二葉という声楽家が歌ったが、その後人気歌手の二葉あき子が歌い、織井茂子で定着した。レコードは最も評判のよかった織井茂子が起用され、昭和二八年九月に新譜発売された。

君の名はと　たずねし人あり
その人の　名も知らず
今日砂山に　ただひとりきて
浜昼顔に　きいてみる

《君の名は》の歌唱者・織井茂子は豊かな声量と情熱的な歌い方で一役スターダムに躍り出た。織井は第二部の《黒百合の歌》（菊田一夫・作詞／古関裕而・作曲）でもその声価を決定的なものにした。《黒百合の歌》は北海道を舞台にその場面でアイヌ娘・ユミが春樹を慕いながら歌った恋歌である。古関裕而の内に秘めた激しい音楽への情熱が旋律に宿ったかのように燃え上がる恋歌だった。恋の熱情をおおらかに表現する織井の歌唱が歌に合っていたこともあり、岡本敦郎と岸恵子が歌った第二部のメイン主題歌《花のいのちは》（菊田一夫・作詞／古関裕而・作曲）を凌駕するほどのヒットだった。

黒百合は　恋の花
愛する人に　捧げれば
二人はいつかは　結びつく
ああ…
この花ニシパに　あげようか
あたしはニシパが　大好きさ

『君の名は』のドラマ・映画の主題歌と挿入歌は全部で八曲レコード化されたが、この《君の名は》《黒百合の歌》に次いで好評だったのが、伊藤久男が歌う《君、いとしき人よ》（菊田一夫・作詞／古関裕而・作曲）だった。この歌は《君の名は》のB面にカップリングされ、昭和二八年九月にコロムビアから発売された。伊藤久男のオペラの叙情性を持ったバリトンは、再会を約束しながらもすれ違う運命に翻弄される主人公の哀しい心情を表現するのに相応しく、古関

ＮＨＫ《君の名は》台本（古関裕而記念館提供）

メロディーを実に見事に歌い上げた。

君　名も知らぬ
うるわしき人よ
君は　しあわせか
夜霧の橋に　君待てど
街はただふけて　ネオンは悲し
ああ　君ありてこそ
たのしきに

昭和二八年一二月三一日、この年から大晦日の年末歌謡番組になった第四回「紅白歌合戦」（日本劇場）で、伊藤久男は《君、いとしき人よ》を熱唱した。紅組は織井茂子がA面に吹込まれた《君の名は》を歌い、白組の伊藤久男はそれを受けてB面の《君、いとしき人よ》を歌った。伊藤久男がステージに登場すると日劇を埋め尽くした場内から割れんばかりの拍手が起こり、〈君、名も知らぬ、うるわしき人よ〉と伊藤久男の第一声が響き渡ると、聴衆はその歌声に魅了された。ネオンが哀しい夜更けの街の橋で、いとしき人の面影を追う心情が込められた男の哀愁が人々の心に伝わり、深い感動が刻まれたのである。

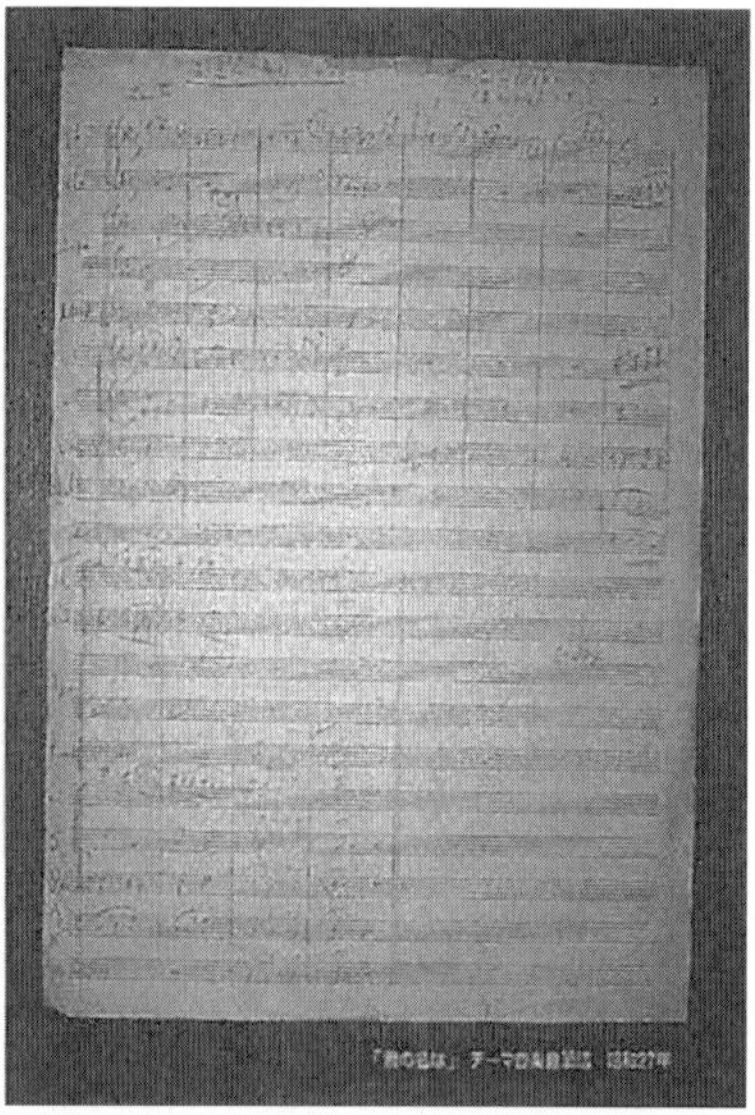
《君の名は》自筆譜（古関裕而記念館提供）

伊藤久男は一連の『君の名は』では《君、いとしき人よ》の他にも《数寄屋橋エレジー》（菊田一夫・作詞／古関裕而・作曲）《忘れ得ぬ人》（菊田一夫・作詞／古関裕而・作曲）を歌っている。いずれも主人公の心情が色濃く反映されたオペラ的な叙情性溢れる劇的な歌である。《数寄屋橋エレジー》（菊田一夫・作詞／古関裕而・作曲）ではハモンドオルガンのソロと間奏のバス・フルートの独奏が音楽的効果を与え、伊藤久男の歌唱が雨に濡れながら橋に佇み来ぬ人を待つ心情を歌い上げ、その歌唱は感傷に浸る人々の胸を打った。

雨にぬれ　雨にぬれ
あの橋に　佇む人は
誰を待つ
人は変われども
数寄屋橋の顔は　いつも変わらない

この三曲の作詞・作曲はいずれも菊田一夫と古関裕而であるが、もうひとつ二人の作品の中で伊藤久男の名唱がある。それが連載新聞小説『ミモザ娘』が映画化された時の主題歌・《恋を呼ぶ歌》（菊田一夫・作詞

《君の名は》楽譜ピース
（古関裕而記念館提供）

／古関裕而・作曲）だった。《君、いとしき人よ》の哀愁と憂いに満ちた楽想とは異なり、甘いメロディーでありながら、菊田一夫の叙情詩に古関メロディー特有のドラマティックな歌唱技巧を要する歌だった。

歌詞カードには「エリナのところに、あなたの恋人の名を入れてお歌いください」と書いてあった。これは作詞の菊田一夫のアイデアである。のど自慢でも《恋を呼ぶ歌》は良く歌われたが、菊田のアイデアどおりに歌う人はほとんどいなかった。

伊藤久男は、古関メロディーをソフトに美しく歌い上げた。甘い叙情分野にも豊かな歌唱力を持ち合わせていたのだ。伊藤はステージでもこの曲をよく歌い彼の重要レパートリーの一つとなった。

みどりの雨

昭和二八年、古関裕而・丘灯至夫（当時丘十四夫）のコンビによる「雨三部作」の三つの作品が誕生した。それが爽やかな抒情歌・《みどりの雨》（丘十四夫・作詞／古関裕而・作曲）である。丘の詩想は箱根の緑の山々に雨がけむる色彩感がテーマにあった。

夢を結んだ　あの芦の湖に
浮かぶボートの　懐かしさ

カラーフィルムに　残した君よ
ああ　思い出の　箱根に
みどりの雨が降る

古関は前奏においてチェレスタ（鍵盤付グロッケン）で一六分音符を刻み、弦楽器と管楽器でその絵画的な緑にけむる箱根の雨の情景を見事に描き、藤山一郎の歌唱を導くのである。メロディーは健康的で明るいが、どこか郷愁を感じさせるところに楽曲・歌唱の豊かな芸術性が感じられた。

この健全な古関調のホームソングはさっそく藤山一郎の歌唱によってレコード化されNHKラジオ歌謡として放送される予定だった。ところが、いざ放送段階になっていろいろと難問が生じた。

まず、公共放送であるNHKからの「箱根の登山電車のPRになる」というクレームがつけられた。次に歌詞の〈カラーフィルムに残した君を〉が写真会社の企業宣伝になるから困るということになった（カラーフィルムは当時国産では一社のみ販売）。最後に〈ゴルフ帰りのセダンが走る〉の歌詞が「ゴルフは大衆のスポーツではない」という批判を生み、以上の理由でNHKから放送されなかったのである。

《みどりの雨》楽譜ピース
（古関裕而記念館提供）

これには作曲者の古関裕而をはじめ、作詞者・丘灯至夫、歌唱者の藤山一郎もすっかり参ってしまった。結局、レコード発売も録音から八ヶ月も見合わせられ、昭和二八年六月新譜で発売された。これがもし、ラジオ歌謡として放送されていたら、確実にクラシック系歌謡曲（クラシック歌謡）を代表する古関裕而の健康的なホームソングとしてヒットしていたであろう。知られざる古関メロディーの惜しい名曲のひとつである。

この《みどりの雨》によって、古関メロディーの「雨三部作」が完成したわけだが、この《みどりの雨》と対照的な歌としてしんみりとした感傷的抒情歌謡・《長崎の雨》（丘十四夫・作詞／古関裕而・作曲）という歌がある。古関は、作詞者の丘がイメージした「雨」の詩想をよく考え、前奏をピアノ演奏による十六分音符で刻み、雨の情景をよく表現している。明るい爽やかな箱根の雨を描いた《みどりの雨》と同じ一六分刻みでも《長崎の雨》は哀愁を帯びたノスタルジックな霧雨のイメージなのだ。また、古関は間奏においてもオーボエを使って東洋的な印象をイメージさせ、フルートとバスーンのユニゾンによってその異国情緒を豊かにした。

今宵港に　聴く雨は
沖の鷗の　忍び泣き
ジャガタラ文なら　片便り
恋の長崎　夜もすがら

ああ　夜もすがら　雨が降る

歌唱者の藤山一郎は、高音を張り上げず、究極の声楽技術による美しいメッツァヴォーチェ（弱声の響き）の歌唱法で雨の長崎の抒情と古関の感傷のメロディーを見事に歌いあげている。古関はE♭の音をピアニッシモで綺麗に感傷を込めて発声する藤山の特徴をよく踏まえ、作曲したのである。

高原列車は行く

昭和二八年から、テレビ放送が開始した。その到来は、一大革新であった。放送というものが聴くものから視覚的なものへと、エンターテイメントの要素が求められた。当然、歌謡界も変化した。戦前から昭和二〇年代にまで活躍した作詞、作曲家や歌手に替わって新しい世代が活躍する時代の到来である。『経済白書』が「もはや戦後は終わった」としめしたように歌謡界も戦後が終焉しつつあった。若者は、新しい時代の音楽を求めていた。

昭和二〇年代最後の年の最大のヒット曲は「歌舞伎ソング」と言われた《お富さん》（山崎正・作詞／渡久地政信・作曲）である。これによって、演歌調の渋みのある高音美声の春日八郎がスターダムにのし上がった。

戦後一〇年がもう過ぎようとしていた。舞鶴港に復員船が入るたびに桟橋に立ち、我が子を待ち続けた女性をテーマにした《岸壁の母》（藤田まさと・作詞／平川浪竜・作曲）が日本中を泣かせ、《お富さんの》がヒットした昭和二九年はMSA協定（日米相互防衛援助協定）が結ばれ、アメリカの軍事・経済援助を受けるとともに自衛力義務の強化を日本は負うことになった。これによって自衛隊が発足し安保体制が強化された。そして、朝鮮特需景気から復興した日本経済は、《お富さん》が大ヒットした翌年から神武景気という大型景気を迎え、高度経済成長をスタートさせることになる。内閣はアメリカ一辺倒の吉田長期政権に代わって、鳩山一郎内閣（日本民主党）が「自主外交」「憲法改正」「再軍備」をスローガンに登場した。

もはや、戦後というひとつの区切りがなされようとしていた頃、古関裕而と丘灯至夫のコンビによる「乗り物シリーズ」の最高傑作が誕生した。それが青春の抒情歌謡・《高原列車は行く》（丘十四夫・作詞／古関裕而・作曲）である。この歌は、底抜けに明るい健康的なホームソング風のメロディーであり、従来の「汽車」をテーマにした歌謡曲のイメージを一変させた。なぜなら、「汽車」をテーマにした歌謡曲といえば、「夜」「雨」「別れ」「運命」「むせびなく汽笛」など暗いイメージがつきまとっていたからである。ところが、《高原列車は行く》はそのような暗さを払拭し、軽快な希望に溢れる抒情歌謡の名曲としての評価を得て、後に中学の音楽の教科書にも採用されることになった。

汽車の窓から　ハンケチ振れば
牧場の乙女が　花束なげる
明るい青空　白樺林
山越え　谷越え　はるばると
ランラン…
高原列車は　ランラン…
行くよ

作詞者・丘灯至夫（十四夫）は、猪苗代を走る磐悌急行電鉄（沼尻鉄道）をイメージして作詞をした。子供のころから病弱だった丘は冬、夏の季節になると川桁駅（JR磐越西線猪苗代駅の一つ郡山寄り）から伸びている沼尻鉄道に乗って湯治《とうじ》のために沼尻温泉、横向温泉に行った思い出がある。そのとき、車窓から眺めた風景が印象に残り、《高原列車は行く》の詩想となった。ところが、作曲者の古関裕而の楽想は丘とのそれとは違っていた。古関のメロディーは、スイスの高原を思わせ、ア

《高原列車は行く》楽譜（古関裕而記念館提供）

ルプスの自然を背景に雄大な姿で走るヨーロッパ的な列車のイメージを彷彿させるものだった。

古関裕而は小さい頃から汽車を見るのが好きだった。幼き日の思い出をさらに膨らませ、クラシック音楽の聖地ヨーロッパの美しい自然風景を走る列車のイメージにまでその空間を拡大したのである。しかも、軽快なテンポでありながら、抒情に溢れメロディーラインが美しい。テンポが速くなれば、歌曲からは情緒感が失われがちになるが、《高原列車は行く》においてはそういうことがなかった。

《高原列車は行く》楽譜ピース
（古関裕而記念館提供）

レコードは、昭和二九年三月新譜でコロムビアから、岡本敦郎の歌で発売された。岡本はすでに、《あこがれの郵便馬車》《みどりの馬車》で古関の「乗り物シリーズ」をヒットさせていたので、彼の明るい歌声がこの歌にマッチしていた。日本経済が復興し、高度経済成長へそろそろ離陸しようとしていた時期でもあり、《高原列車は行く》がそれに拍車をかけたかのようであった。

古関メロディーには《高原列車は行く》と並んでクラシック系歌謡曲の傑作に《サロマ湖の歌》（中山正男・作詞／古関裕而・作曲）という歌がある。伊藤久男のリリクなバリトンで静かなブームを呼んだ。レコードが売れたというよりは、のど自慢でよく歌われ非常に親しまれた歌曲でもある。

元陸軍画報の文芸部長だった中山正男は古関に作曲を依頼した。中山は郷里のサロマ湖をテーマに詩を書いたので、古関に作曲をしてほしいとのことだった。中山の話では、サロマ湖は美しい神秘的な北辺のロマンを秘めた湖である（実際は何も変哲のない湖）。叙事詩的には悲しい恋をした娘の流す涙で水も辛いという歴史物語も存在した。古関はサロマ湖を実際に見た経験がない。作曲するうえでは幽遠な北辺のロマンの楽想は想像でしかなかったのだ。

アー
サロマ湖の　水は辛いよ
青く澄むとも
君知るや　君知るや
思い焦がれて　泣く女《ひと》の
熱い涙が　しみてるからよ

古関は、幽遠の北辺の神秘的なロマン的抒情を意識し、編曲においても趣向を凝らした。ハープで湖の小波を表現し、クラリネットの柔かい音色は太古の湖の静けさをイメージさせるようにアレンジしたのである。伊藤久男の歌唱は実に北辺のロマンを漂

《高原列車は行く》色紙（古関裕而記念館提供）

わせた風景を見事に歌い上げた。《サロマ湖の歌》は昭和二九年の秋に発売された作品だが、クラシック系歌謡曲の掉尾を飾るのに相応しい古関メロディーだった。

第五部　放送・舞台・映画・創作オペラの世界

さくらんぼ大将

『さくらんぼ大将』は、大好評の裡に終わった連続ラジオドラマ「鐘の鳴る丘」の後番組として昭和二六年一月四日から始まり、昭和二七年三月三一日まで続いた。脚本と音楽は、前作と同じ菊田一夫・古関裕而。ストーリーはつぎのように展開した。福島の山奥の医者・大野木蛮洋先生が孤児の六郎太を連れて薬を売りながら旅に出る。その旅先での失敗やお手柄を笑いと涙でつづるというものだった。

『鐘の鳴る丘』は戦災孤児という社会問題が背景になっていたが、『さくらんぼ大将』にはそれがなかった。古関は、原作者の菊田一夫から「田舎の僻地に住む少年を主人公にユーモアのある物語をやりたい」という打診を受けたとき、咄嗟に思い浮かべたのが、戦争中疎開していた福島市の郊外の飯坂温泉から、さらに一二キロほど山奥に入った新緑が鮮やかに薫る茂庭の風景だった。そこは、飯坂を流れる摺上川の上流の静かな村で、さくらんぼの産地としても知られる。自然の中にある素朴な姿は物語の舞台に相応しかった。大野木先生には古川ロッパが扮した。原作者の菊田一夫はロッパとは、浅草『笑いの王国』の『古川ロッパ一座』の座付作者時代からの付き合いである。

古川緑波（ロッパ）は、加藤照磨男爵の六男。古川家に養子に入った。中学時代から映画を好み、映画雑誌に投稿していた。創刊まもない『キネマ旬報』の記者となり、徳川夢声などと交わった。早稲田入学直後には文藝春秋社の菊池寛に招かれ『映画時代』の編集もしている。『映画時代』が廃刊になると活動弁士たちの「ナヤマシ会」のレギュラーの一人となり声帯模写で人気を集めていた。昭和八年四月、浅草を席巻するエノケンに対する松竹の企業内牽制策である「笑いの王国」(常盤座)が旗揚げされると、古川緑波はそのメンバーとして活躍した。その二年後には、東宝の舞台に移り東宝対松竹の戦いの主役を演じ、昭和一〇年代の東京の喜劇地図をエノケンとともに彩った活躍を見せたのである。

主題歌の《さくらんぼ大将》(菊田一夫・作詞/古関裕而・作曲)は古関メロディー特有の健康的な明るいマーチで作曲されている。それは、自然の素朴なイメージを舞台にさくらんぼの香りがするような童謡としても申し分ない歌だった。レコードは、コロムビアから川田孝子とコロムビアゆりかご会の可愛らしい清純な歌声で発売された。また、ラジオ放送は、『鐘の鳴る丘』と同じ週五日間、午後五時四五分から一五分間の放送である。まだ、テレビ放送開始前だから、ラジオドラマが国民に最も親しまれていたので、『さくらんぼ大将』はまたたくまに人気番組となった。主題歌も毎日ラジオから流れ、ロッパが演じる大野木先生の「ハッハッハノ ハノハー」の「ハノハノくすり」の歌とともに好評だった。B面は《サクランボ道中》(菊田一夫・作詞/古関裕而・作曲)で古川ロッパと土屋忠一が歌った。

放送から半年後、《さくらんぼ大将》の舞台となった地元飯坂温泉から、スタッフと出演者一同に現地視察の招待状が来た。古関裕而をはじめ、菊田一夫、古川ロッパらスタッフ・出演者を含めた数一〇名におよぶ一行は、地元の盛大な歓迎を受けた。古関は故郷に恩返しができたことに満足だったのである。

ラジオ・ドラマの名作――君の名は

『さくらんぼ大将』が好評の裡に終了した。そして、次の菊田ドラマは、大人向けのメロドラマで、放送時間も毎週木曜日午後八時からの三〇分間のゴールデンアワーと決定した。だが、番組のタイトルはなかなか決定しなかった。そこで、菊田一夫はサトウ・ハチローに相談し番組名を『君の名は』としたのである。

連続ラジオ・ドラマ『君の名は』は、古関裕而のハモンドオルガンにのせて冒頭で語られる「忘却とは、忘れ去ることなり。忘れ得ずして忘却を誓う心の悲しさよ」（朗読・鎌田弥恵）という序詞がすっかり定着した。古関は「君の名は」の第一回放送（昭和二七年四月一〇日）では、伴奏の編成に工夫を凝らし、木管、ヴァイオリン、ハープ、打楽器にハモンドオルガンを加え、その効果音がラジオファンの紅涙を誘った。

古関の音楽は番組に一層滑らかな美しさを与え、その音楽効果はドラマの展開を期待する聴き手のイメージを最大限に膨らましていた。台詞、効果音、音楽のバランスが保たれ、日本海の荒波が砕け散る風光で知られる尖閣湾での春樹と真知子の再開のシーンは、物語（前半）のクライマックスであり、人気も最高潮に達し、その後のラジオ・ドラマ全盛を導くことになったのである。『君の名は』のスタート時期は、戦争の傷痕を残した社会派ドラマの要素が色濃く盛り込まれていた。だが、放送から半年も過ぎる頃になると、運命のいたずらともいえる偶然の二人のすれ違いや女性心理の機微が余すところなく伝えられたことから、同情が集まり、原作者・菊田の筆はしだいに二人の純愛物語にストーリーの重点が置かれるようになっていた。そして、映画もヒットするようになり、ヒロイン役の岸恵子が長いショールを角巻きにしたその姿が「真知子巻き」として街の女性の間に広まったのである。また、映画の主役を演じた佐田啓二は後に交通事故でなくなり、『君の名は』のテーマレコード・《君は遙かな》（菊田一夫・作詞／古関裕而・作曲＊織井茂子・共唱）が彼の唯一の歌声として残された。

『君の名』は、佐渡、東京の数寄屋橋、三重県の鳥羽、九州、そして、北海道へと舞台が展開し、それぞれの土地で展開するストーリーが美しい色彩に彩られた風景と一つとなり、古関音楽の美しさに彩られた物語である。その舞台の一つとなった数寄屋橋に佇む真知子の心情を叙情的に歌いあげたのが第三部の主題歌・《数寄屋橋エレジー》（伊藤久男・歌唱）だった。前奏がハモンドオルガンではじまり、声量豊かに歌う伊藤久男の歌唱もよかった。その数寄屋橋の姿はもうないが、菊田一夫の筆によって刻まれた「数寄屋橋此処にありき」の碑が当時の面影を偲ばせているのである。

日曜名作座

古関裕而は数多くのラジオ番組や放送劇のテーマ音楽を手掛けた。どの作品も古関の格調のあるクラシック音楽の香りのするものばかりであった。ラジオ・ドラマでは『とんがり帽子』(《鐘の鳴る丘》の主題歌)『さくらんぼ大将』『ジロリンタン』『君の名は』『漫画西遊記』『由紀子』など多くのNHKの放送劇作品が人々に感銘を与えた。また、番組テーマ音楽では、《「早起き鳥」の歌》がNHKの放送開始のコール・サインの次に使用され、早朝の爽やかな息吹を伝えるテーマミュージックとして好評だった。そして、古関は、「放送音楽」の分野においてその貢献度が高く評価されて、昭和二八年、古関裕而と菊田一夫はNHK第四回放送文化賞を受賞した。

東宝ミュージカルで多忙を極めていた頃、古関は、ラジオ番組のテーマ音楽において名曲を作っている。それが、『日曜名作座』のテーマミュージックだった。『日曜名作座』は昭和三二年四月から、平成二〇年の三月三〇日まで放送されたNHKラジオの人気番組である。放送当初は、毎週日曜日九時五分から三五分までだったが、平成一八年四月からは時間が変更され、一一時一〇分から四〇分までになった。

そのテーマ音楽は、ほのぼのとした曲調が特徴的な古関裕而の作品であり、好評を博した。出演は森繁久弥と加藤道子の二人。それぞれ、音色を変えて作品の登場人物を演じたのだ。古関メロディーに乗せて、夏目漱石・『坊ちゃん』『吾輩は猫である』『虞美人草』、永井荷風・『すみだ川』

『ひかげの花』、樋口一葉・『にごりえ』『大つごもり』、徳田秋声・『あらくれ』、芥川龍之介・『藪の中』『羅生門・倫盗・鼻・地獄変』、横光利一・『旅愁』など、明治から昭和初期の文芸作品から、山本周五郎・『赤ひげ診療譚』、織田作之助・『競馬』、司馬遼太郎・『功名が辻』など、比較的大衆性のある文芸作品まで幅広く紹介されている。二人の語りは、作品の登場人物の風貌や情景が浮かんでくるかのように巧みだった。

第一回の放送は『人生劇場—青春編』だった。古関の心温まるメロディーではじまり、途中から、哀愁がこもる曲調に変わり、再び、ゆったりとしたメロディーに戻り、テーマミュージックが終曲すると、森繁久弥の含蓄を含んだユーモラスな語りが始まるのである。その語りは、明治近代以後の日本文学の神髄を遍く伝えていた。古関の音楽はその深いところの関わりで作曲されており、時代を越えた魅力ある旋律で、人々の心に文学の魅力を感じさせるのに十分であった。

創作オペラ——朱金昭／トウランドット／チガニの星

古関裕而の音楽の最大の理解者は、妻の金子夫人である。古関はかねてから、妻のためにオペラを作曲したいと思っていた。金子夫人は、帝国音楽学校に学び、コロムビアの青盤歌手ベルトラメリ能子に師事し声楽の勉強をしていた。その後、金子は、ノタル・ジャコモに師事し声量と広い音域を必要とするドラマティック・ソプラノのレッスンに励んだ。また、昭和二二年七月、彼女は、三浦環の死を悲しんだ一人でもある。古関は戦前、三浦環に《月のバルカローラ》という歌曲を献呈したことがある。また、三浦環は古関の最初のヒット曲だった《船頭可愛や》を吹込んだこともあった。戦後、金子は三浦環の意志を継承して声楽家として活動しようとしていたので、三浦環の訃報は残念だった。

古関は、音楽関係者から、妻金子のためにオペラを作るべきだと言われていた。戦後、家庭の事が多忙となり、妻がいつしか声楽の勉強の自由を失っていたことに古関自身も胸を痛めていた。古関もオペラはかねてからの夢であり、妻に捧げるという二重の喜びも得ることができる。そこで、海外で広く活動した関屋敏子、藤原義江らの興行マネージャーとして知られる塚本嘉次郎の「君は奥さんのためにオペラを作曲すべきだ」という勧めにも押され、オペラに取り組んだのである。

古関は、《朱金昭》・《トウランドット》・《チガニの星》の三編のオペラを新たに創作した。「朱金昭」は中東のバグダットを舞台にした作品で、古関は低音に音楽効果の重点を置いた。《トウランドット》はプッチーニのオペラで知られ日本においても馴染みが深いが、古関と台本を担当した東郷静男は、オリジナル作品に負けないものを作ろうという意気込みで、オーケストラも数十名の規模に編成した。作品のスケールではオリジナルと比較しても遜色のない内容であった。《チガニの星》は、東郷静男のオリジナル作品でハンガリーのジプシー物語がテーマである。古関はヴァイオリンソロを随所に入れ、チェンバロをふんだんに使った作曲を試みている。

このオペラは、ＮＨＫで昭和二四年から五年にかけて放送された。出演者は、妻の金子を中心に藤山一郎、山口淑子（戦前・李香蘭の名前で流行歌手）、バス歌手・栗本正。《チガニの星》では、グスタフを演じる藤山一郎の相手役のマリガを小夜福子が演じた。藤山一郎は、流行歌手としての美しいテナーが印象的であるが、本名の増永丈夫ではベートーヴェンの《第九》を独唱するバリトンの声楽家でもある。バス歌手の栗本正は「朱金昭」では料理長の役を演じ、古関の期待に応える独唱を披露した。古関はロンドン映画の『アリババ』で見た迫力のあるバス歌手に感動したことがあり、その重厚な低音のイメージを栗本に求めたのである。

この三編の放送オペラは、どの作品をとっても豊かな音楽性に溢れ、出演者の力量を十分に活かした作品だった。クラシックの作曲家の一面を持つ古関にとって、オペラの成功は満足といえた。だが、なんといっても、古関にとって愛すべき妻、金子夫人のためにオペラを創作できたことが、このうえもない至上の喜びだったのである。

ひるのいこい

『ひるのいこい』は、お昼のニュースの後、農村向けに始まった番組のテーマ音楽である。古関は当時の農家の昼休みを想定して作曲した。放送は、『農家のいこい』の後を受け、昭和二七年から開始された。月曜から金曜は、午後一二時二二分頃から始まり、テーマ曲の後、各地の「NHK農林水産通信員」（現・「NHKふるさと通信員」）からの農業・漁業関連ニュース、季節の話題、関心を寄せる視聴者のハガキなどを二通紹介し、その後再びテーマ曲が流れる。田園が広がる自然豊かな農村風景をイメージさせる古関裕而のゆったりとしたメロディーは、昼休みのひとときに潤いをあたえたのである。

戦後は、農地改革によって、日本の農村も大きくその姿を変えつつあった時代である。古関裕而の音楽はクラシック音楽が基本だが、深い日本民謡への理解と眼差しがあった。それは、古関作品の《船頭可愛や》《利根の舟唄》の楽想からも十分に窺うことができ、民謡音階を西洋音楽の技法で大らかな解放性を表現した作曲家・中山晋平に通ずるところでもある。民謡に古来から内在する音楽の生命エネルギーに着目した点においては中山晋平と音楽的な共通項があったのである。古関のメロディーは機械化によって変貌しつつある農村社会とはいえ、悠久の時代から連綿と続く日本農業の伝統を踏まえた楽想であり、日本を越えた大陸的なスケールの大きなものであった。

昭和三〇年代になると、歌謡界は、土俗的な土の魂を楽想の根底に置く船村徹が登場し、農村、故郷、郷土をテーマにした土の香りのする土俗的な歌が多くなる。歌の世界にも本格的に地方の時代がやって来たのだ。古関メロディーとは全く対極の位置にある音楽である。都会の片隅から望郷

《ひるのいこい》自筆譜（古関裕而記念館提供）

の念を発する春日八郎の望郷演歌、泥くさく農村の土の香りを濃く宿した三橋美智也の民謡調のふるさと演歌である。また、島倉千代子の泣き節も故郷を偲んで涙を流す「農村型歌謡曲」のジャンルに入った。これらの歌は前近代的な哀調を帯びた情緒趣味といえる俗謡の系譜であり、詠嘆的な悲痛性、退嬰的な情緒趣味を十分に満足させるものであった。だが、古関メロディーの農村テーマ曲は生活に内在する解放的な生命エネルギーという点において、「農村型演歌」とは楽想が異なっていたのである。

《ひるのいこい》の旋律は、生活感情の深いところの関わりで作曲されている。日本が高度経済成長によって機械化の進む農村において、忘れられて行く何かを回想させ、懐かしい記憶を甦らせてくれるような不思議な力を秘めていた。透明度が高いにも関わらず、解放感のあるほのぼのとした旋律のなかに深い源を宿していたのだ。したがって、昭和三六年に農業基本法が制定されたが、高度経済成長とともに農業が衰退するにつれ、むしろ、番組の『ひるのいこい』のテーマ音楽の価値が高まっていったことは決して過言ではない。

《ひるのいこい》のメロディーは、生活様式が大変革したとしても、日本人であることを自覚させ、原始的な郷愁を呼び起こす調べである。古関は、つぎのように述べている。

「無数の山、また数え尽くせないほどの幾筋もの川、それに湖沼も。町や昔ながらの村もある。人もいる。祭りもある。それらを思い浮かべただけでも、私は私の音楽で満たされる」（古関裕而

『鐘よ鳴り響け』)。

古関裕而は、国民的作曲家に相応しく、喜び、悲しみを力いっぱいにぶつける解放性、ほのぼのとした素朴な自然情緒、民族舞踊のリズムに着目し、生の人間性の溢れる感情エネルギーをクラシックの格調のある健康的なメロディーにしたのである。

モスラの歌

古関の最初の映画音楽は、昭和八年松竹蒲田作品の『左うちわ』である。それ以後、一五〇本の作品の音楽を担当した。古関の映画音楽は戦後からが本格的になる。『音楽五人男』では爽やかな古関メロディーが流れた。その後、古関は『鐘の鳴る丘』『君の名は』などの日本の映画主題歌の名作を生み出した。

《モスラの歌》は、東宝映画『モスラ』(昭和三六年)のなかでザ・ピーナッツが演じる小美人がモスラを呼ぶための劇中歌である。映画の筋書はつぎのように展開する。ロカシリア国によって行われた核実験によって、無人となったと思われたインファント島に原住民がいることが確認され、調査隊が派遣された。調査隊の一人のネルソン(興行師)は島の守護神・小美人を誘拐して、日本で「妖精ショー」を行ったのである。

そのショーで小美人が《モスラの歌》を歌うのだが、それはインファント島の人々の祈りに応え、モスラを卵から孵化させ、幼虫モスラが海を渡って自分たちを迎えにくるように呼ぶ歌だったのである。

幽幻と幻想に満ちた南方系の民族音楽をテーマにしながら、日本的などことなく哀しい旋律なのである。民族の原始的郷愁に溢れるメロディーはすでに《イヨマンテの夜》で見られるが、《モスラの歌》の場合は叙事詩的というよりは幻想的なイメージを与えている点において、古関裕而の歌曲の中では異色の作品といえよう。また、民俗音楽への深い造詣も感じられた楽曲でもある。

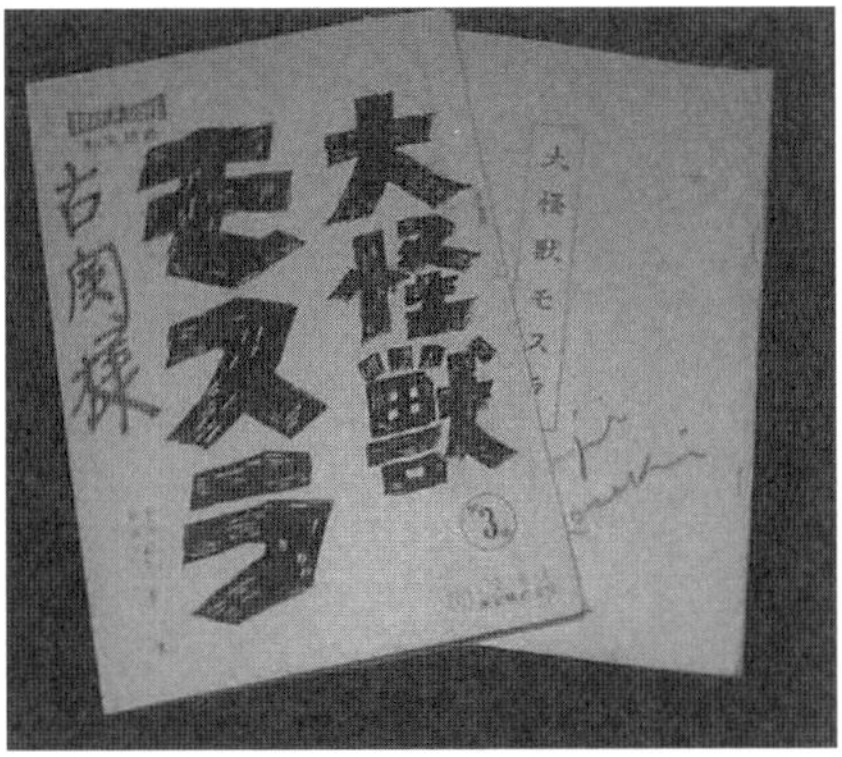

《大怪獣モスラ》台本（古関裕而記念館提供）

怪獣映画「モスラ」の原作は純文学の人気作家の中村真一郎、福永武彦、堀田善衛らによって創作された『発光妖精とモスラ』である。映画の「モスラの歌」はインドネシアの架空のインファント島の石碑に刻まれていた呪文を歌にしたとされている。作詞は、由起こうじ、田中友幸、本多猪四郎、関沢新一の共同ペンネーム。

この歌はザ・ピーナッツが歌って好評だった。双子の姉妹が名古屋の「ヘルナンド」で歌っていたのをスカウトしたのが渡辺プロだった。二人の歌声は清涼飲料水のように新鮮で新しい歌謡曲の始まりだった。ザ・ピーナッツの魅力は華のある明るさを交えながら二人の絶妙なコンビネーションとジャズのフィーリングである。これを奇麗にハモらせていたら単なる珍しい双子で終わっていたであろう。「ずり上げ」（演歌・邦楽的な音の移動）を入れながらパンチのある演歌調の歌い回しと音色の微妙な違いをうまく使って歌った。演歌系歌謡曲の哀調趣味とジャズ感覚がほどよく共棲していたのだ。この歌唱表現によって、ドイツのテレビ番組・『ババリア・ザ・ウエスト』にも出演し欧州スターたちと渡りあえたのである。ザ・ピーナッツは、昭和三四年五月、《可愛い花》（音羽たかし・作詞／シドニー・ベシエ・作曲）でデビュー以来、《恋のバカンス》（岩谷時子・作詞／宮川泰・作曲）《ウナ・セラ・ディ東京》（岩谷時子・作詞／宮川泰・作曲）などのヒットを飛ばした。

二人のジャズのフィーリングに演歌的な要素をブレンドさせた唱法がこの《モスラの歌》においても土俗的な情動的なメロディーの表現に適していた。

古関は、打楽器とピアノで主旋律を構成し〈モスラヤ　モスラ　ドゥンガン　カサクヤン〉と歌うザ・ピーナッツの個性をいかし、ノスタルジックな感覚を呼び起こし聴く人の感情をゆさぶったのである。

《モスラの歌》のメッセージは永遠の平和と繁栄である。古関の楽想には、南の島、密林、原住民、小美人、卵、幼虫、変身、華麗、幽幻、母性が構造的にメロディー化され豊富なイメージを湧かせてくれるが、その根底には愛と平和がしっかりとメッセージ化されているのである。この映画の原作者たちが訴えようとしているものは何か。それはまさしく平和の大切さであった。これは

《長崎の鐘》でも同様である。エンディングの「平和こそ永遠に続く繁栄の道である」との呼びかけは、「モスラ」が単なる怪獣映画を越えて、それを見るものに平和への強烈なメッセージを訴えかけているのではないだろうか。

ひめゆりの塔

昭和二〇年四月、アメリカ軍が沖縄本島に上陸し沖縄県民を巻き込んだ凄惨な地上戦が展開された。また、地上戦ばかりではなく、日米双方の凄まじい航空戦が沖縄の空を覆った。神風特別攻撃隊を直掩する日本の陸海軍の航空部隊とアメリカ機動艦隊から発進してくるグラマンとの激しい攻防だったのである。

日本守備隊は、五月一一日から一八日にかけて展開された沖縄戦の最大の攻防戦・「シュガーローフの戦い」に敗れ、六月一三日、海軍部隊指揮官・大田実少将が自決、一八日、日本守備隊司令官・牛島満中将も最後に軍命を発した後自決、そして日本陸軍は華々しく散っていった。また、陸海軍の特別攻撃隊も凄まじくアメリカ機動艦隊を恐怖に陥れた。だが、遂に沖縄を失うことになったのである。

《ひめゆりの塔》台本
（古関裕而記念館提供）

その激しい戦闘のさなか、動員を解除された「ひめゆり部隊」の看護女学生たちに悲劇が襲った。それは、米軍によって第三外科壕への攻撃が行われ、その地下壕から脱出する矢先だった。

戦後、戦争によって花と散った女子学徒の悲劇を映画化し話題になった。それが東映で映画化された『ひめゆりの塔』である。映画監督は今井正、音楽は古関裕而が担当した。

「沖縄は、日本本土の最前線であり、まるで防波堤のように空、陸、海から攻撃され、その戦禍をまともに受けた悲惨さは、全国民が知らなければならないことで、同情の念が集中した結果とも思うが、映画は非常によくできていた」（前掲、『鐘よ鳴り響け』）

《ひめゆりの塔》自筆総譜（古関裕而記念館提供）

撮影は、寒い時期に六月の雨季の沖縄のシーンを想定して行われ、監督の今井、音楽担当の古関を始め出演者も大変苦労した。古関は「外気が零度に近い時、沖縄の蒸し暑い夜を演出したり、雨でずぶ濡れのシーンを撮るのだから、俳優は、演技力だけでなく体も強くなくては続かない。一月に音楽録音を始め、オープンやセット撮影も並行するという強行軍」（前掲、『鐘よ鳴り響け』）だったとのべている。

《ひめゆりの塔》（西條八十・作詞／古関裕而・作曲）の作詞は西條八十。うら若い乙女の戦争の悲劇をテーマにした哀しい詩だった。古関の楽想も戦争の悲惨さを象徴するかのように暗く重々しかった。歌唱は伊藤久男。伊藤の叙情溢れるバリトンは〈悲しく散りし　ひめゆりの花〉と歌い上げている。美しくも哀しくも歌う女声コーラスのハミングが最後に添えられた伊藤久男の絶唱は、ひめゆりの乙女の死を哀悼する感情と悲愴感に満ち溢れ、まさに鎮魂歌に相応しいものであった。

首途《かどで》の朝は　愛らしき
笑顔に　母を振りかえり
ふりしハンケチ　今いずこ
ああ　沖縄の　夜あらしに
悲しく散りし　ひめゆりの花

昭和二八年一月九日、映画『ひめゆりの塔』が封切られた。当然、録音された同名の主題歌が流れると思ったが、不思議なことに監督の今

《ひめゆりの塔》楽譜ピース
（古関裕而記念館提供）

井正の意向で主題歌は使われなかった。レコードは、映画封切りから半年後コロムビアから発売されたが、映画『ひめゆりの塔』が驚異的な興行成績を記録したわりには、歌の方はヒットしなかった。だが、この《ひめゆりの塔》の歌曲は、今尚、沖縄でひめゆりの乙女たちのレクイエムとして歌われているのである。

今週の明星

《「今週の明星」の歌》は、日曜日の午後七時三〇分から八時まで放送されたNHKの公開歌謡番組のテーマ曲である。作詞・藤浦洸、作曲・古関裕而。胸をときめかせるような華やかなメロディーだった。同番組は、昭和二五年一月八日からラジオ放送で始まり昭和三九年四月二日まで続いた。人気ラジオ番組ということもあり、昭和二八年二月一日、テレビ放送開始の日、日比谷公会堂からラジオ番組・「今週の明星」がそのままテレビ中継された。その後ラジオとテレビの同時放送の時代が続き、テレビ中継は昭和三一年九月二日に終了したが、ラジオ放送はその後も継続され歌謡ファンを堪能させた息の長い番組だった。

この『今週の明星』の放送の頃、昭和三〇年代、日本の歌謡界も大きく変貌を遂げていた。古関が専属作曲家として所属するコロムビアは、船村徹、遠藤実の演歌路線に代わり、歌手も美空ひばり、島倉千代子らが中心となった。戦前からのコロムビアのヒットメーカー・古賀政男、服部良一、古関裕而の時代では無くなったのである。殊に船村のメロディーは古賀メロディーよりも泥くさく、退嬰的な情緒趣味と土俗性が一層濃い演歌調のメロディーだった。歌手も美声系歌手近江俊郎、岡本敦郎のようなラジオ歌謡的な健康的な歌手は、もはや、もっと崩した情念的な歌唱を求める大衆には好まれなかった。

ビクターは佐々木俊一から吉田正にヒットメーカーの主役が代わり、歌手も灰田勝彦からジャズのフィーリングを生かしたフランク永井に看板歌手の座が移った。小畑実も昔日の勢いを失っていた。キングは、春日八郎、三橋美智也の望郷演歌・ふるさと演歌を本格的に売り出すことになったのである。戦後あれほど人気を誇った常勝歌手岡晴夫の時代は完全に終焉していた。また、テイチクは田端義夫の「船物シリーズ」から、石原裕次郎、浪曲歌謡の三波春夫へと路線を切り替えていた。

だが、古関メロディーを歌い上げてきた戦前派の歌手たちは、昭和三〇年代のヒットチャートから姿を消したとはいえ、『今週の明星』に出演し実力に裏付けられた人気の根強さを見せていた。この底力によって、紅白歌合戦にも淡谷のり子、伊藤久男らが昭和三六年まで出場していた。

番組開始の当初は、出演歌手三人が夢と希望を与える「歌の明星」として登場し、それぞれ代表曲を一曲、ヒット曲を二、三曲歌うという内容で構成されていた。ファンファーレが鳴り、「今週の明星！」という冒頭のアナウンスが入る。「今週の明星」のテーマ曲・《「今週の明星」の歌》で華麗に開幕するのだ。出演歌手と東京放送合唱団が〈輝きよ輝きよ　今宵また麗しく〉と、その歌声が高らかに響き渡った。古関のメロディーは若き日への郷愁を呼ぶかのような叙情的な旋律である。哀調がありながらも格調が高くメロディーに気品が感じられた。そして、ワンコーラスが終わり間奏に入るとつぎのようなアナウンスが入る。「日曜日のひととき、流れくる歌の調べは、想い出の歌　新しい歌　皆様の希望を乗せて輝く今週の明星」。そして、〈夜空高く　愛の星は　若き胸に輝き〉と、出演者と東京放送合唱団の歌声は最高潮に達するのである。まさに国民唱和の瞬間でもあった。そこには、音楽ジャンルの垣根はなく、音楽を愛する心だけが音空間を形成していた。

昭和五〇年二月一六日に放送されたＮＨＫビッグショー・「古関裕而　青春・涙・哀愁」では、この『今週の明星』の再現が企画されていた。歌謡曲黄金時代を象徴した歌謡ショーが蘇ったのだ。古関裕而の指揮で始まった藤山一郎、伊藤久男、岡本敦郎、二葉あき子、東京放送合唱団のきらびやかな歌声が終わると、「今宵輝く明星はまず伊藤久男さん、イヨマンテの夜」というアナウンスとともに、伊藤久男の〈アア　ホイヤー〉という声量豊かな第一声が流れる。当時の放送の懐かしい風景が見事に再現されていた。《「今週の明星」の歌》は、その後、夏の紅白と言われる『思い出のメロディー』のオープニングに引き継がれ、胸を躍らせるような華やかな歌として、今尚、人々の心に夢と希望、感動を与えているのである。

東宝ミュージカル

昭和二九年夏、『当世五人男』（昭和一二年一一月）以来、コンビを組んできた菊田一夫が東宝の演劇担当重役に就任した。古関も放送音楽からミュージカルの舞台へと音楽創作の場が移っていくことになった。放送と舞台といえば、古関にとって菊田一夫を忘れることはできない。菊田一夫は、明治四一年の生まれ、萩原朔太郎らの抒情詩人にあこがれ、詩人としての人生を夢見て神戸から上京した。サトウ・ハチローの弟子になったが、諸口十九《つづや》一座（公園劇場）を振り出しに、人生の彷徨を経験後、サトウ・ハチローの「芝居をやらないか」というすすめもあり劇作・舞台演劇の途に入った。ここに菊田一夫の苦闘の時代があった。

第二次カジノで成功を収めたエノケンが新たに率いた「新カジノ・フォーリー」（観音劇場）でレヴュー作家として仕事をするようになり、ナンセンスを主眼にナンセンスレヴュー・『阿呆凝士迷々伝』（プペ・ダンサント第六回公演）を書き、プペ・ダンサント（玉木座）では『西遊記』を書いて注目されるようになった。昭和一一年九月『笑いの王国』を退座するまで、浅草の喜劇作家として活躍したのである。『笑いの王国』では古川ロッパを支え、ドラマ劇作家へと作風を深め、ミュージカルコメディー路線を堅持しながら、まったくのナンセンスやアチャラカに終始せず、ヒューマニズムに溢れるドラマを展開させた。この菊田のヒューマニズムと古関の音楽芸術が融合し戦後大きく開花したことは放送音楽の数々の作品が伝えてくれるといえよう。

古関は初の東宝ミュージカル公演を契機に音楽活動が電波（ラジオ）から舞台へと移っていた。古関は当時のことを「東宝劇場をはじめ、芸術座、帝劇、梅田・新宿コマ・スタジアム、明治座等々。そして、ある時は映画の主題歌を、またある時はラジオやテレビのテーマ・ソングをという全く忙しい毎日であったが、実に楽しく愉快な日々の連続であった」（前掲、『鐘よ鳴り響け』）と回想している。

東宝ミュージカル第一回公演・『恋すれど・恋すれど物語』が昭和三一年二月九日、東京宝塚劇場において初日の幕を開けた。出演はエノケン、古川ロッパら東宝喜劇俳優総出演に加え越路吹雪、宮城まり子らという豪華さだった。千秋楽は三月一四日。大好評のうちに終わった。昭和三三年、『アイヌの恋歌』が公演された。これは歌舞伎の舞台で古くから使用されている火事場用の小道具がそばの紗幕に引火し起こったという吹きボヤ失火事件（実際は漏電が原因）として途中で中断となったが、当時の『週刊朝日』では評価の高い批評が掲載されていた。

古関メロディーは楽想が豊かだった。シルクロードに代表される神秘的なアラビア世界の中東オリエントが描かれていたからだ。菊田一夫も敦煌やシルクロードに大変興味をもっており、昭和三五年一一月、東宝グランド・ロマンス『敦煌』が上演された。雄大な砂漠地帯のオアシス都市を舞台にロマンの色彩を色濃く描いた井上靖・原作を菊田一夫・古関裕而の二人によって、甘美に豪奢に彩られたミュージカルに練り上げた作品である。

《趙行徳の歌》は西夏国との戦いで落城寸前の敦煌において、貴重な経典・仏像を守るために立ち上がった主人公趙行徳の明日への希望と夢をテーマに作曲された。《興慶府の秋のまつり》は、トルコに伝わる古民謡を採譜して作曲された「興慶府の収穫祭り」、トルコ角力を舞踊化し男たちが美しい娘を抱いて踊る「角力」、農村の可憐な娘たちが収穫を祝って踊る「収穫の祭り」、若者たちが優雅に踊る舞踊曲「DUETの踊り」、収穫を熱狂的に喜ぶ老若男女の歌と踊りを表現した「収穫の祭り」で構成され、古関は、「ヨーロピアン的かつ中国的な音楽」を楽想に込めた。役者も中村萬之助、市川中車、高島忠夫、八千草薫らの人気俳優が出演した。

また、昭和三九年二月に公演された『蒼き狼』も「シルクロード的な西域ムードの音楽に蒙古の力強さを加え」た大作で、若き日の成吉思汗を主テーマに壮大なスケールのミュージカル作品である。《わが故郷は》は、モンゴルの大草原と落日する夕陽を背に故郷を思って歌うクラン（部族の王女）の心情が古関の手によって美しく詩情豊かな楽想で作曲された歌である。

この二つのミュージカルは古関にとっても非常に満足のいく公演だった。両作品とも井上靖が原作で菊田一夫が蒙古平原から西域のオリエント世界を巧く脚色した。古関は新しい演劇分野の活動の場として作られた芸術座でも、意欲的に舞台芸術公演に取り組んだ。芸術座のこけら落としは菊田一夫脚色・演出、古関裕而音楽監督の『暖簾』（山崎豊子・原作）だった。この劇場は東宝本社ビルの四階五階を通した「みゆき座」と映画館の「千代田劇場」も併設されていた。ステージと客席の距離が短いので、演技する俳優の微妙な動作が伝わり、パフォーマンス（演技）とオーケストラが奏でる音楽が渾然一体となった演劇空間を彩る一種独特なムードがあった。

古関が菊田一夫とコンビを組んで上演した作品は、芸術祭賞、テアトロン賞受賞作品・『がめつい奴』（昭和三四年一一月）、菊田一夫の少年時代の苦境ともいえる丁稚奉公時代を劇化した『がしんたれ』（昭和三五年一〇月）から、大阪カフェーの世界を描いた昭和四七年の『道頓堀』まで四〇編を上演したのである。

また、菊田はブロード・ウェイミュージカルを意識しており、菊田一夫演出による昭和三八年・『マイ・フェア・レディ』（古関が編曲担当）、昭和四〇年・『サウンド・オブ・ミュージック』は古関が音楽監督となり、菊田一夫が演出し芸術座初のミュージカル上演として成功を収めている。舞台音楽からミュージカルへと、古関の音楽芸術が日本文化を豊かにしたといえよう。

そして、日本は、高度経済成長期の凄まじい経済成長を果たし、一九五〇年代後半の三種の神器（テレビ・電気洗濯機・電気冷蔵庫）から一九六〇年代以後の三C（自家用車・カラーテレビ・クーラー）へと消費文化は驚異的な発展を見た。その奇跡の復興・繁栄を象徴する東京オリンピックを迎えるのである。

エピローグ――国民音楽樹立への途

オリンピックマーチ

雲一つない紺碧の空の下、昭和三九年一〇月一〇日、アジアで初の、東京で開催されるスポーツの祭典、東京オリンピックの開会式の入場行進曲が始まろうとしていた。世界中の若人が繁栄を謳歌する平和国家日本に集まったのだ。それは、作曲家・古関裕而の音楽人生にとって最良の日でもあった。

東京オリンピックは昭和一五年に開催されるはずであった。ところが、戦争によって夢はたち消えになる。戦争は古関にも苦闘の時代であった。古関は、愛国心を熱くもっているが、戦争という時代は、平和という時代環境から見れば音楽創作においては悪夢の時代であった。

日本人にとって、この日は特別な日でもあった。敗戦の苦難を乗り越えて、この日を迎えるために払われた日本人一人一人の努力は計り知れないものがあった。長く険しい道程であった。遂に平和国家・日本の力を世界に見せる日がきたのである。

《君が代》が演奏され、平和の祭典の象徴鳩が飛び立ち、ブルーインパルスが蒼空に五輪のマークを描いた。そして、古関作曲の《オリンピック・マーチ》に乗せて、先頭はオリンピックを生ん

《オリンピック・マーチ》自筆譜
（古関裕而記念館提供）

だ歴史を持つギリシャ。その国旗の色が東京国立競技場の煉瓦《れんが》色のトラックと鮮やかなコントラストを描いた。各国の選手が次々と行進する。「心も浮き立つような古関裕而作曲」とアナウンサーの声も興奮ぎみである。星条旗を翻る大国アメリカ、そして、ロシア（旧ソ連）の大選手団が続くと、入場行進は最高潮に達した。

最後の入場は日本。国立競技場の歓声と拍手が一段と大きくなった。日本選手団は栄光を求めて幾多の試練を乗り越えてきた。躍動感溢れる《オリンピック・マーチ》に合わせ、日本の若者は堂々と胸を張りこの感動の瞬間を体験したのである。

古関がオリンピック組織委員会から作曲依頼を受けたのは前年の二月だった。古関にとってマーチは得意とする分野である。とはいえ、日本的情緒を盛り込んだ旋律も考慮しなければならない。日本人が作曲するのだから、民族固有の日本情緒を失うことは許されなかった。日本人の民族的美感を満足させる音楽形式による楽想でなければならないのだ。だが、それを尊重した日本人固有の律動に比重を置きすぎると、伝統的な民族美感は保持されるとはいえ、日本独自の雅楽風、民謡風になりがちとなる。それだけでは世界の人々が共有できる国際的普遍性のあるオリンピックの入場行進曲にならない。そこで、国際的普遍性を含ませるためには西洋音楽の発想という前提に立ち、普遍性のある生命力豊かな近代音楽の躍動と衝動性を保持しなければならなかった。

古関は国際的普遍性と民族の固有性の距離を縮めることに邁進した。日本人が悠久の歴史における労働と生活のなかで生み出したリズムと情緒を西洋音楽に咀嚼・血肉化し、その歴史を持つ日本人としての音楽的感性を信じたのである。

古関の楽想には壮大なスケールがあった。それはクラシック音楽がヨーロッパから地中海、オリエント世界の中東、シルクロードを経由してユーラシア大陸を横断し四季折々の豊かな自然の色彩溢れる日本の音楽に結実するというものだった。そこには、モーツァルト、ベートーヴェン、ムソルグスキー、ストラヴィンスキー、日本民謡などが音楽美の基調となり古関メロディーの叙情核を形成し、希望と躍動のリズムが音律に弾みをつけるのである。

古関はあくまでも平和と若人の祭典ということを

《オリンピックマーチ》レコードジャケット
（古関裕而記念館提供）

念頭に置き、溌剌《はつらつ》とした躍動感をテーマに、華やかな檜舞台を盛り上げるにふさわしい楽想をイメージした。自信と意欲に満ちた会心の作品が誕生する。それは、長きにわたる音楽人生の中で精魂を傾けた一世一代の音楽創造であった。

古関は　国立競技場のロイヤルシートで日本人選手団の入場行進を眺めていた。この瞬間は正に感無量である。至福の時であり、世界的な作曲家として音楽界の頂点を極めた瞬間でもあった。格調、気品、美しさ、躍動、希望、勇気が一体となった古関裕而の音楽芸術の完成だったのである。それは、クラシックの格調に民謡音階から民族舞踊のリズムのエネルギー溢れる生命力を楽想に据え、西洋音楽の技法の粋を尽くし国民を鼓舞する躍動感溢れる普遍的な音楽だったといえる。そのような躍動と生命力を喚起させる国民音楽樹立の達成は日本音楽史において永遠不滅の金字塔として刻まれるであろう。古関メロディーは永遠なのである。

あとがき

菊池清磨

昭和五年夏、古関の音楽ノートが上京前に完成した。これは古関が「楽治雄《らじお》」のペンネームを使用し書き始めた大正一五年以来の音楽記録である。その第四篇にはギター伴奏付きの作品が収録されている。前年の昭和四年の秋、日本のギター界は世界的なギター演奏家アンドレス・セゴビアの来日によって大きな衝撃を受けていた。まさにそれは日本ギター界の黒船到来だった。古賀政男（当時・古賀正男）もその衝撃を受けたその一人である。ギター合奏として発表した《影を慕いて》（昭和四年六月二二日、明治大学マンドリン倶楽部第一四回定期演奏会）をギター伴奏歌曲に編曲してその完成に向けて邁進したことは日本流行歌史・日本ギター史の伝えるところでもある。古賀に大きな創作上の刺激をあたえたセゴビアトーン（音色）という黒船到来が福島の音楽青年の耳目に届いていたかどうかは手元に資料がなく断言できないが、古関がギター伴奏付きの作曲を試みたということは、彼自身がギター音楽を意識していたことになるのではなかろうか。

日本の流行歌は古賀政男のギター歌曲、その芸術を優秀な声楽技術で表現し魅力を伝えた藤山一郎の登場によって革命的な発展と進歩を遂げるが、昭和一四年の春、古関は、コロムビアに復帰してきたその藤山と再会した。藤山はテイチク時代に《東京ラプソディー》《男の純情》《青い背広で》のヒットによって生家の借財を完済し、コロムビア復帰の頃は流行歌の寵児から本来の声楽家増永丈夫に戻りつつあった。そして、一度はと思っていたクラシック音楽の聖地・ヨーロッパへ外遊する考えを持っていた。ところが、不運にも第二次世界大戦の勃発によって、藤山は断念を余儀なくされたのである。

藤山一郎の戦前最後に吹込んだ古関メロディーは《決戦の大空へ》だった。昭和一八年七月、藤山は海軍からの要請で東宝の『決戦の大空へ』の主題歌を吹込むために、最初の南方慰問から帰国したばかりだった。このレコードを聴くと藤山一郎にしては感情移入があり、悲愴感が溢れているのだ。

藤山一郎という歌手は正格歌手（楽典・理論・規則に忠実な歌唱表現者）であり、理性の歌手であるはずなのだが、この日にかぎっていつもと違っていた。藤山は、二度目の南方演奏慰問が決まっており吹込みが終わるとすぐに日本を離れなければならなかった。この日の吹込みは、もはや二度と日本の土を踏むことはないだろうという死を覚悟しての藤山一郎、いや声楽家増永丈夫の絶唱だった。

昭和二一年七月、藤山一郎が南方から復員した。古関は、コロムビアのスタジオで藤山一郎と久しぶりに会った。古関は、藤山が戦後は声楽家増永丈夫に戻り、もはや歌謡曲を歌うことはないだろうと思っていた。ところが、藤山一郎は古関の思うところとは気持が違っていた。藤山は声楽増永丈夫ではなく流行歌手テナー藤山一郎として日本に帰ってきたのである。

終戦をジャワ島のスラバヤで迎えた藤山一郎は、イギリス軍の捕虜となり、抑留生活の日々を送った。音楽家ということで各地の収容所で歌わされた。日本将兵、イギリス将兵の前で歌ったのだ。殊に藤山が歌うスコットランド民謡、アイルランド民謡はイギリス将兵の心を癒し感銘をあたえた。戦地慰問とこの体験が藤山に歌というものは生きる希望・勇気と励ましになることを教え、「大衆歌手・藤山一郎」を決意させたのである。

藤山が私にかつて「戦後、僕が大衆音楽にとどまったのは古関さんと服部さんがいたからなんだ。古賀さんとは距離を置いたからね」と語ってくれたことがある。藤山にしてみればクラシックの音楽芸術を共通項にした古関と同じ音楽観があるということなのだ。格調ある美しいメロディー、勇壮なマーチ、哀調溢れる抒情・叙情歌、民謡、ホームソング、クラシックの香りと品格のある歌曲、そして、ハーモニーの充実、藤山が古関の作風に自らの音楽観を求める所以である。もし、古関裕而の存在がなければ、たとえ、「藤山一郎」の途を選択することを決心したとしても、戦後、早い時期に「声楽家増永丈夫」に戻っていたかもしれない。そうなれば、《夢淡き東京》《長崎の鐘》の古関メロディー、服部良一の作品である《青い山脈》などの戦後の日本流行歌の名曲は存在せず、国民栄誉賞歌手藤山一郎はありえなかったことは確かである。だが、その一方で、藤山が声楽家の人生を歩んだならば、日本の声楽界もオペラ一辺倒ではなく、増永丈夫が声量豊かに美しい共鳴の響きで独唱する歌曲、愛唱歌がもっと身近となり、一般の音楽愛好家に広まったといえよう。

藤山一郎は古関裕而の逝去のニュースを国立医療センター一六階のベッドに臥せながら聞いて知った。御通夜、告別式をテレビで見ながら、藤山の心中に去来する思いがあった。戦後の藤山一郎の古関メロディーは《三日月娘》に始まり、《夢淡き東京》、若山牧水の二首より《白鳥の歌》、やがて《長崎の鐘》《長崎の雨》《ニコライの鐘》《みどりの雨》《美しき高原》と、多くのクラシック系歌謡曲がこの二人の合作芸術から生まれた。これらの楽曲は、菊田一夫とのコンビで生み出した『鐘の鳴る丘』『君の名は』、数々の番組テーマ音楽、ミュージカル、芸術座公演の舞台音楽などと共に昭和文化史を鮮やかに彩り創り上げながら日本の復興・発展に大きく貢献したのである。まさにそれは、国民音楽樹立への途だったといえる。

最後になったが、本書は古関裕而生誕百年―不滅のメロディーとして一部・「栄光のスポーツ音楽」二部・「哀しき名歌」三部・「平和・希望・抒情の歌声」四部・「放送・映画の世界」という構成で『福島民報』において連載されたものを加筆・修正したものである。連載のおりには文化部の鞍田炎氏、古関裕而記念館の方々には大変お世話になった。感謝するしだいである。また、彩流社の春日俊一氏にも感謝の意を述べなければならない。好著の機会を提供して頂いたことは幸甚であり、改めて篤く御礼申し上げる次第である。

古関裕而拾遺

運命の昭和六年

昭和六年の春、風薫る爽やかな五月、古関はコロムビアのスタジオで不思議な光景を見た。同社専属の作曲家がストップウォッチを持って、吹込みのディレクト（指示）をしているのである。作曲家という職業はレコード吹込みの時、指揮台に立って指揮棒を振るのが仕事のはずだが。だが、この作曲家は一生懸命録音時間を記録紙に記入していた。その姿は真剣そのものだった。

「私がコロムビア専属になった頃、古賀政男さんは既に社員として入社していた。ストップウォッチ片手に吹き込みの記録などを担当していた。私のレコーディングにも幾度か立ち会ってくれたこともある」（『鐘よ鳴り響け』）

古関は自伝に古賀が社員として入社と記しているが、それは古関自身の記憶違いである。古賀は確かに社員としてコロムビア入社を希望したが、コロムビアは月二曲の作曲を条件に古賀と専属作曲家の契約を結んでいる。

古賀の姿はコロムビアの文芸部でも異様な光景だった。椅子を勝手に持ち出して、じっと座っている。専属作曲家なら自宅で作曲をしているはずなのに、本人は真面目に出社して来るのである。これは古賀政男がまだ「古賀正男」だった頃の話である。

「古賀正男」はすでにビクターから佐藤千夜子の歌唱で昭和五年三月新譜の《文のかおり》(「文のかほり」)でデビューしていた。「古賀正男」は日本の近代流行歌にギター、マンドリンを取り入れ、中山晋平の手法を踏まえワルツ、ハバネラタンゴのリズムを加え旋律に豊かな変化をもたらした作曲家である。だが、その新進作曲家もストップウォッチを片手にコロムビアのスタジオ内を動き回っていた頃は、まだヒットの鉱脈を手にしていなかった。それは古関も同じだったのである。

昭和六年の古関の音楽活動は充実していた。早稲田大学応援歌《紺碧の空》が黄金期の東京六大学野球の華やかな早慶戦で歌われ、古関裕而の名前が知られるようになった。東京六大学野球春のリーグ戦も終わり、作曲家古関裕而の《福島行進曲》《福島夜曲《せれなあで》》が昭和六年七月新譜で発売され、流行歌、いわゆるレコード歌謡の作曲家としてデビューした。音盤は日本コロムビアのメジャーレーベルである。

古関裕而のデビュー曲を吹込んだ天野喜久代は明治三〇年八月二四日、佐倉市生まれ。本名新井ふく。日本橋高等女学校卒業後、大正二年、帝劇歌劇部二期生となりローシーの下で修業する。帝劇時代、ローヤル館を経て、歌舞劇協会、東京歌劇座、常盤楽劇団、浅草オペラ大合同と言われた根岸歌劇団に参加。東京歌劇座では『カフェーの夜』の初演に出演し「おてくさん」を演じた。レコードデビューは大正四年五月、東京レコードから発売の《薔薇の歌》である。

昭和に入り、天野は放送オペラに出演する。《アイーダ》(昭和四年一二月二八日・放送)でアムネリスを演じた。その一方で、ジャズ・ソングを歌うようになり、日本最初のジャズシンガー二村定一と共演しジャズ・ソングをレコードに吹込むようになった。昭和三年五月新譜でニッポノホンから発売された《アラビヤの唄》(堀内敬三・作詞/フィッシャー・作曲/昭和三)《あほ空》(堀内敬三・作詞/ドナルドソン・作曲/昭和三)は二村定一と天野喜久代の共唱である。ニットーでは《アルゼンチンの踊》を二村定一と吹込んだ。西の井上起久子、東の天野喜久代と並び称され、女性ジャズヴォーカルの女王に君臨した。昭和モダンの哀愁を妖艶なソプラノで歌い上げた淡谷のり子がまだ歌謡界に登場する前である。天野喜久代が吹込んだ初期古関メロディーには《恋の哀歌(エレジー)》(西岡水朗・作詞/古関裕而・作曲/昭和七)がある。

《福島行進曲》のカップリングのB面を吹込んだ阿部秀子は日本音楽学校卒業後、コロムビア、名古屋のツルレコードで《荒城の月》《馬子は良い声》《君が代》《明治節》《アリラン節》《若き日の唄》《港の娘》(平井潮湖・作詞/鳥取春陽・作曲/昭和六)《片思い》(平井潮湖・作詞/鳥取春陽・作曲/昭和六)など日本歌曲、レコード歌謡を吹込んだ。

デビューまもない古関メロディーでは丸山和歌子が《日本のおかあさん》(佐伯たかを・作詞/古関裕而・作曲/昭和六)という母歌謡を吹込んでいる。丸山和歌子は明治三八年二月二二日、東京の生まれ。東洋音楽学校卒。同校ではベッレティーに師事し、金竜館で田谷力三一座に加入した。昭和六年六月新譜でパルロフォンから発売の東亜キネマの同名映画主題歌《泣くな舞姫》(畑喜代司・作詞/近藤政二郎・作曲/昭和六)でデビューした。パルロフォン、タイヘイ、コロムビア、キング、太陽などでレコード歌謡を吹込んだ。

コロムビアのデビューが古関よりも少し早い古賀政男は古関よりも格上の女性歌手(声楽家)が用意されていた。河原喜久恵と関種子である。なぜなら、古賀にはビクターで初代歌謡界の女王佐藤千夜子が古賀の作品を吹込んだ実績があったからである。それでも、古賀は古関と違って、あくまでも専属契約ではなく社員入社を希望していた。

河原喜久恵は明治三五年九月二一日、東京生まれ、昭和四年、東京音楽学校研究科修了。放送オペラに出演しオペラ運動に従事し、山田耕筰の推薦でコロムビアに入社。《ザッツ・オーケー》(多蛾谷素一・作詞/コロムビア文芸部・作曲/昭和五)《麗人の唄》(サトウ・ハチロー・作詞/堀内敬三・作曲/昭和五)や、ジプシー音階を使った初期の古賀メロディー《月の浜辺》(島田芳文・作詞/古賀政男・作曲/昭和六)などを吹込む。古関メロディーでは昭和八年二月新譜発売の《街の唄》(北村小松・作詞/古関裕而・作曲/昭和八)を吹込んだ。河原喜久恵が吹込んだ古関メロディーは現時点の資料ではこの一曲のみである。

関種子は初期の古賀メロディー、《窓に凭れて》(島田芳文・作詞/古賀政男・作曲/昭和六)《嘆きの夜曲》(西岡水朗・作詞/古賀政男・作曲/昭和七)などのギター歌曲を吹込み、古関メロディーでは古賀と同じギター歌曲のカテゴリの《時雨する頃》（松坂直美・作詞／古関裕而・作曲／昭和七／＊古賀政男・ギター演奏）を吹込んでいる。関種子の吹込みの古賀メロディー（ギター歌曲）は当時としてはヒットの部類に入るが、古関のギター歌曲はまったくヒットしなかった。ここでも古関は古賀政男に差をつけられていたのである。

古関裕而がコロムビア専属になった頃、黒田進という歌手が大阪コロムビアで吹込みをしていた。彼の活動拠点は大阪なので東京コロムビアの古関とは一緒に仕事をすることはない。だが、古関は風の便りでその存在は知っていた。その黒田進が後に古賀メロディーで人気歌手になった楠木繁夫である。古関の軍国歌謡も太平洋戦争末期に《突撃喇叭鳴り渡る》（勝承夫・作詞／古関裕而・作曲／昭和一九／＊近江俊郎、三原純子・共唱）など数曲ほど吹込んでいる。

黒田進は明治三七年一月二〇日、高知県高岡郡佐川町に生まれた。中学を卒業後大阪で逓信局に勤めた後、佐川に帰り小学校の音楽の先生を務めながら、東京音楽学校への進学を準備した。やがて、上京し、大正末年に東京音楽学校の師範科を出てから、一年後本科の声楽科に進学した。

ところが、昭和三年五月一六日、黒田は、高木東六らと放校処分になってしまった。黒田は、関西に流れて行き、大阪に蝟集するマイナーレーベルのレコード歌手になった。当時、街頭演歌師から作曲家に転じた鳥取春陽とコンビを組んだのである。オリエント、名古屋のツルレコード、コロムビア、タイヘイ、スタンダード、東京進出以前のテイチク等のマイナーレーベルなどで多種の変名を使ってレコードを吹込んだ。黒田は昭和九年に東京進出のテイチク専属となり「楠木繁夫」になるまでマイナーレーベルで五五種類の変名を使って吹込みをしたのである。

昭和六年春、大阪コロムビアの黒田進は古賀政男の《キャンプ小唄》の吹込み候補になった。作曲者の古賀は歌手の人選に迷った。たしかに楠木は洋楽系の美声歌手である。だが、古賀は彼の暗い音色に表れる大正街頭演歌の哀愁がどうしても気になった。それよりは、マンドリンオーケストラを使って、東京音音楽学校の期待のクラシック音楽生の増永丈夫の溌溂とした蒼い空に抜けるような爽やかなバリトンが良いと思った。しかも、黒田進は大阪道頓堀界隈のカフェー街を流し歩き、かと思えば、名古屋のツルレコードのスタジオに現れ数曲吹込み何処へかと消えていき、消息がつかめないでいた。結局、増永青年が「藤山一郎」の芸名で吹込み、黒田は古賀メロディーを歌うチャンスを逃した。これが「古賀正男」の運命を決定した。チャンスを逃した黒田は再び関西に戻り、大阪のカフェー街を流し歩くようになった。古関はこの二人の明暗をコロムビアで見ていた。古関メロディーの《福島行進曲》も古賀政男の《キャンプ小唄》と発売が同じ昭和六年七月新譜。まさか自分と古賀政男が競争させられているとは夢にも思わなかった。古賀と古関の運命は交錯していたのだ。

昭和六年八月、藤山一郎が吹込んだ《平右衛（ヱ）門》（北原白秋・作詞・古関裕而・作曲）が新譜発売された。藤山一郎の古関メロディーのスタートである。九月には日活の同名映画主題歌《輝く吾等の行く手》（佐伯たかを・作詞／古関裕而・作曲／昭和六）と続く。古関の楽想はスポーツ歌謡に相応しい行進曲である。

作詞の「佐伯たかを」は佐伯孝夫の変名である。佐伯孝夫は明治三五年一一月二一（二二）日、東京生まれ。本名、和泉（青山）光男（孝夫）。大正一五年、早稲田大仏文科卒。《浅草紅團》（佐伯孝夫・作詞／前田多喜男・作曲／昭和五）がデビュー盤。戦前から昭和四〇年代まで昭和のヒットメーカーとして歌謡詩人・作家として腕を揮った佐伯孝夫は古関裕而の軍国歌謡の傑作の一つ《ラバウル海軍航空隊》の作詞でも知られる。昭和六年、満州事変がまだ勃発する以前、佐伯と古関はコロムビア時代にすでに知己の間柄だった。また、古関と佐伯は生死を共にした日中戦争従軍音楽部隊の戦友同志でもある。

昭和六年一〇月一日、古関裕而はコロムビアの正式専属作家となる。つまり、日本蓄音器商会の専属アーティストになったのである。一一月二日、全米オールスター選抜チームが来日し、日比谷公会堂の歓迎コンサートで指揮棒を握った。自ら作曲した《日米野球行進曲》を指揮したのである。古関は順風満帆だった。ところが、自分の領域の活動では満足しても、流行歌いわゆるレコード歌謡の作曲家としては実績がなかった。ヒットの鉱脈を当てなければ専属作家としての意味がないのである。とはいえ、古関は元々自分はクラシックの作曲家だと思っている。流行歌のヒットメーカーなど眼中になかったのだ。だが、古賀と古関の二人は明暗を分けることになったのである。

昭和六年九月一八日、河本末守中尉らは南満州鉄道西側路線に黄色方形爆薬を装置し、一〇時二〇分点火とともに奉天郊外柳条湖付近の路線を爆破した（柳条湖事件）。関東軍参謀、石原莞爾、板垣征四郎らの立案のもとに、花谷正少佐、今田新太郎大尉らの指揮下において爆破を直接実行したのは河本末守ら数名の日本軍人である。この爆破を中国軍の行為とみせかけ、関東軍は軍事行動を起こした。この関東軍の軍事行動がやがて満州事変へと拡大した。

このような満州事変という世相を背景に国内では古賀メロディーが一世を風靡した。これまで日本ビクターに対して劣勢だった日本コロムビアは巻き返すことになる。古関裕而はこのギター歌曲の旋律と源が深い藤山一郎の歌唱に耳を止めた。しかも、ヴァイオリン演奏は新交響楽団のコンサートマスター・前田璣、チェロが同じく新交響楽団の首席演奏者の大村卯七とクラシックのトップレベルの演奏家が加わっていた。古関はこの声楽技術、ヴァイオリン、チェロ演奏、古賀政男のギター演奏というコラボレーションに流行歌の新しいムーブメントを感じたのである。

「時折、うす暗い地下食堂でお茶を飲みながら互いに励まし合い、将来を夢みたものだった―〈中略〉―七月に、藤山一郎君の歌で『キャンプ小唄』を出し、さらに『酒は涙か溜息か』で決定的な大ヒットを飛ばした。作詞は、当時函館日日新聞社の記者であった高橋掬太郎さんである。古賀さんはやがて社員でなく、専属作曲家として活躍を始めた」(『鐘よ鳴り響け』)

裏面であるB面の《私此の頃憂鬱よ》はマンドリンオーケストラ伴奏である。このレコード歌謡はハバネラタンゴのリズムを使って旋律に変化を与え哀愁を色濃く反映させたマンドリン歌曲である。歌唱は楽壇が期待する新進のソプラノ歌手、山田耕筰から「一〇年一人のソプラノ」と絶賛された淡谷のり子。服部良一のブルース歌謡で歌謡界の女王に君臨する以前の声楽家時代の淡谷のり子である。作曲者の古賀政男は古関と同じコロムビア専属の作曲家でありながら、ギター演奏家であり、母校の明治大学のマンドリンオーケストラの指揮者でもあった。

淡谷のり子の初期の古関メロディーは《思い出の径》（西岡水朗・作詞／古関裕而・作曲／昭和七）《麗しの瀬戸内海》（佐藤惣之助・作詞／古関裕而・作曲／昭和八）《乙女の春》（島田芳文・作詞／古関裕而・作曲／昭和九）《三ケ月船》（佐藤惣之助・作詞／古関裕而・作曲／昭和一〇）《野茨の花》（野村俊夫・作詞／古関裕而・作曲／昭和一〇）などが散見する。だが、淡谷は、その後、ジャズ、タンゴ、シャンソンなどの外国ポピュラーソングを妖艶なソプラノで歌い上げ、古関裕而の世界とは関わることがなかった。

マンドリンオーケストラとハーモニカバンド

ハーモニカは、大正期から昭和初期、青少年の間で大変流行した楽器である。古関もハーモニカに魅了された青少年の一人だった。やがて、古関は福島商業卒業後、「福島ハーモニカ・ソサイティー」に入会し、山田耕筰の音楽理論書を片手に同会のバンドの演奏曲の編曲に明け暮れた。オーケストラ用スコアを書くことで己の音楽の夢が広がり、クラシックの作曲家への夢が膨らんでいった。

大正時代、宮田東峰、川口省吾、佐藤秀廊（郎）、綿貫誉、豊田義一、松原千加士などの演奏家が登場し、ハーモニカは玩具ではなく楽器として音楽表現の手段としての認識が明確になった。そうなると、古関は木管、金管、ストリングス（弦）、打楽器とハーモニカを融合しシンフォニックなオーケストラ組織を夢見るようになった。メンデルスゾーン、ロッシーニ、ビゼー、ストラヴィンスキーなどのクラシック作品をハーモニカオーケストラで演奏できれば、どれほど素晴らしいことか、古関の夢は無限である。そして、スコア用紙に記譜をしながら、今まで自分の知識の範囲が広がり、それとともに新たな生命があたえられたのである。

「ハーモニカ・ソサイティーに入会して間もなく私は指揮を担当した。勿論、作曲や編曲も担当した。難しいが、メンデルスゾーンの『バイオリン協奏曲』やロッシーニの『ウイリアム・テル序曲』などを、ハーモニカで演奏しやすく編曲して合奏することもあった。そして年に二回催される春秋の定期演奏会には、これらの合奏を披露した。ストラビンスキーの『火の鳥』を演奏した時などは、客席から歓声が上がり、大変な反響があったと記憶している」（『同上』）

古関は作曲・編曲という新たな領域を探求し、飛躍の時代を感じたのである。古関を魅了したハーモニカについでモダンな楽器として現れたのがマンドリンだった。繊細なトレモロ奏法が当時の若者を魅了し広く迎えられた。このマンドリンの軽快にして繊細で甘美な旋律を世に広めたのが古賀政男だった。コロムビアはハーモニカとマンドリンを使った流行歌を企画し、ヒットを狙ったのである。

昭和六年一〇月一二日、コロムビアのスタジオにはマンドリンオーケストラがスタンバイしていた。指揮台には古賀政男がいる。この日は《丘を越えて》（島田芳文・作詞／古賀政男・作曲／昭和六）の吹込みだった。歌手は藤山一郎。《丘を越えて》は、アレグロの軽快なテンポで作曲され、青春歌謡の原点を確立した。古賀政男は卒業を迎えた昭和四年の春、去りゆく青春のいとおしさを感じながら、つぎつぎと浮かぶ旋律を楽譜に記し、マンドリン合奏曲・《ピクニック》として発表した。このマンドリンによる器楽曲を流行歌としてレコードに吹込むことになり、日本コロムビアは島田芳文に作詞を依頼した。

古関も古賀とほぼ同時期に島田芳文の詩句を依頼され、《菅原高原の唄》（島田芳文・作詞／古関裕而・作曲／昭和七・二）を作曲した。レコード店には一二月二〇日に並ぶことになっているので《菅原高原の唄》の吹込みが間近に迫っていた。だが、古賀政男のマンドリンオーケストラ演奏による吹込みが気になっていた。

作詞の島田芳文は明治三一年二月一一日、豊前市の生まれ、本名、島田義文　大正五年、早稲田大学政経学部卒。中学時代、俳句を島田青峰、短歌を若山牧水に学ぶ。その後、野口雨情に師事し農民詩に傾倒した。昭和二年処女詩集『農土思慕』を発刊。レコード歌謡の作詞はオデオンレコードから発売された《時雨の港》（島田芳文・作詞／豊田義一・作曲／昭和五）でデビューする。

島田はすでに軽井沢浅間高原で書いていた「丘の詩」に曲に合わせて、《丘を越えて》の詩句を完成させていた。さらに、歌のタイトルをパラマウント映画『オーバー・ザ・ヒル』のそれを「丘を越えて」と直訳し、歌の題名とした。昭和六年一二月新譜で日本コロムビアから藤山一郎の歌唱により発売され、空前のヒットとなった。

古関は《丘越えて》のレコードを視聴して驚いた。アメリカではマイクロフォンの発達によって微妙な情緒の表現が要求され、ポピュラー歌手の歌唱が声楽技術と乖離したが、日本では逆に声楽技術と歌唱法が一体となった。オペラ歌手のように大向こうに曖昧な日本語で歌うのではなく、ホールの隅々にまで響かせるメッツァヴォーチェ（弱声の響き）の響きで、この微妙な情緒の変化の表現を可能にし、さらに声量・響きを豊かに日本語の質感を高めたのである。藤山一郎はこのような声楽技術を流行歌の世界に歌唱法として確立し、戦後の古関裕而の格調の高いクラシック系歌謡曲を美しく歌唱するである。

この頃の流行歌のピース楽譜の下にはハーモニカ愛好者の便宜のために数字による略譜が掲げられていた。《丘を越えて》のハーモニカ譜も飛ぶように売れた。ハーモニカは学生インテリの中間層にとってその表現形態の楽器であり人気があった。

コロムビアは、ハーモニカ愛好者を狙って古関に流行歌を作曲させる方針だった。昭和七年、古関は宮田東峰が率いる「ミヤタ・バンド」（「宮田ハーモニカバンド」）を指揮するようになった。古賀政男がマンドリンオーケストラを指揮するならば、古関はハーモニカバンドの指揮台に立ったのである。また、同時に管原明朗に師事しリムスキー・コルサコフの音楽理論をベースに本格的な音楽理論の研鑽に励んだ。

「音楽理論家の大家、管原明朗《めいろう》氏から、リムスキー・コルサコフの本を基にして勉強した。約二年間のこの本格的な理論研究が、後の私の作曲に大きな力となった」（『同上』）

古関は音楽理論を研鑽しバンドからオーケストラ編成に発展させ、シンフォニックな音楽を求めていた。宮田東峰は一二歳からハーモニカを始め、大正七年「東京ハーモニカ協会」を創立。自ら「ハーモニカ合奏団」を組織し、ハーモニカ演奏・普及・地位向上に尽力を果たした。大正一一年ニッポノホンのレーベルにハーモニカ合奏レコード《愉快な鍛冶屋》《双頭の鷲の旗の下に》を吹込んだ。大正一三年「ミヤタ・ハーモニカ・バンド」を組織し、大正一四年日本蓄音器商会と正式専属契約を結びハーモニカの編曲・指揮・作曲に従事した。

宮田のバンドは日本ハーモニカのオーケストラとしては最高峰であり、古関はクラシックの作品の演奏に力をいれることができると思い、喜んで指揮台に向かった。ドビュッシー、ラヴェル、ストラヴィンスキーらの近代楽曲、メンデルスゾーンの《ヴァイオリン協奏曲》、ベートーヴェンの《ヴァイオリン協奏曲》や交響曲などの楽曲も取り入れた。バンドをシンフォニックなオーケストラ編成へと組織化していったのである。このオーケストラバンドに関種子、松原操らコロムビア専属の声楽家が出演して独唱した。だが、理想を追求できても、古関裕而はレコード歌謡と言われた黒盤の流行歌の作曲家である。会社に膨大な利益をもたらす作曲家でなければならないのである。

肉弾三勇士の歌とマイナーレーベルの世界

古賀メロディー隆盛の頃、昭和七年一月、満州事変は日本人僧侶殺害をきっかけに上海事変へと飛び火した。この第一次上海事変の最も戦闘の激しかった頃、軍部は敵陣突破のために爆弾を抱えて散華した三勇士を「肉弾三勇士」として戦死を公表しこれを軍国美談に祭り上げた。軍部の意向に沿って肉弾三勇士をテーマにした歌がコロムビア、ビクター、ポリドール、キングなど各社から発売された。

コロムビアからは山田耕筰、中山晋平、古賀政男、古関裕而などの作曲陣による作品が発売された。だが、古関裕而はまだヒット曲が無く、肉弾三勇士をテーマにした作曲の社命を受けていたが、レベールは廉価盤のヒコーキだった。一方の古賀政男は山田耕筰とカップリングのメジャーレーベル(コロムビアの黒盤)である。

「満洲事変勃発で、さっそく各レコード会社は時局流行歌を売り出した。私も二、三作曲させられたが、どれもヒットしなかった」(『同上』)

古関裕而の《肉弾三勇士の歌》（清水恒雄・作詞／古関裕而・作曲／昭和七）はすでにのべたとおりにマイナーレーベルの廉価盤である。ヒット曲の無い作曲家は専属作家といえども当然だった。古関はコロムビアの専属作曲になって、レコード産業という巨大産業の内幕を知ることになる。それは多種少量生産の構造を持つマイナーレーベルの世界である。

マイナーレーベルは多種多様である。日蓄系のオリエント、ヒコーキ、独自資本のニットー、タイヘイ、テイチク、ツルレコード、スタンダード、国歌、そして、さらにそのマイナーレーベル系列・姉妹レーベル、例えば、タイヘイ系列ではキリン、コメット、テイチク系列はフクスケレコード、トーゴーレコード、ダイチクレコード、ツルレコード系は多彩で、ルモンド、サロン、サンデー、シスター、ヤチヨ、スメラ、フジ、サービス、コッカ（国歌）の系列はホームランレコード、エイトレコード、タカシマヤレコード、ダンカンレコード、などが存在し、その他さらに家内工業レベルの小さなマイナーレーベルも多数あった。すでにのべたように黒田進がのマイナーレーベルの世界で変名五五種類を使った事情もわかるであろう。

日本ビクター（米国ビクターの総資本出資による日本製造会社）、日本コロムビア（日本蓄音器商会と英米コロムビアと資本提携）、日本ポリドール（ドイツ・グラモフォン社と原盤供給契約）など、大手資本の外資系メジャーレーベルだけでもレコードの発売点数は膨大である。クラシック・ジャズの輸入レコードの発売、原盤契約にもとづく国内プレスレコード、多種大量生産の流行歌を含めた邦楽の国産レコード発売など毎月、膨大な発売点数に上った。それに加え、無数のマイナーレーベルの存在を含めると、当時の日本のレコード界は巨大なモンスター産業だったのである。

昭和初期、このような関西・中京・東京に点在するマイナーレコード会社は大正時代から独自資本によってレコードを企画・製作・販売していた。満州事変を契機に製作された軍歌（時局歌、愛国レコード）はこのマイナーレコード会社が大きなウエイトを占めている。時局歌、愛国レコードを中心に軍歌路線をいち早く企画戦略にしていたのである。マイナーレコードは多種少量生産の廉価盤という低価格路線を武器にしていた。また、その一方では、昭和モダンを背景にカフェー街をターゲットにしたエロ歌謡を販売した。このエロ歌謡とミリタリー（軍国）路線、これがマイナーレーベルの基本路線だった。

コロムビアの親会社である日本蓄音器商会は大阪、名古屋のマイナーレコード会社に対抗しなければならなかった。そこで日蓄は傘下に置いているリーガル、ヒコーキに製作させたのである。

「巷には、エロ・グロ・ナンセンスなどの言葉が流行し、またそれらを題材とした流行歌が氾濫した。若い私にはこの種の世界が馴染めず、作曲もやりにくかった」（『同上』）

エロ歌謡はジャズ調が主流だった。タイヘイ、ニットー、名古屋のツルレコードなどが発売するエロ歌謡は、エロルームでの男女の交接を描き、「乳房」「キッス」などの卑猥な詩句と「女が欲しい」などの煽情的なモダン語が並び、ジャズがリズムの基調になっていた、古関はもともとジャズのリズムが得意ではなかった。あくまでも彼の作曲信条は美しいレガートな旋律と合理的な和音進行によるハーモニーだった。己の作る流行歌は敬愛する山田耕筰の歌曲の正統な系譜の歌である。古関は自伝に「気も進まず、自分の手がけられる範囲のものだけをコツコツと作曲していた」とあっさりと記しているが、専属作家である以上は会社の命令にしたがわなければならない。だが、会社は古関の理想など求めていなかったのである。

古関メロディーと変名歌手

マイナーレベールの廉価盤の昭和七年一一月新譜発売レコード、《恋ごころ》（西崎義輝・作詞／福島信夫・作曲／昭和七）の作曲は「福島信夫」。これは古関裕而の変名である。ピアノとヴァイオリンのシンプルなアンサンブルで演奏している。歌手は井上ケイ子、帝国音楽学校を卒業したばかりのソプラノ歌手である。古関の妻金子の先輩にあたる。この昭和七年頃は伊藤久男もピアニストを目指して帝国音楽学校に学んでいる。伊藤久男もデビューの頃、「宮本一夫」の変名を使ってコロムビア、リーガルの吹込みをやっていた。伊藤久男が「宮本一夫」の変名を使って吹込んだ古関メロディーは《城ヶ島の灯》（野村俊夫・作詞／福島信夫・作曲／昭和一〇）である。昭和一〇月二月新譜でリーガル盤で発売された。この時も古関は「福島信夫」で作曲している。この抒情歌謡は古関と伊藤久男が変名とはいえ、野村俊夫、古関裕而、伊藤久男の「福島三トリオ」の記念すべき最初のレコード盤である。

古関は《懐しき思出》（高橋掬太郎・作詞／福島信夫・作曲／昭和一〇）でも変名の「福島信夫」を使って作曲している。レコードはリーガル盤、昭和一〇年一二月新譜で発売された。歌唱の「青柳静夫」は松山時夫の変名である。松山時夫は明治四三年一月一九日、山口県小野田市の生まれ。本名柳歳一。昭和八年、東京音楽学校甲種師範科在学中から流行歌のレコード吹込みを行っていた。「柳涼二」の変名を使って、オーゴンレコードでハワイアン風の曲を歌ったのがデビュー曲である。それが昭和七年一〇月新譜で発売された《月のマスト》だった。

昭和八年四月新譜でパルロフォンレコードから《片瀬波》（高橋掬太郎・作詞／池上敏夫・作曲／昭和八）が発売され、歌唱者の松山時夫が注目された。音色が松平晃に似ているために本人ではないかと思われたが、松平本人とは全くの別人の歌手ということで話題となった。古関もあまりにも「松山時夫」と「松平晃」の音色が似ているので別人ときいて驚いた。その後、柳歳一は兵庫県で西宮高等女学校、神戸高等学校の音楽教師をし、武庫川女子大の教授を歴任するなど後進の指導に当たった。

マイナーレーベルから発売された古関メロディーの幾つかのレコード盤に「柳井はるみ」という歌手名が刻まれていた。その女性歌手は後のキングの人気歌手松島詩子である。松島は広島忠海高等女学校で音楽の先生をしていたが、文部省の検定試験に合格しその才能をいかすため上京して声楽を浅野千鶴子に師事した。大阪の松竹レビュー座を経て浅草でオペラに出演。その後、昭和七年《ラッキーセブンの唄》（菊田一夫・作詞／塩尻精八・作曲／昭和七）をコロムビアで吹込み、レコード歌手としてデビューした。そのときの歌手名は「柳井はるみ」だった。菊田一夫の作詞家としての活躍は戦後からだが、既に戦前からレコード歌謡の作詞を手掛けており、プペ・ダンサント（玉木座）で脚本を書く一方で、レコード会社に詩句を提供していた。これは菊田の習作時代の一齣である。

その後、「柳井はるみ」はマイナーレーベルの廉価盤のヒコーキで古関メロディーの《うわさ》（小室信・作詞／古関裕而・作曲／昭和七）《なつかしあの宵》（山田としを・作詞／古関裕而・作曲／昭和七）などを吹込んだ。その後、ニットー、リーガル、テイチク、キングなどで吹込み、「広田ますみ」「藤田不二子」「千早淑子」「東貫美子」などの変名を松島詩子になるまで多数使用している。昭和一二年、松島詩子はキングレコードで昭和モダンの余韻をもたらした《マロニエの木蔭》（坂口淳・作詞／細川潤一・作曲／昭和一二）を吹込み、それがヒットしてようやく人気歌手となったのである。松島詩子はその後キング一筋だったので、コロムビア専属の古関裕而の楽曲を歌うことはなかった。

また、松島詩子が「柳井はるみ」の変名で初期の古関メロディーを歌った頃、夭折した米倉俊英という歌手がいた。米倉は明治四三年四月一日、福岡の生まれ、昭和七年、東洋音楽学校を卒業。

声質は声楽系美声というよりも渋めの演歌系の音色である。古関メロディーの《凱旋行進曲》（西岡水朗・作詞／古関裕而・作曲／昭和七）がヒコーキから昭和七年五月新譜で発売され、彼のデビュー盤となった。リーガルでは同曲を「矢野秋雄」の変名で吹込んでいる。《大空軍行進曲》（松村又一・作詞／古関裕而／昭和七）《負傷兵を労りましょう》（野村俊夫・作詞／古関裕而・作曲／昭和七）、満洲日報社懸賞当選歌の《大連行進曲》（秋山敏夫・作詞／古関裕而・作曲／昭和七）、《山のあけくれ》（松坂直美・作詞／古関裕而・作曲／昭和七）などを吹込む。また、米倉は古関裕而の名を知らしめした《紺碧の空》も吹込んでいる。昭和八年に逝去するまでコロムビアの専属歌手として活動した。

《山のあけくれ》を作詞した松坂直美は、明治四三年一月一日、長崎県壱岐市芦辺町の生まれ。日大英文科を昭和七年に退学し作詞の途に入った。デビュー曲の《とんぼのひかうき》は昭和七年一〇月新譜でポリドールから発売された。松坂直美は初期の古関メロディー、《山のあけくれ》《時雨する頃》を作詞した。その後、松坂直美は、名古屋のツルレコード、ポリドール、コロムビア、キング、テイチク、タイヘイで作詞したがヒットはなかった。だが、戦後は日本歌曲に定評のある橋本国彦作曲のラジオ歌謡の名曲、声楽家も独唱曲に選ぶ《アカシヤの花》（松坂直美・作詞／橋本国彦・作曲／昭和二三）、津村謙が放送し近江俊郎がコロムビアで吹込んだ《緑の牧場》（松坂直美・作詞／江口夜詩・作曲／昭和二三）、古賀メロディーの《名月佐太郎笠》（松坂直美・作詞／古賀政男・作曲／昭和三〇）などのヒットがある。むしろ、松坂は戦後の活躍が目立っている。

昭和九年五月、テイチクはコロムビアを追われた古賀政男を迎え、東京文芸部を発足。黒田進も東京のテイチク文芸部に入り、その社のマークの楠木正成の銅像にちなんで「楠木繁夫」と名乗った。楠木繁夫は古賀政男とコンビを組み押しも押されぬスター歌手になるのである。その後、古賀政男がテイチクを離れると、楠木は、昭和一四年七月からビクターへ移籍。そして、昭和一七年コロムビアに移って来た。

コロムビアでは、軍国歌謡の《轟沈》（米山忠雄・作詞／江口夜詩・作曲／昭和一九）がヒットしたが、古関メロディーでは軍国歌謡を数曲吹込む程度だった。《突撃喇叭鳴り渡る》をはじめ、黒田進で吹込んだ《大東亜戦争陸軍の歌》（佐藤惣之助・作詞／古関裕而・作曲／昭和一七＊伊藤久男、酒井弘・共唱）《亜細亜は晴れて》（西條八十・作詞／古関裕而・作曲／昭和一九）が主なところである。戦後は、藤山一郎、伊藤久男、霧島昇がコロムビア男声歌手の主力を形成し、楠木繁夫にはあまり活躍の場がなかった。楠木はレコード吹込みが少ないため実演に活路を見いだしたが、薬害（ヒロポン中毒）で美声を失い往年の力は消えていた。戦後の古関メロディーの吹込も少なく、銀座をテーマにした《たそがれの広告塔》（二木順・作詞／古関裕而・作曲／昭和二三）の一曲のみに終わっている。昭和二四年、再起をかけてテイチクへ復帰したが、歌神には見放され、昭和三一年の暮れ、自ら命を絶った。地平線の彼方に消えてゆくかのような悲劇的な死だった。

ヒット路線の枠外

コロムビアは松平晃、伊藤久男らが入社するまで男性歌手が不足していた。ライバルのビクターではユーモラスなバリトン歌手の徳山璉が人気歌手であり、それに対抗するバリトン歌手が必要だった。その対抗馬として入社したのが中野忠晴である。

中野忠晴は、野球ソングスの代表作《大阪タイガーの歌》、都市対抗野球の大会行進曲の《都市対抗野球行進歌》（小島茂蔵・作詞／古関裕而・作曲／昭和九）などの古関の野球ソングスを吹込んだことで知られている。また、古関裕而の軍国歌謡の傑作である《露営の歌》の歌唱者にも名前を連ねている。

中野忠晴は明治四二年五月二七日、愛媛県喜多郡大洲町（大洲市中村）の生まれ。父が教会の牧師をしており、オルガンから奏でられる賛美歌の影響を受けた。武蔵野音楽学校に進学し、在校中にトンボレコードでハワイアンの曲を吹込みをする。

中野は武蔵野音楽学校の卒業演奏会でクルト・ヴァイルの《三文オペラ》に出演し好評を得、山田耕筰に認められた。山田耕筰作曲のロサンゼルスオリンピックの派遣選手応援歌《走れ大地を》（斎藤竜・作詞／山田耕筰・作曲／昭和七）を力強く歌ったことは夙に有名である。

中野は昭和七年六月新譜の《夜霧の港》（時雨音羽・作詞／古賀政男・作曲／昭和七）でデビューした。だが、古賀メロディーを歌ってデビューした中野は、会社の期待に応えることができなかった。中野は古賀メロディーをヒットさせることができないとなると、吹込みはコロムビアのヒット路線の企画外の古関メロディーということになる。

中野がコロムビアに入社してから吹込んだ古関メロディーは《元山行進曲》（井上武夫・作詞／古関裕而・作曲／昭和七）《阿里山小唄》（市来種三・作詞／古関裕而・作曲／昭和七）《我等の平壌》（西東十四春・作詞／古関裕而・作曲／昭和七）《八戸行進曲》（谷草二一・作詞／古関裕而・作曲／昭和七）《国立公園日本アルプス行進曲》（本山卓・作詞／古関裕而・作曲／昭和八）《青森市民歌》（岩村芳麿・作詞／古関裕而・作曲／昭和八）《国立公園　麗しの瀬戸内海》（佐藤惣之助・作詞／古関裕而・作曲／昭和八）《スキー行進曲》（島田芳文・作詞／古関裕而・作曲／昭和八）《哈爾濱小唄》（仲周作〔しゅん〕・作詞・佐藤惣之助・補作／古関裕而・作曲／昭和八）《相生小唄》（浦山晴美・作詞／高橋掬太郎・補作‐古関裕而・作曲／昭和九）《山は六甲》（島田芳文・作詞／古関裕而・作曲／昭和九）《台湾防空の歌　守れ台湾》（小島富太郎・作詞／古関裕而・作曲／昭和九）《宮崎県民歌》（桑原節次・作詞／古関裕而・作曲／昭和九）などがある。

そのほとんどが、地方新聞社の当選歌などのご当地ソング、国立公園の宣伝目的の観光ＰＲ用のローカルソング、地方歌、地方民謡歌が多く、一線級の作詞家、作曲家、歌手を起用しヒットを狙う社運をかけた企画・製作ではなかった。当然、このようなレコードの宣伝やＰＲもほとんどなかった。

レコード歌謡には事件の報道を伝えることを目的にした時局歌というジャンルがあった。レコードがメディアの機能を発揮しニュースの役割を果たしているのである。だが、これもヒットを狙うものではない。この種の吹込みは古関に回って来る。

古関は満州において武装した匪賊が国際列車に銃火を浴びせて襲撃する事件（昭和九年八月三〇）を題材にした《義人村上（日本人は此処に在り）》（佐藤惣之助・作詞／古関裕而・作曲／昭和九・一二）を作曲した。レコードは中野忠晴が吹込んだ。

何処へ曳かる、人質ぞ
首や双手は縄からげ
二日二夜も休みなく
明けりゃジャンクの船の底

このレコード歌謡は人質となった人々を匪賊から救出した義人、村上粂太郎を讃えた歌である。村上は予備役の陸軍少尉で囚われの身でありながら、「日本人は此処に在り」と叫び、瀕死の重傷を負いながらも全員救出の端緒を作った。レコードメディアは村上の行動を賛美しレコード化した。中野が吹込んだ古関メロディーからは村上の義人としての勇気溢れる姿が充分に伝わっている。だが、このような事件の内容を記録として後世に伝える意義はあるが、一世を風靡するヒット曲とは関係がない。

「義人村上」をテーマにしたレコード歌謡はポリドール、テイチクからも発売された。ポリドール盤は東海林太郎が歌う《日本人はここにいる》（佐藤惣之助・作詞／山田栄一・作曲／昭和九・一二）、作詞はコロムビア盤と同じ佐藤惣之助。テイチクは「北満匪賊事件の唄」のサブタイトルを付けて藤村一郎（楠木繁夫）が吹込んだ《日本人は此処に居る》（村田邦吉・作詞／広島太郎・作曲／昭和一〇）を発売した。

昭和九年三月、愛新覚羅溥儀が満洲国皇帝に即位し、翌一〇年四月には日本への来日が予定されていた。国民により満州を印象付けるためにレコード会社は「曠野もの」から「満洲歌謡」へと「満洲」という言葉を明確にした。レコード会社は国民の関心を「満洲」という新天地に向けさせる役割をレコード歌謡に求めたのである。「義人村上」もそのコンセプトで企画されていた。

作詞者の佐藤惣之助は純粋詩壇でもその名が知られていた。大正末期から昭和にかけて、ヒューマニズムに溢れた詩風から、新感覚派運動を華やかに展開させていた。その本格派詩人は歌謡作家としても注目されるようになった。《赤城の子守唄》というヤクザをテーマにした流行歌で声価を高め、その後、黄金時代のテイチクの古賀政男とコンビを組み、それと並行してポリドールでは日本調の名作歌謡・文芸歌謡、などのヒット作品をつぎつぎと書いた。コロムビアでもブルース調の叙情歌謡の傑作《湖畔の宿》（佐藤惣之助・作詞／服部良一・作曲／昭和一五）山田耕筰作品の《燃ゆる大空》（佐藤惣之助・作詞／山田耕筰・作曲／昭和一五）などのヒットを放ち、その詩想は多くのレコード歌謡の傑作を生み出した。

コロムビアはその後、「満洲」三部作（「君は満洲」・「満洲想へば」・「満洲吹雪」）を企画するが作曲陣に古関の名前はなかった。三部作とも作詞が古関のヒット曲《船頭可愛や》の高橋掬太郎にもかかわらず、作曲は江口夜詩と大村能章が予定されていた。歌手には淡谷のり子が「君は満洲」の企画、後の二曲は《船頭可愛や》を吹込んだ音丸が起用された。《船頭可愛や》一曲だけでは、江口夜詩、大村能章らと伍すことができなかったのである。

古関が作曲した《大楠公の歌》（高橋掬太郎・作詞／古関裕而・作曲／昭和一〇）もヒット路線のレコード歌謡ではない。昭和一〇年五月一六日、「楠公六百年祭記念」の式典が盛大に催された。この年は後醍醐天皇の忠臣として足利尊氏と戦って湊川の戦いで戦死した楠木正成の没六百年という事で各地で国民的英雄を讃える記念行事が行われた。関西のマイナーレーベル各社がレコード化を企画したが、コロムビアでは古関裕而が作曲し、中野忠晴が吹込んだ。

中野は、その後、ジャズシンガーとして活躍する。《山の人気者》（本牧二郎・訳詞／サロニー・作曲／昭和九・二）が好評を博し、柏木晴夫の名前で自ら作詞した《口笛吹けるかい》（柏木晴夫・作詞／アクセルソン・作曲・昭和一〇）、タンゴ歌謡の《小さな喫茶店》（瀬沼喜久雄・作詞／F・レイモンド・作曲／昭和一〇）が大ヒットし人気歌手の仲間入りを果たした。古関はジャズ・ソングを歌うポピュラー系歌手で成功した中野忠晴と二葉あき子を組ませ、バックにジャズコーラス（「コロムビア・リズム・ボーイズ」）を交えた《チェリー日本》（松村又一・作詞／古関裕而・作曲／昭和一二）を作曲している。その後、中野は軍国調の台頭の時代にも明るく《バンジョーで唄えば》（藤浦洸・作詞／服部良一・作曲／昭和一三）を歌い、エキゾチックな《チャイナ・タンゴ》（藤浦洸・作詞／服部良一・作曲／昭和一四）などをヒットさせた。中野は戦後、作曲家に転じて、三橋美智也の《おさらば東京》、若原一郎の《おーい中村君》などのヒットを残している。

古関裕而と松平晃の不思議な運命

莫大な利益をもたらすレコード業界の人生の明暗、運命の交錯はアーティストにとっては恐ろしいものである。古関が専属になった頃の昭和六年のコロムビアではいろいろな人間の運命の交錯があった。古関をはじめ、古賀政男、藤山一郎、黒田進……。昭和八年二月、江口夜詩がロマン的な叙情歌謡で認められ、コロムビアに専属作曲家として迎えられた。藤山一郎のビクター専属、松平晃のコロムビア入社、本格的な古賀政男のスランプ、古関裕而の専属契約解除の危機の到来、昭和九年、古賀政男のコロムビア追放、……運命が交錯する。

古関は古賀政男が文芸部長の和田登（竜雄）を説得したおかげで、古関は危機的状況をなんとか免れた。ライバルのビクター、後塵を拝していたポリドールの巻き返し、古賀政男を迎えた新興のテイチク、コロムビアは一人でも作曲家が欲しかった。だが、古関の仕事は社運を賭けたヒット路線ではなかった。それでも古関はクラシック音楽の作曲家である誇りを失うことなく努力研鑽を惜しまなかった。

苦闘の時代の古関裕而にとって、松平晃はいろいろな意味で忘れがたい歌手である。その松平晃と古関裕而の運命の交錯は「藤山一郎音楽学校停学事件」からはじまった。昭和七年の初冬、コロムビアは「すでに吹込み済み」と強引に音楽学校にはレコード吹込みリストを提出し、藤山一郎は昭和七年一月一五日、《影を慕いて》の吹込みを済ませ、レコード界から姿を消した。レコード界は「第二の藤山一郎」を発掘しようと血眼になった。ターゲットは男女を問わず音楽学校の声楽科の学生である。だが、藤山のような歌手はそういない。コロムビアは歌唱技術のレベルには目をつぶってとにかくモダンな青春歌手の発掘に急いだ。それが松平晃だった。

松平晃は明治四四年六月二六日、佐賀の生まれ。本名、福田恒治。武蔵野音楽学校に学んだが、東京音楽学校師範科に編入した。在学中に実家が経済的な打撃を受け、福田は学業継続の困難に陥った。そこで、同校の先輩、増永丈夫（藤山一郎）に相談した。藤山は古賀メロディーのヒットが音楽学校で問題となり、ニットーでも吹込みが出来なくなっていた。これではニットーに迷惑をかけることになり、誰かを吹込みの代役に立てなければならなかった。そこで後輩の福田にニットーのテストを受けさせたのである。テストでは藤山が自らピアノを演奏し福田青年は合格した。「大川静夫」の名前で《夏は朗らか》（松村又一・作詞／江口夜詩・作曲／昭和七）を吹込みデビューした。

ニットーからデビューした「大川静夫」は「池上利夫」でポリドールでも吹込みをした。ポリドールも藤山一郎の吹込み中止の煽りを受けていたので代役の歌手が必要だった。ここでも福田恒治は幸運だった。作曲者の江口夜詩が亡き妻への思いを込めピアノの鍵盤を涙で濡らしながら作曲した《忘られぬ花》(西岡水朗・作詞/江口夜詩・作曲/昭和七)がヒットし、注目されるようになった。これが古関のコロムビア専属契約解除の危機をもたらすことになる。この叙情歌謡のヒットで江口夜詩がコロムビア専属として迎えられることになったからである。

《忘られぬ花》作詞の西岡水朗は明治四二年四月二一日、長崎の生まれ。本名、西岡榮。海星中學を卒業後、上京する。昭和四年処女詩集『片しぶき』を出版し民謡詩人として出発した。作詞家のデビューはコロムビアから発売された《片しぶき》(西岡水朗・作詞/杉山長谷夫・作曲/昭和五)。歌唱者の「植森たかを」は楽壇の雄テノールの奥田良三の変名。レコードは昭和五年三月新譜発売である。古関メロディーでは昭和六年の《たんぽぽ日傘》(西岡水朗・作詞/古関裕而・作曲/昭和六)が初の顔合わせ。これはマイナーレーベルのヒコーキで発売された。吹込み歌手は古関の妻、内山金子。西岡水朗の作詞の《青春歌譜》(西岡水朗・作詞/古関裕而・作曲/昭和七)も発売されたがほとんど話題にならなかった。

この《青春歌譜》を吹込んだ藤山一郎は復学し学業専一となり、クラシック音楽生に戻っていた。昭和七年、七月二日、東京音楽学校の奏楽堂で上演されたクルト・ヴァイル作曲《デアー・ヤーザーガー(英語の題名=イエスマン)》では増永丈夫(藤山一郎)は主役のテナー(少年の役)を演じた。「上野」が期待する期待のバリトン歌手増永丈夫は、昭和七年の暮れ、一二月一八日の東京音楽学校主催第六五回定期演奏会においてクラウス・プリングスハイム指揮の《ローエングリン》でヴーハー・ペーニッヒ、マリア・トールら外国人歌手に伍して堂々とバリトン独唱をした。《酒は涙か溜息か》の一件でなぜ、東京音楽学校が停学処分期間を冬休みに充てるという穏便な処分に済ませたのか、古関をはじめ周囲（楽壇・音楽関係者）は納得した。

一方、昭和七年の晩秋から昭和八年にかけて、福田恒治は「大川静夫」（ニットー）「池上利夫」（ポリドール）以外に変名を多数使って吹込み、学生歌手としてレコード界では名の知れた存在だった。松平不二夫（テイチク・キング）小川文夫（タイヘイ）柳沢和彦（パルロフォン）などを使っている。

藤山一郎は昭和八年春、東京音楽学校を首席卒業し、ビクター専属アーティストとなり、古賀政男、古関裕而のいるコロムビアにはこなかった。コロムビアは古賀メロディーの《サーカスの唄》（西條八十・古賀政男・作曲／昭和八）の吹込みに藤山一郎を予定していた。ところが、藤山はビクター専属になってしまったので、代わりの歌手が必要となった。そこで、コロムビアはニットーで「大川静夫」、ポリドールでは「池上利夫」と名乗っていた福田恒治をスカウトし、「松平晃」と名乗らせた。昭和八年春、ちょうど、古関が専属契約解除通告の危機に怯えていた頃である。

昭和八年一一月、松平は、東京音楽学校師範科をいよいよ中退して正式に「コロムビア専属松平晃」になった。松平晃が吹込んだ最初の古関メロディーは昭和八年七月新譜発売の《萬里の長城》（島田芳文・作詞／古関裕而・作曲／昭和八）である。だが、会社挙げての社運を賭けた企画ではなかった。その後、松平が吹込んだ古関メロディーは《郷土の唄》（岡正二・作詞／古関裕而・作曲／昭和八）《大連祭》（堤秀二・作詞／佐藤惣之助・補作／古関裕而・作曲／昭和九）《みなと尾道》（伊藤章二・作詞／佐藤惣之助・補作／古関裕而・作曲／昭和九）《北見小唄》（新北秋・作詞／古関裕而・作曲／昭和九年）《キャンプの夢》（島田芳文・作詞／古関裕而・作曲／昭和九）などである。

これらの吹込みは松平晃の名前の宣伝にはなってもほとんどヒットには関係ない吹込み盤ばかりだった。《郷土の唄》は室蘭毎日新聞の当選歌であり、地元でのコロムビアのスター歌手松平晃の歓迎ぶりは社を挙げての盛大なものだった。

その一方で、コロムビアの社運を賭けた松平晃の江口メロディーが矢継ぎ早に発売された。松平は《希望の首途》（久保田宵二・作詞／江口夜詩・作曲／昭和八）《急げ幌馬車》（久保田宵二・作詞／江口夜詩・作曲／昭和九）《夕日は落ちて》（久保田宵二・作詞／江口夜詩・作曲／昭和一〇／＊豆千代・共唱）などを吹込み、江口メロディーの第一人者になった。松平晃も実力以上の幸運を得た歌手である。

古関にも運が向いてきた。古賀政男が藤山一郎無しでスランプという苦境に立たされ、結果、コロムビアを去ることになったからだ。これによって、古関裕而はコロムビア専属契約解除を完全に免れたのである。そして、コロムビアの看板作曲家、江口夜詩の脇を固める作曲家の一人として同社に残ったのである。コロムビアはライバルビクターに加えて、ポリドール（昭和二年五月設立）、古賀政男を迎えた新興勢力のテイチクとヒット競争を演じなければならなかった。コロムビアは多種大量生産の大手外資系レコード会社なので、たとえヒットが書けなくても、一人でも作曲家が欲しい。時局歌、報道歌、愛国歌、地方新聞社の当選歌、ご当地ソング、観光PR用のローカルソング、地方歌、地方民謡歌など仕事は山ほどある。文芸部には夥しい膨大な詩句が持ち込まれる。それに曲を付けなければならない。ヒット路線ではないので会社の利益を考えずにいろいろと冒険もできる。コロムビアの台所事情が古関裕而を救ったのである。

昭和八年も暮れようとしていた。一二月、同月新譜で古関裕而の盟友伊藤久男が吹込んだ古関メロディー、民謡調の音頭歌謡の《をどり踊れば》(久保田宵二・作詞/古関裕而・作曲/昭和八)が発売された。古関が追求するクラシック音楽とは程遠いレコード歌謡である。伊藤久男の音色の特色であるロマン的叙情も必要としない音頭物だった。だが、伊藤久男は邦楽的技巧表現も巧緻で民謡、音頭も巧い。合いの手も入り、大村能章の和洋合奏の編曲も良かった。

伊藤久男は松平と非常に仲が良かった。松平は「上野」のプライドが高く尊大なところがあったが、伊藤久男のダイナミック且つ繊細な声には脱帽していた。また、音楽研鑽において真摯に取り組む古関に対しても同じだった。松平という男は美男子で女性関係も派手であり、当時流行のスポーツカーを乗り回すなどモダンそのものの歌手であり、その行動から誤解されることが多かった。だが、音楽には厳しかった。音楽学校を出ていないからといって古関を見下すことをしなかった。松平は古関の日々の研鑽ぶりを知っていたからである。

昭和九年六月一四日、松平晃の《利根の舟唄》の吹込みが完了した。古関は自伝で「松平晃君の歌で吹き込みが完了し、やがてレコードが発売されると、私が入社以流行歌として書いた最初のヒットとなった」と記しているが、自分を軽んじることがなかった松平への感謝の気持ちが表れた言葉である。このレコード歌謡は松平晃の名前でヒットした。この時点でまだ作曲家古関裕而の存在はレコード歌謡の世界では認知されていなかった。翌年の《船頭可愛や》を待たなければならなかった。また、《船頭可愛や》のB面は感傷的なマイナーの旋律で作曲された抒情歌謡の《沖のかもめ》（久保田宵二・作詞／古関裕而・作曲・昭和一〇）である。古関は感傷的なマイナーコードで作曲した。〈沖のかもめよ　招くな呼ぶな〉と歌う松平晃の甘いバリトンが古関メロディーのセンチメンタリズムを歌い上げていた。

日本調歌手

小唄勝太郎と市丸の人気は、芸者歌手と言われた鶯歌手を歌謡界に登場させる契機となり、レコード会社は競って新人歌手を発掘しヒットを狙った。それは日本流行歌の隆盛に伴って花柳界からの流行歌手の進出を意味していた。殊に、邦楽的技巧表現も豊かに、しかも艶美に日本調歌謡を歌う藤本二三吉、小唄勝太郎、市丸らの人気は絶大だった。

松平晃と共演した美貌の日本調歌手豆千代も初期の古関メロディーを歌っている。豆千代は明治四四年一月二日、岐阜市の生まれ。本名、福田八重子　昭和九年四月新譜発売の《こころ意氣》

（西條八十・作詞／佐々紅華・作曲／昭和九）でデビューする。豆千代はコロムビアでは赤坂小梅につづく日本調歌手として期待された。幼少の頃から、端唄、小唄を修練し邦楽的技巧表現に天賦の才を見せた。美貌と美声に恵まれ、コロムビアの専属となった。

松平晃と共演した《夕日は落ちて》がヒットし美人歌手として注目され、その歌唱力も好評だった。豆千代が歌う古関メロディーは《泣いたとて》（高橋掬太郎・作詞／古関裕而・作曲／昭和一〇）《丸八ばやし》（高橋掬太郎・作詞／古関裕而・作曲／昭和九）《遠州ばやし》（山はやし・作詞／古関裕而・作曲／昭和一一）が初期の作品である。

《船頭可愛や》の大ヒットに音丸の艶のある歌唱技巧と美声を抜きに語ることはできない。それほど彼女の存在は重要である。古関は音丸と最初に会った時の印象をつぎのようにのべている。

「ディレクターが『これはよい。新人で商家の主婦だが琵琶歌が得意で民謡にピッタリの女性が見つかった。芸妓らしく音丸と名付けた。レコードは丸くて音が出るからね』と、笑いながら言った。――〈中略〉――音丸さんはカンがよく、歌詞のわきに独特の曲線で音の高低、装飾音などを書き入れて非常に熱心だった」（『鐘よ鳴り響け』）

古関は《船頭可愛や》をクラシック調の楽想にしようと思っていた。ところが、音丸の声を聴いて楽想を民謡調に変えることにした。そのように日本民謡の旋律をいかすためには音の移動を微妙な変化をあたえなければならず、古関は西洋音楽記譜の装飾音譜を「小節」で表記することにしたのである。

民謡は園部三郎が指摘するように「生活のなかから生まれた民舞や歌曲などには、ひじょうに強烈で、また、とぎすまれて鋭く、はげしいリズムや、反対に微妙なリズムにつらぬかれ、その歌調も明暗ともになまなましい迫力」を持っている。古関は音丸の音色を考えてその根源的な陰音音階を使うわずメジャーコードで作曲し、日本人の生命エネルギー、民衆感情を動かすエネルギーとなるような解放的おおらかさを楽想にしようとした。

音丸は、明治三九年一二月八日、東京生まれ。本名。永井満津子。實践高女卒業。レコードは《相馬二編返し》をビクターで吹込みデビューする。音丸は花柳界出身の日本調歌手ではない。だが、幼い頃から、常磐津、筑前琵琶を習い待ち前の美声と芸熱心でみるみるうちに上達し、その世界で認められた。彼女はいわゆる美人ではないが、色白である種の魅力をもっていた。琵琶歌で鍛えた美声はすばらしく安定感もあった。昭和九年九月、師匠の菊池淡水の推薦もありコロムビアの専属となり、「永井喜美子」の名前で《草津湯もみ唄》（水城英一郎・作詞／栃木民謡／昭和九）をリーガル盤で吹込む。

古関裕而の《船頭可愛や》（高橋掬太郎・作詞）は音丸が歌う「舟物」三部作の第一作目である。《下田夜曲》（高橋掬太郎・作詞／竹岡信幸・作曲昭和一一）《博多夜船》（高橋掬太郎・作詞／大村能章・作曲／昭和一一）とヒットが続き、古関メロディーの《船頭可愛や》を加えて「舟物」三部作を完成させたのである。音丸はこれによって民謡調レコード歌謡の人気歌手の地位を安定させた。

古関は日本の民謡には深い関心をもっていた。音丸とコンビを組むようになると、その美声をいかし、日本民謡《大島節》の旋律を現代風に改変し、新たに西條八十の粋な詩句を得て《大島くずし》(西條八十・作詞／古関裕而・作曲／昭和一二)を作曲した。古関は音丸の音域をよく考えてE♭のキーで作曲した。〈恋の九つ《ここの》　情の七つ《なな》　合わせて十六島育ち〉と、音丸の美声がラジオからも流れ好評だった。

小唄勝太郎、市丸ら芸者出身の日本調歌手が「艶」を競っていた頃で、音丸も先輩格の歌手を向こうに回して大いに活躍したのである。コロムビアの日本調歌手といえば、音丸の先輩格の歌手に赤坂小梅がいる。

赤坂小梅は明治三九年四月二〇日、北九州市の生まれ。本名、向山コウメ。藤井清水の紹介もあり、ビクターから昭和四年二月新譜発売の《小倉節》でデビューした。九州小倉の旭検番より「梅若」という芸妓名で花柳界に登場した。

《黒田節》は赤坂小梅の代表曲である。そして、昭和八年、古賀メロディーの《ほんとにそうなら》(久保田宵二・作詞／古賀政男・作曲／昭和八)がヒットし、レコード歌手としても声価を得た。赤坂小梅は初期の古関メロディーでは《月は宵から》(南四郎・作詞／古関裕而・作曲／昭和八)《九州よいとこ》(西岡水朗・作詞／古関裕而・作曲／昭和九)《晴れて逢ふ夜は》(時雨音羽・作詞／古関裕而・作曲／昭和九)などを吹込んでいる。

赤坂小梅は堂々とした立派な体躯で貫禄があり、声にもボリュームもあって殊に低音に美しさがった。赤坂小梅は同じ邦楽技巧表現を駆使した艶歌唱法でありながら、勝太郎の濡れるようなエロチシズムを感じさせる高音の美声、清楚で艶やかな理知的歌唱の市丸とは対照的な艶と迫力のある歌唱表現だった。

ポリドールからは、新橋喜代三、テイチクでは古賀メロディーを歌う美ち奴が登場し、これらの花柳界出身の歌手は日本流行歌の隆盛の時代において、生来の美声と邦楽的技巧表現に加えて読譜力もあり洋楽的なリズムにも十分な適応力を持ち合わせていた。小唄勝太郎、市丸の登場によって本格的に江戸三味線芸術の系譜の邦楽歌謡の魅力が増し、花柳界の日本情緒がレコード歌謡として流布したのである。

日本調の華やかな時代の一方で、モダンな都市文化の讃歌、感傷歌もインテリ層に支持されていた。昭和一一年、昭和モダンの都市文化の讃歌、藤山一郎が歌う《東京ラプソディー》、松平晃が歌った昭和モダンの挽歌といえる《花言葉の唄》（西條八十・作詞／池田不二男・作曲／昭和一一）、映画主題歌の《人妻椿》（高橋掬太郎・作詞／竹岡信幸・作曲／昭和一一）がヒットした。だが、松平晃のヒット街道もこれ以後黄昏ていく。昭和一三年から一五年にかけてのコロムビアの黄金時代には、ヒットに恵まれず主役の座を降りなければならなかった。万城目正の「愛染シリーズ」で《旅の夜風》で古関と同郷の霧島昇が台頭する。

初期古関メロディーを歌う声楽家群像

この霧島昇と《旅の夜風》で共演し、これをきっかけに華燭の祭典を挙げたのがミス・コロムビア（声楽家松原操）である。ミス・コロムビアの本名は松原操。昭和七年東京音楽学校（現東京芸術大学）卒業。同校の研究科在籍中にコロムビアから、《浮き草の唄》（久保田宵二・作詞／江口夜詩・作曲／昭和八）でデビューした。まだ、上野の研究科に在籍していることもあり、ミス・コロムビアの芸名を使った。同年、江口夜詩作曲の《十九の春》（西條八十・作詞／江口夜詩・作曲／昭和八）がヒットし、人気流行歌手の仲間入りを果たしたのである。ミス・コロムビアが吹込んだ古関メロディーの《ヒュッテの一夜》（佐藤惣之助・作詞／古関裕而・作曲／昭和一〇）は月夜に照らされた白銀世界と山小屋の夜のムードをテーマにしたホーム・ソング調のレコード歌謡。古関はミス・コロムビアの素直な声を想定して作曲している。

ミス・コロムビアは本名の松原操ではメゾ・ソプラノの声楽家だが、古関メロディーを歌った女性声楽家に関種子がいる。明治四〇年、九月一八日、岡山の生まれ。昭和四年、東京音楽学校卒業。同年の《堕ちたる天女》では主役を演じ将来を声楽家として期待される。関種子はクラシックでも活躍し、美貌のソプラノ歌手として人気を博した。オペラでは、《カルメン》のミカエラ役、《ファスト》のマルガレータ役を演じている。戦後、藤原歌劇団公演《ラ・ボエーム》のミミ役を演じ好評を得た。後年は、国立音楽大学の教授となり後進の育成に励んだ。昭和一〇年には池田不二男作曲のタンゴ歌謡、《雨に咲く花》(高橋掬太郎・作詞/池田不二男・作曲/昭和一〇)をヒットさせた。後にコロムビアからポリドールに転じ、国民歌謡を多く吹込んでいる。

軍国歌謡時代の古関メロディーを歌った女性声楽家では愛国歌《女子挺身隊の歌(輝く黒髪)》(西條八十・作詞/古関裕而・作曲/昭和一九)を吹込んだ千葉静子がいる。千葉静子は戦後に「川崎静子」となってからの方が声楽家として有名である。大正八年一二月三日、東京の生まれ、昭和一六年東京音楽学校卒、アルトの声楽家として期待された。大東亜レコード(旧ポリドール)から《忠霊塔の歌》(百田宗治・作詞/片山穎太郎・作曲/昭和一七)でデビューした。昭和一八年、ローゼンシュトック指揮(日本交響楽団)のブラームスの『アルト・ラプソディー』のアルト独唱で好評を博す。戦後、二期会公演『カルメン』、などの数々のオペラ公演に出演しその名演・名唱は日本のオペラ史に刻まれている。

南方慰問団でシンガポールに赴いたとき、古関が作曲した《大南方軍の歌》の歌唱指導を熱心したのがバリトンのオペラ歌手内田栄一だった。だが、古関と内田との出会いはそれ以前である。当時、楽壇では『ヴィーカル・フォア合唱団』が注目されていた。その主宰の声楽家の一人に内田栄一がいた。内田のバリトンはビゼーの《闘牛士の歌》を得意としており、同合唱団をバックに独唱していた。

内田栄一は明治三四年三月二五日、京都市生まれ。大正一四年、東京音楽学校卒業。同校でレヴェーに声楽を師事する。昭和に入ると、松平里子、佐藤美子、浅草オペラの大スター田谷力三らと「ヴォーカルフォア」を結成し放送オペラに出演。『カヴァレリア・ルスティカーナ』（アルフィオ役）『フィデリオ』（ドン・ピッサロ役）『フィガロの結婚』（フィガロ役）などに出演しバリトン歌手として活躍した。

内田は声楽家として活躍する一方で、昭和四年一一月新譜発売の《興國行進曲》（堀内敬三・作詞／山田耕筰・作曲／昭和四）でコロムビアから流行歌手としてデビューする。《起てよ若人》（西岡水朗・作詞／古関裕而・作曲・昭和七）《吾等の満州》（高橋掬太郎・作詞／古関裕而・作曲／昭和七）などの初期の古関メロディーを吹込んでいる。新交響楽団では近衛秀麿指揮でベートヴェンの《第九》をバリトン独唱、昭和一〇年、オペラ『トスカ』（アンジェロッティー役）に出演し藤原歌劇団のバリトン歌手として活躍する。古関裕而の軍国歌謡の傑作《暁に祈る》は伊藤久男の歌唱があまりにも有名だが、国民歌謡の初放送では内田栄一が独唱している。ポリドールから発売された《月月火水木金金》（高橋俊策・作詞／江口夜詩・作曲／昭和一五）のヒット歌手としても知られている。

古関裕而は野球ソングスの世界で早稲田の《紺碧の空》以来、声価を得るが、昭和六年の日米野球応援歌の《日米野球行進曲》を吹込んだコロムビア合唱団の独唱者は内本実というテノールの声楽家だった。内本実は明治三八年六月一一日、大阪市生まれ。レコードデビューは昭和八年一月新譜発売で青盤レコードの《かへれソレントへ》である。内本は大阪音楽学校に学ぶが中退し、イタリアへ留学した。その後、コロムビア専属となる。青盤レコードに山田耕筰作品を中心に日本歌曲を数多く吹込んだ。また、イタリア民謡などの吹込み多い。その後、タイヘイでは《愛国行進曲》を吹込むなど軍国歌謡の分野でも活躍を見せた。戦後、名古屋のＮＨＫ女性合唱団の番組「花のコーラス」の指揮者を務め、大垣音楽短期大学の学長を歴任するなど音楽教育にも尽力した。

初期の古関メロディーを吹込んだ青山薫はバリトンの秋月直胤の変名である。明治四四年一月二〇日、岡山市の生まれ、昭和一〇年、東京音楽学校卒業。江口夜詩作曲の《ハイキングの歌》（西口春雄・作詞／江口夜詩・作曲（昭和一〇）を歌ってコロムビアからデビュー。テイチク・古賀政男の《ハイキングの唄》と競合する。古関メロディーでは《白帆は飛ぶ》（高橋掬太郎・作詞／古関裕而・作曲／昭和一〇）《海のジプシー》（高橋掬太郎・作詞／古関裕而・作曲／昭和一〇）《春のつばさ》（高橋掬太郎・作詞／古関裕而・作曲／昭和一一）《シューベルトの恋》（藤浦洸・作詞／古関裕而・作曲／昭和一一）を吹込んだ。

古関裕而は軍国歌謡で大きく台頭するが、朝日新聞社が募集した「皇軍感謝の歌」の当選作品《父よあなたは強かった》（福田節・作詞／明本京静・作曲／昭和一四）《皇国の母》（深草三郎・作詞／明本京静・作曲／昭和一三）《あゝ紅の血は燃ゆる》（野村俊夫・作詞／明本京静・作曲／昭和二〇・一）などの軍国歌謡の作曲で知られる明本京静が歌手として古関メロディーを歌っている。

明本京静は明治三八年三月二三日生まれ、本名、明本教成。昭和四年、東京帝国大学農学部を中退。明本は東京帝大中退し近衛秀麿に師事。新交響楽団（現・ＮＨＫ交響楽団）でベートーヴェンの《第九》のソリスト（テノール）を務める。歌手としては、昭和七年九月新譜でキングから発売の《大漁小唄》（高橋掬太郎・作詞／田村しげる・作曲／昭和七）がデビュー盤である。明本は「夏山しげる」の変名を使って吹込んだ。明本が吹込んだ古関メロディーは《踊ろよアミー》（明本京静・作詞／古関裕而・作曲／昭和九）、カップリングの《お、誰故に》（明本京静・作詞／古関裕而・作曲／昭和九）が発売された。

戦前の声楽界で活躍した伊藤武雄は重厚なバスバリトンで古関の軍国歌謡をレコードに吹込んでいる。昭和五年、東京音楽学校を卒業し研究科に進み、ヴーハー・ペーニッヒに師事。同門のテノール藺田誠一、同じく同門のバリトン増永丈夫（藤山一郎）、ソプラノ関種子、ソプラノ長門美保などの当時の若手声楽家らと、クラウス・プリングハイム指揮の演奏会において独唱者として出演した。昭和七年一二月一八日、日比谷公会堂における《ローエングリン》では、藺田誠一、増永丈夫とともに伊藤武雄も独唱者にも名前を連ねている。後輩の増永丈夫がテノールの音色のあるハイバリトンに対して伊藤武雄は重厚なバスバリトンである。伊藤武雄は声楽家としてドイツ歌曲、オペラ、ベートーヴェンの《第九》の独唱など、クラシックの楽壇において活躍した。昭和一二年、日中戦争に従軍し上海で負傷し隻腕のバリトン歌手となるが、母校「上野」の助教授となり音楽教育に従事した。

伊藤武雄の古関メロディーの軍国歌謡の吹込みは実に多い。北支派遣軍参謀（陸軍砲兵大尉）として従軍し満彊の地で奮戦中（演習中の航空事故）に戦死した北白川宮家永久王殿下（宮永久王）を哀悼するために作られた《嗚呼北白川宮殿下》（伯爵二荒芳徳・作詞／古関裕而・作曲／昭和一六・一＊二葉あき子・共唱）を後輩の二葉あき子（昭和一〇年東京音楽学校師範科卒）と吹込んだ。

この軍国歌謡は昭和一五年一二月九日に国民歌謡で放送されており、伊藤武雄が〈明けくる亜細亜の　大空を　護る銀翼　はげまして〉と北白川宮家永久王殿下の遺徳を伝え、哀悼の意を込めて独唱した。軍人精神を強調し戦場で軍人が遵守すべき道徳・行動の準拠とする心得を示した「戦陣訓」普及歌《「戦陣訓」の歌》（佐藤惣之助・作詞／古関裕而・作曲／昭和一六）を伊藤久男と共唱した。また、古関メロディーの時局歌・世相歌の《戦ふ東条首相》（小田俊与・作詞／古関裕而・作曲／昭和一八）も独唱した。末期には伊藤は《決戦の海》（与田準一・作詞／古関裕而・作曲／昭和二〇）《フィリピン沖の決戦》（藤浦洸・作詞／古関裕而・作曲／昭和二〇）幻の軍国歌謡《神風特別攻撃隊の歌》（西條八十・作詞／古関裕而・作曲／昭和二〇／＊安西愛子・共唱）などを歌っている。

幻の軍国歌謡《神風特別攻撃隊の歌》をバリトンの伊藤武雄と共唱した安西愛子は大正六年四月一三日、東京の生まれ。昭和一七年東京音楽学校研究科修了。昭和一八年七月新譜の《花乙女の歌》（高橋掬太郎・作詞／平川英夫・作曲／昭和一八＊佐々木成子・共唱）でデビューした。

戦前は《あゝ紅の血は燃ゆる》（野村俊夫・作詞／明本京静・作曲／昭和二〇・一／＊酒井弘・共唱）などの戦時歌謡を歌う。戦後、ラジオ歌謡を歌い、幼児向け歌番組『うたのおばさん』に出演し「歌のおばさん」として活躍した。すでに戦争末期、童謡歌謡の《お山の杉の子》（吉田テフ子・

作詞／サトウ・ハチロー・補作／佐々木すぐる・作曲／昭和二〇／＊加賀美一郎・共唱）を歌っており、戦後のその路線が敷かれていた。《かわいいかくれんぼ》《めだかのがっこう》が好評だった。戦後の古関メロディーでは藤山一郎と共唱した健康的な明朗な旋律の《朝を呼ぶ》、（野村俊夫・作詞／古関裕而・作曲／昭和二二＊藤山一郎・共唱）、健康的な明るいホームソング《みどりの歌》、三越ホームソングの《寒椿の歌》（西條八十・作詞／古関裕而・作曲／昭和二九）などを吹込んでいる。

満洲への旅

昭和一二年春、古関夫妻は夏休みを利用して満洲旅行の計画を話し合っていた。

「満洲に住む妻の兄や妹に長く合わないから、見物がてら夏休みに二人で満洲旅行をしようと計画を立てていた。現在のように空路が開かれていないから、海外旅行はすべて船によっていた」（『鐘よ鳴り響け』）

古関の妻金子は少女時代、女学校を卒業し大連の兄のところに遊びに行った思い出があった。異国情緒が豊かでスケールの大きな大陸の風景は印象的だった。

昭和一二年夏、古関夫妻は満洲旅行へ出発した。

「満洲は、王道楽土といわれ、建国精神に燃えていた時である。旅行の準備も整った頃盧溝橋事件が起き、満州も戦火に見舞われる危険があるかもしれないというので、義弟から中止したらという電報が来た。しかし、すべておぜん立てができていたので、私たちは七月下旬神戸から吉林丸で出発した」（『同上』）

豪華船吉林丸が自由貿易港の大連港に着いた。苦力《クーリー》が働く埠頭は朝もやでかすんでいた。馬車の嘶く鳴き声、人力車、すべてが異国情緒が色濃く古関夫妻の目に映っていた。

古関はかつてコロムビア専属になりたての頃、満洲を舞台にしたレコード歌謡を作曲したことがあった。コロムビアからも発売された日活映画『戦はこれからだ』の主題歌である。《満洲征旅の歌》（桜井忠温・作詞／古関裕而・作曲）が昭和七年二月新譜で発売されている。この曲の編曲の奥山貞吉は明治二〇年三月二〇日、東京の生まれ。デビュー曲は川崎豊と曽我直子が歌唱した《沓掛小唄》（長谷川伸・作詞／奥山貞吉・作曲／昭和四）。戦前の古関メロディーの編曲は奥山貞吉がほとんど手がけている。

奥山は明治四四年、東洋音楽学校卒業後、船上バンドで活躍する。日本最初のスライドトロンボーン奏者。全盛期の浅草オペラでは金竜館の楽長を務める。昭和に入り、帝国ホテル出演の「ハタノ・オーケストラ」で演奏しNHKで編曲の仕事をこなす。浅草オペラ時代からの知人であった佐々紅華のすすめでコロムビア専属となる。レコード歌謡では《沓掛小唄》（昭和四年）《ザッツ・オーケー》（昭和五年）などがヒットし、その後は編曲家として腕を揮う。戦前の古関裕而作品の編曲が多いことはすでにのべたとおりである。

《満洲征旅の歌》のカップリングは藤山一郎が歌う明るい曲調の《満洲陣営曲》（桜井忠温・作詞／田中豊明・作曲）である。

あゝ満洲の土の上
砲火轟き剣飛ぶ
暴虐支那を撃ち懲らす
戦は来り　北南
正義堂々　剣振るう

大連から奉天までは満鉄の誇る流線形のボディーが特徴の特急「あじあ号」に乗った。車内は広く、古関夫妻はシートを窓に向け大平原の雄大な風景を眺め、そのスケールの大きさに驚嘆した。奉天では、コロムビアの支店長の案内で、北陵、清朝の遺跡を見物した。奉天から新京の急行列車に乗り込み、途中の停車駅で九ミリ半のフィルムを使う撮影機で風景を撮った。新京では義弟夫婦と駅前の大和ホテルなどを市内見物した。歓楽街では藤山一郎が歌う古賀メロディー・《東京ラプソディー》《青い背広で》、満鉄出身の東海林太郎が万感の思いを込めて歌う「アベタケ・メロディー」の《国境の町》などのレコードが電気蓄音機から流れていたが、淡谷のり子がのべていたが、地方にドサ回りで行く先々、この二人のレコードはどんな場末のカフェー、ダンスホールでも必ず蓄音器から流れて来たそうだ。古関は音楽技術の優秀性を誇る藤山一郎と当代随一の男性人気歌手東海林太郎、この二人による歌謡界を席捲する「団菊時代」を異国の地で実感したのだ。また、その一方では、内地から流浪してくる演歌師たちの大正時代の名残を伝える書生節演歌や白系ロシア人の演歌師が歌う哀愁のロシア民謡も路地裏から切なくも哀しくも聞こえてくる。

ハルピンではコロムビアのディレクター、山内義富の兄が案内してくれた。松花江《スンガリー》の中州にある太陽島の別荘に招待してくれた。白系ロシア人の家族が避暑に来ていて、のんびりと日光浴をしていた。

松花江畔にはヨットクラブがあり、ロシア人のバンドがロシア民謡を演奏していた。古関はロシア料理を舌鼓しながら、ロシアの大地の情緒が色濃く反映された哀愁のロシア民謡を採譜した。それを見ていたバンドのマスターが古関のところに来て楽譜を提供する約束をしてくれた。

「少年時代からロシア民謡が大好きだったので、秋林洋行でも多くの野性的な民謡のレコードを買い集めたし、また松花江のヨットの白帆を眺めながら、ロシア人の演奏を生《なま》で聞いたことは私には大きな収穫であった」（『同上』）

後年のロマン的な叙情豊かな古関のクラシック系歌謡曲の楽想のはどこかロシア民謡的なところがあったが、この満洲旅行で得たインスピレーションが主調基音になっていた。戦後の古関メロディーにロシアと満洲の国境付近を流れるアムール河の抒情をテーマにした伊藤久男の歌唱で知られる《アムールの歌声》（丘十四夫・作詞／古関裕而・作曲／昭和二六）という作品があるが、大陸の異国情緒の溢れる楽想はやはり満洲旅行の体験によるものである。

市内見物はロシア正教のエキゾチックな中央寺院、ロシア人墓地、歓楽街、路面が花崗岩の石畳で造られているキタイスカヤ通りの街並み、秋林百貨店、キタイスカヤを一望できる松浦洋行などの建物は威容を誇っていた。その空間は哀愁に満ちており、ロシアの香りのする異国情調の色彩が濃い風景だった。さらに広大な大陸は果てしなく続く。満洲から内モンゴル自治区へ、そこからモンゴル内部に入ると広大なゴビ砂漠が広がる。古関の大陸の夢とロマンが膨らんでいく。戦後の昭和三一年に発売された《ゴビの砂漠》はその時の古関のイマジネーションが楽想になっている。

古関夫妻が満洲に旅立ち異国情緒を満喫していた頃、国内では淡谷のり子の《別れのブルース》（藤浦洸・作詞／服部良一・作曲／昭和一二）が盧溝橋事件の勃発した七月にコロムビアから発売された。哀愁に満ち人々の心を捉えた。これは銃後のみならず戦地にいる兵士らもつかの間の平時に愛唱した。詩句に盛り込まれた「出船」「波止場」「マドロス」「やくざ」「恋」「すすり泣く」などの日本流行歌の常套語彙が将兵らの望郷、哀傷、哀愁を刺激したのである。

古関夫妻は陽崗子温泉で一泊し、大連に三週間ぶりに戻った。最後に旅順を敢行し義理の父も参戦した日露戦争の古戦場を見学した。

「乃木将軍とステッセル将軍が和平会談した水師営のナツメの木、小学校唱歌にも歌われた〝庭に残ったナツメの木――〟の所で記念撮影をしたりした。激戦地の二〇三高地や、東鶏冠山の砲塁の跡も見た」(『鐘を鳴り響け』)

〈庭に一木棗《ひともとなつめ》の木〉という詩句が思い浮かび、古関の眼には砲弾の痕が生々しく映った。半地下壕が砲弾によって崩れかけていてその激しさを如実に伝えていた。内部の銃眼から外をのぞくと、暑い夏に陽射しが強く、夏草が揺れている。日露戦後に生まれた古関夫妻は当時の血が飛び散り、肉がはじけ飛ぶ凄惨な戦闘を知らない。日露の壮絶な戦いは学校の教科書でしか知らなかったのだ。

「絵本や教科書で、広瀬中佐が旅順港封鎖のために沈めた船から引き揚げるとき、杉野兵曹長の姿が見えないのでさがすうちに敵弾にたおれたことを『杉野はいずこ、杉野は居ずや……』の歌に残る過去の歴史としてしか受け止めていなかった」(『鐘よ鳴り響け』)

だが、古関は血で彩られ、肉が飛び散った台地に立つと、その印象はリアリティを増し明らかに異なっていた。古関が自伝で「力で奪う国の領土争いの悲惨な犠牲の痛ましさに感慨無量だった」とのべているように、この時の印象が後の軍国歌謡を作曲するうえで楽想の主調基音となるのである。

哀歌の時代

昭和一二年頃は、日本の近代化の頂点に達した時期である。都市文化の発展、航空機の発達、土木建築技術の発達、自動車の普及、鉄道網の完備などがそれを示していた。また、欧風の背広姿の男性、アメリカ映画女優を思わせるようなドレスを着用する女性なども目立ち、ジャズ、シャンソンの流行、ドイツ、フランス文学が都市の若者の知的好奇心を刺激していた。神田、新宿、浅草などの繁華街の裏町・酒場は賑わいを見せていた。中国大陸で展開する盧溝橋事件を契機にした日中の武力紛争の拡大という状況と国内のモダニズムの謳歌・繁栄という時代を背景に、日本流行歌は複雑な系脈を持つようになった。

レコード歌謡は、ダンスホールとジャズが一層隆盛し、ルンバ、タンゴ、ブルースなどのリズムがレコード歌謡に使われると日本系流行歌（邦楽系日本調歌謡・東西混合歌謡曲・和製曲・浪花節系艶歌）と外国系流行歌（ホームソング・芸術歌曲・ポピュラーソング）も複雑な系脈となった。

そして、流行歌、歌謡曲は戦時歌謡という広義な定義のもとに、戦意昂揚を喚起する軍国歌謡と洋楽調の映画主題歌が拮抗する時代をむかえた。

日中戦争から太平洋戦争にかけて、モダニズムの都市文化の謳歌の一方で、若者のみならず、男子は容赦なく戦場へ駆り出された。市区町村役場の吏員が召集令状をもって該当者の家を訪れる。「おめでとうございます」と切り出すときの心情は相当辛かったに違いない。戦場にいけば鬼神となり人間を抹殺しなければならないからだ。

古関裕而が見た風景は、召集令状を受けて戦場へ行く人々を見送る旗の波である。寒村の小さな停車場から都会の駅頭にいたるまで見られたそれなのだ。大日本国防婦人会などの呼びかけもあり、戦場へ赴く兵士を日の丸の旗を振って見送ることが習慣になっていたのである。《愛国行進曲》《出征兵士を送る歌》に加え、古関裕而の《露営の歌》《暁に祈る》などの軍国歌謡が勇ましくも哀しくも歌われた。

万才三唱の大声が響き、打ち振られる旗に印された「武運長久」の言葉が歓声とともに翻り、ノボリには「祝出〇〇君」と書かれた墨の色がやけに目だっていた。だが、勇ましい《出征兵士を送る歌》にはどこか悲しさがあり、歓喜の渦のなか人知れず涙を流す姿もあった。軍歌は兵士を鼓舞し士気を高めるために軍隊によって作られたものや兵士のあいだで自然に広まったものである。軍国歌謡は歌謡曲のジャンルで戦意昂揚を広く国民に浸透させるために作られた。時局や国民感情を反映したものが多い。したがって、軍国歌謡は勇ましい歌ばかりではなかった。悲嘆の涙といえる銃後の心象風景を象徴する歌も少なくはなかったのである。殊に《露営の歌》《暁に祈る》は哀感・悲壮感溢れる詩想と旋律であり、ややもすると反戦的イメージがあった。銃後の大衆ばかりではなく、兵士もまたこれらの歌を口ずさむことによって、悲嘆の涙にくれることもあるのである。

古関裕而が作曲した《露営の歌》は東京市中のレコード店からひっきりなしに流れ、新橋、新宿などの各駅でも出征兵士を見送る歓送風景には《露営の歌》の合唱が聞かれた。だが、大衆の心に響いた軍国歌謡の傑作とはいえ、肉親の絆を切り裂く戦争という哀しを背負った「哀しき名歌」であることにはかわりないのである。

古関裕而が作曲した初期軍国歌謡の作品には防空の重要性を謳った《来たよ敵機が》(霞二郎・作詞／古関裕而・作曲／昭和一一)、北のソ満国境を護る将兵が国境の月を眺め明日の命の運命を思う心境をテーマにし、古関裕而がスローテンポの行進曲風に作曲し伊藤久男が情感豊かに歌った《月の国境》(佐藤惣之助・作詞／古関裕而・作曲／昭和一一)、北満国境を守備する兵士の心情をテーマにした《戦友の唄》(久保田宵二・作詞／古関裕而・作曲／昭和一一)などがある。

中国との武力紛争が始まると、臨場感あふれる松竹映画『さらば戦線』の主題歌《弾雨を衝いて》(高橋掬太郎・作詞／古関裕而・作曲／昭和一二)が〈いさむ愛馬よ　鞘鳴る剣よ／征けよつわもの　弾雨を衝いて〉と伊藤久男の歌唱で勇ましく歌われコロムビアから発売された。これは軍国歌謡で声価を得た《露営の歌》の直前に発売された。

《露営の歌》の詩句の各章(節)には「死」のイメージいわゆる「翳」が曳行している。涯なき曠野を踏み分けて進み勇壮な兵士の姿に隠れている悲愴な哀調が詩想にあった。これは日露戦争当時の軍歌《戦友》に底流する悲壮感と共通するものであった。

明治軍歌の《戦友》は「生と死」が大衆の深層心理の主調基音となった。召集される兵士が戦場で最も忌避するのも死との対峙である。銃後の願いは生還である。兵士らの残酷な戦場に葬送マーチのリズムと哀調のある旋律で送られ、大衆は哀歌を歌うことによって、悲愴感が一層増すのである。ここに兵士と銃後の「戦争と死」の一体感が成立するといえよう。

二

土も草木も火と燃える
果てなき曠野踏み分けて
進む日の丸鉄兜
馬のたてがみ撫でながら
明日の命を誰《たれ》が知ろ

三

弾《たま》もタンクも銃剣も
暫し露営の草枕

夢に出てきた父上に
死んでかえれと励まされ
醒《さ》めて睨《にら》むは敵の空

俗謡、流行り唄を含む流行歌特有の退嬰的な哀調趣味も感じられたが、哀調と悲愴なマーチの楽想に巧く融合している。古関は日本歌曲の系譜を継ぐクラシック系歌謡曲の作曲家であり、その常識の範疇《はんちゅう》で作曲した。その音楽の本質はクラシック音楽であることを理由に、園部三郎が指摘するように完全な退嬰的哀調趣味にならず、「伝統的な晋平節のヨナ抜き短音階と都節の混合調」と歌曲調・唱歌調が巧く溶け込み「中間的な、最大公約数的な表現になった」のである。

古関は自伝で主旋律を車中で「汽車の揺れるリズムの中で、ごく自然にすらすらと作曲てしまった―〈中略〉―前奏も後奏も一気呵成に書き上げた」と記しているが、実は作曲に苦しんだ。クラシック歌曲を専門と自任する古関には軍国歌謡のヒットという至上命令は荷が重かった。山田耕筰の歌曲の系譜を継ぐ流行歌なら自信があるが、出征兵士を送る楽曲のヒット作品となると、事情が異なるのだ。鬼神となり敵を殺し、手柄を立てる兵士を鼓舞する勇ましい行進曲、古関はその楽想に流行り唄・俗謡の退嬰的な哀調趣味を入れ、行進のエネルギーを引き出さなければならないことに苦しんだ。たしかに《露営の歌》には流行り唄、俗謡の退嬰的な哀調趣味が楽想にあるが、その主調基音には悠久の生活史において育まれた日本民族の血に彩られた明暗といえる生々しいリズムがある。古関はかつての書生節にも見られたように付点八分と一六分音符で構成する「タッカ、タッカ」のリズムを倍テンポにした。このように恰もスラーをかけるようにして兵士の戦場における行進するエネスギーを増幅しているのである。

《露営の歌》は戦意昂揚の軍国歌謡として作られたはずだったが、すでにのべたとおりに勇壮と表裏一体となり揺曳する「死」のイメージが〈〝手柄たてずに死なりょうか〟〝死んで帰れと励まされ〟〝笑って死んだ戦友が〟〉と赤い夕陽が背景となる戦場において東洋平和のために戦う兵士の勇ましさよりも、敵の銃弾に斃れ屍となり曠野に朽ち果てる彼らへ哀悼と哀感が溢れ、悲愴感が主調低音となっている。

また、出征兵士を送る日の丸の旗の波の中、そこから聴こえる激励の輪の中で響く悲鳴が哀調、哀歓、感傷となり、この歌の主調低音となっている悲愴、哀愁とユニゾンになっていた。切実な大衆の心情と純粋な「悲」・「哀」真実の心象風景がまさに哀調を帯びる歌に投影されていたといえよう。

《露営の歌》の大ヒットによって、いろいろな企画がコロムビアの文芸部から起こった。それは前奏が良いので詩句を付けてあらたな作詞で売り出そうということだった。西條八十が詩情豊かな詩句を与え、《さくら進軍》(西條八十・作詞/古関裕而・作曲/昭和一三)が誕生した。歌手には松平晃と霧島昇が起用された。

日本ざくらの　枝のびて
花は亜細亜に　みだれ咲く
意気で吹け　さくら花
揚る凱歌の　朝ぼらけ

南京陥落と古関メロディー

古関が作曲した《露営の歌》は勝利の歌である。出征時の感激と戦意昂揚と戦地での勇ましい前進のメロディーなのだ。その《露営の歌》によって快進撃をする日本軍は遂に南京へと迫った。

盧溝橋事件勃発後、北支では北京・天津付近を平定、西は張家口・大同を経て、蒙彊の包頭に達し、山西省は首府大原を攻略、河北省の済南まで確保した。そして、上海派遣軍が上海の杭州湾に上陸し蘇州河南岸で中国軍を敗走させ、さらに、第一〇軍の大増援部隊も大規模な機動戦を展開させ南京に進撃し、遂に中国の首都南京が陥落した。

南京陥落の日、国内は軍部の勝報によって湧きかえった。東京では大提灯行列が催され、コロムビアの社員、専属アーティスト（芸術家）も参加し、古関もその行列に加わっていた。

古関はその時の様子を「宮城前は火の海。〝勝ってくるぞと勇ましく〟は、勝利の歌にはふさわしく、どの行進にも合唱となり歩調をとった」と記している。だが、《露営の歌》の哀調趣味は生命を賭して戦った人々の戦争で失われたものの大きさを思うと楽想に底流する感傷は胸を衝くものであった。勝利を讃える行列で歌われるとはいえ、人々の心情に哀しみの時代の刻印を残すメロディーといえた。

上海の杭州湾上陸から南京陥落までの戦況をテーマにしたのが《華やかなる突撃》（西條八十・作詞／古関裕而・作曲／昭和一二）である。

いざ友勇み進まん皇国のために
いざ友奮い進まん旗は招く
血潮なす屍こえて躍りゆかなん
行けよ上海　砕け南京
燃ゆる正義　我を呼ぶ
行けよ上海　砕け南京
天の許さぬ根城
砲火を越えて
つわもの進み行け

南京が陥落すると、古関は西條八十の〈正義の勇む皇軍の　赴くところ　敵はなし〉という詩句をえて南京に入城する松井石根司令官以下のそれを讃える《皇軍入城》（西條八十・作詞／古関裕而・作曲／昭和一三）を作曲した。昭和一三年一月新譜で発売された。

正義に勇む皇軍の
赴くところ　敵はなし
鉄壁誇る　敵城も
御稜威に消ゆる　朝の霜

昭和一三年七月七日、京都嵐山保勝会と帝国在郷軍人会右京区連合分会によって、「露営の歌碑」が建立された。除幕式も盧溝橋事件から、一年後、盛大に挙行された。石は保津川から採った自然石（高さ約二メートル、幅一メートル、厚さ六〇センチ）の碑面には軍きっての能筆家でもある司令官松井石根の雄揮な筆勢が記されている。古関は終戦後、京都を訪れた時、嵐山に足を運びこの歌碑の前に立った。

「苔むしても見上げるばかりに厳然と気品のある姿で建っていた。思いもかけぬ敗戦となり、戦犯となられて死刑に処された松井石根大将の温顔や、その苦衷が想われ、〝勝って来るぞと勇ましく〟と歌って生命を賭して行かれた人々、その戦争で失われたものの大きさが、一度に胸に込み上げてきた」（『鐘よ鳴り響け』）

《皇軍入城》のカップリングレコードは《勝利の乾杯》（西條八十・作詞／古関裕而・作曲／昭和一三）である。歌手陣には伊藤久男、霧島昇、音丸、二葉あき子、香取みほ子が名を連ねた。

逃げゆく支那兵の影法師
見わたせば
どこもかしこも日章旗
万歳！乾杯！　ランラララ
勝利の日かげ　新戦場
友よ　踊ろうよ

昭和一三年二月新譜の《南京陥落》（久保田宵二・作詞／古関裕而・作曲／昭和一三）は帝国首都の陥落を軽やかに讃えている。

我が皇軍の精鋭に
敵の命のたのみなる

南京ついに陥落す
祝えよ　ランラララ
讃えよ　ランラララ
凱歌　高らかに

国内は南京陥落の成功を祝う祝賀パレードで湧いた。日の丸の小旗を振りながら、陥落を祝う提灯行列には《進軍の歌》《露営の歌》が盛んに歌われた。《勝利の乾杯》や《南京陥落》の詩句の〈万歳！乾杯！　ランラララ／友よ　踊ろうよ〉と〈祝えよ　ランラララ　讃えよ　ランラララ〉は国民の連戦連勝の勝利に酔いしれる心理を衝いているといえる。また、ポリドールからは同名の《皇軍入城》（島田磬也・作詞／服部逸郎・作曲・昭和一二）が発売されている。

同月新譜では父母に別れを告げ出征する姿を描いた《今宵出征》（西條八十・作詞／古関裕而・作曲／昭和一二）、妻が出征する夫に捧げる《命捧げて》（久保田宵二・作詞／古関裕而・作曲／豆千代・歌唱／昭和一二）が発売された。昭和一三年三月、北支方面軍第一軍が黄河に進出すると、来たるべき徐州作戦に備えての作戦の状況を歌った《黄河を越えて》（上田良作・作詞／古関裕而・作曲／昭和一三）が《形見の日章旗》（上田良作・作詞／古関裕而・作曲／昭和一三）をカップリングにして発売された。

作詞は前線で戦う陸軍大尉の上田良作。まさに陣中の作である。坂本圭吾の『物語・軍歌史』によれば、歌の第七章に〈明日は洛陽、漢口か〉とあるように漢口作戦が予想されている。中国大陸は、雨が降ると川が氾濫する。そうなると何日も泥濘のなかを行軍しなければならない。殊に黄河が雨で増水し、氾濫すると日本軍の行軍はそのスピードが鈍る。中国軍によって堤防が破壊されると黄河は決壊する。その濁流は日本軍の攻撃を頓挫させた。また、天候が一転して晴天になると、黄土の土煙が舞い上がる。台地の土が乾き灰のようになるからだ。

焼けつく大地水涸れて
麦穂はかすむ地平線
砂塵もうもう目に痛む
ぬぐえば頬髭砂まじり

《黄河を越えて》は皇軍の泥濘と闘いながら進軍そる壮絶な様相を伝えているが、《形見の日章旗》は戦いのさなかの一瞬の平穏を歌っている。

残敵払う銃声も
とぎれとぎれの夕まぐれ
かくしの底に手をいれりゃ

うれしホマレが只一本
一口ずつだが分け合うて
のめば元気がよみがえる

古関裕而の軍国歌謡が盛んに歌われた頃、菊田一夫と出会いが始まる。古関に放送局からの依頼の電話がった。作者が菊田一夫、古川ロッパ一座の出演による放送劇で使用する音楽の作曲の仕事のことだった。原作は大衆作家の村上浪六の『当世五人男』。古関は放送劇の音楽の作曲は未経験だったが、興味もあり引き受けることにした。

「芝の愛宕山放送局に打ち合わせに行って、初めて菊田一夫さんに紹介された。小柄で、鼻下に髯をたくわえ、ちょっと神経質そうに見受けられたが、話してみると案外に優しく、私と同じように少々どもる癖があるので、一層親しみを感じ、この人が、今をときめく古川ロッパ一座の座付き作者かと思った」(『同上』)

この放送劇は好評で、菊田一夫との仕事は『思い出の記』(徳富蘆花・原作)、『八軒長屋』(村上浪六・原作)と続いた。だが、古関裕而の音楽と菊田一夫の脚本による本格的な合作芸術の展開は戦後をまたなければならなかった。

中支従軍の旅

昭和一三年四月、北支那方面軍・中支那派遣軍の両面軍は共同作戦を開始した。これが徐州作戦である。日本軍が台児荘の戦いにおいて大苦戦に陥り、李宋仁の総指揮する中国軍との戦いのたけなわの頃に構想された作戦である。

徐州会戦とも言われたこの作戦は徐州を結節点とし、華北から華南を連結し中国軍を包囲殲滅することにあった。五月一九日、北上してきた派遣軍の第一三師団が徐洲を完全に占領。これによって華北と華南の打通が可能となったが、中国軍の完全な包囲殲滅にはならなかった。そして、翌六月から武漢作戦が展開された。

徐州作戦では「陸の軍神　西住大尉」が讃えられたが、武漢作戦では「空の軍神南郷大尉」が讃えられた。七月一八日、南唱上空で海軍のエースパイロット、南郷茂章大尉（戦死後少佐）が散った。すでに八機を落とし、それでもなお果敢に敵撃墜に挑み旋回した瞬間、敵機と接触し地上に激突し壮烈な戦死を遂げたのである。

コロムビアからは新興キネマ『南郷少佐』の挿入歌《嗚南郷大尉》（松島慶三・作詞／江口夜詩・作曲／昭和一三）が発売された。そのB面の《憧れの荒鷲》（西條八十・作詞／古関裕而・作曲／昭和一三）は古関メロディーだった。昭和一三年一〇月新譜で発売された。歌唱は松原操、二葉あき子、女声合唱団。

西條八十の詩句は抒情的である。古関メロディーの旋律もワルツ調で軍国歌謡にしておくにはもったいないと思わせるほどに美しかった。だが、抒情的とはいえ童謡調の楽想では戦場での荒鷲の活躍を讃えることは難しかった。

我が憧れは空を征く
若く雄々しき若鷲よ
遠い白雲見るごとに
君が夢見ると
窓吹く風にことづてん

徐州作戦を舞台にした《麦と兵隊》はもう一つ同名の軍国歌謡がある。〈昨日もひろい麦畑　今日もはるかな　麦畑〉の詩句ではじまり、古関裕而が作曲した《麦と兵隊》（原嘉章・作詞／古関裕而・作曲）である。昭和一四年一月新譜でコロムビアから発売され、松平晃が歌った。詩句には召集されてから遠く大陸から父母妻子をふと思う望郷の念、〈友によく似た　百姓が　見送るむかえる　村はずれ〉と中国民衆への好感、〈負傷の友を背に負《て》うて〉という人間愛が盛り込まれている。メロディーもゆったりとのどかな曲調で明るく、戦時色が薄い。ポリドール盤の《麦と兵隊》

のような悲愴感がないのだ。最期は、〈祖国のゆく道　ふみしめて　平和かためん　麦の国〉と東洋平和の理念が歌われている。

一

昨日もひろい　麦畑
今日もはるかな　麦畑
故郷《ふるさと》はなれて　はや十月
父母妻子《ちちははつまこ》を　ふと思う
土の匂いや　赤い花

二

道なき道の　はてしなく
歌も出てくる　国なまり
友によく似た　百姓が
見おくりむかえる　村はずれ
敵はいずこか　おぼろ月

五

たたかいやんで　夜はあけて
今日も進軍　砂埃《すなほこり》

日かげまばゆい　麦畑
祖国のゆく道　ふみしめて
平和かためん　麦の国

中国軍の抵抗は徐州作戦後も続いた。そのために日中武力衝突による事変拡大は解決せず、そこで日本陸軍は広東作戦とともに蔣介石を降伏させ、要衝を攻略する目的で武漢作戦を遂行した。だが、この進攻作戦は、平原を一路進撃ということにはならず、困難な作戦遂行が予想されていた。

昭和一三年八月、古関は家族と軽井沢で一夏を過ごした後、その夏の終わり、コロムビアから「中支派遣軍報道部から、従軍と実戦を体験してきてもらいたいとの要請あり」との連絡を受けた。最前線への死地への旅の始まりだった。

「実戦の体験といえば、最前線の死地に兵士と共に参加することである。当時の日本男子として、どうしてそれを断ることができようか。若い妻や子供に後髪を魅かれる思いも、先のことを案じてもどうにもならないことだった。むしろ、自分の職を通じて国運の勝利や栄えを祈る態度が正しいと思っていた」（『同上』）

昭和一三年九月二八日、古関は日中戦争が深まる中、中国大陸へ飛行機で西條八十と共に出発した（博多で佐伯孝夫、飯田信夫、深井史郎らと合流）。ちょうど、武漢作戦が展開していた頃である。翌二九日、日中戦争従軍音楽部隊として、飯田信夫、佐伯孝夫、深井史郎、らと共に中国戦線へ向かった。また、古関が敬愛する山田耕筰も一〇月五日、文化工作の目的遂行のために陸軍省の嘱託となり上海に向かった。

古関は上海から南京行きの列車に乗り、水郷の蘇州を通過し、中国大陸の雄大な風物を目にしながら、南京に到着。南京の宿舎で林芙美子を中心にした文壇部隊の歓待を受けた。

従軍音楽隊の慰問団は大衆丸という船に乗り、揚子江を遡行し九江まで行くことになった。揚子江は赤褐色を帯び濁流する大河というよりはまるで大海のようだった。しかも、流れが複雑で、敵の攻撃によって船が転覆し揚子江に落ちたら先ず助かる見込みはないと言われていた。自分の作った《露営の歌》に送られた来た兵士も敵の砲撃によって船が沈み、この濁流に落ちどれほどの命が奪われたことか古関はそう思うと、悲痛な気持ちを抱かずにはいられなかった。

夜間は沿岸から砲撃される危険を回避するために航行は日中のみで夜は停泊を余儀なくされた。停泊中、上陸して、警備隊の兵士たちと故国日本のことを語り合った。彼らの言葉からは異口同音に故郷に残してきた肉親への思慕であり、望郷の念が語られた。このような雑談中に敵の砲撃に遭遇した。ドカンという轟音は死の恐怖を十分に感じさせた。生きた心地がしなかった。

数日後、大衆丸は大きな鄱陽湖の入り口、九江で下船した。そこでは陸軍病院での慰問が待っていた。同地では軍楽隊の演奏会が催されていた。古関は傍らの椅子に座って演奏を聴いていた。するると、山口常光隊長が突然古関をステージの壇上に上げ将兵一同に紹介した。

古関は挨拶をするために何か激励の言葉をのべようとしたが、炎天下に座っている浅黒い将兵の顔を見た瞬間、言葉が出なかった。兵士らは自分の《露営の歌》でこの中国戦線に送られて来た。出征兵士は赤紙一枚の応召によって親兄弟と別れ、国家に生命を捧げて戦地に赴いた。

戦争は残酷な修羅場である。非人間の肯定である。自己の意思にかかわらず軍命によって敵を殲滅、殺戮しなければならないのである。しかも、戦争のルールを犯し、狂気となり、無辜の民を殺すこともある。だが、それでも兵士は人間である。その兵士の一人一人の肉親は無事に生還することを祈っている。銃後の人々は戦場の修羅場を知らない。無事、生きて帰って欲しいとひたすら願うだけである。だが、無事に日本の土を踏めるのは果たして何人いるのだろうか。古関はそう思うと万感胸に迫り、絶句し「ご紹介の古関裕而です……」の後、言葉が続かなかった。古関は頭を下げたまま顔をあげることができなかった。ただただ涙が溢れるばかりだった。

やがて、兵士たちは古関がステージの上で泣いているのが分かった。兵士たちはその無言の静寂のまま、呼吸《いき》をのんだままだった。やがて古関の嗚咽が大きくなり、国民服から取り出したハンカチで目を覆うと号泣となった。兵士たちは素直に古関の姿に共感したのである。

武漢作戦は一一月九日、第二七師団が通城を占領、同月一一日、第九師団が今村支隊と協力し岳州を占領し、この二つの限界線を占領することによって、同作戦は完遂した。この武漢作戦において壮絶な戦死を遂げた武人をテーマにした軍人歌謡も多く作られた。その中の一つ、武漢作戦の従軍した第一〇一師団に属する飯塚部隊（歩兵第一〇一連隊）では、廬山作戦において、連隊長飯塚國太郎大佐が激戦のさなか壮烈な戦死を遂げた（九月三日）。中国軍の抵抗は頑強で、廬山を望む鄱陽湖畔において飯塚連隊長は勇猛果敢に戦いながら壮絶な死を遂げたのである。

古関裕而は廬山で生命の危機を体験した。死を決意したのだ。廬山の中でも名峰といわれた五老峰の麓の村である星子での宴席の夜半、廬山の敵の夜襲の報が届き、非常呼集で飛び起きた。古関は案内兼護衛の鈴木伍長から「最後にあなたは、駐留の兵と共に戦ってください」と言われ、拳銃を渡された。その時、死を覚悟した。古関は「この名山、廬山の麓で死ぬのも天命かと諦めた」と自伝に記したが、瞼の裏に浮かぶ、妻や娘ら、父母の姿を思うと、そのパノラマの風景に涙が滲んだ。だが、古関は気丈になった。滲む涙を拭きここで死んでたまるかと思った。銃声が響き渡ると生きた心地がしなかったが、恐怖に震える身体を固くしながら、拳銃を握りしめ覚悟を決めていた。やがて、大きな砲声や銃声が起こった。いよいよ、敵の襲来かと思うと本当に生きた心地がしなかった。しかし、敵の総攻撃はなかった。

敵は日本軍の兵力を読み切れず、へたに攻撃し損害を被るよりも、発砲で威嚇するのみだった。古関は生命の危機を脱して安堵した。夜も白々と明け、敵は撤退していた。橋梁を二つ爆破して去っていったのだ。五老峰の岩肌が長陽に輝いていた。

古関は西條と二人帰国することになった。星子からは鰹漁船に乗って九江に向かった。鄱陽湖で出て揚子江に入ると、船は浮流機雷に触れないように水面の見張りを古関らにも協力してもらいながら航行した。この大河にはいろいろな雑物が流れ込んでくるので、どれが機雷なのか区別がつかず航行中は緊張が続いた。

遡行する揚子江は泥流がくねくねと曲がり、至る所で氾濫し田園地帯は甚大な被害を被っていた。ようやく九江の波止場に着いた。九江から南京経由で上海へ。内地には飛行機に搭乗し帰国の途に着いた。この年、古関の父が亡くなった。

危篤に知らせを受け急いだが間に合わなかった。父には《露営の歌》のヒットは喜んでもらえた。この軍国歌謡は全国で出征時に歌われたので、一世を風靡したことは父は知っていたようだった。

映画主題歌の時代――知られざる苦闘の日々

昭和一三年から一五年までの昭和流行歌史は、映画主題歌の黄金時代といっても言いすぎではない。その勢いは軍国歌謡を凌ぐものであったからだ。昭和一三年一一月、ポリドール、テイチクの新興勢力対名門コロムビアのヒット競争に決着をつけるかのように古関と同郷の福島出身の歌手、霧島昇が大ホームランを放った。雑誌『婦人倶楽部』に連載された川口松太郎の小説が映画化され、霧島昇とミス・コロムビアが映画『愛染かつら』の主題歌《旅の夜風》(西條八十・作詞/万城目正・作曲/昭和一三)を歌って爆発的にヒットしたのである。こうして、霧島昇が一躍スターダムに押し上げられ、歌謡界に新たな人気歌手が誕生した。

作曲者の万城目正は原作のメロドラマという通俗性を意識して作曲した。園部三郎が指摘するように「晋平節と古賀メロディーを折衷的に使って、それがまた艶歌調でうたわれて、『ユリ』をたっぷりきかせたので、都節・陰音階への民衆の愛着を満足」（『日本民衆歌謡史考』）させることに成功したのである。ミス・コロムビアに支えられた霧島昇の甘い音色と邦楽的技巧表現の艶歌調がこのメロディーに合っていた。

霧島昇は大正三年六月二七日、双葉郡大久村（現いわき市）の農家、坂本家の三男として生まれた。本名、坂本栄吾。幼い頃から歌が上手《うま》く、流行歌手を目指し東洋音楽学校（現東京音楽大学）に学んだ。彼には音楽学校派のようなエリート意識が無かった。

昭和一一年の晩秋、コロムビア文芸部長の松村武重はポリドールの動きを察知していた。ポリドールはモダンな洋楽調の古賀メロディーに対抗し、演歌系の日本調路線をとっていたが、その分野において岐路に立たされていた。ポリドールの看板歌手東海林太郎では流行り唄・俗謡に含まれる濃艶な哀切、哀調、媚態を求めることが難しかった。東海林の場合、道中・股旅歌謡のヤクザ小唄を歌っても「背広を着たヤクザ」そのものであり、媚態表現が色濃く反映された男女の色恋沙汰の演歌系歌謡は早稲田・満鉄のエリート出身の彼には無理だった。

三味線芸術歌謡の「粋」・「通」の繊細趣味だけではヒット競争には勝てない。そこで、ポリドールは三味線俗謡の退嬰的哀調趣味を色濃く表現できるもっと泥臭い歌手として、上原敏を売り出そうとした。社運をかけ、ヒット路線を狙う看板歌手の交代はコロムビアも同じである。同社の看板歌手は松平晃だった。だが、コロムビアは中退とはいえ東京音楽学校（現東京芸術大学）師範科出身というプライドの高い松平では、浪花節要素も色濃く含んだ演歌調の流行歌を歌わせヒットを狙うことが無理と判断していた。邦楽的技巧表現を持つ艶歌唱法の甘いテナー歌手がどうしても欲しかった。ポリドールの上原敏の澄んだ高音の渋みのあるテナーに対抗するため、コロムビアは通俗性を色濃く歌える歌手の獲得が急務だったのである。

コロムビアの松村武重は浅草の帝都座で歌っていた無名の青年歌手をスカウトした。この青年歌手は「坂本英明」という名で《僕の思い出》（島田磬也・作詞／飯田景応・作曲／昭和一一）を吹込みエジソンレコードからデビューしていた。そして、この無名歌手はコロムビアに入り、芸名を霧島昇と名乗り、幸運を手にすることになる。

コロムビアは霧島昇に昭和一一年一二月新譜の古関メロディー・《月の夜舟》（西岡水朗・作詞／古関裕而・作曲／昭和一一）と《思い出の江の島》（久保田宵二・作詞／竹岡信幸・作曲／昭和一一）を吹込ませ、早速、デビューさせた。そして、演歌系歌謡曲の《赤城しぐれ》（久保田宵二・作詞／竹岡信幸・作曲／昭和一二・一）もこの二曲と同時期に発売され、股旅調で日本的情緒に溢れた《赤城しぐれ》の方は好調な売れ行きを見せていた。このヒットが霧島昇の実績となったのである。

霧島昇は、古関裕而作曲の軍国歌謡の吹込みも多くなった。霧島昇は日中武力紛争が本格的になると、《皇軍入城》(西條八十・作詞／古関裕而・作曲／昭和一二)《南京陥落》(久保田宵二・作詞／古関裕而・作曲)《戦捷ざくら》(久保田宵二・作詞／古関裕而・作曲／昭和一三*ミス・コロムビア・共唱)《さくら進軍》(西條八十・作詞／古関裕而・作曲／昭和一三*松平晃・共唱)《黄河を越えて》(上田良作・作詞／古関裕而・作曲／昭和一三)《続露営の歌》(佐藤惣之助・作詞／古関裕而・作曲／昭和一三*伊藤久男・共唱)を吹込んだ。

また、霧島昇は軍国歌謡以外の古関メロディーも吹込んでいるがヒットにつながることはなかった。『浄婚記』(新興キネマ)の主題歌《泣くな比芙美》(最上洋・作詞／古関裕而・作曲・昭和一二)、《青春航路》(高橋掬太郎・作詞／古関裕而・作曲／昭和一二)《落葉の夢》(松村又一・作詞／古関裕而・作曲／昭和一二)《心の青空》(久保田宵二・作詞／古関裕而・作曲)などを吹込んだがほとんど数字的に見てもヒットしなかった。

昭和一四年春、藤山一郎がテイチクからコロムビアに入社した。コロムビア(アルバイト歌手)↓ビクター↓テイチク↓コロムビアと古巣に戻ってきたのである。テイチクで流行歌の寵児となった藤山一郎は生家の経済状態を解決して後は、ヨーロッパに行くつもりだった。だが第二次大戦の勃発で断念を余儀なくされた。ヨーロッパで名声を博したクラウス・プリングスハイムに絶賛された増永丈夫(藤山一郎の本名)のバリトンは同地でも好評を博したと思われるだけに惜しかった。また、藤山一郎のテナーも欧米ポピュラー音楽界において同様な声価を得たであろう。戦争が彼の運命を変えたといっても過言ではない。

古関はコロムビアに復帰した藤山一郎に《母恋ふたそがれ》(西條八十・作詞/古関裕而・作曲/昭和一四)を献呈することになった。『母の見る夢』(撮影予定)の主題歌として企画されたこの母歌謡はワルツのリズムで作曲された抒情歌謡でもある。藤山一郎のテナーの音色が母への思慕を流麗甘美に歌っている。だが、肝心の映画は撮影中止となり、残念ながらヒットには至らなかった。古関は藤山にワルツ歌謡をその後も提供したが、母歌謡の哀調には必要な日本情緒をどうしても楽想にしなければならず、楽想の主調低音が《愛国の花》の亜流であり、戦後の古関らしい特徴がみられない。藤山一郎は正格歌手(音楽理論・規則、楽典に忠実な歌手)である。古関はそのような藤山の音楽個性を生かすことができなかった。古関裕而と藤山一郎の合作芸術が開花するのはやはり戦後を待たなければならなかった。

『愛染かつら』の成功によって、松竹は女性映画を積極的に制作し、コロムビアと提携し主題歌を世に送り出すようになった。加藤武雄の小説を松竹が映画化した『春雷』の主題歌《古き花園》(サトウハチロー・作詞/早乙女光・作曲/昭和一四)が二葉あき子の歌唱でヒットした。《古き花園》は早乙女光がサトウ・ハチローの抒情溢れる詩句に哀しい乙女の心情を楽想にしブルースの旋律を施した。二葉の歌唱情表現はこの歌のブルースの情感を見事に歌い上げている。続いて、松竹映画『新女性問答』の主題歌《純情の丘》(西條八十・作詞/万城目正・作曲/昭和一四)でヒットを飛ばした。二葉あき子が〈黒髪風になびかせて　夕日にうたう　アヴェマリア〉と純情乙女の心情を歌い上げた。

昭和一四年五月、原作にはない『愛染かつら』の続編・『続愛染かつら』が封切られた。主題歌の《愛染夜曲》（西條八十・作詞／万城目正・作曲／昭和一四）は、霧島昇とミス・コロムビアが歌った。B面は《朝月夕月》（西條八十・作詞／竹岡信幸・作曲／昭和一四）。これはミス・コロムビアが歌った。『愛染かつら』では子守唄が必ず登場する。《朝月夕月》はそのようなムードで作られたワルツ悲歌の楽想で作曲された作品である。

コロムビアと松竹のタイアップつぎつぎと映画主題歌のヒットを放った。松竹映画『純情二重奏』の主題歌《純情二重奏》（西條八十・作詞／万城目正・作曲／昭和一四）が映画女優高峰三枝子・霧島昇の歌で昭和一四年一〇月新譜でコロムビアから発売された。純情ムード溢れるこの歌はメロディーも美しく日中戦争とはいえ、爽やかなイメージをあたえた。映画には、松竹が映画と主題歌の関係を重視して、松平晃、伊藤久男、ミス・コロムビアらコロムビア歌手陣が総出演するという豪華キャストを誇った。また、松竹の人気女優歌手の高峰三枝子はこの歌で歌手の地位を確立した。

昭和一四年春、古関にとって念願の青盤レコードが発売された。世界を舞台に活躍したプリマドンナ三浦環が歌う《船頭可愛いや》である。そして、暮れには《月のバルカローラ》（服部竜太郎・作詞／古関裕而・作曲》も発売された（昭和一五年一月新譜）。古関は自伝に「美声の上に、エキスプレッションの巧妙なことは、さすがに世界的歌手だと思った」と記しているが、だが、外国調と日本調という二大系脈・潮流という単純な時代（大正後期から昭和初期）は過ぎ去っており、その系脈は複雑になっていた。つまり、音楽の愛好の層も外国系・日本系の二分流ではなく、外国芸術音楽（クラシック）、外国民衆音楽（ジャズ・ブルース・タンゴ・シャンソン）、混成的歌謡曲（日本情緒と外国リズムによる東西混合歌謡曲）、純粋日本調（邦楽歌謡・艶歌・浪花節）の四層へとますます複雑になってきていた。

したがって、日本調と外国音楽要素による「混成的歌謡曲」（東西混合歌謡曲）をより通俗的な楽曲に仕上げるかどうかがヒットの条件になっていた。もはやクラシックの声楽家、オペラ歌手が流行歌でヒットする昭和三，四年頃とは明らかに異なっていたのである。

古関は《露営の歌》の後、軍国歌謡においてもなかなかヒットを書けなかった。昭和一五年六月新譜発売の《暁に祈る》（国民歌謡・映画主題歌）まで実は苦しんでいた。映画主題歌の隆盛のさなか非常に厳しい状況だったのである。一般認識では《露営の歌》以来、古関裕而は軍国歌謡のスター的な作曲家のイメージで語られているが、昭和一一、一二年の古賀メロディー第二期黄金時代（藤山一郎・ディック・ミネ・楠木繁夫・美ち奴らの多彩な歌手陣）、映画主題歌としてもヒットした《妻恋道中》《流転》などの「アベタケメロディー」（藤田まさと・阿部武雄・上原敏の三トリオ）、服部良一と淡谷のり子のブルース歌謡、昭和一三年からスタートする「愛染シリーズ」の万城目メロディーなどの勢いの前に古関メロディーは沈黙していた。まったくヒットの鉱脈から見放されていたのである。

この時代、初期古賀メロディー、服部メロディーは外国系要素が豊饒である。この二人は都市インテリ層の心を掴むことに成功した。殊に服部メロディーは園部三郎が指摘するように古賀政男の「混成的歌謡曲」（東西混合歌謡曲）よりも、「都会的で、しかも作曲技術としても進んだ手法で、新進流行作曲家の地歩をかためた」といえる。服部はこのようにブルースという新たなフィーリングを見せたが、基本的には短音階、ヨナ抜き音階のパターンである哀調趣味の日本調の系統をのこしている。この辺の服部良一の作曲技法は巧緻である。

一方、この日本調の系統をより濃厚な要素を色濃く反映させたのが「アベタケ・メロディー」（媚態・艶歌調・浪花節的義理人情）、万城目メロディーの「愛染シリーズ」である。この二つは日本調と外国系音楽要素による「混成的歌謡曲」（東西混合歌謡曲）でありながらも、「ユリ」（小節）を多用した邦楽的技巧表現よって艶歌調・哀調趣味を強調し通俗的な民衆の娯楽へ愛着を満足させたといえる。

昭和一三年から一五年にかけて、コロムビアの作曲陣は凄かった。松竹、東宝と提携し、同社専属のクラシックの山田耕筰を筆頭に古関裕而、万城目正、古賀政男、服部良一、竹岡信幸、早乙女光らが作曲陣に名前を連ねた。そして、ポリドールのヒットメーカーだった「アベタケ・メロディー」の阿部武雄もコロムビアに移籍した。これらの豪華な作曲陣を擁して、外国系音楽要素（ジャズ・タンゴ・シャンソン・ルンバ）と日本調（浪花節的要素・哀調趣味・艶歌調）を融合させながら邦楽的技巧表現に比重を置いた「混成的歌謡曲」による映画主題歌の黄金期を迎えていたのである。古関は《暁に祈る》で起死回生するが、純粋流行歌、いわゆるレコード歌謡そのもののではヒットが無く、しかも、彼自身の音楽個性でもあるクラシック音楽の芸術技法も生かせず、まさに苦闘の時代だったのである。これは古関裕而の知られざる音楽人生の一断面でもある。

古賀メロディー第三期黄金時代の翳で

昭和一四年六月七日、古賀政男はアルゼンチンのブエノスアイレスに到着した。同地で六月二八日、地元の放送局、「ラジオ・エクセルシオール」に現地の楽団を指揮して出演した。そして、古賀はアルゼンチンで演奏、講演、レコーディングを行い、ニューヨークに舞い戻り、八月三一日予定のNBC放送の出演に向けて準備に入っていた。古賀メロディーが全世界に向けて放送される日は目前に迫っていたのである。

昭和一四年一〇月一〇日、外務省音楽使節として多大な功績を残した古賀政男が帰国し、コロムビアのスタジオに現れた。同年八月三一日にはNBC放送で一五分間にわたり、《緑の月》《ああそれなのに》《男の純情》《酒は涙か溜息か》《丘を越えて》などの古賀メロディーが全世界に向けて放送されていた。まさに世界の古賀政男になって凱旋帰国したのである。古関が自伝に「お互いに励まし合い、将来を夢見たものだった」と記したような姿ではもはやなかった。

古賀政男はすでに渡米以前の昭和一一年八月新譜発売の《愛の小窓》（佐藤惣之助・作詞／古賀政男・作曲／昭和一一）以来、クラシックの正統派・藤山一郎の歌唱芸術によって確立した初期の洋楽調を捨て邦楽的技巧表現に重点を移行させていたが、帰国後、それが一層強くなっていた。外国要素よりも流行り唄・俗謡の退嬰的哀調趣味の色彩が色濃くなり始めたのだ。

古賀メロディーの快進撃が始まった。古賀メロディーの原風景であり故郷への哀愁を歌った《誰か故郷を想わざる》（西條八十・作詞／古賀政男・作曲）／昭和一五）が二月新譜で発売された。歌唱者の霧島昇は古賀メロディーの邦楽的技巧表現をよく汲んで歌っている。《誰か故郷を想わざる》の楽想は南米に滞在中にできあがっていた。果てしない大草原の彼方に沈む夕日を見ているうちに幼きの日の故郷、田口村の風景を思い出しメロディーが浮かんだそうだ。最初はレコードの売れ行きが良くなかった。そこで、コロムビアの伊藤正憲はレコードを戦線将兵の慰問用に発送したところ、中国大陸の方からしだいに流行した。駐屯地の日本将兵に愛唱されたのである。

古関メロディーは《誰か故郷を想わざる》と同じ二月新譜でロシア民謡の抒情を楽想にした《旅の松花江《スンガリー》》（久保田宵二・作詞／古関裕而・作曲／昭和一五）と《興安吹雪》（久保田宵二・作詞／古関裕而・作曲／昭和一五）がカップリングで発売された。しかし、ほとんどヒットしなかった。

昭和一五年二月に日劇で封切られた東宝映画『春よいずこ』の主題歌《なつかしの歌声》（西條八十・作詞／古賀政男・作曲／昭和一五）はさわやかな青春ムード溢れるメロディーで共感を呼んだ。藤山一郎と二葉あき子が歌った。映画では藤山一郎が主演し音楽の天才ぶりを発揮する青年の役を演じた。《なつかしの歌声》は都市文化の反映を誇った最後の銀座のモダン風景の讃歌であり、B面の《春よいづこ》は、ハバネラタンゴの歌謡曲で青春の哀歓が溢れている。だが、この時期、藤山一郎は完全に古賀政男とは一線を画していた。マンフレット（マンフレート）・グルリット指揮のベートヴェンの《第九》のバリトン独唱（増永丈夫）が藤山の意思表示だった。

古賀メロディーのヒット量産は続く。小島政二郎の小説を映画にした東宝映画『新妻鏡』の主題歌《新妻鏡》（佐藤惣之助・作詞／古賀政男・作曲／昭和一五）が霧島昇と二葉あき子が吹込み、《目ン無い千鳥》（サトウ・ハチロー／古賀政男・作曲／昭和一五）が霧島昇と松原操の歌でヒットした。松竹映画『愛の暴風』の主題歌《相呼ぶ歌》（西條八十・作詞／古賀政男・作曲／昭和一五）も霧島昇・菊池章子の歌で好評だった。この一連のヒットから、霧島昇は古関の軍国歌謡から万城目メロディーを経て、古賀メロディーのヒット歌手へと移行していくのである。霧島昇は実力以上にヒット曲に恵まれた幸運な歌手だった。

コロムビアの主力歌手、藤山一郎（声楽家増永丈夫）、伊藤久男、淡谷のり子、渡辺はま子、ミス・コロムビア（声楽家松原操）らの声楽家・音楽学校卒業歌手は古賀政男と一線を画し距離を置いていた。淡谷のり子は服部良一のブルース歌謡、外国系ポピュラーソング、渡辺はま子はチャイナメロディーの女王として君臨し、伊藤久男は古関裕而の軍国歌謡、藤山一郎とミス・コロムビアは本名ではクラシックの声楽家である。このようにコロムビアの主力歌手らは古賀メロディー専門歌手ではないという意識が強かった。古賀政男は唯一頼れるのは霧島昇と二葉あき子のみ。だから、古賀はヒットを狙うためには霧島昇を想定し、艶歌調を強調した邦楽的技巧表現に重点を置いた作曲を志向したのである。

何しろ、古賀メロディーは不協和音が多く、本来なら曲にならないはずだが、古賀の場合、その不協和音が過度のセンチメンタリズム（感傷）や日本的情緒感となりいわゆる哀愁の古賀メロディーとして成立する。古賀政男は実に不思議な作曲家だった。藤山が古賀メロディーについて「筋のないところに曲が生まれる」といっていたが、まさしくその通りである。古関は西洋音楽芸術の作曲技法（音楽理論・規則・楽典）の定石通りにハーモニー（合理的和音の進行）から作曲するので不協和音がなかった。したがって、古関の音楽においては、不協和音が特殊な情緒の微妙な変化によって日本的味わいになることなど、ありえないのである。

昭和一五年五月、古関裕而の青春歌謡《春を呼ぶ自動車》（西條八十・作詞／古関裕而・作曲／昭和一五）が節山一郎の歌唱によって新譜発売された。これは映画『快速部隊』の主題歌である。哀調のあるメロディーでAマイナーのキーで作曲された。モダン都市東京を起点にモダン青年が恋人と連れだって新大陸の満洲へと愛のドライヴを敢行するという青春歌謡である。自動車の走行のイメージを出すために、古関は旋律に凝り過ぎてしまった。だが、編曲が巧くそれをカバーし、藤山一郎と渡辺はま子の歌唱力は豊かであり、歌いにくい箇所も見事に歌いこなしている。にもかかわらず、映画が検閲不許可で公開されず、レコードは名唱の範にもかかわらず売れなかった。もし、これが戦後ならばと思うと残念でならない。

古賀メロディー第三期黄金時代のさなか、古関はワルツに固執した。昭和一五年五月、国際劇場で封切られた『女性の覚悟』の主題歌、《乙女の首途》（西條八十・作詞／古関裕而・作曲／昭和一五）もE♭のメジャーコードで作曲されたワルツ歌謡である。松原操、奥山彩子が共唱した。だが、西條八十の抒情的な詩句に古関の楽想は美しいメロディーラインだが、これもまた《愛国の花》の亜流に終わっている。

一方、初期の古賀政男（第一、二期黄金時代）は、ハバネラタンゴやワルツ、外国系音楽要素であるリズムを得意にしていた。晋平節の手法を踏襲し外国のリズムを使って旋律に変化を与える手法は彼のお家芸である。古賀は日本調（浪花節的要素・哀調趣味）と外国系音楽要素（ブルース・タンゴ・ワルツ・ジャズ）の「混成的歌謡曲」（東西混合歌謡曲）の作曲に徹していたのである。例えば、楠木繁夫が歌った〈愛と涙に流れゆく　若き二人の思い出は〉の詩句で始まる《慈悲心鳥》（佐藤惣之助・作詞／古賀政男・作曲）ではヨナ抜き音階の旋律に浪花節的要素の「ユリ」（小節）を含ませ、リズムはスロータンゴを使っている。また、《東京ラプソディー》には外国系音楽要素の「パソドーブル」（パサドブル）を取り入れているのだ。また、ワルツの三拍子を使って作曲した《男の純情》はアメリカで旋律の美しさが絶賛されている。甘美・繊細なメロディー、清らかさ、優しさの籠った美しいメロディー、これらの初期の古賀政男芸術の外国系要素の楽想を表現できたのも藤山一郎の存在（声楽技術を正統に解釈したクルーン唱法）も大きかったが、それはマンドリン、マンドリンの楽譜研鑽の所産でもある。このような初期の洋楽調のベースがあったからこそ、邦楽的技巧表現に傾いた混成楽曲においてもヒットの鉱脈を掴んだのである。

古関の軍国歌謡を含めたレコード歌謡は完全な退嬰的哀調趣味にならなかった。確かに《露営の歌》は園部三郎が指摘するように「伝統的な晋平節のヨナ抜き短音階と都節の混合調」と歌曲調・唱歌調が巧く溶け込み「中間的な、あるいは最大公約数的な表現となって成功した」軍国歌謡である。だが、古関は「混成的歌謡曲」（東西混合歌謡曲）に成功しなかった。なぜなら、ハーモニーの充実と歌曲の常識性（レガートな旋律）を求め過ぎたからである。ハーモニーは和音の合理的進行であり、レコード歌謡の主体となる「短音階、ヨナ抜き短音階」とはどうしても矛盾する。「五音音階」と「七音音階」ではハーモニーの構造が違ってくるからだ。ハーモニーを充実するためには「七音音階」を用いてレガートな旋律を作曲しなければならない。だが、これでは日本調と外国系音楽要素の融合・混成が巧くいかなくなる。ハーモニーの重視と過度な日本調の哀調趣味は相いれないのである。

古関は壁にぶつかっていた。神聖・優雅（クラシック）と哀調趣味（日本調）はどうしても矛盾する。詩想が流行り唄・俗謡の系譜である日本調の場合、楽想の方を気品あふれるクラシックに求めても、これでは刹那的な享楽と通俗的な哀調趣味を好む流行歌にはならない。クラシックの技法の常套手段に縛られていては、そのメソッドの枠外にある大衆の欲する甘美なメロディーを作りだすことには無理が生じる。古関がクラシック歌曲に固執しているかぎり歌神は降りてこない。歌のミューズも微笑むことはない。大衆の共感を呼ぶ情緒豊かな甘美な歌を作るためには、古賀政男のように不協和音を使うなど、自由大胆さが必要なのだ。だが、古関は流行歌の作曲において山田耕筰の系譜を継ぐという信念を変えることをしなかった。

古関は古賀メロディー第三期黄金時代のさなかまさに苦闘だった。純流行歌の作曲において、この「混成的歌謡曲」（東西混合歌謡曲）の楽曲作りに苦しんだのだ。だが、不本意な作曲に甘んじながらもクラシック音楽の研鑽をますます深めていったのである。

コロムビアは東宝とも提携し映画主題歌を中心に他社を圧倒した。映画主題歌全盛時代をコロムビア時代といっても過言ではない。コロムビアと提携した東宝は国策を強めながら大陸を舞台にした男女の恋愛映画を中心に制作した。さらに小市民的な個人の幸福を描く主題歌には古賀メロディー、服部メロディーとタイアップした。そのような主題歌はいずれもコロムビアから発売されたのである。

昭和一五年一月新譜で東宝映画『白蘭の歌』の主題歌《白蘭の歌》（久米正雄・作詞／竹岡信幸・作曲／昭和一五）が二葉あき子・伊藤久男の歌でヒットした。伊藤久男のリリクな歌唱がメロドラマの舞台になった曠野の満州の風景を思わせるような熱唱だった。二葉あき子も日本人青年と恋に落ちる中国女性の心情を伝えるかのように感情を込めて歌っている。同じく『白蘭の歌』の主題歌《いとしあの星》（サトウ・ハチロー・作詞／服部良一・作曲／昭和一五）もB面ながら、チャイナメロディーの女王に君臨する渡辺はま子が美しい服部メロディーを歌った。服部良一の楽想からは哀愁のある旋律でありながら、雄大な大陸のイメージが浮かんでくる。

コロムビアは、東宝と提携し大陸を舞台とした映画の主題歌でヒットを次々と生み出した。映画『支那の夜』の主題歌《蘇州夜曲》（西條八十・作詞／服部良一・作曲・昭和一五）は、作曲者の服部良一がわざわざ現地に赴いて蘇州や杭州の美しい風景を堪能しながら書き上げたと言われている。長谷川一夫と李香蘭の主演による映画のヒットもこの美しいメロディーによるものであると言っても過言ではない。渡辺はま子が甘美な美しさを保ちながら、甘さに定評のある霧島昇と共に歌った。

古賀政男が大陸メロディーでヒットを放った。それは東宝映画『熱砂の誓い』の主題歌である。主題歌の《熱砂の誓い》（西條八十・作詞／古賀政男・作曲／昭和一五）も伊藤久男の声量溢れる熱唱でヒットした。この歌には《建設の歌》というサブ・タイトルがついている。大陸の雄大なスケールと哀愁に溢れた曲だった。

伊藤久男の歌手としての個性を最初に開花させたのは、実はこの古賀メロディーの《熱砂の誓い》だった。戦後のダイナミックなスケールの大きなロマン的叙情の古関メロディーの代表曲である《イヨマンテの夜》よりも、伊藤久男の歌唱芸術はすでに古賀メロディーによって開花し大衆を魅了していたのである。同年、伊藤久男は古関裕而の軍国歌謡最大の傑作《暁に祈る》をヒットさせるが、《熱砂の誓い》の方が、ダイナミックな大陸的スケールの大きさという点において伊藤久男の個性を十分に発揮させた楽曲だった。

また、伊藤久男の声価を決定した抒情歌謡のベースとなったレコード歌謡も実は古関メロディーではなかった。いみじくも《暁に祈る》と同月新譜発売の《高原の旅愁》（関沢潤一郎・作詞／鈴木義章・作曲／昭和一五）のヒットが伊藤久男の歌唱力豊かな抒情歌手としてのスタートであり、その魅力のベースとなった。これは高峰三枝子が歌う服部メロディー《湖畔の宿》（佐藤惣之助・

作詞／服部良一・作曲／昭和一五）のカップリングだったおかげでヒットした。作曲者の鈴木義章は後の八洲秀章。戦後の伊藤久男の名唱であり、クラシック系歌謡曲の抒情歌の傑作、《あざみの歌》（横井弘・作詞／八洲秀章・作曲／昭和二六）《山のけむり》（大倉芳郎・作詞／八洲秀章・作曲／昭和二七）の作曲で知られている。

古関裕而の意識はあくまでもクラシック音楽である。

「昭和十五年は、紀元二千六百年に当たり、十一月十日、皇居前広場に於て記念式典が催された。歌舞伎座では、奉祝大音楽会が開催されて東京市内のシンフォニー団体が合同演奏し、外国からはドイツのリヒアルト・シュトラウスをはじめイタリアのピゼッティら、現代作曲家の代表から贈られた奉祝曲を演奏した」（『鐘よ鳴り響け』）

映画主題歌と軍国歌謡の時代でも、古関の眼は常にクラシック音楽に向けられていたのである。この信念が戦後の昭和二〇年代のクラシック系歌謡曲の黄金時代を形成するのである。さらに戦後歌謡曲が昭和三〇年代の演歌系歌謡曲の時代になっても古関のスタンスは変わらなかった。クラシック音楽が古関裕而のスタンスの基本であり、その姿勢は音楽人生において終始一貫していた。

日米決戦への岐路

日米の決戦の予兆はすでに広田弘毅内閣の「国策の基準」において、北進論と併せ南進論が明示され、その輪郭が明瞭になっていた。南方進出が長期的な展望を持って国策になっていたのだ。同年、室伏高信が『南進論』を著述し話題となった。室伏の『南進論』は物心二元論による近代哲学の祖であるデカルト以後のヨーロッパの進歩史観が終焉し、西洋の覇権は没落したという論調に特徴がある。今後の覇権はアメリカ、日本、ソ連によって争われることになり、日本の国際社会における方策と海に視野を広げる南進論の重要性を説いている。新たな覇権国家に必要な海の思想は海軍が支持することになり、「海軍軍備ハ米国海軍ニ対シ西太平洋ノ制海権ヲ確保スルニ足ル兵力ヲ整備スル兵力ヲ整備充実ス」とあるように日米決戦が予想されていたのである。

日中武力紛争は事変から戦争へと拡大し収拾の目途が見えず、しかも日本を取り巻く国際情勢は複雑怪奇であり混迷していた。昭和一四年七月二六日、アメリカは日本に対する経済制裁である日米通商航海条約の廃棄を一方的に通告してきた（失効・翌一五年一月二六日）。《よくぞ送って下さった》（西條八十・作詞／古関裕而・作曲／昭和一四年）がこの日米通商航海条約の廃棄通告を予想して、すでに発売中止になっていた（昭和一四年四月一一日吹込み／六月二〇発売予定。七月新譜）。

斎藤博駐米大使は満州事変以後悪化した日米関係正常化のために九年にわたって誠実、真摯な態度で尽力した。その評価は高かった。ところが昭和一四年二月二六日、ワシントンで胸部疾患がもとで逝去。米国は大使の死を惜しみ、異例の措置を取り計らった。巡洋艦「アストリア号」で丁重に大使の遺体を送り届けてくれたのである。斎藤大使の勲を照らすかのように星条旗を掲げた米巡洋艦が横浜に入港したのは四月一七日。築地本願寺で斎藤大使の遺体は外務省葬となった。斎藤博駐米大使遺骨礼送に対して感謝の意をしめし、米国に寄せるレコードとして作られた古関メロディーだが、国際情勢は複雑でありアメリカの敵意が増し、それどころではなくなっていた。西條の〈大米国　有難う〉と友愛に満ちた詩句も日米外交の正常化にはならなかったのである。

桜花さく横浜の
港の雨よ　すすり泣け
きょうぞ静かに港入り
黒き弔旗の巡洋艦
よくぞ送って下さった
大米国よ　有難う

哀悼歌といえば、北支派遣軍参謀（陸軍砲兵大尉）として従軍し満彊の地で奮戦中（演習中の航空事故）に戦死した北白川宮永久王《きたしらかわのみやながひさ》殿下を哀悼するために作られた《嗚呼北白川宮殿下》（伯爵二荒芳徳・作詞／古関裕而・作曲／昭和一六・一＊二葉あき子・共唱）がバリトンの伊藤武雄、二葉あき子の共唱によって吹込まれた。

北白川宮永久王殿下の痛ましい事故は昭和一五年九月四日に起きた。張家口《ちょうかこう》の陸軍飛行場において、訓練中に敵の攻撃を受け被弾した友軍戦闘機が緊急着陸。搭乗員を救助しようと宮殿下は着陸点に駆け寄った。ところが、この被弾した戦闘機の右翼尖端が北白川宮永久王殿下に接触し右足切断、左足骨折、後頭部裂傷という重傷を負い、八時間後、薨去《こうきょ》された。この軍国歌謡は北白川宮家永久王殿下の遺徳を伝えるために昭和一五年一二月九日に国民歌謡で放送されており、伊藤武雄が〈明けくる亜細亜の　大空を　護る銀翼　はげまして〉と哀悼の意を込め、重厚なバリトンで独唱した。

明《あけ》くる亜細亜の　大空を
護る銀翼　はげまして
大御光を天地に
輝かさんと　征でましし
嗚呼若き参謀の　宮殿下

昭和一四年八月二一日には有田・クレーギー日英会談決裂、八月二三日、防共協定の仮想敵国をソ連のほかイギリス・フランスにも拡大した軍事同盟への発展を提案していたドイツが突然、ソ連と不可侵条約を締結し、日本は外交に混迷をきたした。平沼騏一郎内閣は「欧州の天地は複雑怪奇なる新情勢」という声明をのこし総辞職した。この時点においてノモンハン事件は解決しておらず、政府は外交の方針を見失っていた。

昭和一四年九月一日、ドイツ、ソ連がポーランドへ侵入しこれを契機に第二次世界大戦が勃発した。日本（阿部信行内閣）は対戦不介入を外交方針にした。阿部内閣は、ノモンハン事件における地上戦の苦戦と欧州大戦勃発を踏まえ、同年一二月、「対外施策方針要綱」をまとめ、ヨーロッパへの戦時介入をさけ中立の立場をとったのである。次の米内光政内閣もその方針を継承した。

昭和一五年、新体制運動は大政翼賛会に結実し、外交においては日独伊三国同盟の締結によって大東亜共栄圏のスローガンが掲げられ、日米の武力衝突は決定的となっていた。最後の期待をかけた日米交渉も三国同盟、大東亜共栄圏、南方進出がアメリカを大いに刺激し、国際世論は日本と米英間の危機的状況を感じ始めていた。

昭和一六年七月新譜でコロムビアから《海の進軍》が発売された。これは陸・海軍省の後援を受けた読売新聞社の公募によって作られた歌である。旋律は悲愴感のある短調で作曲されたが、太平洋を進軍する連合艦隊の堂々たる威容な姿が古関裕而のイメージとしてあり、太平洋の雄大な海を進軍するマーチ風の楽想が見られた。歌手陣には「国民総意の歌」のコンセプトにふさわしい伊藤久男、二葉あき子、藤山一郎、合唱団が配された。この《海の進軍》の頃から、皮肉にも古関裕而の戦後に開花するクラシック系歌謡曲の基本ベースが固まって来た。東亜から「大東亜共栄圏」、米英の西欧圏への日本の挑戦が楽想のスケールの広がりを要求したのである。米英に対する戦意昂揚を喚起するためには西洋音楽芸術の技法が有効であるとするならば、クラシック音楽の本質を持つ古関にとっては、戦争音楽とはいえ有利な時代の到来である。

〈あの日　揚がった　Z旗を〉と歌う伊藤久男はドラマティックな愁いのあるバリトンである。そして、二葉あき子の歌唱の後「軍艦マーチ」の間奏が入り、藤山一郎が流麗甘美なテナーの音色のあるバリトンで格調高く三番を独唱した。最後は歌唱者と合唱団が一体となった斉唱で終曲する。

一

あの日揚った　Z旗を
父が仰いだ　波の上
今日はその子が　その孫が
強く雄々しい　血を継いで
八重の潮路を　越えるのだ

二

菊の御紋の　かげ映す
固い護りの　太平洋

海の男子の　生甲斐は
沖の夕陽に　撃滅の
敵のマストを　夢に見る

三

御稜威輝く　大空に
意気に羽搏く　海鷲が
描く制覇の　勇しさ
僚友《とも》よ七度　生きかわり
波に勲を　咲かそうぞ

古関裕而の《海の進軍》には「七生報国」思想が詩句に盛り込まれている。殉国という尊い精神は酔うほどに熱唱することによって恐怖感がしだいに薄められ、死への刹那的な美的興奮へと一層、拍車をかけたのである。《桜花隊の歌》（副題・「神雷部隊の歌」）という軍歌にも〈七度生まれて尽忠の　誠を誓わん武夫が　まなじり高く決戦の　神機を待ちて腕を練る〉という歌詞において、七たび生まれ変わり国に報い忠誠を尽くすという「七生報国」の思想が見られるのである。古関裕而はそのような思想を《七生報国》というタイトルで作曲している。

昭和一六年九月、御前会議が開かれ、「帝国国策遂行要領」が決定した。三次近衛内閣が九月六日に御前会議で「対米（英蘭）開戦ヲ決意」と開戦準備の完成を一〇月下旬に目途とした決定をした方針。三項と別紙から成り、前文からは日本の緊迫した情勢の把握がのべられており、一条と三条において、「帝国ハ自存自衛ヲ全フスル為対米（英蘭）戦争ヲ辞セサル決意ノ下ニ概ネ十月下旬ヲ目途トシ戦争準備ヲ完整ス」（一条）、「十月上旬頃ニ至ルモ尚我要求ヲ貫徹シ得ル目途ナキ場合ニ於テハ直チニ対米（英蘭）開戦ヲ決意ス」（三条）と事実上の開戦決定を明示した。

一〇月上旬までに日米交渉がまとまらない場合の対米開戦を決定した。日米交渉は、日本に対して、満州をのぞく中国からの撤兵、日独伊三国同盟死文化を要求するという厳しいものであった。妥協をみいだせないまま、一〇月を迎えた。日米交渉を継続主張する近衛と、交渉打切り・開戦を主張する東条英機陸相が対立。近衛は総辞職した。

一〇月一八日、東条英機内閣成立。木戸幸一内大臣は、九月六日の御前会議の決定を白紙還元することを条件に東条を内閣首班に推挙したのである。東条内閣は九月六日の決定を再検討したが、開戦は避けられないという結論だった。

一一月五日の御前会議では「帝国国策遂行要領」が正式に決定した。一一月二六日、、アメリカ国務長官の示した米国側の最後通告（事実上の宣戦布告）、「ハル＝ノート」の内容は日本に対してさらに非常に厳しい内容の突き付けであり、中国・仏印からの撤兵、汪兆銘政権の否認、日独伊三国同盟の死文化に加え、中国情勢を満洲事変以前に戻せという今までにない強硬な内容だった。日本がこの要求を受け入れないとするならば、いつでも攻撃してこいという戦争誘発の挑発行為であり、和平など最初から念頭になく、ルーズベルトの対戦介入の謀略の成就を達成するものであった。したがって、「ハル＝ノート」は事実上のアメリカ側の宣戦布告であり、日本を追い詰め戦争を誘発する趣旨である。これが日米戦争の起点となったのである。

昭和一六年一二月八日、朝六時、大本営陸海軍部のラジオの臨時ニュースは全国民を一驚させた。古関は米国の国力を知っていた。資源豊かな巨大な国家、アメリカ合衆国との戦争はどれほど無謀なことなのか、知っていたのだ。だが、この強大な国家に日本は睨まれた。睨まれたら最後、民族を根絶やしにするのがアメリカである。追い詰められた日本から真珠湾攻撃とマレー半島上陸、フィリピン爆撃と最初の一撃で正義の国アメリカの大義名分が正当化され、この《海の進軍》は大日本帝国崩壊への序曲のようなグランド・マーチ風の楽想で作曲された。世界に威容を誇示する日本海軍だが、この歌曲の楽想の主調であるマイナーコードは栄光の落日を象徴しているかのようであった。

《海の進軍》は栄光の威容を誇示するかのような「グランド・マーチ」の楽想だが、《怒濤万里》は択捉島の単冠湾を出発し北太平洋の荒波を越えて進む日本海軍の威容を勇壮に描いた楽曲である。

古関メロディーの特徴に転調という手法がある。古関は《怒濤万里》（日本放送協会放送文芸当選作品／古関裕而・作曲）の作曲によってその手法を完成させた。雄大な海原を越え、怒濤の海で鍛え上げた海国日本民族の底力を連想させる海歌である。日の丸が掲げられたマストを仰げば、希望の血が躍る。万里果てなき荒波を越え行く。勇ましいマーチでもある。

《怒濤万里》は、Cマイナーの前奏に始まり、後半からCメージャーに転調する。これは楽典の基本通りの転調の手法だった。歌唱は楽典・音楽理論に忠実な歌唱に定評のある藤山一郎（正格歌手）である。当時、音楽を正科にしている女学校では音楽の授業にこのレコードが使われていた。だが、〈見よ興亜の　上潮に光燦めく　陽は若い〉はやがて迎える米英との対立を暗示していた。

転調はすでにのべたように古関裕而の歌曲を特徴づける技法である。戦後の《夢淡き東京》（サトウ・ハチロー・作詞／古関裕而・作曲）がその代表的楽曲であり、藤山・古関芸術の本格的なヒットでもある。そのスタートが《怒濤万里》なのである。これが戦時色の色濃く反映された詩句でなければ、クラシック系歌謡曲としての名曲になったに違いない。とにかく、古関裕而はようやくクラシックの技法を全面に押し出すことに成功し、それを使った流行歌の作曲に慣れてきたのである。この古関裕而の研鑽による近代音楽の所産が後に《英国東洋艦隊潰滅》《若鷲の歌》《決戦の大空へ》《ラバウル海軍航空隊》《嗚呼神風特別攻撃隊》などの名曲を生み出すとは、まことに皮肉である。これらの楽曲の旋律はいずれも名曲である。

南方慰問団の旅

日本軍によって占領され東南アジア地域には、多くの音楽慰問団が派遣された。昭和一七年一〇月一〇日、「NHK・「南方慰問団」（前田璣・久岡幸一郎指揮、作曲家古関裕而も同行）が楽洋丸に乗船して大坂を出発。仏印サンジャック、シンガポール、ラングーンと、漫談、落語、浪花節、歌、音楽演奏、舞踊などのバラエティーショーは好評だった。慰問団はビルマのマンダレーの慰問後、前田組と久岡組に分かれ、前田組はインド国境方面へ、久岡組は雲南省に向かった。

慰問団の規模は大きく大編成なので、輸送関係と間違えられ甲板下の特別三等客室の押し込められ、この処置にカンカンとなった。殊にNHKの部長クラス、徳川夢声の怒りは相当なものだった。船は関門海峡を通り、台湾の高雄に入港。数日停泊後、いよいよ危険水域を通過しなければならず、緊張の毎日が続いた。だが、南国の夜は美しかった。夜光虫の光がキラキラと海面を照らす。帯状に光るのだ。海のネオンは実に美しく、敵潜水艦による攻撃の恐怖を一瞬、忘れさせてくれた。

一一月一三日、仏印の南端、サン・ジャック岬に着いた。古関ら慰問団のみが上陸許可を貰い、印度支那の異国情緒豊かな街を訪れる。一行は、サン・ジャックを出航、船は更に南下し、数日後にシンガポールに着いた。早速、各部隊、軍の病院、各所での慰問演奏を行った。シンガポールには高層ビルの「カセイ・ビル」の放送局があり、同放送局からの演奏依頼に応じた。局長は日本放送局の名アナウンサー河西省三。

古関は滞在中、南方軍（寺内寿一大将司令官、フィリピンの作戦の第一四軍、タイ・ビルマ作戦の第一五軍、蘭印作戦の第一六軍、マレー作戦の第二五軍）の依頼で、〈亜細亜の南　緑なす　天賦の山河　幾億と〉の詩句ではじまる《大南方軍の歌》を作曲し昭南市で発表した。

「シンガポール到着の三日後、総軍の報道部から、私に呼び出しがあり、何事かと、出向いたら、『大南方軍の歌』を募集し、歌詞は既にできている。至急それを作曲し、ここに滞在中に全軍に向けて放送し、また主な各部隊で歌唱指導もしてもらいたい、という意向であった」(『鐘よ鳴り響け』)

古関は歌詞を受け取り作曲に取り掛かった。軍の希望に沿う楽曲ができあがった。現地ではバリトン歌手の内田栄一が熱心に歌唱指導をした。レコードは霧島昇が歌ってコロムビアから発売された。カップリングは伊藤久男がリリクに歌う南方の空をながめ故郷を偲ぶ抒情軍歌・《みなみのつわもの》である。

シンガポールの日程が終了し、古関らはジャワに向かう予定だったが、ビルマ方面に予定が変更された。このビルマの空を制したのが陸軍の戦闘機一式隼である。ハリケーン、スピットファイアは陸軍の航空部隊が誇る新鋭機・隼の敵ではなかったのだ。性能ではほぼ互角でも搭乗員の練度はイギリス軍を遙かに凌いでいた。これは海軍航空部隊も同様である。戦闘機の性能の優秀性は当然ながら、陸海軍の航空部隊の操縦・空戦技量は世界最高の水準を誇っていたのである。

陸軍の航空部隊である第三飛行集団も進出し、ビルマ上空を制圧した。「加藤隼戦闘隊」を率いて軍神といわれた加藤建夫の活躍は陸軍航空史に刻まれている。だが、昭和一七年五月二二日、この加藤建夫中佐は無念にもベンガル湾の海へ愛機隼とともに散華した。

加藤中佐は、二階級特進し少将となり、「軍神」という称号と個人感状を授与された。「軍神加藤少将」の武勲は讃えられたのだ。古関はこの軍神加藤健夫の功績を讃えた軍国歌謡を作曲した。コロムビアから、藤山一郎の歌唱で《空の軍神》（西條八十・作詞／古関裕而・作曲／昭和一七）が発売された。二番、四番の藤山の弔意を込めた格調溢れる熱唱が人々の心を打った。三番では女性斉唱が軍神の幼き頃、小鳥を慈《いつく》しむやさしき心を〈小鳥と遊ぶ、その昔の写真を〉と歌いあげている。

古関はビルマの首都、ラングーンに到着すると街のエキゾチックな風景に眼を奪われた。古関は黄金色に輝くパコダ（寺院）を船上から観てその異国情緒の美しさに感激したのだ。ラングーンの市街は静かだが、夜の歓楽街は賑やかだった。古関らは滞在中、ビルマ一の舞踊家、ウ・ポー・セインの家に招待され。ビルマ音楽と舞踊の楽譜を献呈された。

ラングーンの慰問演奏が終わると奥地へと慰問団は向かった。車中で一泊し、中部ビルマの中心地マンダーレ（マンダレー）に到着。ここで慰問団は予定通り、「雲南方面」と「印度方面」に分かれた。古関は雲南班（団長・小林徳次郎）で、声楽家内田栄一、奥山彩子、豊島珠江ら歌手陣に、浪曲の梅中軒鶯童、石井みどり舞踊団のメンバーで慰問団は編成され、これに東京放送管弦楽団のオーケストラのメンバーが加わった。

一行はマンダレーの駅からトラックに乗り、北シャン州へ出発。雄大な山系からマンダレーを見下ろす風景は爽快だった。晩秋から初冬のビルマは乾季の最中で日中は乾いた空気の好天気で爽やかだった。

古関らは、メイミョウ（明妙）に到着。同地は樹木が繁り街の景観は美しく、避暑地として英国総督や高官の別荘地でもあった。昼は乾季なので四〇度の気温でも過ごしやすかったが、ところが日没後は厚いオーバーコートが必要なほど気温が下がり、夜は冷えた。

翌日、日本軍の大部隊が駐留するラシオに向かって出発。途中、シポーの町に寄り士侯の王様の歓待を受ける。ジャングルに入り、山岳民族のカチン族の村で小休止をする。日中の猛暑と夜間の寒気に苦しみながら日本軍の大部隊が駐留しているラシオに到着した。ラシオから奥地に入るといよいよ中国国境も近くなり、激戦地が間近に迫り、戦争の生々しさが感じられた。殊にクンロン付近では白骨が累々と並び放置されていた。凄惨な戦闘状況が肌で感じられ身の引き締まる思いがした。

芒市の慰問の後、龍陵に向かう途中、奥山彩子らを乗せたシボレー（英軍からの戦利品）が高原地帯の坂道のカーブで転倒事故を起こした。山を見渡す箇所で途が急にカーブしており、スピードの出し過ぎでハンドルを切り損ね運転手の下士官が亡くった。歌手の奥山と舞踊団のメンバーは軽傷で済んだ。

「我々のトラックもそのカーブを曲がったが、前を行くべきシボレーが影も形もない。よく見通しのきく所なのでいぶかりながら徐行すると、はるか下の方から『たすけてェ！』と女の悲鳴が聞こえた。トラックを飛び下り崖を下りて行くと、新しいオープンカーは車輪を上にして転倒し、傍らに女子たちが倒れていた。運転していた下士官は、車の下敷きになって即死だった」(『鐘よ鳴り響け』)

芒市の慰問を終えた後の龍陵事件は痛ましい事故だった。運転手の下士官は兵舎の庭で荼毘に付され徹夜で霊が慰められた。

中国建築の美観が目立つ龍陵を後に鎮安街を経て、最前線の拉猛に到着。拉孟は中国軍と対峙している最前線である。この戦闘の激しい拉孟に音楽慰問団が来たのは初めてのことだった。最前線の兵士の喜びようは物凄く古関たち一行を驚かした。当然、演奏にも熱が入る。バリトンの内田栄一、奥山彩子らの熱唱は感動の渦を呼び、慰問団は感謝状を頂いた。古関ら慰問団は拉孟に再び引き返しラシオまで戻り、帰途は列車でマンダレーに到着。途中、ゴクティク峡谷にかかる目のくらむような高さの高架鉄橋を列車は徐行でゆっくりと通過した。マンダレーからは列車でサジまで南下。再びトラックに乗り、大高原の入り口のカローという町を通り、南シャン州第一の町タウンギーに到着した。そこでは古関ら慰問団は部隊の歓迎を受けた。慰問演奏を終え、サジに戻り、そこで印度方面に向かっていた別動隊の慰問団と合流した。前田璣、万沢恒らとお互いの元気な顔を見て喜び合った。古関は龍陵の事故(シボレートラック転覆事故)を語り、前田らの印度方面組は、広大なイラワジ河の渡河の苦難と苦労を語ってくれた。

合流した慰問団はラングーンに戻り再び慰問演奏を行い、ビルマを後にした。次の行き先はマレー半島ペナン島である。ラングーンからマレー半島へと乗った船はかなり老朽化した貨物船だったが、波間は静かで平穏な船旅だった。乗客は少ない、デッキで日光浴をし束の間の穏やかな日常の平和を満喫した。

古関ら慰問団は遠くにアンダマン諸島を眺めながら無事、ペナン港に入港した。ペナンはマレー半島随一の避暑地で知られる。街並みも美しかった。同地の飛行場の慰問を終え、対岸のマレー半島に渡り、列車でクアラルンプールへ。古関ら慰問団はアジアというよりは中東を思わすイスラム風の建造物に驚く。同地に着くと徳川夢声が迎えてくれた。これで日本を出発した時の慰問団のメンバーが全員揃った。

昭和一八年の元旦はクアラルンプールのホテルで迎え、ホテルの庭で全員集合し《君が代》《一月一日》を斉唱。異国の地で新年を祝った。シンガポールを振り出しに今度はジャワ行きが予定されたが、昭和一八年二月、ジャワには読売新聞社主催・「南方慰問団」（藤山一郎・指揮）が派遣されることになっており、古関らの慰問団は二月の上旬、帰国の途に着いたのである。

帰国後、古関には『決戦の大空へ』の主題歌の吹込みが待っていた。《若鷲の歌》を霧島昇と共唱した波平暁男は大正四年四月一日、沖縄の平良市の生まれ。本名、波平恵弘。昭和一七年、東京音楽学校研究科修了。声楽を奥田良三に師事した。昭和一六年一月新譜発売の《歌は戦線へ》（昭和一六・一）でポリドールからデビューした。

波平はポリドールでは数多くの戦時歌謡を吹込む。《日本陸軍軍歌集》ではポリドールの主力歌手や、声楽の師である奥田良三と共演している。ポリドール、コロムビアで幅のあるテノールをいかして戦時歌謡を多く吹込む。コロムビアでは《若鷲の歌》が最大のヒット。古関裕而の軍国歌謡では《若鷲の歌》をはじめ《制空戦士》（大木惇夫・作詞／古関裕而・作曲）昭和一九）《母も戦の庭に立つ》（朝倉安蔵・作詞／古関裕而・作曲／昭和二〇）《雷撃隊出動》（米山忠雄・作詞／古関裕而・作曲／昭和一九＊霧島昇・共唱）などがある。また、古賀メロディー《月夜船》（藤浦洸・作詞／古賀政男・作曲／昭和一九）の創唱歌手としても知られる。波平は土浦で予科練習生の前でもアコーディオン伴奏で歌っており、この短調の古関メロディーを力強く歌い上げた。軍国歌謡においても定評のある彼のテナーは悲愴感に溢れていた。

藤山一郎は二度目の南方慰問へ出発前に《決戦の大空へ》（西条八十・作詩／古関裕而・作曲／昭和一八）を吹込んだ。このB面の旋律は雄大な大空を思わせるような明るさがあるが、なぜか、藤山一郎の歌唱にはその明るさのなかにも悲愴感が漂っている。藤山のような理性の歌手は短調の楽想でも感情移入があまりない。ところが、この時は違っていた。悲愴感溢れる感情豊かな歌唱だった。まるで、藤山は芸術の魂と大衆音楽の葛藤を清算できず、己の音楽的個性を失ったまま、南方で散る運命を覚悟しているかのようだった。

インパール作戦従軍の旅

古関裕而を乗せた船は南シナ海の美しい海原を走っていた。海面は絶えず変化している。色と光、動く影が交錯する。海は日光を浴びて光り輝く。黄昏時、神秘の色を帯びるのだ。海面の姿と情緒とは刻々と変化する。夜になると海洋性のプランクトンが光を放つのである。海面に帯状に光る夜光虫の光はまるで海の中のネオンのようである。

「夜光虫が群がり光り、近付き離れ去り、光り淡く輝き、妖しいまでの夜の海の美しさを私は船上から見た。故国を離れ、南に赴いた時のことが、この詩を読んだ時思い出され心に沁みた」(『鐘よ鳴り響け』)

言ふなかれ、君よ、わかれを
世の常を、また生き死にを、
海ばらのはるけき果てに
今や、はた、何をか言わん。
暑き血を捧ぐる者の
大いなる胸を叩けよ

満月を盃にくだきて
暫《しば》し、ただ酔ひて勢《きお》へよ、
わが征《ゆ》くはバタビヤの街、
君はよくバンドンを突け、
この夕べ相離《さか》るとも
かがやかし南十字星を
いつの夜か、また共に見ん
言ふなかれ、君よ、わかれを、
見よ、空と水うつるところ
黙々と雲は行き雲はゆけるを。

この大木惇夫の詩を原題に彼自身が作詞したのが《海を征く歌》（大木惇夫・作詞／古関裕而・作曲）である。決死の覚悟が楽想に色濃く反映された劇的な旋律である。伊藤久男の熱唱はドラマテックである。

君よ　わかれを言うまいぞ
口にはすまい　行き死にを

遠い海征く　ますらをが
なんで涙を　見せようぞ

古関は再びビルマの地にやって来た。インパール作戦へ特別報道班員派遣として従軍の命を受けたためである。

昭和一九年一月七日、大本営は「インパール作戦」（「ウ号」作戦）に対して大陸指第一七七六号をもって認可した。

「南方総軍総司令部ハ〈ビルマ〉防衛ノ為適時当面ノ敵ヲ撃破シテ〈インパール〉付近東北部印度《インド》ノ要域ヲ占領確保スルコトヲ得《う》」

昭和一九年三月八日、第一五軍司令長官牟田口廉也中将によってインド東北部アサッム州首都インパールの攻略が唱えられ、決行されたのである。

太平洋戦争においてはどの戦場も凄惨な苛烈極まりない戦いであったが、インパール作戦は異色だった。それは、まず第一に補給上致命的な難所、蕃境の山野の大陸戦場において、作戦・補給がシステム化された重装備の連合国と軽装備の日本軍の戦いであることが挙げられる。第二に作戦中における師団長更迭、佐藤師団長の専断撤退などの統帥上の不祥事など、前代未聞の事件が起きたことを考えれば、異色の戦いであったことに対して異論はないであろう。しかも、日本の陸軍の戦史においても記録的な大敗を喫した戦いでもあった。

大本営は特別報道派遣班を企画した。これに作曲家、古関裕而が名前を連ねていた。古関はこの華々しくい発表されたインパール作戦の報道班派遣メンバーに参加したくなかった。

「これには私は行きたくなかった。福島市の母が病床にあり、長男の私は、二つの生活の責任者であり、子供も十二歳と十歳であるし、辞退を申し出た。が、当時の軍部の権力を知る人には理解できると思うが、そんな理由は、私自身が病気でない限り、通るはずがなかった」(『同上』)

昭和一九年四月中旬、古関を乗せた重爆撃機がビルマ戦線を目指し羽田を出発した。大本営によると四月二九日の天長節が陥落予定日なので、急いでくれとのことだった。文壇からは火野葦平、画壇からは向井潤吉が同乗した。古関ら一行は奏任官の中佐待遇だった。

博多に一泊、上海で一泊、台湾に到着。翌朝、日の出前に飛行機は飛び立った。海南島を見下ろしながら、サイゴンに直行する。サイゴンで一泊し、翌日、アンコールワットの奇怪な古城の全貌を見下ろしながらバンコックへ。その夜、バンコックに泊まり、同地を出発しビルマとタイの国境の密林を越える。ラングーンのシュエダゴン・パゴダが見える。古関は昭和一七年の慰問以来の一年半ぶりにラングーンへ到着し、ミンガラドン飛行場から派遣軍司令部に直行した。作戦担当の参謀はインパール方面の地形を模型と地図で戦況を説明しながら、インパールはまだ陥落していないことを古関らに伝えた。古関は出発前に内地で受けた話と現地の状況が大分違うことに戸惑いを見せた。

古関らには広大な敷地にメイン・オフィスがある旧英国通信社の支社が宿舎に宛てがわれた。ビルマの四月は一番暑い季節である。前回は乾季で爽やかな季節だったが、今回は雨季が始まる前でその暑さは異常だった。だが、生活は快適だった。

「どこにも、ブーゲンビリアの花が咲き、庭にはリスが遊び、部屋の中を雀が飛び回り、ちょっとした楽園である。一日、三回はオフィスに集まり、記者や通信員の人々と雑談しながら食事したりお茶を飲んだりした」(『同上』)

夕食は火野葦平が豊後浄瑠璃を興じるなど余興が演じられ、古関は将棋をしながらそれを楽しみ、和やかなひとときを送っていた。

「土曜日の夜は庭にゴザを敷いて野外宴。決まってすき焼きをした。毎日、司令部に顔を出して戦況の説明を聴くが、いっこうに予定どおりの進捗をみぬようだった」(『同上』)

やがて、火野葦平と向井画伯は一足先に現地の様子を見に行くことになった。古関は陥落後に参謀部と一緒に行くことになり、ラングーンに留まることになった。

古関は同地で「ビルマ派遣軍の歌」の作曲を依頼された。作詞は火野葦平。詩句はつぎのとおり。

勅令の下　勇躍し
神兵ビルマの地を衝けば
首都ラングーンは　忽《たちま》ちに
我手に陥《お》ちて　敵軍は
算をみだして　潰《つい》えたり
宿敵老獪　英国の
策謀ここに　終焉《しゅうえん》す
光　燦《きらめい》たり　ビルマ派遣軍

火野。向井らが出発して間もなく、いよいよビルマの地は雨季の季節に入った。まるで台風のように降り続ける物凄い豪雨である。街は雨水が氾濫し、道路はまるで川のようだった。古関は前線で戦う兵士やそこに向かった火野、向井らはこの豪雨や疫病の中でどうしているのかと彼らの身を案じた。

《ビルマ派遣軍の歌》が完成した。古関は早速、参謀部に持っていき、発表の打ち合わせに入る。古関はラングーンに着いた頃から、各部隊の「部隊歌」の作曲を懇願されていた。詩句が届けられ、次々と作曲したが、発表前に部隊は前線にどんどん投入されるので未発表が多かった。結局、古関の手元には《ビルマ派遣軍の歌》のみしか残らなかった。

作曲、慰問に没頭していると、前線から戻る従軍記者から状況を知らされ、その悲惨な戦況を知るに及んで驚いた。七月上旬、向井画伯が一人先に戻って来た。向井は古関らが滞在するオフィスで食糧不足で栄養失調の兵士が雨季の豪雨の中、過酷な戦闘を強いられている状況を描いたスケッチを前に語った。

昭和一九年七月一〇日、インパール作戦は中止された。

古関はつぎのように自伝に記している。

「作戦は中止しても、多数の傷病兵をかかえた部隊が豪雨で崩れた密林や、山岳地帯の道をどのように撤退するか、まことに胸が痛む思いだった―〈中略〉―泥濘と雨と悪疫。生命を保つさえ難しい兵隊に、進撃命令、進攻作戦の地図上の参謀。すべては無謀、無駄な作戦であった」(『同上』)

火野葦平が戻って来た。古関はその夜、オフィスで夜も更けるのも忘れて火野の前線の状況を聞き驚愕の事実を知る。古関は言葉を失うほどの衝撃を受ける。

昭和一九年七月一五日から、前線の総退却が開始された。白骨街道が続く日本軍の地獄の撤退が始まったのだ。各隊とも飢餓、アミ（メ）ーバ赤痢、マラリアなどの疾病に冒され、栄養失調は加速し、体力の消耗は極限状態だった。重病患者は取り残された。沿道の密林に行き斃れた。ウジが傷を蝕み、靖国街道、白骨街道と云われるほど、死屍累々が行き倒れており、白骨化した死骸が至る所で見られた。雨季の長期にわたる撤退作戦は想像を絶する悲惨なものだった。タコ壺にいて身をかくして潜んでいても、豪雨と泥水に呑まれ、排泄が溶け込んだ濁流の中で死んでゆくこともあった、泥濘のなかで死んでゆく兵士は哀れそのものであった。

昭和一九年八月、古関ら一行は地獄のインパールから帰国することになり、参謀部に挨拶に出向いた。ここで古関はラングーンからサイゴンに発つことを要請された。八月六日、古関はラングーンを出発した。途中、シンガポールで一泊し、ここで電報を受け取り、その内容は母逝去の知らせだった。古関は一瞬目がくらみそうになった。

母は、ここ一年は福島で中風で寝たきりの生活だった。その母が八月五日、福島で亡くなっていたのである。従軍前に一度別れの挨拶に行こうと思っていたがその思いを果たせず、今度ビルマから帰国したら、早速会いに行こうと思っていた矢先だった。その夜、遠く離れた異国の地、シンガポールで母の面影を偲んだ。その夜は母の思い出が脳裏に浮かび一睡もできなかった。

同年八月一八日、日本文化会館の主宰で「古関裕而音楽と映画の夕べ」がエデン映画劇場で開催された。聴衆は全て招待客。海軍の高官、総領事、日本人会　コーチン・チャイナの知事、サイゴン市長、フランス軍関係者・ドイツ、スイスの外交官、地元安南（ベトナム）の著名人などが集まった。演奏は好評のうちに終わった。そして、運よく、羽田行きの直行便に乗り、無事帰国の途に着いたのである。

九月五日、古関は郷里福島で母の葬儀を行った。父はすでに昭和一三年六月五日に亡くなっていて、母が父と同じ五日に亡くなったのはやはり何かの縁であろうと思った。そう思うとまた母の面影が瞼に浮かびとめどなく涙が流れてきたのである。

敗戦前後

空襲の激しさが増し、警戒警報発令中でも、灯火管制の真っ暗な部屋で古関夫妻は音楽を失うことがなかった。夫婦で陸軍病院の慰問を行うなど、音楽を生きる希望にしていた。

太平洋戦争におけるアメリカ軍の日本本土初空襲は、昭和一七年四月一八日、空母「ホーネット」から飛び立った一六機のＢ‐25による爆撃だった。東京、名古屋、神戸が初空襲されたのだ。ドゥーリットルの本土空襲に対して、海軍は横須賀航空隊、陸軍は第二四四戦隊が迎撃に向かったが、Ｂ‐25を捕捉することはできなかった。その後、相馬御風が作詞し、古関裕而の作曲による《防空監視の歌》が作られ、藤山一郎と二葉あき子によって歌われた。財団法人「大日本防空協会」などが中心となり防空意識の高揚が図られたのである。古関の楽想には監視隊の志気の精神を鼓舞するそれが感じられた。

昭和一九年二月、トラック島空襲は南方とはいえ、本土防衛がいよいよ現実化を帯びてきたことを認識させた。五月上旬に入り、陸軍は統帥権を一元化し、防衛力強化を実施して地上の防空専任部隊及び第一航空軍は以後、防衛総司令官の指揮下に入った。そして、海軍が今まで担当していた防空用航空隊（各鎮守府）も作戦上において、陸軍の防衛司令部の指揮下に入ったのである。

昭和一九年六月一五日夜半から一六日未明にかけて、中国の成都から飛び立ったB‐29による本土初空襲が行われた（八幡製鉄所爆撃）。これを迎え撃ったのが、陸軍航空隊の第四戦隊である。二時間あまりの空中戦で、B‐29を七機撃墜した。山口県の小月基地から飛び立った屠竜の三七ミリ砲の威力は凄かった。樫出勇の活躍は防空戦史に燦然と輝いている。

昭和一九年七月一九日、雷電、零戦、夜間戦闘機月光を主力にした海軍の三〇二航空隊が関東地区の本土防衛作戦に加わり、呉航空隊、佐世保航空隊も作戦の任に付くことになった。さらに、八月一日、防空専任航空隊として三五二航空隊が発足した。このように、サイパン島陥落以後、本格的に襲来するB‐29をはじめとするアメリカの日本本土空襲に備えたのである。そして、硫黄島が陥落すると本土空襲は殺戮の度合いを増し日本人の皆殺しを目標に悪魔と化したアメリカ機が日本の空を覆うのである。

「昭和十九年十一月二十四日、アメリカ空軍のＢ‐29爆撃機の最初の東京空襲があった。その後徐々に来襲回数も増え、二十年一月には、日本の各地方都市にも来襲するようになった」（『鐘よ鳴り響け』）

空の要塞、Ｂ‐29が悪魔の牙を剥き出し始めた頃、古関は海軍人事局から「特幹練の歌」のタイトルの歌の作曲を依頼された。特幹練とは特別幹部練習生のことで西條八十が作詞依頼を受けていた。この作曲の準備に取り組んでいた頃、日本陸軍の航空部隊は帝都防衛の戦略方針を決定していた。

陸軍の帝都の本土防空戦の主力は、陸軍第一〇飛行師団である。この戦闘隊には三式戦闘機・飛燕が配備された。この飛燕部隊を讃えた歌が《飛燕戦闘隊々歌》（南郷茂宏・作詞／古関裕而・作曲）である。

皇国《すめらみくに》の大空を
醜翼一度犯（侵）すとき高度一万厳として
我つばくろの守りあり栄えある空の近衛兵
おお　そは飛燕戦闘機隊

この歌は「飛行第二四四戦闘隊歌」とも言われ、帝都防空を担い神州を護る部隊歌として歌われていた。決死の戦いに臨む飛燕部隊内で歌われた純粋な昭和軍歌である。皇居上空を中心に帝都防衛の重要任務を全うするという気概がこの歌には込められていた。古関は高く綾なす飛行機雲を描き、それをイメージさせるように楽想を練った。哀感を含みながらも古関メロディー特有のマーチ風に作曲されている。

昭和二〇年三月一日、古関は栗林中将以下、日本軍の全滅を知り、その悲報に胸を打たれる。栗林中将とは《暁に祈る》の作曲で幾度もお会いし武人としての人柄に感銘を受けていた。栗林中将は三月一七日の最後の出撃の際に「魂魄《こんぱく》となるも誓って皇軍の捲土重来の魁《さきがけ》たらん」の訣別の辞と「仇《あだ》討たで野辺《のべ》には朽《く》ちじわれは又七度《ななたび》生まれて矛《ほこ》を執《と》らむぞ」と辞世の歌三首を大本営に打電した。

栗林中将の悲報が古関の耳目に届いてから四，五日後、突然召集令状古関の下に届けられた。「三月一五日、横須賀海兵団に入団せよ」とあった。どうやら、福島連隊司令部で本名の「古関勇治」と作曲家「古関裕而」が同一人物であることに気づかず、発行したようである。現在、古関は海軍からの依頼の「特幹練の歌」を作曲中であり、一週間の入団後除隊という条件付きで横須賀へ赴いた。

その頃、次女の紀子は成城学園初等科の学童疎開で伊豆にいた。そこは米空軍の進入路であり、非常に危険な地域になっていた。古関は伊豆から紀子を引き取り福島へ疎開させることにしたのである。そして、三月一〇日、B-29の悪魔が帝都の空に現れるのである。東京大空襲である。

「三月十日、大空襲があった。長女の雅子は十三歳、紀子は十一歳、警戒警報発令と同時に、百五十メートルくらいの距離の根津山の地下壕に避難させた。リュックサックに、わずかな着替えや非常食糧、教科書を入れたものを背負い、防空頭巾をかぶり避難するのを見送るのは、いつ見納めにとなるかわからぬ悲痛なものだった」(『同上』)

昭和二〇年三月一五日、古関裕而は突然の召集令状を受け、横須賀海兵団に入隊する。入隊後、海軍病院でヘルニアの手術し、約一ヶ月余の入隊生活を送り召集解除となり除隊となった。その頃になると沖縄戦が展開し大激戦が始まろうとしていた。

除隊が決まり、我が家に帰った古関だが、米軍の空襲は日増しに激しさを増していた。

「四月二十九日の天長節に、横浜市が空襲され東京も連日爆撃されていたが、五月二十七日に再び大空襲された。幸い我が家は焼け残ったが、隣組は焼かれた。炎に包まれた敵機が我が家目指して落下してきた時、私は廊下で『もう、だめだよッ』と絶叫したが、屋根上三、四メートルをすれすれに滑空し、根津山の向こうに落ちた。庭もなにもかも炎の反映で真っ赤に照らされ、まして夜だから物凄かった」(『同上』)

古関はこどもたちを福島に疎開させた。だが、古関は妻金子とともに東京に残り、放送などの仕事で多忙を極めた。

妻金子は隣組を守るために防空群長の役割を担っていた。日頃の隣組の防災訓練も世田谷区ではかなりの好成績だった。各自の協力で焼夷弾が落ちても消火し、古関の自宅が焼けることがなかった。そして、希望の歌を決して忘れることがなかったのである。自宅周辺の人たち、隣組の人々にとっても、妻金子の歌声は空襲の恐怖を忘れさせる一瞬の慰めでもあった。

昭和二〇年四月下旬、帝都防空戦において五式戦が正式化されると迎撃戦において有利な展開も見られた。そして、五月からは天号作戦に参加し沖縄特攻の直掩を務めた。しかし、その沖縄もアメリカの手に落ちた。古関は自伝に「六月二十一日、ついに沖縄は陥落。いよいよ本土決戦近しの事態になっていった」と記している。

七月、東京にいた妻がこどもたちを飯坂に疎開させるために帰福した。本土決戦近しの噂も聞こえ、福島もそろそろ空襲の危険に曝されるようになったからである。古関は元気な姿で上野から東北本線の汽車に乗る妻金子を見送った。この時、恐ろしい病魔が彼女を襲うとは誰が予想できたであろうか。あの五月の空襲でも隣組に焼夷弾が落ちても気丈だった。その妻金子が変わり果てた姿になろうとはとても想像できなかった。

七月中旬、古関は東京の放送局から妻金子が腸チフスに罹患し重態との連絡を受ける。それは福島放送局からの伝言だった。古関は妻金子の危篤の知らせを聴いて蒼白となった。

「福島に来て三日目から発病したので、既に高熱が一週間続き、うわ言ばかり言っていた。幸いに女学生と小学生の娘たちには感染せず、女子医専の付属病院に入院させ、私が看病した」(『同上』)

古関は愛する妻金子の病魔に冒された姿に驚いた。元気に東京から古関の故郷福島に向かったはずなのに。自伝に「その顔には死相が現れていた」と記しているが、古関も輸血を二回ほど行い、やがて奇跡的に死の危険を脱した。回復の兆しが見え始めたのだ。八月、重体だった妻金子の容態が快方に向かっていた。だが、福島にも空襲警報が鳴るようになった。

「病室は二階なので、私は日中階段の数をかぞえておき、そのたびに真っ暗な階段を一、二とかぞえながら、妻を背負って、待避壕へ降りた。少しは動かせる状態になっていたのでよかった」(『同上』)

八月一〇日、妻金子が無事退院し疎開地の子どもたちがいる飯坂に戻った。古関は放送局から出演依頼の催促を受け、東北本線の夜汽車に揺られながら上京した。戦争はもう終焉に向かっていた。日本の敗北は間近に迫っていたのである。

昭和二〇年八月一五日、終戦。古関は新橋で玉音放送を聴く。自伝には「すぐに放送があったが、人のざわめきでよく聞きとれなかったが降伏らしく、目頭を押さえる人や嗚咽《おえつ》が聞こえてきた」とその様子を記した。本土決戦を覚悟していただけにむしろ敗戦という戦争終結を聴いて急に緊張の糸が解け虚脱状態となった。戦争が終わった喜びはすぐには感じられなかった。飯坂にいる妻金子は床から這い出して玉音放送を聴き、日本の敗戦に涙を流した。果たして、これからの日本はどうなるのだろうか。こういうときこそ、歌が必要なのである。妻金子はそう思った。それは夫の古関も同じだった。打ちひしがれた人々に生きる勇気と希望を与えるのは音楽の力である。古関は平和な時代へと向かうための音楽の力が己の内奥から湧き上がってくるのを感じたのである。

古関の家族は全員無事だった。妻金子の病気も回復し終戦まで家族が皆生存できたことに感謝した。そして、古関は妻金子が再び歌うようになったことに喜びを覚えた。

腸チフスで歌は一旦中断したが、妻金子の歌声が蘇った。上野音楽学校を卒業した中目徹がピアノを演奏し妻金子は歌う。道行く人は彼女の歌声に耳を止め聴き入った。

「ある夜、アコーディオンの巧い長谷川君という青年が来て妻の伴奏をしてくれ、歌ったり音楽の話をしたりしていた。私たちの部屋は横町で、通りに面して長い廊下があった。その廊下で人の気配がしたが、障子が閉めきってあるし、よく通りすがりの人や子供が腰かけて歌を聞いているので気にも止めなかった。『ラ・スパニョーラ』や外国民謡等夢中になって妻は歌っていた」（『同上』）

進駐してきたアメリカ兵たちも腰かけて妻金子の歌を静かに聞いていた。小学校で音楽会を開き、子どもたちに歌を聴かせたのだ。古関は「声は澄み美しかった」とその時の妻の歌を自伝に記した。そして、古関は家族と共に苦難を乗り越え、妻の歌声を聞きながら平和へのエールを誓ったのである。古関裕而の戦後が始まったといえる。

平和へのエールと原爆へのレクイエム

戦争が終わった。古関裕而の平和へのエールが開幕する。プレーボールと共に碧い空に天高く響く純白の球音とともに始まったのだ。古関は誰もいない甲子園球場のマウンドに立っていた。古関は朝日新聞社からの依頼で甲子園の大会歌の作曲を依頼されていたが、実を言うと、机の上では楽想がなかなか湧かなかった。何かが絶えず彼の楽想を堰き止めている。関を切って流れることもなく滞っているのである。だから、古関は誰もいない甲子園球場のマウンドに立ったのである。

古関が朝日新聞学芸部の野呂信次郎から依頼を受けたのは七月である。大会は間近に迫っていた。だが、〈雲はわき　光あふれて〉にふさわしく、若人の夢と希望、青春の情熱に応えるようなメロディーが浮かんでこなかった。各地では予選の熱戦が展開していた。大会まで時間が無い。古関は作曲に苦しんだ。

古関は、大阪の朝日新聞社に打ち合わせに赴いた時、甲子園球場に足を伸ばした。誰もいない無人のマウンドに一人立った。周囲を見回し、天を仰ぎながらここで日昼大歓声の下で繰り広げられる球児の熱戦を想像した。と同時にあの大戦で戦場に散って行った球聖たちのことを思い浮かべた。

確かに平和が蘇った。甲子園、大学野球、職業野球と復活の球音が聞こえてくる。だが、凄惨、激烈を極めた戦いのさなか、日本野球史に残る多くの名プレーヤーたちがその戦場で散っていった。もし、彼らが戦場から生還できたとするならば、明らかに「戦後の野球史」は変わっていたと云われている。それほど、多くの名選手の尊い命が中国大陸の武力紛争から日米の凄まじい戦いにおいて犠牲となったのである。

古関はマウンド上で哀悼の意を込め平和のエールを誓いながら楽想を深めた。白球が紺碧《こんぺき》を空に天高く舞い上がる。その音と、プレーごとに発せられる歓呼の声が聞こえてきた。そして、溌剌《はつらつ》とプレーする球児の夢に情熱をかきたてるメロディーが湧き上がったのである。旋律が突然関を切って流れ出る清流のようにほとばしり、古関の楽想の泉となった。音形が自然に形になったのである。それは平和のエールを告げる躍動のメロディーだった。

作曲家古関裕而は広い意味で文化人である。文化人はたとえ反戦意識があったとして、戦時には国民の戦意昂揚に協力しそのために芸術作品を生み出さなければならないのだ。愛国の情をもって国民一丸となって戦う姿勢を持つのが日本人として当たり前のことであり、これが当時の正しい日本国民の在り方である。軍国歌謡の作曲もその一形態だった。それを日本国憲法の不戦の誓いを下敷きに現在の平和な時代の道徳観念、倫理観にスタンスを置いて、古関裕而を戦争協力という戦犯であると断罪し批判すれば、おかしなことになってしまうのである。

戦後、敵愾心と正義感から戦争協力した文化人を目を吊り上げながら勇ましく批判することがいかにも正しいかのごとく行われた。しかし、これは明らかに間違った行為である。

文化人は戦争が終われば、今度は平和安寧の秩序回復のために文化芸術を創造し提供するのが仕事であり、これが文化人としての役割である。戦後、ＧＨＱが山田耕筰、西條八十、古関裕而らを戦犯にしなかったのはこのような理由からである。戦犯に値しないほど芸術性が低いからそれにならなかったということをのべる人がいるが、それも明らかに間違った捉え方である。戦争のときは軍部の命令に従い戦争協力しながら、戦後生き延び今度は戦争加担の罪の意識もなくのうのう生きたという批判は全く意味のないことなのである。

古関は平和へ向かって文化、芸術作品を提供した。平和国家日本への奉仕である。これが古関ら文化人の使命といえよう。

二葉あき子が歌う古関メロディー、《フランチェスカの鐘》は鎮魂歌である。レクイエムなのだ。作詞した菊田一夫の詩句を見た時、別れの歌に違いないが、古関は明らかにその詩想から鎮魂の楽想が浮かんだ。原爆への鎮魂、レクイエムを感じたのである。古関が自伝にこの菊田の詩句を見た途端、これは作曲しにくいぞ思ったのもそのような理由からだった。そして、古関は歌手を二葉あき子と決めて、楽想を練り始めると、彼女が原爆を免れて九死に一生を得たことを思い出した。すると楽想が泉のように湧き、一気呵成に原爆のレクイエムを書き上げたのである。

昭和二〇年八月六日の朝、二葉あき子は広島七時四五分、芸備線上り普通列車、三次行きの切符を買い求め、列車を待っていた。当時は空襲が激しく列車のダイヤルは大幅に乱れ、長蛇の列を待って切符をようやく購入できたのである。二葉が混雑したプラットホームに立つと列車がまるで料理店で註文したとおりに入ってきた。ところが、その汽車はなぜか時間どおりになかなか発車しなかった。この発車の遅れが二葉の運命を分けたのである。

列車がようやくホームを離れ、刻々と時が刻まれた。混んだ列車はたわいもない乗客たちの日常の会話で華やいでいた。二葉は車窓から風景を眺めながら会話を聞いていた。勤労奉仕の仕事で農村に向かう女子挺身隊の少女と農夫の語らい、田舎に子供を疎開させた若い母親たちの絶え間ないおしゃべりが続き、時折、明るい笑いが起こっていた。二葉はこれらの会話を微笑ましく聞きながら、二歳になる息子の顔を浮かべていた。車窓から眺めることができる山の斜面にはすすきの穂が広がり、その間に咲く白い野菊が揺れていた。

列車は矢賀を過ぎ、登り坂に入った。登りきると広島駅から五キロほど離れた中山トンネルにさしかかる。広島の上空には、原爆を搭載したB-29が到達していた。広島市民も、この八〇六列車に乗っているひとたちも、数秒後に起きる惨劇を誰も知らないのだ。

「突然、風がパッと舞い、向かいの席の若い母親の髪が乱れた。彼女は女らしいしぐさで髪をかき上げた。荒れていない白い指と、黒い髪が夏の日ざしの中でからみ合って、私はとても美しいと思った」（二葉あき子『人生のプラットホーム』）

そのとき、二葉を乗せた列車はトンネルに入った。当時の列車の速度からして二〇数秒間でトンネルを抜ける。この僅かな時間が奇跡をもたらしたのである。二葉は列車がトンネルに入る瞬間、「ドーン！」という衝撃を受けた。

「重苦しい硬い音が、わたしの頭を貫いた。突然、両耳に平手打ちを食ったような衝撃だった。全身が硬直し、急に息がつまった。心臓の鼓動がドッキン、ドッキンと耳に響いた」（『同上』）

二葉は身体全身を揺り動かしたこの衝撃が一体何なのか分からなかった。これが一瞬の閃光によって広島の街を焼き尽くした原爆が落とされた瞬間だったのだ。罪なき市民を殺戮した未曽有の惨事だったのである。

列車がトンネルを抜けた。夏のさわやかな微風が吹く夏の明るさを求めて、トンネルを抜けた後も何事も無く走り出した。二葉には頭の芯まで響いたさっきの衝撃の硬い音が残っていた。原爆の爆風と閃光を受け止めていたトンネルの出口が小さくなり、遠ざかって行く。乗客は原爆投下のことは知らない。だが、車内が騒然となった。それは窓の外の今までみたことのない変化を直視したからだ。

二葉はこのときの状況を「キノコのような巨大な雲が天を突いて昇り、回りの青い空と奇怪なコントラストをつくりだしていた」と鮮明に記憶していた。広島市の方角に空高く火山の噴煙のように輪郭のはっきりとした入道雲のような煙が立ち上っていたのである。

窓の外の変化がはっきりと輪郭を描き現れ始めると、数秒前までの明るさは完全に消えていた。死が突然目の前に現れ不安と恐怖に変わっていたのだ。だが、人々は不安げに周りを見回すが、一体、黒煙とともに天を衝くかのように立ち上がるあのキノコのような巨大雲が何であるのか、誰もわからなかった。戦争がもたらしたただならぬ悲惨な光景であることは確かだった。

列車がトンネルを通過する二〇数秒間によって、二葉あき子はありえようもない偶然の奇跡によって、原爆の惨劇から命拾いをした。生と死の境を生きたのだ。そう思った瞬間、恐怖によって全身から血の気が引いて行くのが分かった。

もし、広島で乗る列車の時間が遅かったら、強烈な閃光によって奈落の底に叩き落とされ、死の淵という地獄の修羅場の中にいたであろう。赤い焔によって焼き尽くされて行く地獄絵図に遭遇することもなく、自分は生きているのだ。後にその事を思うと、傷心した人々に一生懸命良い歌を歌わなければならないと強く決意し新たな誓いをもって焼野原になった瓦礫と残骸の街に響く歌声を届けようと決心し終戦を迎えたのだった。

二葉あき子の代表曲《フランチェスカの鐘》は、古関メロディーのヒット曲のなかでは珍しいブルース歌謡である。《フランチェスカ鐘》は戦争や原爆の悲劇とは、実際関係ない歌である。女の何気ない「さよなら、バイバイ」と言った別れの言葉を真に受け、失恋したと思った男は修道院に入ってしまう。女は本心ではまだ男を愛しており、その男を思う未練の歌である。だが、二葉は、〈ああ　ふたたびは　かえらぬ人か〉と歌うとき、原爆で亡くなった人々を想いうかべた。作曲者の古関裕而が二葉あき子の素晴らしい感受性がこの歌をさらに奥深いものにしたとのべていたが、二葉の魂のこもった歌唱の秘密がここにあった。県立広島高女の同級生、三次高女の教え子、おじ、おば、親戚たちの姿が彼女の瞼に浮かんでくる。

二葉あき子は、デスパレート（自暴自棄）へと傾く心情を押し殺した。彼女は原爆の犠牲となった人々の霊を弔うかのように敬虔な気持を込め、二度と還らぬ人への思いを胸に歌った。古関メロディーの《フランチェスカの鐘》は平和への祈りを捧げ逝きし人への鎮魂歌だったのである。

リートのベルカント――藤山一郎と古関メロディー

ベルカントは美しくレガートに共鳴の響きで歌う歌唱である。この歌唱芸術をレコード歌謡、いわゆる流行歌の世界にもたらしたのが流行歌手テナー藤山一郎（声楽家増永丈夫）である。しかも、藤山一郎は「「西洋式に音楽形式を整えていくと美しいハーモニーを創り出す」とハーモニーを重視する歌手である。藤山がかたるようにハーモニーは文明・文化の所産である。

藤山は、子供のころから、アイルランド民謡の《庭の千草》、スコットランド民謡の《埴生の宿》、ドイツ民謡の《ローレライ》、《流浪の民》、イタリア民謡の《サンタルチア》、アメリカのフォスター歌曲など西洋音楽のホーム歌曲に親しんできた。たしかに、情緒的なメロディーを付けるという点では、西洋・東洋の区別がなく、叙事詩的・朗詠的なものとしては同義といえるが、決定的な東西の違いは西洋の音楽が創り出す美しいハーモーニーである。西洋と日本の歌には近代理性の合理性（ハーモニー）と反近代的情念（日本的肌合い）の非合理性との相違がある。

合理的な和音の進行であるハーモニーの美しさは人間の理性を呼び覚ます。古関メロディーはそれを感じさせるのに十分である。そして、それと同時に、藤山一郎が古賀政男に対して「メロディーと和音のチグハグサや、形式、格調の異質さが、私の心の中では夾雑物のようにいつも逆らっていたものである」と感じていたことも古関の音楽芸術によって解消できたのである。

その藤山一郎の戦後の音楽人生を考えるとき、忘れることができない作曲家が古関裕而である。その古関メロディーを美しく格調高く歌唱した藤山一郎はメロディー、リズム、ハーモニーの三つがバランス良く三角形を構成するとき良質のシフォニックな音楽が生まれるという持論をもっていた。西洋音楽芸術の洗礼を受けた明治近代を出発点にし、その技法によって創られた日本のポピュラー音楽の流れ、大正から昭和にかけて日本ポピュラーな作曲家が創り出した音楽の世界があった。

その一形態に滝廉太郎、山田耕筰らの日本歌曲の系譜を継ぐクラシック系歌謡曲があった。その継承者が充実したハーモニーで作曲したのが古関裕而である。そして、この藤山一郎の音楽に対する考えと最も一致する作曲家が古関裕而なのである。

「私は古関さんの作風が大好きである。陰も画ける、陽も画ける。土台から天井までしっかりした作曲家であり、むろん編曲者としても素晴らしい――〈中略〉――古関さんの曲は堂々としていて哀調が美しく昇華されていて、闊達で、リズムがあって、要するに私は大好きである。（藤山一郎『歌い続けて』）

古関の作品は和声（ハーモニー）が西洋音楽の形式にもとづいて合理的に組み立てられている。そこには歌曲に美しさを添えるために転調という和声技術が施され、古関メロディーの特徴になっている。

「古関作品には、マイナーで始まってメジャーになるものが多い。『夢淡き東京』では♭《フラット》三つからCメジャーになる。『長崎の鐘』は♭四つから出て♭一つになる。戦後、国鉄のPRに大いに役立った『揺れる青空』はCマイナーからCメジャーになるし、戦前の『怒濤万里』でもそうである。私が、哀調を美しく昇華させて作品に格調があって……というのもそんな点だし、みんな名曲であった」（『同上』）

この古関の転調という音楽技法究極の声楽技術を持つ藤山一郎の歌唱芸術によって「陰」（哀愁・感傷）が美しく昇華され、リズムも闊達・明朗となり、「陽」（希望・明朗・勇気・躍動）へと表現されるのである。

藤山一郎の原点はビクター時代である。このビクター時代の音楽が戦後古関裕而のクラシック系歌謡曲と結びつくのである。将来をバリトンの声楽家として将来を嘱望された増永丈夫が昭和の恐慌で傾いた生家の借財返済のために、コロムビアから「藤山一郎」としてデビューしたのは昭和六年のことである。古賀政男の《酒は涙か溜息か》の一件が音楽学校で問題となり、停学処分の断が下ったが、昭和八年三月、首席で「上野」（東京音楽学校・現東京芸術大学）を卒業。卒業演奏ではパリアッチのアリアを独唱し「上野最大の傑作」の賛辞を得た。改めて誰はばかることなくビクターと専属契約を結び世に定着したビクター専属アーティスト流行歌手テナー藤山一郎としてスタートしたのである。

藤山一郎として流行歌は勿論のことだが、その歌唱は外国民謡、内外の歌曲、タンゴ、ジャズ・ソングなどの外国ポピュラー曲が主体だった。《故小妹》（惟一倶楽部・作詞／スペイン民謡／昭和八）《蒼い月》（瀬尾幸陽・作詞／ローガン・作曲／昭和九）《谷間の小屋》（佐伯孝夫・訳詞／ハンレイ・作曲／昭和一〇）《永遠の誓い（ダニーボーイ）》（妹尾幸陽・訳詞／ウェザリー・作曲／昭和一〇)《古戦場の秋》(妹尾幸陽・作詞/成田為三・作曲/昭和九)《夜風》(山口雄二・訳詞/ディセポロ・作曲(昭和一一)《恋の花束》(西條八十・作詞/ラルフ・アーウィン・作曲/昭和一〇)《葦の葉笛》(佐伯孝夫・作詞/チャイコフスキー・作曲/昭和一一)《メリー・ウィドウ・ワルツ》(佐伯孝夫・作詞/レハール・作曲/昭和一〇)など幅広い音楽カテゴリーを吹込んだ。

青盤・赤盤などのクラシックレコードが流れる家庭でもレコードを手に取り鑑賞できる流行歌というのが、藤山一郎の目指すところの音楽でもあった。つまり、クラシックを鑑賞する御家庭にも健全な流行歌を提供するというコンセプトが藤山一郎をレコード歌謡へ登場させたのである。また、一方、本格的なクラシックは本名の増永丈夫で独唱した。昭和八年六月、クラウス・プリングスハイム指揮のベートーヴェンの《第九》では流行歌の美しい甘いテナーとは結びつかない堂々とした張りのあるバリトンだった。

このようにビクター時代の藤山一郎は、クラシックの小品、外国民謡、内外の歌曲、ホーム歌曲に力を注いでいた。ビクターでの三年間は、増永丈夫でクラシックをバリトン独唱しながら、藤山一郎がとるべき方向性をつかんだ時期でもあった。ところが、その後、藤山は、生家の経済的な諸事情によって古賀政男とコンビを組み流行歌の寵児となった。その縁でテイチク、さらにコロムビアに転じ、ここで古関裕而と再会する。そして、戦後となり古関裕而と藤山一郎の合作芸術が本格的に展開するのである。

戦後の藤山一郎の古関メロディーは《三日月娘》《夢淡き東京》《白鳥の歌》がその嚆矢と思わ

れているが、西條八十の作詞による《牧場は晴れて》（西條八十・作詞／古関裕而・作曲／昭和二一）、つづいて《一九四七年への序曲》（西條八十・作詞／古関裕而・作曲／昭和二一）の方が早い吹込みである。《牧場は晴れて》は奈良光枝が共演し、大映映画『修道院の花嫁』の主題歌である。《一九四七年への序曲》は古関が八分の六拍子のリズミカルなリズムを使って躍動感あふれる旋律を作曲している。このレコード歌謡はコロムビアのこれからの期待のホープということで霧島昇、高倉敏、近江俊郎が先輩歌手藤山一郎と共演している。

藤山が戦前活躍した「国民歌謡」は戦後になると「ラジオ歌謡」と名称が変わり、放送の時間帯も夕方ではなく、お昼の時間に放送された。昭和二二年に入ると、すでに東京放送合唱団によって放送されていた《赤き実》（相良静夫・作詞／古関裕而・作曲／昭和二二）という格調高い歌曲を藤山一郎は、渡辺はま子とともにレコードを吹込み好評を博した。昭和二二年、一月新譜で発売されている。これは日本歌曲としても佳曲である。演奏もクラシック形式であり、藤山一郎も歌唱表現が増永丈夫で独唱するかのような歌唱法である。共演者の渡辺はま子も本来の声楽家（メゾ・ソプラノ）のスタンスに戻っての独唱である。

そのかみの　幼き夢は
故さとの　川の岸辺に
わが母と　二人でつみし

一ふさの　寂しきいのち
赤き実よ
丸《マロ》い小さき　赤き実よ

翌月には、すでに、昭和二一年七月、東京放送合唱団や松田トシによって放送された《三日月娘》が藤山一郎によって異国情緒豊かなオリエント歌謡の流行歌としてレコード化された。翌昭和二三年四月四日、ラジオ歌謡で放送された《みどりの歌》（中村利春（器）・作詞／古関裕而・作曲）は健康的な明るいメロディーホーム・ソングである。間奏に《ラッデキー行進曲》（ヨハン・シュトラウス・作曲）が使われ、家庭音楽向きの古関メロディーらしい楽曲でもある。藤山一郎と安西愛子の共唱で放送され、レコードも二人が吹込んだ。このレコードにはオーケストラに鉄琴が使われ、後に海外で活躍する阿部圭子が演奏を受け持っている。

東宝映画『音楽五人音楽』の挿入歌《愛の星》（サトウ・ハチロー・作詞／古関裕而・作曲）は旋律が美しい古関メロディーの優雅なワルツ歌謡である。藤山一郎が小夜福子と共演した。藤山の透明度の高いメッツァヴォーチェが美しい。

古関は藤山一郎のレジェロなテナーを想定して《揺れる青空》（島村晴子・作詞／西條八十・補作／古関裕而・作曲／昭和二五）を作曲した。古関らしいリズミカルな躍動感に溢れた楽曲である。これは旧国鉄（現ＪＲ）のＰＲソングで藤山はレガートに歌唱している。しかも、古関はここでもマイナー（哀愁・郷愁）とメジャー（希望・青春）を巧緻に施している。前半は〈青い空　青い雲はがねのみちは　あこがれ乗せて〉とCマイナーで始まり、〈汽車はゆくゆく〉からCメジャーに転調し躍動・希望のリズムを弾ませているのである。「陰」を「陽」へと美しく昇華させる表現において卓越した豊かな歌唱力を誇る藤山一郎を想定しての作曲だった。

《愛の旗かげ》（西條八十・作詞／古関裕而・作曲／昭和二五）も藤山一郎を想定し、古関は転調の手法を使って作曲している。この歌曲は日本赤十字の戦後復興における功績を讃え作られた。古関は復興の翳・暗部と未来への希望という西條八十の詩想をよく理解し、Eマイナー「陰」からEメジャーの「陽」へと見事な転調で作曲した。藤山の歌唱はその昇華が美しく流麗甘美である。〈なつかしの　ああ〉からEメジャーに転調し、「赤十字」と「白雪の」の箇所が高いE音（固定ド表記「ミ」）になる。藤山は女声合唱団をバックに綺麗に共鳴の響きで独唱している。

古関裕而と藤山一郎の「長崎シリーズ」の《長崎の鐘》に対しての第二弾のテーマ「花」である。テンポが次第にアップしていくボレロのリズムを使った《長崎の花》（サトウ・ハチロー・作詞／古関裕而・作曲／昭和二五）がそうである。これは《長崎の鐘》と同じくサトウ・ハチローの詩想、古関裕而の楽想、藤山一郎の歌唱芸術の三トリオによる長崎歌謡である。藤山一郎は長崎の哀史を伝えるこのボレロの歌曲を見事に歌い上げている。

古関と藤山の長崎といえば、「鐘」「花」ときて「雨」をテーマにした《長崎の雨》がある。「雨」くれば、今度は「長崎シリーズ」に対して丘十四夫の詩想、古関裕而の楽想、藤山一郎の歌唱芸術の三トリオによる「雨シリーズ」である。藤山一郎が歌唱する《長崎の雨》は異国情緒豊かな抒情歌謡、《みどりの雨》は古関メロディーらしい健康的なホーム・ソング、《東京の雨》（丘十四夫・作詞／古関裕而・作曲／昭和二六）は〈濡れたネオンの青い色〉と哀愁ムード歌謡を思わすようなブルース調のワルツ歌謡である。

《ニコライの鐘》のB面は《明るい歌声》（門田ゆたか・作詞／古関裕而・作曲）という青春讃歌である。作詞・作曲・歌唱はA面と同じメンバー。門田は古関メロディーの《夢淡き東京》が好きで、それに比肩する曲を古関に熱望した。古関は門田の東京の青春風景をテーマにした詩想にメジャー（長調）から〈ふたゝびは　かえり来ぬ　短き　春の日の〉からマイナー（短調）に転調し過ぎ行く春のいとおしさを歌い上げる。そして、哀愁を美し昇華させるためにメジャー（長調）に戻り、藤山の爽やかな歌唱を導く。テンポは四分の二拍子の明朗闊達なクイックテンポにして、藤山一郎ののびやかに弾むような歌唱で終曲する。古関はこのような藤山一郎の歌唱を想定して作曲している。《明るい歌声》は不滅の古関メロディーの知られざる名曲の一つである。

あこがれは　霞の彼方
飛び立つ　真白き鳩の群れ
若き日の　はてなき夢に
かおるは　いとしき薔薇の花

ふたゝびは　かえり来ぬ
短かき　春の日の
青き空　仰ぎみて踊れいざ
腕組めば　高鳴る血潮
二つの心に　あゝおどる

《明るい歌声》は甘い軽快な美しい旋律である。そよ風に芽を吹く緑の色彩が鮮やかである。恋人が楽しげに歌う恋の歌は人々の心を和ませるのだ。古関音楽の特徴がよく出ている歌曲である。それに対して《東京ノスタルジア》（サトウ・ハチロー・作詞／古関裕而・作曲）は「浅草・銀座」、かもめが空に飛ぶ日暮れの「勝鬨」、江戸の夏祭りの情緒を伝える「山王神田」。若き日の思い出深い「本郷・三田・早稲田・池袋」、露地より古きわらべ歌が流れ、粋な仇姿が灯りににじみ消えゆく「浜町河岸」と、東京の哀愁・郷愁をテーマにした歌曲である。東宝映画『息子の花嫁』の挿入歌でもある。テンポは軽快だが、藤山一郎がサトウハチローの詩想と古関の楽想に込められた哀愁と郷愁を感情豊かに表現している。

《明るい歌声》と《東京ノスタルジア》は東京の都市空間の情緒を詩想・楽想にしているが、藤山の古関メロディーには《海は生きている～海の歌～》（吉村守・作詞／サトウ・ハチロー・補作／古関裕而・作曲／昭和二七）は大海原の大自然がテーマになっている勇壮なマーチである。古関は終曲の〈生きている　生きている〉のリフレインを苦心して作曲した。歌唱の藤山はレガートな歌唱に加え音形にメリハリをつけ細かいリズムを明瞭に表現し〈おお海〉のフレーズを張りのあるダイナミックなテナーで歌っている。藤山は共鳴の変化によって、流麗甘美な柔らかいレジェロなテナーから声量豊かな力強いテナーまで自由自在に声量・響きの増減をコントロールし歌唱するのである。

藤山一郎の歌唱はホーム・ソング、ホーム歌曲、家庭音楽が主体である。古関裕而が作曲した《美しき高原》（西條八十・作詞／古関裕而・作曲／昭和二八）は健康的なホーム・ソングの典型的な作品である。藤山一郎の爽やかな歌唱が緑の色彩の濃い高原の夏の涼風な風景を印象づけている。

ここでも転調が巧みに使われている。楽曲のキーはＢ♭だが、一番の後の間奏でのサックスの独奏によってＥ♭へ転調し美しい旋律を奏でる。三番の歌唱のあとの終奏（コーダ）でもＥ♭へ転調し、サックスの音色が入り、Ｂ♭に戻り終曲する。藤山の美しく明快な歌唱に添えるヴァイオリンのオブリガートも初夏の高原の風景を奏でている。

ホームソング、家庭歌謡、ホーム歌曲の普及は、藤山一郎のビクター専属時代からのテーマである。古関裕而の音楽芸樹への共感もそこにある。クラシックの気品と大衆性が古関と藤山の音楽なのだ。藤山一郎は、昭和二九年、レコード専属（コロムビア）に終止符を打ち、九月一三日にＮＨＫ芸能局音楽部の嘱託とななった。『今週の明星』、『希望の星座』のレギュラー以外に『わが家のリズム』『婦人の時間』『朝の歌』などの番組に出演してホームソング・ホーム歌曲の普及に力を入れた。藤山、自ら作曲した《風に歌えよ》（野上彰・作詩／藤山一郎・作曲）や、ファスター歌曲の《ケンタッキーの我家》など、ポピュラーなセミクラシック曲を独唱し、また、番組を通じて一般の合唱団の指導を行いながら健全な家庭音楽の普及に努めた。

藤山は、音感教育を提唱していた。複音で構成されるピアノの伴奏、しかも、メロディーとリズムだけでなくハーモニー（和音の合理的連結）の伴奏で歌うことが最も音感が養われる。ヨーロッパでは教会で賛美歌を歌うとき、オルガンの伴奏はハーモニーで演奏するそうだ。そのハーモニーを聴きながら歌うことが大事なのだ。ハーモニーという音の合理的構造と規則性を感覚で捉えることができるようになれば、単音でしか書かれていない歌を立体的に理解できるといえる。その立体的な音楽を構築したのが古関裕而なのである。

昭和三四年から五年にかけて、家庭婦人を対象としたNHK第一放送『ハーモニーアルバム』が始まった。毎週火曜日が、藤山一郎のコーナー、その独唱によってクラシックからポピュラー音楽まで、つまり、声楽曲、器楽曲、世界民謡、タンゴ、シャンソン、ラテン、日本歌曲、唱歌、民謡と音楽のカテゴリーが広範囲にわたり、格調高い大衆性のある名曲が放送された。この放送において、バリトン増永丈夫（西洋音楽芸術・クラシック）とテナー藤山一郎（大衆音楽）が完全に合体・融合したのである。ジャズを翻訳して歌う、オペレッタの抜粋曲をサロンオーケストラの編成で、ベートーヴェン、ヴェルディ、シューマンを独唱、自分の採るべき路線が明確になったあのビクター時代、充実していたハーモニー音楽が蘇ってくる。そして、藤山は歌謡曲の世界においてハーモニーの充実と豊かさを誇るクラシック系歌謡曲の古関メロディーを歌えたことに至福の喜びを感じたのである。

古関メロディーの最後の楽曲は東宝映画『青春の言葉』の主題歌《青春の旅路》（岡本昭子・作詞／西條八十・補作／古関裕而・作曲／昭和二九）である。〈みどり草山　夕に越えて〉の詩句にはじまり、哀愁・哀感が楽想全体の主調となっている。しかし、旋律は通俗的な哀調趣味の演歌調ではない。歌唱も藤山はレガートに歌唱している。藤山一郎という歌手は古関メロディーの哀愁もよく理解している歌手なのである。

昭和二五年一月八日、人気歌謡番組『今週の明星の』放送が開始された。古関裕而のテーマ曲《今週の明星》が流れる。ロマンと哀愁、そして希望溢れる軽快なテンポ、歌の明星であるスターの集いに相応しいテーマ曲だった。これを後に同番組において指揮したのが、東京放送管弦楽団常任指揮者の藤山一郎である。マーラの直弟子で欧米で名声を博したクラウス・プリングハイムに鍛えられた藤山一郎の指揮は古関のハーモニー音楽を十分に伝えていた。

オペラのベルカント――伊藤久男の歌唱芸術

古関裕而はロマン的情熱を持つ作曲家である。それに応えた歌手が伊藤久男である。伊藤久男の歌唱は、雄大な山脈のように豪快であり、ロマン的叙情に溢れている。しかも、繊細だ。藤山一郎が究極の声楽技術をもってリートのベルカントで流行歌を美しく格調高く歌ったが、それに対して、伊藤久男はオペラのベルカントでダイナミックに歌い上げた。この二人の歌唱芸術が戦後の古関裕而のクラシック系歌謡曲の二大歌唱系脈となるのである。伊藤久男は歌謡曲の歴史の一形態である昭和軍国歌謡史においてもオペラのアリアのように熱唱しクラシック系の範疇に入る軍国歌謡を彩った。しかも、男性的な美声でありながら哀歌を見事に表現できる深い歌唱表現は伊藤久男ならではの個性でもある。

日中戦争が泥沼化すると、コロムビアの歌手陣は戦地慰問の旅に出かけた。そこで伊藤久男は自分の歌に涙を流しながら感動する兵士の姿を見て、オペラ歌手志望から流行歌手への途に本格的に進むことを決心した。それは、歌手伊藤久男の新たな出発でもあった。

コロムビアの芸術慰問団は多彩な陣容である。伊藤久男をはじめ、松原操《みさお》、松平晃、渡辺はま子、二世歌手の川畑文子らコロムビアの一線級が加わった。作曲家の服部良一は作曲者という項目がなかったので、サックスの伴奏者ということで参加した。他には、リーガル千太・万吉のコンビ、末広友若、上山草人、小倉繁という豪華メンバーが名前を連ねた。

コロムビアの芸術慰問団は、三月一五日、東京を出発した。東海道本線―山陽本線―鹿児島本線―長崎本線と、列車をのりついで長崎港から上海に向かった。昭和一三年三月一九日から二週間の日程で、中国の上海、南京へと音楽慰問の旅が続いた。黄浦江に慰問団を乗せた船が入ると、両岸に並んだ兵士の盛んに手をふった熱烈な歓迎を受けたのだ。

上海では東久邇宮航空本部長宮殿下、畑俊六軍司令官らが臨席し、陸軍武官室官邸で演奏会が催された。そして、戦場の兵士らの間では雄大なスケールのある声量豊かな伊藤久男の歌唱が熱狂をもって迎えられた。

南京国民大会場において、コロムビアの芸術慰問団の演奏会が開催された。この時、渡辺はま子、伊藤久男、松平晃らの歌手陣と六〇〇〇人の将兵勇士とともに《露営の歌》を大合唱した。指揮は服部良一。歌う兵士や歌手たちの目にも涙が溢れていた。赤紙一枚の応召によって親兄弟と別れ、国家に生命を捧げて戦地に赴く出征兵士はさまざまである。すべての兵士が品行方正、人格高潔、冷静沈着、勇猛果敢ではない。皇軍兵士の軍服を着ても、掠奪、強姦を何ら罪悪感もなく繰り返す人格劣等、卑怯未練な兵士も存在するのである。

戦争は残酷な修羅場である。非人間の肯定である。自己の意思にかかわらず軍命によって敵を殲滅、殺戮しなければならないのである。しかも、戦争のルールを犯し、狂気となり、無辜の民を殺すこともある。だが、それでも兵士は人間である。

さて、合唱だが、その途中から声量豊かにリリクに歌い上げる伊藤久男の熱唱は六〇〇〇名の皇軍勇士兵士の情動を揺さぶり感動そのものだった。この瞬間だけは日常の平時となる。伊藤の眼に涙が光る。そして、とめどなく涙が頬を伝い流れる。はたして、この中から一体どのくらいの兵士が故国の土を踏めるのだろうかと思うと、歌唱者の伊藤久男は嗚咽をおさえながら歌ったのである。

伊藤久男の音楽生活は大きく分けて四つの時代に分けられる。それは、デビューから《湖上の尺八》でヒットするまでの苦闘の時代、《暁に祈る》によってスターダムに輝いた軍国歌謡と映画主題歌全盛の時代、戦後の平和な時代を迎え抒情歌を歌いあげた伊藤久男の最盛期といえるクラシック系歌謡曲の時代。そして、昭和四〇年代の「なつかしの歌声ブーム」で豊かな歌唱芸術を響かせた時代に区分することができる。

伊藤久男のその真価は戦後の抒情歌謡においても発揮された。戦前の《高原の旅愁》の歌唱以来、濃く憂いの深い抒情歌謡というジャンルを確立させ、戦後のラジオ歌謡においても、抒情歌の名唱の数々を歌い上げ人々の心に感動と潤いをあたえている。《たそがれの夢》《あざみの歌》《山のけむり》等の名唱は人々に大きな感銘をあたえた。勇壮と哀愁を帯びる感情豊かな男性的な美声で多くの歌謡ファンを魅了したのである。殊にラジオ歌謡における名唱の数々は人々の心に感動と潤いをあたえている。紅白歌合戦には昭和二七年から昭和三六年まで計一〇回出場（昭和三九年は一五回を記念して出場）しており、《イヨマンテの夜》は紅白歌合戦の演奏史においても燦然と輝く名唱だった。

戦後の伊藤久男の古関メロディーは《岬の雨》（野村俊夫・作詞／古関裕而・作曲昭和二一）である。これは野村俊夫と古関裕而の同郷の二人が戦後の再出発を祝福して送った歌でもある。《若き日のエレジー》（野村俊夫・作詞／古関裕而・作曲／昭和二三）は古関裕而の優雅なワルツ歌謡である。野村の詩想は過ぎ去りし日々を追想し。行く春の季節と青春を惜しむ心情がテーマになっている。古関メロディーの楽想には哀愁・郷愁がある。この楽想をロマン的叙情的に繊細に表現するのが伊藤久男である。これが戦前は軍国歌謡に発揮されていたのである。媚態的、退嬰的哀調趣味にならないのである。

古関には広大な砂漠を急ぐキャラバンの一行の旅情と娘の恋をテーマしたオリエント歌謡の世界がある。伊藤久男が歌唱した《沙漠の恋唄》（野村俊夫・作詞／古関裕而・作曲／昭和二二）がそれである。古関は抒情の表現に変化をつけるために、つまり、陽が落ちる沙漠の哀愁と行進の明るさのメリハリをつけるために転調を使っている。《沙漠の恋唄》はクラシックの《ペルシャの市場》（アルバート・ケテルビー・作曲）を思わすような楽想である。

今日も旅の沙漠に　陽が落ちて
椰子の葉陰　みどりのこし冴えて瞬く
我らはキャラバン　流離《さすらい》ゆく身空よ
ふるさとのあの娘　ひとりしのべば
風に揺れる駱駝の鈴の音《ね》もやるせなく
若い心に　涙はあふれる

古関はヨーロッパ音楽文化において確立しているオリエンタル地方の中東音楽に深い関心があった。ムソルグスキー、ストラヴィンスキーの音楽に魅了され傾倒したことからもわかるようにアラビア的なもの、オリエンタル的なもの、シルクロードの旅情に深い関心を持ちその楽想を求めていた。戦前は残念ながらこのようなオリエント歌謡を作曲することができなかった。戦後になってようやく作曲することができたのである。

さて、伊藤久男の歌唱だが、〈若い心に　涙あふれる〉の繊細なピアニッシモ、巧みなポルタメントなど叙情的な歌唱は見事である。《薔薇に雨降る》（菊田一夫・作詞／古関裕而・作曲／昭和二五）は伊藤久男が叙情的に歌う古関裕而の格調のあるシャンソン歌謡である。詩句は女に捨てられたマドロスの哀愁が詩想にあるが、通俗的な哀調趣味のレコード歌謡ではない。むしろ歌曲に近い。《アムールの歌声》（丘十四夫・作詞／古関裕而・作曲／昭和二六）はロシアと旧満州国境沿いを流れるアムール河の抒情をテーマした大陸メロディーである。歌声運動の隆盛の時代でもあり、和製ロシア民謡的な歌謡曲も作られていた。哀愁に満ちたロシア民謡は古関も好きな音楽である。いずれも大陸的な異国情緒の表現に定評のある伊藤久男が歌い上げた。

檀一雄の小説『夕日と拳銃』が映画化された。その主題歌が伊藤久男が歌唱する古関メロディーの《馬賊の唄》（佐藤春夫・作詞／古関裕而・作曲／昭和三一）である。これは大陸浪人の伊達順之介をモデルにしている。張作霖を慕って馬賊パプチャック族の独立運動のために渡満した伊達麟之介の波瀾万丈の人生を描いた作品である。

黒龍江に水かいて

馬は荒野のつむじ風
蹄は亜細亜揺すぶりて
鞭に風切る憂さ晴らし
赤い夕陽を身に浴びて
夢は歴史を駆け巡る

古関裕而の大陸的なスケールの雄大さは《ゴビの砂漠》（菊田一夫・作詞／古関裕而・作曲／昭和三一）にも表れている。ゴビ砂漠は中国の内モンゴル自治区からモンゴルにかけて広がる大規模な砂漠である。自然環境は当然厳しい。歌い出しが伊藤久男の《イヨマンテの夜》を思わすようなカンデツァの独唱ではじまる。古関メロディーの楽想は夜の砂漠を歌いに鈴の音を効果的に使い哀愁に溢れるオリエント歌謡に仕上げている。

古関裕而と伊藤久男の歌の世界は砂漠のつぎは南国のインドネシアが舞台となる。伊藤久男が南国の抒情を〈あゝ星影さやかに輝く　チャンドラムの森の角笛に〉と歌い上げる《チャンドラムの夜》（菊田一夫・作詞／古関裕而・作曲／昭和二九）はガメラン音楽を楽想の主調にしている。伊藤久男の歌唱は南国の異国情調を豊かに歌い上げている。このガメラン音楽は古関が南方従軍のさい、風とともに古関の耳目に届いた現地の民族音楽である。

あゝ星影に　さやかに輝く
チャンドラムの森のつの笛に
恋人よ叩けよ　タムタム
カンボンは祭りだ　太鼓の音
がメランも鳴る　く　アディダヤンタチンタ
あゝ　あゝ　月が出た
あ　―

丘十四夫の詩想は乗り物シリーズに見られる健康的なメルヘン歌謡、若さ溢れる青春歌謡に定評があるが、《月蒼くして》（丘十四夫・作詞／古関裕而・作曲／昭和二九）は異国情緒豊かな叙情的なタンゴ歌謡である。作曲者の古関はハバネラタンゴのリズムを使い、「陰」と「陽」の転調が巧みで伊藤久男の歌唱が哀愁とロマン的情緒を繊細に表現している。

伊藤久男は抒情歌における日本情緒の表現もダイナミックで豊かである。《鷗の笛》（野村俊夫・作詞／古関裕而・作曲／昭和三〇・一）は野村俊夫が海辺で啼く鷗の声を笛に喩えて作詞した。作曲者の古関裕而はそれが遙か海のかなたに思いを寄せるようなスケールの大きな歌曲として楽想を練り上げた。伊藤久男のダイナミックな叙情豊かな歌唱が感銘をあたえている。

《ノサップ岬に立ちて》（西條八十・作詞／古関裕而・作曲／昭和三〇）は北の国の雄大な自然を

背景にした抒情歌謡である。伊藤久男の声量豊かなダイナミックかつ哀愁に溢れたな歌唱が北の大自然の抒情を見ごとに表現している。昭和三〇年一二月新譜発売。B面は美空ひばりが歌った《花売馬車》（西條八十・作詞／古関裕而・作曲／昭和三〇）である。

ノサップ岬暮れて　波は雄たけび
かじめを拾う乙女　かなし　唄
返らぬ歯舞の　六つの島影は
夜霧に沈みて　海の鳥啼く

この歌曲の背景には旧ソ連と国交が回復し、北方領土の返還への期待が高まりつつあった。翌三一年一〇月一九日、日ソ共同宣言が調印され、これによって、旧ソ連との国交が回復した。そして、平和条約締結後、歯舞諸島、色丹島を返還することが明記された。鳩山一郎内閣はアメリカ一辺倒の外国方針を一変し、社会主義国との外交を展開したのである。

《ノサップ岬に立ちて》は第一〇回文部省芸術祭レコード部門参加作品として企画された。西條の詩想には納沙布岬に立ち夜霧深い海の情景が主調にある。海を眺めて感じたインスピレーションが詩想に込められている。古関はマイナーコードで哀愁のある楽想で仕上げた。歌唱全体は伊藤久男がオペラのアリアを独唱するような叙情的な熱唱だった。伊藤久男は歌の最後の二行において、ピアニッシモの弱声が絶品であり巧緻な歌唱である。最後の〈なつかしの歯舞の　六つの島影よ／ふるさと　いつの日の我に還らん〉の二行において、伊藤久男の歌唱と女性コーラスが絡み、聴く人の涙を誘った。

伊藤久男は昭和三六年、第一二回紅白歌合戦において古関メロディーの《メコンの舟唄》（野村俊夫・作詞／古関裕而・作曲／昭和三一）を熱唱した。メコン河はチベット高原を水脈にしている。ミャンマー、ラオス、タイの各国のを水豊に肥沃な大地を潤す。楽想は転調も施した民族音楽的で、伊藤久男の終曲のピアニッシモは巧みである。

エイ　サラマンダ　エイ　サラマンダ
青い空だよ
エイ　サラマンダ
メコンが呼ぶよ
エイ　サラマンダ
しぶき散る散る
陽は舞い上がる
エイ　サラマンダ　エイ　サラマンダ

可愛いメコンの
流れの色は
町の娘の肌の色

歌が響けば
さざ波踊る
若い血潮が
なお踊る
エイ　サラマンダ　エイ　サラマンダ

《ガンヂス河は流れる》（野村俊夫・作詞／古関裕而・作曲／昭和三一）は神秘的な南国歌謡である。ガンジス川はヒマラヤ山脈の南側、インドアジア大陸の北東部を流れる大河である。ヒンドゥ教では川の女神という意味がある。古関が楽想を神秘的にしたのもそれを汲んでのことであろう。歌唱者の伊藤久男からも敬虔な宗教的な神秘の世界が感じられる。

《恋の火の鳥》は古関裕而が盟友伊藤久男のために野村俊夫の情熱的なスペインの恋唄の詩想を得て作曲した歌曲である。伊藤久男アはステレオ録音で再吹込みをしているが、作曲者の古関が自ら編曲した。前奏はテンポが速くフラメンコ・ギターの情熱的な高鳴りで始まる。歌唱部分に入ると、伊藤久男がダイナミックに〈ランランランラ……〉と燃えるような激しい恋の歌を独唱する。楽想の全体はスペイン舞曲風だが、〈君ゆえに　月も輝き〉のパッセージからスローテンポとなり旋律が叙情的になる。そして、〈心もえておどる〉からジプシーの男女が恋の歌・愛の歌を歌いながらに踊るワルツのリズムと優雅な旋律に変化する。古関は三拍子の舞踊ワルツを完全に消化している。最後は前奏に戻り、伊藤久男のダイナミックな歌唱で野村俊夫、古関裕而。伊藤久男の「福島三トリオ」による《恋の火の鳥》の合作芸術は終曲する。

古賀政男（音頭）と古関裕而（マーチ）

明るい前奏で始まり、甘酸っぱい感傷を含んだ《リンゴの唄》（サトウ・ハチロー作詞／万城目正・作曲／昭和二一＊霧島昇・共唱）が流れると、大衆は戦後の新しい歌謡曲の時代の幕開けを肌で感じた。この《リンゴの唄》で戦後の歌謡界にシンデレラのように登場しスターダムに上りつめた歌手が並木路子だった。並木路子は戦後の古関メロディー、《駒鳥のランタン》（菊田一夫・作詞／古関裕而・作曲／昭和二五）《美しきアルプスの乙女》（西條八十・作詞／古関裕而・作曲／昭和二五）を吹込んでいる。

《リンゴの唄》新譜発売は昭和二一年一月。翌月、コロムビアは戦後初の新人歌手の募集を行った。応募者はおよそ一千人。その中に軍服姿に兵隊靴、肩にはアコーディオンを掛けている男がいた。聞けば、その男は武蔵野音楽学校声楽科で学んでいたとのことだった。軍隊では音楽学校生ということもあり、随分と古参兵たちに軍歌、軍国歌謡を歌わされた苦い経験があった。

この男が歌う曲はアメリカ民謡の《山の端に月ののぼる頃》と課題曲の平井康三郎歌曲集から《月》という歌曲だった。ところが、アメリカ民謡の方は楽譜がないので、男は肩にかけていたアコーディオンを自分で演奏して歌った。歌曲の《月》はコロムビアの専属作曲家、ジャズの平川英夫のピアノで独唱した。審査員の評価は高かった。この男が、古関裕而の健康的なメルヘン抒情歌謡をヒットさせた岡本敦郎である。この新人歌手募集コンクールでは岡本敦郎以外に六名の合格者がいた。その中に後にキングでスター歌手になった津村謙がいた。

津村謙は江口夜詩の門下である。戦前はテイチクから《人生第一歩》（島田芳文・作詞／陸奥明・作曲／昭和一八）を吹込みレコード歌手としてデビューした。そして、戦後、新人歌手募集コンクールで合格した松原正（テイチク）は津村謙となり、コロムビアから再デビューする。古関は津村謙には《誰方にあげましょう》（サトウ・ハチロー・作詞／古関裕而・作曲／＊栗本尊子・共唱／昭和二一）の楽曲を提供しているがヒットに結びついていない。また、共唱の栗本尊子もこの新人歌手募集コンクールの合格者の一人。古関メロディー戦後第一号の《いとしき唄》（サトウ・ハチロー・作詞／古関裕而・作曲／昭和二一＊霧島昇・共唱）を吹込んでいる。東京音楽学校卒だが、流行歌では大成せず、オペラ歌手として名演・名唱の活躍をし成功を収めている。古関の創作オペラに出演したバス歌手の栗本正は夫である。

コロムビア時代の津村は古賀政男の地方実演に出演していた。古賀は未発表の曲を地方の実演で美声と抜群の歌唱力を誇る津村謙に歌わせ、客の反応が良いと、津村ではなく霧島昇にレコードを吹込ませるという方法をとっていた。このように古賀が津村を使っていた関係で古関とはあまり組むことができなかった。だが、津村は『土曜夫人』の主題歌・《まぼろしの妻》(高橋掬太郎・作詞／飯田三郎・作曲／昭和二二)を吹込むことになりキングに移籍する。昭和二三年の《流れの旅路》(吉川静夫・作詞／上原げんと・作曲／昭和二三)でようやくヒットに恵まれ、その後、《上海帰りのリル》(東条寿三郎・渡久地正信・作曲／昭和二六)《赤いマフラー》(高橋掬太郎・作詞／江口夜詩・作曲／昭和二六)《東京の椿姫》(東条寿三郎・渡久地正信・作曲／昭和二六)がヒットしてスターダムに押し上がったことは戦後歌謡史の語るところでもある。

昭和二二年は、戦前の歌謡界を彩ったスター歌手たちも復活の狼煙を本格的にあげた。それは古関メロディーの本格的な始動でもある。テイチクのディック・ミネが歌った《夜霧のブルース》(島田磬也・作詞／大久保徳二郎・作曲／昭和二二)、コロムビア・渡辺はま子の《雨のオランダ坂》、伊藤久男が歌う《夜更けの街》は映画『地獄の顔』の主題歌でテイチクとコロムビアの競演となった。《夜霧のブルース》の作詞者・島田磬也は東海林太郎がまだスターになる以前、「荘司史郎」の変名でコロムビアで吹込んだ古関メロディー・《春の哀歌(エレジー)》を作詞している。

藤山一郎が歌う古関メロディーも復活した。《三日月娘》《夢淡き東京》がヒットした。藤山は当時、南方で戦死したと報じられていた。ところが、昭和二一年夏、インドネシアから復員した。あらためてのべるが、藤山は終戦後、捕虜となり抑留生活を送っていた。アコーディオンを弾きながら収容所を慰問する日々が続く。藤山は悪疫、飢餓という極限状態のなかでいかに音楽が人間に活力をあたえるか身を持って体験し、大衆音楽の意義を改めて認識したのである。その藤山一郎の大衆音楽への決意に古関裕而の音楽芸術が応えるのである。

昭和二三年のレコード歌謡界は古賀政男の復活の年であった。古賀は《麗人の歌》(西條八十・作詞/古賀政男・作曲/昭和二一)(西條八十・作詞/古賀政男・作曲/昭和二一)《悲しき竹笛》(西條八十・作詞/古賀政男・作曲/昭和二一)で徐々に復活の兆しを見せていた。新東宝映画『三百六十五夜』の主題歌《三百六十五夜》(西條八十・作詞/古賀政男・作曲/昭和二三)のヒットに始まり、《湯の町エレジー》(野村俊夫・作詞/古賀政男・作曲/昭和二三)が爆発的にヒットしたのだ。古賀メロディーは、この《湯の町エレジー》で完全に復活した。

《湯の町エレジー》は、霧島昇がレコードに吹込む予定だった。事実、古賀政男も霧島昇を想定して作曲している。ところが、コロムビア側はすでに登りつめたスター歌手よりもこれからの人をということで近江俊郎を押してきた。近江が《山小舎の灯》(米山正夫・作詞/作曲/昭和二二)などのラジオ歌謡、《南の薔薇》(野村俊夫・作詞/米山正夫・作曲/昭和二三)などで売り出していた頃である。

近江俊郎は、昭和一一年、武蔵野音楽学校を中退し「鮫島敏弘」の名で《辷ろよスキー》でタイヘイからデビュー。まったく、売れず辛酸をなめた。その後、リーガル歌手(大友博)を務めるなどマイナーレコード会社を転々とする。昭和一六年、近江はポリドールからコロムビアへ移籍し「近江志郎」から「近江俊郎」と歌手名を変更する。太平洋戦争が始まると戦時歌謡を歌い注目されるようになった。コロムビアに移籍すると、近江は古関メロディーの軍国歌謡《ヨカレン節》〈檜山陸郎・作詞／古関裕而・作曲／昭和二〇〉《翼の神々》〈西條八十・作詞／古関裕而・作曲／昭和二〇〉の歌手陣に名前を連ね、《台湾沖の凱歌》〈サトウ・ハチロー・作詞／昭和二〇／＊朝倉春子・共唱〉などを吹込んだ。近江は、戦後の古関メロディー、《フランチェスカの鐘》のB面、シベリア抑留をテーマにした故郷歌謡《幻の故郷》〈菊田一夫・作詞／古関裕而・作曲／昭和二四〉を吹込んでいる。近江は〈吹雪に明けた　異国の空に／せめて故郷の　山や河もいちど見るまで生きていてくれ〉と感情移入を強く歌っている。また、シベリア歌謡といえば、霧島昇が歌った《国境の灯》〈西條八十・作詞／古関裕而・作曲／昭和二三〉も同じカテゴリーに入る古関メロディーである。

北へ北へと　さすらえば
知らぬ国境　シベリアおろし
すえは白樺　並木の土の
どうせ野ざらし
どうせ野ざらし　雨ざらし

作詞の西條八十は「岡田嘉子の越境事件」を思い出しながら詩想を深めた。作曲者の古関は江口夜詩が得意にしていた「パトロール形式」を使って作曲した。この形式は弱音からだんだん近づいてきてまた遠くへ去ってゆくという効果音を使った方法である。楽曲の前奏には犬橇の鈴の音が使われ、雪の曠野をイメージしている。古関の楽想は吹雪が吹く荒野を舞台に漂泊《さすらい》ぐらしの哀愁を主調にしている。

近江俊郎と並んで、美声系歌手の大正世代歌手に小畑実がいる。古関裕而はこの小畑実には《アルプスの歌》（黒沢三郎・作詞／西條八十・補作／古関裕而・作曲／昭和二五）《おぼろ駕籠」（西條八十・作詞／古関裕而・作曲／昭和二五）を歌わせている。《おぼろ駕籠》は江戸情緒を感じさせる日本調の演歌系歌謡曲である。

嵐人よ夜の　夜風に鬢
呼べどかえらぬ　花あやめ
胸にすがった　御守殿髷の
甘い匂いがわすられぬ

昭和二四年の夏に起きた松川事件（列車転覆事件）を江戸時代に置き換えた大佛次郎の小説を映

画化した同名の主題歌である。歌謡ファンにとって、小畑実と津村謙が僅か一、二曲とはいえコロムビア時代に古関メロディーを歌っていたとは戦後歌謡曲の意外史である。

古賀政男が西條八十の美辞麗句の象徴詩を得て戦後復活したことはすでにのべた。それに対して、古関裕而は菊田一夫のロマン的叙情、サトウ・ハチローの哀愁、野村俊夫のエキゾチックな南国情緒、丘十四夫のメルヘン歌謡詩の詩句、そして、西條八十の抒情詩と、これらの歌謡詩人らの詩句の主調にある詩想は古関の作曲意欲を湧かせる源泉でもあった。このようにクラシック系歌謡曲の黄金時代を構築したのである。

殊に古関は菊田一夫についてはつぎのようにのべている。

「菊田さんは、全くいつも私の作曲を気にいってくれていた。私の音楽に対する最大の理解者であると同時に、作曲意欲を湧かせる私の源泉でもあった。いつの間にか菊田さんは、私の動輪になっていたのだ」(『鐘よ鳴り響け』)

菊田の詩想は日本の詩情にとどまらず、アジア、中東オリエント、シルクロードを経由して果てしなく広がってゆく。古関は「アラビア的なもの、オリエンタルなもの、シルクロード、それらを通してなによりも日本、これが私の美意識の基調になっているだろう」(『同上』)とのべている。

また、古関は西條八十への尊敬の念も強かった。古関は自伝において西條八十の『私の履歴書』

からつぎのような詩人の言葉を引用している。

「ぼくは流行歌、軍歌の如き歌謡は、もとから芸術作品でなくとも、これらには百万人の人間を動かす力があるのだ。そういう点で男子一生を賭ける仕事として価値があると信じるのだ」(西條八十『私の履歴書』)

西条の歌謡詩の詩想には人間の情動に訴え動かす力がある。また、西條の詩想には追想をテーマにした抒情詩もある。《あゝふるさとは雲の果》(西條八十・作詞/古関裕而・作曲/昭和二八)は繊細な情緒表現も豊かな伊藤久男の名唱であり、西條八十・古関裕而の抒情歌謡の名曲である。

夕焼け空の　茜雲
揺れて流れてどこへ行く
草の枕に露の宿
今日も日暮れの　鐘の音聞けば
あゝ　ふるさとは雲の果

一方、西條は健康的なホームソングの抒情詩も詩想に持っている。藤山一郎が歌った《美しい高原》がそうである。

若いいのちの　あこがれを
のせてかがやく　朝の雲
みどり谷間に　かっこう鳴いて
草刈乙女の　眼を覚ます
山はたのしや
ヤッホー　ヤッホー

古関と同郷であり、古賀メロディーの《湯の町エレジー》の作詞者である野村俊夫といえば、戦前の軍国歌謡の傑作《暁に祈る》が目立つが、彼の詩想は欧米・南米的な異国情緒、情熱的な南国情緒が主調にある。戦前の藤山一郎が歌唱したタンゴ歌謡《上海夜曲》（野村俊夫・作詞／仁木他喜雄・作曲／昭和一四）、戦後の和製スペイン歌謡、近江俊郎が情熱こめて歌唱する《南の薔薇》（野村俊夫・作詞／米山正夫・作曲／昭和二三）などがそれを証明している。そして、伊藤久男の歌唱によるオリエント歌謡の《沙漠の恋唄》、古関裕而の「薔薇」三部作（《バラ咲く小径》（昭和二二）・《バラと蜜蜂》（昭和二五）・《薔薇に雨ふる》（昭和二五）、いわゆる「薔薇シリーズ」の二曲は野村俊夫の詩句である。藤山一郎の甘美流麗な歌唱による《バラ咲く小径》はハバネラタンゴ、伊藤久男のロマン的叙情に溢れる《薔薇に雨ふる》はブルース調のシャンソン歌謡に対して《バラと蜜蜂》は二葉あき子が可憐に歌う童謡風のメルヘン歌謡である。

さて、古賀メロディーだが、《湯の町エレジー》のレコードは空前の売れ行きをみせ、古賀メロディーの戦後最大のヒット曲になった。翌月には岡晴夫が歌う江口メロディーの《憧れのハワイ航路》(石本美由起・作詞／江口夜詩・作曲)がキングから発売され大ヒットし競合することになった。

また、古賀は《湯の町エレジー》のヒットによって、古賀政男のギター芸術はギター歌曲からギター演歌へと移行し、昭和二〇年代の第四次黄金時代を構築した。そして、昭和三〇年代、歌謡界が大きく変貌すると初期の音楽芸術を完全に捨て去り、美空ひばりに接近し昭和演歌の源流に君臨しようとした。古関も美空ひばりに宴会ソングの《スッチョン節》(野村俊夫・作詞／古関裕而・作曲／昭和三〇・一)、《むすめ島唄》(野村俊夫・作詞／古関裕而・作曲／昭和三〇・一)・三越ホーム・ソングの《我が家の灯》(西條八十・作詞／古関裕而・作曲／昭和三〇)《花売馬車》(西條八十・作詞／古関裕而・作曲／昭和三〇)などの楽曲を提供したが、積極的には接近していない。

少女時代の美空ひばりは演歌特有のクセがなく、邦楽技巧表現の小節もほとんどみられず、ストレートに歌っている。美空ひばりはクラシックの音楽体系の中で成長したわけではないが、ひばりの母喜美枝が正確無比の歌唱を誇る藤山一郎の大ファンで、美空ひばり自身も幼い頃、擦り切れるまで藤山のレコードを聴いて育ったそうだ。美空ひばりは楽典・音楽理論・規則に忠実な歌唱を誇る藤山一郎（そのような意味で正格歌手）の正統派の歌唱芸術を身体的感受性で受け止め、藤山の高度なファルセット、鼻腔共鳴の使い方を完全ではないが自然に感覚で覚えることができた。美空ひばりはその成長過程において、独自の音楽メソッドによって発声・歌唱法を変化させながら、邦楽的技巧表現に結びつけた。卓越した表現力で新しい歌謡界の女王に上りつめたのである。

美空ひばりの歌唱は、少女時代はさておき基本的には艶歌唱法であり、完全な演歌である。だが、古関裕而の世界における西洋音階は「ド」は「ド」であり、「レ」であれば「レ」の音しかない。平均律で決まっていて、合理的な和音進行（ハーモニー）とレガートな旋律で構成された楽曲が演奏される。藤山一郎、伊藤久男、渡辺はま子らは楽譜の記譜どおりに音の移動がスムーズでレガートなのである。

ところが、邦楽の世界では、たとえば、ドとレの間には無数の西洋記譜号では表現できない音が存在する。民謡などを採譜するとき譜面にそのままの音どおりに書けないのはそのような理由があるからである。古関は音丸が歌詞のわきに独特の曲線で音の高低、微妙な情緒の変化がわかるように独特の装飾音を書き入れていたのを知っていた。美空ひばりも同じ感覚を持ち合わせており、音の移動においてそれらの音を微妙に揺らしながら表現する。卓越した邦楽的技巧表現のテクニックを駆使して歌うのである。

ここに日本独自の固有の民族性を多分に含む非西洋的な伝統が存在し、日本の通俗・感傷的な民衆の「こころの歌」、いわゆる、真正な民衆性としての演歌（俗謡・流行り唄）の可能性を見出すことができるのである。古関裕而が美空ひばりに楽曲を殆ど提供しなかった理由もここにある。古賀の美空ひばりへの接近は流行り唄・俗謡、演歌の伝統とその系譜を継ぐ船村徹に対抗するためである。船村は春日八郎が歌った《別れの一本杉》（高野公男・作詞／船村徹・作曲／昭和三〇）の大ヒットで望郷演歌を確立し演歌系歌謡曲の時代を切り開いた。船村情歌は古賀メロディーよりも土着的で泥臭く退嬰的哀調趣味が濃かった。

昭和演歌の作曲家に共通しているものがある。それは路傍、路地裏での「流し」である。大正時代の《籠の鳥》の作曲で知られる街頭演歌師・鳥取春陽、「アベタケ・メロディー」の阿部武雄、戦後の船村徹、遠藤実もみな「流し」出身である。歌手でも楠木繁夫は東京音楽学校を中退し関西に流れていき道頓堀界隈をアコーディオンを弾いて流し歩いた。戦後の岡晴夫もギター流し出身である（流し時代にコンビを組んだのが作曲家の上原げんと）。

たしかに古賀政男は《湯の町エレジー》から《悲しい酒》によって、ギター演歌を確立した。しかし、彼は路地裏でギターを弾いたわけではない。だから、古賀政男は自分が見出した浪曲界の天才児村田英雄のヒットを書けず、逆に《王将》（西條八十・作詞／船村徹・作曲）で村田英雄を男にした船村徹に完敗したのである。だが、古賀政男は美空ひばりに《柔》を歌わせレコード大賞受賞となり、《王将》の敗北を覆し、船村情歌を返り討ちにした。そして、ギター演歌の完成ともいえる《悲しい酒》を美空ひばりに提供し五度目の黄金時代を迎えることに成功したのである。

一方、古関裕而は「山田耕筰先生の系譜としての立場を明らかにし、音楽史上における位置づけも明確にしたい」という姿勢を貫いた。そして、戦後、昭和二〇年代、古関メロディーのクラシック系歌謡曲は開花する。

古関裕而は己の芸術表現者として藤山一郎と伊藤久男というベルカントの二大潮流を軸にした。このリートとオペラのベルカントが古関のクラシック系歌謡曲の表現形態の本質なのである。そして、この二人の歌唱芸術による《三日月娘》《夢淡き東京》《白鳥の歌》《長崎の鐘》《ニコライの鐘》と《夜更けの街》《イヨマンテの夜》《君、いとしき人》《数寄屋橋エレジー》《サロマ湖の歌》などの戦後歌謡曲史を彩るヒット、また、《幻の笛》《長崎の雨》《みどりの雨》《沙漠の恋唄》《薔薇に雨ふる》《アムールの歌声》《鷗の笛》《月蒼くして》《ノサップ岬に立ちて》などの名曲・名唱によって古関のクラシック系歌謡曲の隆盛が確立した。また、古関は音楽学校派の歌手、二葉あき子（東京音楽学校師範科卒）、健康的な歌声の岡本敦郎（武蔵野音楽学校声楽科卒）、美貌の歌手、奈良光枝（東洋音楽学校卒）、叙情的な音色で魅了する織井茂子（東洋音楽学校卒）らでクラシック系歌謡曲の脇を固めた。《バラと蜜蜂》（二葉あき子・歌唱／昭和二五）《白いランプの灯る道》（奈良光枝・歌唱／昭和二六）《憧れの郵便馬車》（岡本敦郎・歌唱／昭和二七《君の名は》（織井茂子・歌唱／昭和二八）《黒百合の歌》（織井茂子・歌唱／昭和二八）《高原列車は行く》（岡本敦郎・歌唱／昭和二九）のヒットへと続くのである。

昭和二九年はクラシック系歌謡曲隆盛の最後の年である。翌三〇年からは歌謡曲＝演歌の時代、いわゆる演歌系歌謡曲の時代が到来する。だが、古関のクラシック系歌謡曲の創作は衰えることはなかった。伊藤久男が歌う叙情的なワルツ歌謡の《夢遥かなるロマンス》（藤山純一郎・作詞／古関裕而・作曲／昭和三〇）、連続放送劇『由紀子』の主題歌で愛し合う二人が試練を乗り越えて行く恋愛讃歌《春の嵐に》（菊田一夫・作詞／古関裕而・作曲／昭和三〇）、丘十四夫が北風を擬人化した童謡詩に古関裕而が歌曲風の旋律で作曲した抒情歌謡の《北風三郎の唄》（丘十四夫・作詞／古関裕而・作曲／昭和三〇）、岡本敦郎がラジオ歌謡で放送し（昭和三一年六月二四日）、マイナーへの転調によって哀愁を楽想に込めながらも楽曲全体は明るいマーチテンポの青春讃歌《登山電車で》（丘十四夫・作詞／古関裕而・作曲／昭和三二）、「三越ホーム・ソング」のラストの作品であるその古関メロディーのなかでは最も愛唱された《希望の鐘》（西條八十・作詞／古関裕而・作曲／昭和三四・二）など精力的に作曲した。

また、野村俊夫、古関裕而、伊藤久男の福島三人トリオといえば、「二本松少年隊」（幕末の戊辰戦争に従軍した一二歳から一七歳の二本松藩の少年部隊）哀歌・《二本松少年隊》（野村俊夫・作詞／古関裕而・作曲／昭和三二）が発売されている。伊藤久男の重厚なバリトンが二本松少年隊の悲劇を伝える哀歌を歌い上げている。

古関はクラシック系歌謡曲のみならず、放送音楽、スポーツ音楽、劇場音楽、舞台音楽、創作オペラへとクラシック音楽を基調に己の芸術の幅を広げた。古賀政男が昭和演歌の源流に君臨する為、船村情歌との苦闘を展開している頃、古関は菊田一夫の脚本を得て『恋すれど・恋すれど物語』（昭和三一年二月九日・東京宝塚劇場）、『泥棒大将』と『メナムの王妃』、高木史郎演出作品の『アイヌ悲歌』（昭和三三年二月一日）、芸術座公演では『暖簾』（山崎豊子・原作／昭和三二年四月二五日〜六月二日）『がめつい奴』（昭和三四年一〇月／芸術祭賞／テアトロン賞）『がしんたれ』（昭和三五年一〇月）『放浪記』（昭和三六年一〇月二〇日第一回公演）と上演し、芸術座初のミュージカル公演『サウンド・オブ・ミュージック』（昭和四〇年一月／菊田一夫・演出・古関裕而・音楽監督）の公演も成功した。

時代と共に己の音楽スタンスを変節させ黄金時代を形成した古賀政男。己の信念・信条を貫き音楽スタンスと個性を変えなかった古関裕而。そして、日本の復興と繁栄の頂点である東京オリンピックを迎え、その二人の違いが作曲上において浮き彫りとなった。古賀政男は演歌系の《東京五輪音頭》を作曲し、古関裕而はクラシックの西洋音楽芸術によって研鑽した己の音楽個性を集大成した《オリンピックマーチ》を作曲した。音頭（日本調・演歌）とマーチ（西洋音楽芸術）、二人の音楽人生は《東京五輪音頭》と《オリンピックマーチ》に象徴されていたのである。

《オリンピックマーチ》は格調、気品、美しさ、躍動、希望、勇気が渾然一体となった古関裕而の音楽芸術の集大成である。クラシックの格調に民謡音階から民族舞踊のリズムのエネルギー溢れる生命力を楽想の主調にし、西洋音楽芸術の技法の粋を尽くし、国民を鼓舞する躍動感あふれる普遍的な音楽を創造したのである。そのメロディーは古関裕而の平和へのエールの完成であり、日本の復興と繁栄を象徴していた。古関裕而は文化人として役割を十分に果たし、国民音楽樹立を達成したのである。

古関裕而の音楽人生、平和へのエールの完成と言える国民音楽樹立への途は永かった。音楽研鑽と苦闘の時代、哀しき名歌といわれた軍国歌謡の時代、平和な時代へと希望・夢・躍動の音楽を提供し続けた古関裕而はつねに音楽に誠実であり、真摯な姿を失うことがなかった。そして、時代を乗り越え、また新たな音楽創造へ向かう決意を表明した。

「何故、今私の脳裏からは音楽が際限もなく湧き上がってくるのだろうか。私の想念は、新しい音楽になって、より具体的な姿をとって現れる。むしろ近年、この傾向は益々強くなっているではないか。―〈中略〉―想念がまとまり構成を決めてしまえば、音楽が湧き出してくる。ふるさとの山々ばかりではない。私には私自身の日本全国音楽地図がある。無数の山、また数え尽くせないほどの幾筋もの川、それに湖沼も。町や昔ながらの村もある。人もいる。祭りもある。それらを思い浮かべただけでも、私は私の音楽で満たされる。日本列島そのものが、音楽になって響いてくる。そして、いつしか私の想念は大陸に渡っている。西域を通ってユーラシア大陸を西に向かう。シンフォニーが、合唱が、素晴らしい響きをもって迫ってくる」（『鐘よ鳴り響け』）

あの不世出の国民的名歌手藤山一郎が最後まで古関裕而から離れなかった理由もここにあったといえよう。

古関裕而　年譜

年号	年齢	古関裕而	音楽関係史	政治・経済・文化・社会
明治四二（一九〇九）年	〇歳	八月一一日、父三郎次と母ヒサの長男として福島市大町に生まれる。生家は呉服問屋「喜多三」。生家の繁栄ぶりは古関裕而の自伝に「番頭、小僧が十数人。明治末期に、東北には仙台に次いで二台めというナショナル金銭登録機をでんと店頭に備え付け、市内有数の老舗として繁盛していた」と記されている。	四月一日、日本橋三越少年音楽隊が生まれる。一二月二五日、山田耕筰、処女オペラ『誓いの星』（ユニテリアン教会）を上演する。これを契機に山田は歌劇への情熱を燃やす。	一月、『スバル』創刊。二月、自由劇場（小山内薫）、三月二五日、北原白秋、『邪宗門』が刊行。一〇月二六日、安重根によって伊藤博文暗殺。この年、中国を抜いて生糸輸出世界第一位。
大正三（一九一四）年	五歳	この頃、父親が購入した蓄音器を聴き、お伽歌劇の《ドンブラコ（桃太郎）》（北村季晴・作曲）、《埴生の宿》《故郷の廃家》などの唱歌、《双頭の鷲》のような外国曲の吹奏楽などのレコードに親しむ。	三月二六日、帝国劇場において芸術座第三回公演・『復活』が上演。劇中歌の《カチューシャの唄》（中山晋平・作曲）が日本の近代流行歌の夜明けとなる。四月一日、宝塚少女歌劇第一回公演。翌大正六年には浅草常盤座で『女軍出征』（一月、歌舞劇協会）、日本館で『カフェーの夜』（一〇月、東京歌劇座）が上演され、浅草オペラが開幕する。	一月二三日、島田三郎、衆議院予算委員会で、シーメンス事件について政府攻撃。三月二四日、山本権兵衛内閣、総辞職する。七月二八日、第一次世界大戦勃発。八月二三日、日本、ドイツに宣戦布告。一二月六日、東京駅開業式開催。
大正五（一九一六）年	七歳	福島県師範学校付属小学校入学。同年春、若山牧水が吟行の旅の途中来福する。紅葉山公園の一隅・「皆楽亭」にて歓迎を受ける。その席上で詠んだ歌が後に古関によって《阿武隈の歌》として作曲される。	五月、春柳振作、東京蓄音器でハーモニカ演奏レコードを吹込み開始。一〇月一日、ローヤル館開場、ローシーオペラ開幕。	一月、吉野作造「憲政の本義を説いて其有終の美を済すの途を論ず」を『中央公論』に発表し民本主義を提唱。五月二九日、インド詩人タゴール来日。九月一日、工場法施行。一二月九日、夏目漱石歿。

大正七（一九一八）年	九歳	小学校三年から六年まで担任遠藤喜美治に唱歌と綴り方の指導を受ける。作曲に関心をしめす。七月、『赤い鳥』の創刊によって、童謡運動が起こり、童話・童謡運動が隆盛の時代を迎え、遠藤の授業にもその影響が表れる。古関は近代的都市感覚と農村的民俗領域（童歌）の世界を子ども心に知る。	二月二五日、ローシー、日本を去る。三月三日、原信子歌劇団、浅草観音劇場で旗上げ。ハーモニカの宮田東峰、日本最初のハーモニカバンドを結成する。管原明朗、武井守成主宰の「オルケストラ・シンフォニカ・タケヰ」に入団する（大正一五年には指揮者となる）。	七月、『赤い鳥』創刊。八月二日、シベリア出兵宣言、同月三日、富山県中新川郡西水橋町において米騒動勃発。一〇月九日、老壮会（大川周明）結成。同月一四日、『大阪朝日新聞』村山龍平社長が「白虹事件」で辞任（翌日退陣）。一一月二三日、吉野作造、浪人会との立会演説会。一二月六日、吉野作造、福田徳三ら黎明会結成。同月、赤松克麿、宮崎竜介ら、新人会結成。
大正八（一九一九）年	一〇歳	市販される妹尾楽譜から数字譜とは異なる五線譜の世界を本格的に知る。その楽譜の表紙に描かれ大正ロマンを象徴する竹久夢二の絵にも魅了され、少年期において後の作曲上における色彩豊かな風景を楽想の主調にした絵画的感覚を養う。卓上ピアノを購入し作曲を始める。小学校を卒業する頃には、楽譜も自由に読め、正確に譜記できるようになる。	一月五日、松井須磨子縊死。二月、七声歌劇団が結成する。金竜館で公演（金竜館が浅草オペラ専門劇場となる）。大正八年五月、新星歌舞劇団、結成される（松竹専属＊翌年九月、根岸大歌劇団と改称し浅草オペラの大同団結となる）。	一月一八日、パリ講和会議。三月一日、朝鮮独立宣言（三・一万歳事件）。五月四日、五・四運動始まる。六月二八日、ヴェルサイユ条約調印。七月一一日、『キネマ旬報』創刊。八月一日、猶存社結成。
大正一一（一九二二）年	一三歳	福島商業入学。この頃、「喜多三」が廃業。妹尾楽譜を購入し、本格的な作曲・編曲を始める。橘登を中心に「福島ハーモニカ団」が設立（翌年「福島ハーモニカ・ソサイティー」に改称）。	春、オペラ歌手三浦環帰国。浅草オペラでは、根岸歌劇団が三月二〇日、四月五日からと《カルメン》を公演。	二月五日、ワシントン海軍軍縮条約。同月六日、九ヶ国条約調印。三月三日、全国水平社、四月九日、日本農民組合、七月一五日、日本共産党、結成（非合法）。

大正一二(一九二三)年	一四歳	「福島ハーモニカ・ソサイティー」に参加。九月一日、関東大震災。これをテーマに《大地の反逆》の作曲を試みる。	三月、井田一郎、日本最初のジャズバンド「ラフィング・スターズ」結成。	九月一日、関東大震災。一一月一〇日、国民精神作興に関する詔書発布。一二月二七日、虎の門事件。
大正一三(一九二四)年	一五歳	福島市新町七〇番地に転居。一二月二二日、『学而』が創刊され、古関は『五色沼』を発表。この年、野村俊夫が『福島民友』の記者として文芸欄を担当。野村俊夫は新聞記者になる以前から新聞雑誌等に詩、俳句、童話を投稿し、「福島ハーモニカ・ソサイティー」の主宰者・橘登と親友ということもあり、練習、演奏会によく顔を出し同会の支持者となる。幼馴染の古関との音楽上の付き合いもそこから始まる。それが縁となり野村は歌謡作家(作詞)の途に入る。	四月、山田耕筰、オーケストラの拡充を目指し日本交響楽協会を設立する。五月、ウエスタン・エレクトリック社、電気吹込み録音システム(エレクトリック・レコーディング)の特許認可。八月一四日、帝キネ作品・『籠の鳥』が芦戸劇場で封切られ、空前のヒットとなる。《待ちぼうけ》《ペチカ》《からたちの花》などの作曲によって、山田耕筰の日本歌曲時代が本格的に到来し、クラシック系歌謡曲の基本ベースとなる。	一月一〇日、政友会・憲政会・革新倶楽部による清浦奎吾内閣打倒運動開始(第二次護憲運動)。同月二〇日、第一次国共合作。同月二一日、レーニン歿。五月二六日、排日移民法。六月一三日、築地小劇場開場。
大正一四(一九二五)年	一六歳	竹内誠・至、三浦通庸らによって「火の鳥の会」が設立され、レコードコンサートが催される。そこでドビュッシーやラベル、ストラビンスキー、ムソルグスキーなどのクラシック作品と本格的に出会う。『学而』第三号に「我国に於ける無線電信電話発達の概要」を執筆。七月一二日、ラジオ放送が開始。英通信に興味がありラジオを自ら製作するなど、放送に感心をしめす。	三月、英国コロムビア、米国コロムビアを買収し電気吹込みの特許使用権を獲得。四月、米国ビクター、マイクロフォン使用による電気吹込みレコード発売を開始。四月一八日、日露交驩管弦楽大演奏会。	一月、『キング』創刊。一月二〇日、日ソ基本条約調印。三月一九日、治安維持法成立(四月二二日公布)。同月二九日、普通選挙法成立(五月五日公布)。七月一〇日、『女工哀史』(細井和喜蔵)刊。同月二二日、愛宕山からラジオの本放送が始まる。九月二〇日、東京六大学野球開始。

大正一五（一九二六）年	一七歳	四月、丹治嘉市が福島商業に赴任、古関との運命的な出会いが始まる。また、同年、坂内萬も福島商業に赴任。この年から古関の音楽ノートの記録が始まる（上京する昭和五年まで）。また、「音楽漫文」を発表し音楽論を展開する。同年には古関の音楽ノート第三篇においてピアノ付き伴奏の作曲を「楽治雄」のペンネームで開始する。	夏、阿南正成、鈴木幾三郎、渡独し、ドイツ・グラモフォンと原盤輸入契約に成功。八月六日、日本放送協会設立。九月八日、近衛文麿、日本交響楽協会を脱退宣言し、新たに新交響楽団（現・NHK交響楽団）を設立する。	一月一五日、京都学連事件（治安維持法適用）。一月二八日、加藤高明歿。一二月一二日、『現代日本文学全集』（改造社）。二五日、大正天皇崩御。摂政裕仁親王践祚し昭和と改元。
昭和二（一九二七）年	一八歳	年二回催される「福島ハーモニカ・ソサイティー」の春秋の定期演奏会の活動を通じて、ハーモニカオーケストラのための編曲や作曲を独学で習得する。山田耕筰への敬愛を抱きはじめ将来音楽家になることを決意する。ペンネームを「裕而」とつける。同年九月から、古関の音楽ノート第四篇・ピアノ・ギター伴奏付き作曲作品の収録が開始される。	一月、伊庭孝の肝いりで、ソプラノ・松平里子、アルト・佐藤美子、バリトン・内田栄一、テノール・田谷力三の四人が「ヴォーカル・フォア」を結成する。二月二四日（二〇日）、放送オペラ始まる。五月一〇日、「株式会社日本ポリドール蓄音器商会」成立。九月一三日、「日本ビクター蓄音器株式会社」成立。	三月一五日、取付騒ぎにより渡辺銀行休業、金融恐慌勃発。同月二四日、南京事件。四月一八日、台湾銀行休業、同月二二日、モラトリアム（支払猶予令）により金融恐慌終息。五月二八日、第一次山東出兵。六月二〇日、ジュネーヴ軍縮会議開催。一二月三〇日、浅草—上野間に日本最初の地下鉄開通。
昭和三（一九二八）年	一九歳	三月、古関、福島商業卒業。川俣銀行就職。正式に「福島ハーモニカ・ソサエティー」に入る。五月二七日、「福島ハーモニカ・ソサエティー」の定期演奏会、「ハーモニカバンドによるリード・オーケストラ」が福島公会堂で開催。八月、古関の音楽ノート第六篇において室内楽・管弦楽伴奏を中心にした作曲作品（民謡・小唄集）の収録開始。一〇月四日、全国名流奏者都下六大合奏会同御大典奉祝大演奏会出演（日本青年館）。一一月一七・八両日、母校福島商業講堂において開催された「レコードコンサート」「御大典奉祝音楽会」に出演。同月から古関の音楽ノート第七篇開始。同年には仙台中央放送記念番組に出演。	一月一八日、日本コロムビア蓄音器株式会社（商号・「日本コロンビア蓄音器株式会社」）成立。電気吹込みを完備した外資系レコード会社の成立によって、新たな流行歌が誕生し、藤原義江と佐藤千夜子が歌う《波浮の港》、二村定一のジャズ・ソング・《青空》《アラビアの唄》がヒットする。これによって、黎明期の昭和流行歌は都市文化のモダンな外国調（ジャズ）と地方の郷土色を色濃く反映する日本調（新民謡）が二大潮流となる。	二月一日、『赤旗』創刊。二月二〇日、男子普通選挙による総選挙。三月、三・一五事件（共産党への全国的大弾圧）。五月三日、済南事件。六月四日、満洲某重大事件（張作霖爆殺事件）。同月二九日、緊急勅令によって治安維持法改正。八月、アムステルダムオリンピックで織田幹雄・鶴田義行が日本選手初の金メダル。八月二七日、パリ不戦条約。

昭和四(一九二九)年	二〇歳	四月一七日、福島商業の同級生に近況を手紙で伝える。イギリスロンドン市のチェスター楽譜出版社募集の作曲コンクールに応募し(七月)、舞踊組曲《竹取物語》が二等入選する(一〇月)。五月、古関の音楽ノート第八編が開始される。	一月一日、『音楽世界』創刊。一〇月一〇日、日比谷公会堂開場。この年、二村定一が歌う和製ジャズ・ソングの《君恋し》西條八十、中山晋平のコンビによる《東京行進曲》が佐藤千夜子の歌唱によってヒットする。	四月、四・一六事件、共産党員一斉検挙される。七月九日、浜口雄幸十大政綱発表。一〇月一〇日、ニューヨークのウォール街の株式市場が大暴落、世界恐慌が始まる。
昭和五(一九三〇)年	二一歳	一月二三日、『福島民友新聞』に《竹取物語》の快挙が報道される。六月一日、古関、内山金子と結婚。七月、古関は福島高等商業学校の校歌《世界の転機に》を作曲する。九月、山田耕筰の推薦により日本コロムビア専属作曲家として上京。その直前に《福商青春歌》を即興で作曲。一一月二九日、古関、母校の恩師丹治嘉市に野球部応援歌《久遠の希望に》の楽譜を送る。	九月、菊田一夫、「新カジノ・フォーリー」に入座。一〇月二〇日、佐藤千夜子によって古賀正男(後の古賀政男)作曲の《影を慕いて》がビクターで吹込まれる。一一月二一日、菊田一夫、「プペ・ダンサント」の第六回公演でレヴュー作家として一本立ちをする。流行歌は、《ザッツ・オーケー》(奥山貞吉・作曲)などエロ・グロ・ナンセンスを反映する歌がヒットした。	一月一一日、金解禁実施(金本位制に復帰)。四月二二日、ロンドン海軍軍縮条約調印、これにより統帥権干犯問題起こる。九月九日、橋本欣五郎、桜会結成。一一月一四日、浜口雄幸首相東京駅で狙撃。
昭和六(一九三一)年	二二歳	四月、妻金子、帝国音楽学校に入学。古関は妻金子の通学の便を考え、義姉の住む阿佐ヶ谷から世田谷の代田に新居を構える。早稲田大学応援歌《紺碧の空》を作曲。七月新譜で《福島行進曲》《福島夜曲》が発売され、レコード歌謡の作曲家としてデビューする。九月一三日、「福島ハーモニカ・ソサイティー」創立一〇周年記念演奏会が開催され、古関は橘登とともに指揮を振る。一〇月一日、古関裕而、正式に日本コロムビアの専属作曲家となる。一一月二日、アメリカ大リーグ選抜チームの歓迎会が日比谷公会堂で催され、古関は自ら作曲した《日米野球行進曲》を指揮する。	一月、菊田一夫、「プペ・ダンサント」で『西遊記』を書き注目される。二月二五日、モギレフスキー、ヴァイオリン独奏会(日本青年館)が開催。三月一日、声楽家井上織子(昨秋ベルリンで客死)の音楽葬が日本青年館において催され、近衛秀麿・指揮の新交響楽団による《葬送行進曲》(ベートーヴェン・作曲)が演奏される。六月一七日、北村季晴逝去。八月一日、トーキー映画『マダムと女房』封切り。九月二二日、松平里子ミラノで逝去。この年、藤山一郎の歌唱によって《酒は涙か溜息か》《丘を越えて》などの古賀メロディーが一世を風靡。古関裕而と古賀政男の明暗が分かれる。	三月、三月事件(宇垣一成首班の軍部内閣樹立のクーデター未遂発覚)。四月一日、重要産業統制法公布(カルテル結成促進)九月一八日、柳条湖事件勃発、満洲事変へ発展。一〇月一七日、十月事件(荒木貞夫首班の軍部内閣樹立のクーデター未遂発覚)一二月一三日、犬養毅内閣、金輸出再禁止(金本位制停止)。

昭和七（一九三二）年	二三歳	「肉弾三勇士」をテーマに作曲するが、メジャーレーベルのコロムビア盤の山田耕筰、古賀政男のカプリングレコードに対して、古関のレコードはマイナーレーベルのヒコーキから発売される。四月、「福島ハーモニカ・ソサイティー」が橘登の引退披露演奏会をもって一一年間の活動に終止符を打つ。この年から宮田東峰の「ミヤタ・バンド」（「宮田ハーモニカバンド」）を三年間にわたって指揮する。古関はこの年新たに発足したマイナーレーベルのリーガルで「福島信夫」の変名を使用する。	一月、日蓄傘下のマイナーレーベルのリーガルレコード発足。同月一五日、藤山一郎、《影を慕いて》再吹込み。五月三一日、三浦環、コロムビア入社。六月一日、中野忠晴入社。一一月二五日、合同蓄音器株式会社解散。一二月一八日、《ローエングリン》（クラウス・プリングハイム・指揮／日比谷公会堂）が演奏会形式で上演される。この年、新鋭の作曲家も登場し、ビクター佐々木俊一・《涙の渡り鳥》（小林千代子・歌唱）、ポリドール江口夜詩・《忘られぬ花》（池上利夫・歌唱）がヒットする。	一月二八日、第一次上海事変。二月九日、血盟団員によって前蔵相・井上準之助射殺。二月一六日、ラジオ聴取契約一〇〇万突破。三月一日、満洲国建国宣言。同月五日、血盟団員によって三井合名理事長団琢磨射殺。同月七日、玉の井バラバラ事件。五月九日、坂田山心中。五月一五日、五・一五事件（犬養毅首相射殺）。九月一五日、日満議定書調印。一〇月一日、リットン調査団、日本に報告書を通達。
昭和八（一九三三）年	二四歳	古関入社以来、時局歌、報道歌、愛国歌、地方新聞社の当選歌、ご当地ソング、観光PR用のローカルソング、地方歌、地方民謡歌などヒット路線の枠外の作曲に多忙を極める。しかし、前年からのスランプが今年に入り、深刻となる。古関は一二月新譜発売の《をどり踊れば》で同郷の伊藤久男と初めてコンビを組む。伊藤久男は昭和八年一二月から、コロムビア＝「伊藤久男」、リーガル＝「宮本一夫」となる。	前年度の暮れから売れだしたビクターから発売の《島の娘》（小唄勝太郎・歌唱）が一世を風靡。勝太郎神話が生まれる。二月、江口夜詩がコロムビア専属となる。三月、藤山一郎が東京音楽学校首席卒業し、ビクター専属となる。四月一日、松平晃、コロムビア入社。六月二五日、伊藤久男、コロムビア入社。夏、西條八十・作詞、中山晋平・作曲の《東京音頭》が大流行。八月、菊田一夫、「笑いの王国」の文芸部に参加。	一月九日、大島三原山で実践女学校専門部生徒投身自殺。二月二九日、小林多喜二（二〇日、検挙）、築地警察署で虐殺。三月二七日、国際連盟正式脱退。四月二二日、滝川事件。六月七日、共産党幹部佐野学、鍋山貞親獄中で転向を声明。七月一一日、神兵隊事件。一二月二三日、皇太子明仁誕生。この年、輸出増加続く、綿布輸出量イギリスを抜いて世界第一位。

昭和九（一九三四）年	二五歳	五月、古賀政男のテイチク移籍によって、古関の状況も変わる。六月、楽想の素材を求めて、作詞家の高橋掬太郎と茨城県の潮来を旅する。八月新譜で《利根の舟唄》（松平晃・歌唱）がヒットする。九月、古関裕而作曲の《都市対抗野球行進曲》が《都市対抗野球行進歌》として新譜発売される。	五月二日、出版法改正公布（八月一日、レコード検閲開始）。六月、藤原歌劇団（「東京オペラ・カンパニー」）公演開始、日比谷公会堂で《ラ・ボエーム》を上演する。九月一日、竹久夢二逝去。九月五日、音丸がコロムビアに入社。同月、菊田一夫、「笑いの王国」を退座する。この年は、東海林太郎が歌う《赤城の子守唄》《国境の町》がヒットし、東海林太郎時代の到来を迎える。	三月一日、満洲国帝政実施。四月一八日、帝人事件。一〇月一日、「国防の本義と其強化の提唱」が配布。一一月二〇日、陸軍士官学校事件。一二月三日、閣議、ワシントン条約廃棄決定。この年、東北地方は凶作のために娘の身売り、欠食児童・自殺などの惨状が目立った。その一方、軍需景気で工場は拡張され、熟練工の労働需要が高まった。
昭和一〇（一九三五）年	二六歳	二月、リーガルから野村俊夫、古関裕而（「福島信夫」を使用）、伊藤久男らの「福島トリオ」による最初のレコード歌謡、《城ヶ島の灯》が発売される。六月、同月新譜の《月のキャムプ》で初めてマンドリンオーケストラ伴奏を使う。暮れ頃から、音丸が歌った《船頭可愛や》が大ヒットし、古関はコロムビア内部でもその存在が認められる。	七月一日、「中山晋平作曲生活二十年記念」が東京宝塚劇場にて開催。この年も東海林太郎が歌う《旅笠道中》《むらさき小唄》《野崎小唄》がヒット。作曲家ではポリドール・大村能章、阿部武雄、コロムビア・江口夜詩、ビクター・佐々木俊一らの活躍が目立つ。	二月一八日、天皇機関説問題。五月一日、戦前最後のメーデー。六月九日、吉岡隆徳、一〇〇メートル走、一〇秒三の世界タイ記録。八月三日、第一次国体明徴声明。八月一二日、相沢事件（軍務局長永田鉄山惨殺）。一〇月一五日、第二次国体明徴声明。
昭和一一（一九三六）年	二七歳	一月新譜発売の《山は初雪》において、ギターと尺八を組み合わせ、《一九三六年》はジャズコーラスレコードとして発売する。古関は、二月に催されたシャリアピンの独唱を日比谷公会堂において聴き感銘を受ける。三月二五日、古関が作曲した《大阪タイガースの歌》が発表される。六月、印税が最初の一枚から付くようになる。	一月二四日、フョードル・シャリアピンが来日。二月一日、服部良一がコロムビアに入社。三月二二日、日本声楽界の恩人サルコリー逝去。四月一日、二葉あき子がコロムビア入社。四月二九日、国民歌謡の前身の「新歌謡曲」が大阪・桃谷演奏所から放送される。六月一日、国民歌謡がスタートする。藤山一郎がビクターからテイチクに移籍し古賀政男とのコンビが復活し、その第一作品・《東京ラプソディー》がヒットし流行歌の寵児となる。古賀メロディー、第二期黄金時代に入る。	二月二六日、二・二六事件、陸軍皇道派青年将校中心とするクーデタが起こる。五月一八日、阿部定事件。七月一日、「日本職業野球連盟結成記念全日本野球選手権試合」開催。八月一日、ベルリンオリンピック開催。八月七日、五相会議「国策の基準」を決定。一一月二五日、日独防共協定、ベルリンで調印。一二月一二日、西安事件。

昭和一二（一九三七）年	二八歳	妻金子と満洲旅行。奉天ではコロムビア支店長の案内で北陵、清朝の遺跡を見物。コロムビアのディレクター山内義富の兄（デパート・秋林洋行支配人）の招きで松花江の中州にある太陽島の別荘に招待される。日露戦争の激戦地跡を見学する。この頃、《露営の歌》の作曲にとりかかる。一〇月一八日、《愛国の花》が渡辺はま子の歌唱によって国民歌謡として放送。好評を博す。一一月、『当世五人男』（ラジオドラマ）で初めて菊田一夫とコンビを組む。	五月三一日、ワインガルトナー夫妻指揮交響楽演奏会（日比谷公会堂）。七月二七日、渡辺はま子がコロムビアに入社。この年の歌謡界は淡谷のり子が《別れのブルース》をヒットさせ、作曲家・服部良一がレコード歌謡においてブルースを確立する。テイチクの古賀メロディーは《青い背広で》（藤山一郎・歌唱）《人生の並木路》（ディック・ミネ・歌唱）がヒットし、ポリドールからは上原敏によって吹込まれた阿部武雄・作曲の《妻恋道中》《流転》《裏町人生》が発売されヒットする。	一月二一日、政友会浜田国松が衆議院で軍部を攻撃し、寺内寿一と腹切り問答。五月三一日、文部省「国体の本義」全国に配布。七月七日、盧溝橋事件勃発。同月一一日、近衛内閣、華北へ派兵決定。八月一三日、第二次上海事変勃発。一〇月二五日、企画院設置。一一月二四日、矢内原事件（『国家の理想』が反戦思想と右翼から攻撃、矢内原忠雄東大教授辞職）一二月一五日、第一次人民戦線事件（山川均・加藤勘十ら労農派グループを検挙）。
昭和一三（一九三八）年	二九歳	六月五日、父三郎次（治）亡くなる。九月二八日、中支派遣軍報道部の依頼により従軍音楽部隊として西條八十と飛行機に搭乗し羽田飛行場を出発。博多を経由して上海に向かう。一〇月、南京に滞在し文壇部隊の林芙美子らの宿舎を訪問し歓待を受ける。廬山で生命の危機を体験する。星子での宴席の夜半、廬山の敵の夜襲の報が届き、死を決意するが、敵の夜襲はなく危機を脱する。その後、西條八十と帰国の途に着く。	五月二九日より浅草オペラ館で永井荷風の歌劇・《葛飾情話》（菅原明朗・作曲）が上演される。この年、『愛染かつら』の主題歌・《旅の夜風》が万城目正により作曲されヒットする。一一月八日、渡米前の古賀政男がコロムビアに復帰する。同月一四日、古賀はハワイを経てアメリカへ向けて出発。この年、《上海の街角で》（東海林太郎・歌唱）《上海ブルース》（ディック・ミネ・歌唱）などの上海歌謡が流行する。	一月三日、岡田嘉子、杉本良吉、樺太国境を越えソ連に亡命。一月一六日、第一次近衛声明・「爾後国民政府を対手とせず」。二月一日、第二次人民戦線事件（大内兵衛ら労農派学者グループら検挙）。二月一八日、石川達三『生きてゐる兵隊』発禁。四月一日、国家総動員法公布。七月一一日、張鼓峰事件。一一月三日、第二次近衛声明・「東亜新秩序の建設」。一二月二二日、第三次近衛声明（善隣友好・共同防共・経済提携から成る近衛三原則提示）。

昭和一四（一九三九）年	三〇歳	四月、三浦環が吹込んだ《船頭可愛いや》が青盤で発売。八月中旬から久保田宵二と二人で《満洲鉄道唱歌》の選定のために現地視察を兼ねて満洲の旅に赴く。一一月一日、古関の同郷、野村俊夫が《上海夜曲》（藤山一郎・歌唱）で認められ、コロムビアに正式入社する。コロムビアにおいて古関裕而、伊藤久男、野村俊夫の福島音楽トリオが揃う。	四月一八日、藤山一郎がテイチクからコロムビアへ移籍。歌謡界では、庶民層から岡晴夫、田端義夫がデビューする。六月九日、ノタルジャコモ独唱会（日本青年館）。八月三一日、アメリカのNBC放送から古賀メロディー数曲が全世界に向けて放送される。レコード歌謡は映画主題歌の全盛であり、《古き花園》（二葉あき子・歌唱）《純情二重奏》（霧島昇、高峰三枝子・歌唱）などがヒットした。	一月一五日、横綱双葉山敗れる（六九連勝）。同月、昭和研究会『新日本の思想原理』刊。五月一二日、ノモンハン事件。七月八日、国民徴用令、七月二六日、アメリカ、日米航海通商条約廃棄通告。八月二三、日独ソ不可侵条約。九月一日、第二次世界大戦勃発。一二月二六日、朝鮮総督、「創氏改名」指示。
昭和一五（一九四〇）年	三一歳	古関は古賀メロディー第三期黄金時代のさなか、映画主題歌を中心とした流行歌の作曲において、日本調を色濃くした「混成的歌謡曲」（東西混合歌謡曲）の楽曲作りに苦しむ。しかし、不本意な作曲に甘んじながらもクラシック音楽の研鑽をますます深める。一月、三浦環に献呈した《月のバルカローラ》が青盤で発売。四月八日、《暁に祈る》が内田栄一の歌唱で国民歌謡として放送される。レコードは伊藤久男の歌唱で吹込まれ、軍国歌謡の傑作となる。	一一月二八日～一二月一日毎夜、《夜明け》（山田耕筰・作曲）が歌舞伎座で上演。歌謡界では、《湖畔の宿》（高峰三枝子・歌唱）《蘇州夜曲》（渡辺はま子、霧島昇・歌唱）などの服部メロディー、《誰か故郷を想わざる》（霧島昇・歌唱）《目ン無い千鳥》（霧島昇、ミス・コロムビア・歌唱）《新妻鏡》（霧島昇、二葉あき子・歌唱）のヒットによって古賀メロディー第三期黄金時代に入り、ビクターから発売された《燦めく星座》（佐々木俊一・作曲）のヒットによって灰田勝彦の人気が全国的になる。	六月二四日、近衛文麿、新体制運動推進の決意表明。七月二二日、第二次近衛文麿内閣成立、同月二六日、「基本国策要綱」を決定。九月二三日、北部仏印進駐。同月二七日、日独伊三国同盟締結。一〇月一二日、大政翼賛会成立。一〇月三一日、ダンスホール一斉閉鎖。一一月一〇日、皇紀二千六百年記念式典。

昭和一六（一九四一）年	三二歳	古関は日米関係が緊迫し始めた頃、《海の進軍》の作曲に取り組む。古関メロディーの特徴となる転調という手法を使った《怒濤万里》を作曲する。歌唱は藤山一郎。一二月一〇日、マレー沖海戦の勝利を伝えるニュース歌謡で《英国東洋艦隊潰滅》を藤山一郎の歌唱で放送。	一月九日、ピアニストの安川（当時・草間）加寿子、日比谷公会堂（中央交響楽団第七回定期演奏会）においてデビュー。二月一一日、国民歌謡が「われらのうた」となり、同月二〇日、《手をとり合って》が放送。九月一三日、日本音楽文化協会設立総会開催（一一月二九日発会式）。一二月八日、《軍艦行進曲》《愛国行進曲》の作曲で知られる瀬戸口藤吉逝去。一二月二三日、関屋敏子逝去。	四月一三日、日ソ中立条約。同月一六日、日米交渉開始。六月二二日、独ソ戦開始。七月二日、御前会議、「情勢の推移に伴ふ帝国国策要綱」。同月二八日、南部仏印進駐。八月一日、アメリカ、対日石油輸出全面禁止。九月六日、御前会議、「帝国国策遂行要領」（一一月五日最終決定）。一〇月一八日、東条英機内閣成立。一一月二六日、アメリカの最終提案・「ハル＝ノート」が提示される。一二月八日、真珠湾攻撃によって太平洋戦争始まる。
昭和一七（一九四二）年	三三歳	日本のマレー突進作戦が進行し、シンガポールの対岸ジョホール・バルに到達すると、古関はニュース歌謡において《ジョホール・バルの歌》を作曲。二月一五日、シンガポールが陥落、古関は、《シンガポール晴れの入場》（伊藤久男・歌唱）を作曲する。一〇月、南方慰問団派遣員となり、軍用船楽洋丸に乗船し大阪港を出発。漫談・徳川夢声／歌唱・内田栄一（声楽家）、波岡惣一郎、奥山彩子、豊島珠江、藤原千多歌／浪曲・梅中軒鶯童と弟子一名、曲芸師一名、落語家の林家正蔵、舞踊団は石井みどり他六名、演奏オーケストラ・東京放送管弦楽団一六名。シンガポール、ビルマで慰問に従事した。一二月、慰問団はビルマのマンダレーにおいて雲南班と印度方面に分かれ、古関は雲南班に加わる。古関一行は明妙、ラシオ、芒市、最前線の拉孟まで赴き将兵の慰問演奏をする。	一月五日、「有栖川宮記念士気昂揚大演奏会」が日比谷公会堂で開催され、山田耕筰、内田栄一、三浦環、長門美保、伊藤武雄、木下保、増永丈夫（藤山一郎）、原信子、藤原義江等が出演する。一月二八日、徳山璉逝去。二月八日、「われらのうた」が国民合唱となる。三月、ポリドール、「大東亜蓄音器レコード株式会社」と改称。八月、敵国の文字である「コロムビア」の称号を使用することは憚れ、「日蓄（ニッチク）」と改称する。一一月二日、北原白秋逝去。一一月二三日、藤原歌劇団、『ローエングリン』（歌舞伎座）を上演する（二六日まで四日間）。軍国歌謡の一方で、南方メロディー、戦時色を感じさせない《新雪》（灰田勝彦・歌唱）《鈴懸の径》（灰田勝彦・歌唱）《婦系図の歌》（藤原亮子、小畑実・歌唱）などが流行する。	一月二日、マニラ占領。二月一五日、シンガポールの英軍降伏。三月九日、ジャワのオランダ軍降伏。四月一八日、米軍機日本初空襲（東京・名古屋・神戸）。四月三〇日、第二一回総選挙（翼賛選挙）。五月七日、珊瑚海海戦（八日）。五月二〇日、翼賛政治会結成（会長阿部信行）。六月五日、ミッドウェー海戦（空母四隻失う）。八月七日、米軍、ガダルカナル島上陸。八月八日、第一次ソロモン海戦。九月一日、閣議、大東亜省設置決定。

昭和一八（一九四三）年	三四歳	一月元旦、古関はマレーシアのクアラルンプールで新年を迎える。二月上旬、古関、シンガポールから帰国、広島に上陸する。五月、『決戦の大空へ』の主題歌を作曲するために、西條八十らスタッフと土浦航空隊に一日入団。九月一六日、東宝映画『決戦の大空へ』が封切られ、《若鷲の歌》が映画でも歌われヒットする。一〇月、古関はNHKの吉田信音楽部長から《ラバウル海軍航空隊》の作曲依頼を受ける（翌年二月新譜でビクターから灰田勝彦の歌唱で発売）。一二月一九日、恩師丹治嘉市へ《福商修練隊歌》の楽譜を送る。	一月一三日、ジャズなどの英米楽曲約一〇〇〇種の演奏禁止。四月八日、ビクターは「日本音響株式会社」と改称。五月、コロムビアは「ニッチク」、キングはレーベルは「富士音盤」、商標が「富士音響」と改称。流行歌は《勘太郎月夜唄》（藤原亮子、小畑実・歌唱）《お使ひは自転車に乗って》（轟友起子・歌唱）、日本調の《十三夜》（小笠原美都子・歌唱）などヒットした。	二月一日、ガダルカナル島から撤退開始。四月一八日、連合艦隊司令長官山本五十六戦死。五月二九日、アッツ島守備隊全滅。六月二五日、学徒戦時動員体制確立要綱決定。九月三〇日、「今後執るべき戦争指導の大綱」決定（絶対国防圏の設定）。一〇月二一日、神宮外苑競技場で出陣学徒壮行会。一一月五日。大東亜会議開催。一一月二五日、マキン・タワラ両島の守備隊全滅。
昭和一九（一九四四）年	三五歳	一月下旬、古関は帰福した折り、丹治家の歓待を受ける。四月、古関は特別報道班員派遣の一員としてビルマに赴く。ラングーンで《ビルマ派遣軍の歌》（火野葦平・作詞）を作曲。八月六日、古関はビルマのラングーンを出発しインドシナのサイゴンに向かう。途中、シンガポールで母ひさの訃報（八月五日）を知る。八月一八日、「古関裕而音楽と映画の夕べ」（日本文化会館主催・エデン映画劇場）が開催される。九月五日、郷里福島で母の葬儀をとり行う。その頃、古関は《比島決戦の歌》の作曲の依頼を受ける。	一月五日、アウグスト・ユンケル逝去。二月二五日、政府の閣議で「決戦非常措置要綱」が決定され、交響楽定期演奏の会員制をやめて一般に開放、軽音楽におけるジャズ調の追放等が奨励される。三月二五日、藤井清水逝去。六月二一日、日比谷公会堂において「日独交驩大音楽会」（フェルマー／尾高尚忠・指揮）が開催される。八月七日、音楽挺身隊東京連合演習が行われる。一〇月、警視庁、《島の娘》《燦めく星座》《丘を越えて》《湖畔の宿》などを興行場において演奏禁止。	三月八日、インパール作戦開始。六月一九日、マリアナ沖海戦敗北。七月四日、インパール作戦中止。七月七日、サイパン島陥落。七月一八日、東条英機内閣総辞職。一〇月二〇日、アメリカ軍、フィリピン・レイテ島に上陸。同月二四日、レイテ沖海戦開始。二五日、神風特別攻撃隊、アメリカ機動艦隊を攻撃する。一一月二四日、B29、東京初空襲。

昭和二〇（一九四五）年	三六歳	三月一五日、応召され横須賀海兵団に入隊。五月二四、二五日、東京大空襲、世田谷の自宅も被災する。七月に入り、妻と子どもたちを飯坂に疎開させる。七月中旬、妻金子が腸チフスにかかり重体となる。八月一〇日、妻金子の容体が回復し退院。八月一五日、玉音放送、古関は新橋駅で聴く。一〇月、NHK連続ラジオドラマ『山から来た男』で、菊田一夫と再会する。一一月、飯坂小学校校歌を作曲し講堂で発表会を催し、妻金子が独唱。	八月六日、二葉あき子、広島で被爆の難を逃れる。九月九日、タンゴの桜井潔楽団の演奏、東海林太郎の歌謡曲がラジオから放送される。同月二三日、NHK第三放送から、WVTRの米軍向け英語放送始まり、同日、米軍第二三三部隊の軍楽隊が出演しジャズを演奏する。一一月二五日、東京放送管弦楽団、松本伸の新太平洋楽団の演奏が放送される。一二月三一日、「紅白音楽試合」。	三月九日未明から一〇日にかけて東京大空襲。三月二二日、硫黄島日本守備隊全滅。四月一日、アメリカ軍沖縄本島上陸。八月六日、広島原爆投下。八月九日、長崎に原爆投下、ソ連対日参戦。八月一五日、天皇「終戦」の詔勅放送（玉音放送）。八月三〇日、マッカーサー元帥、厚木到着。一一月六日、GHQ、持株会社解体指令。一二月九日、GHQ農地改革に関する指令。
昭和二一（一九四六）年	三七歳	八月一八日、ラジオ歌謡で《三日月娘》が東京放送合唱団によって初放送される。レコードは翌年藤山一郎の歌唱で発売。	五月一日、ラジオ歌謡が始まる。五月二六日、三浦環逝去。七月、金子、三浦環の訃報を知る。並木路子の《リンゴの唄》で戦後の歌謡曲が始まる。《東京の花売娘》（岡晴夫・歌唱）が闇市に流れ、《かえり船》（田端義夫・歌唱）も復員船の寄港地で流れる。	一月一日、天皇の人間宣言。二月一七日、金融緊急措置令、五月三日、極東国際軍事裁判所開廷。八月九日、持株会社整理委員会（財閥解体・始動）。一〇月二一日、自作農創設特別措置法（第二次農地改革）、一一月三日、日本国憲法公布。
昭和二二（一九四七）年	三八歳	一月、《雨のオランダ坂》（渡辺はま子・歌唱）が発売され、戦後の古関メロディーがスタートする。松竹映画『地獄の顔』の主題歌で、B面の《夜更けの街》（伊藤久男・歌唱）と共にヒットする。二月二〇日、古関裕而作曲による歌劇《かぐや姫》をNHKラジオから放送する。三月、NHK連続ラジオドラマ『音楽五人男』の音楽担当。七月五日、NHK連続ラジオ・ドラマ『鐘の鳴る丘』放送開始（昭和二五年一二月まで放送）。	一二月二六日、久保田宵二逝去。松竹映画『地獄の顔』の主題歌は、テイチクから《夜霧のブルース》（ディック・ミネ・歌唱）《長崎エレジー》（ディック・ミネ、藤原千多歌・歌唱）が発売されコロムビア盤と競演する。この年から、藤山一郎、ディック・ミネ、伊藤久男、灰田勝彦、淡谷のり子、渡辺はま子、二葉あき子ら戦前派歌手が復活する。	一月三一日、マッカーサー「二、一ゼネスト中止声明」発表。三月、教育基本法、学校教育法公布。五月三日、日本国憲法施行。八月九日、古橋広之進、四〇〇メートル自由形で世界新記録。一二月一八日、過度経済力集中排除法公布。

昭和二三（一九四八）年	三九歳	五月三〇日、福商火災募金の「二十の扉」と「コロムビア音楽会」が古関裕而の尽力により福島第一小学校講堂で開催。六月新譜で《フランチェスカの鐘》（二葉あき子・歌唱）が発売される。七月、朝日新聞学芸部から以来を受け、全国高等野球大会歌《栄冠は君に輝く》を作曲する。一一月、松竹『鐘の鳴る丘』（第一部）。	この年は、笠置シヅ子が歌う《東京ブギウギ》（服部良一・作曲）の爆発音で幕をあけ、古賀メロディーが《湯の町エレジー》で完全に復活し、キングから発売の《憧れのハワイ航路》（江口夜詩・作曲）と競合する。岡晴夫、田端義夫、小畑実、津村謙、近江俊郎ら、大正世代の活躍が目立つ。	一月二六日、帝銀事件。六月一九日、教育勅語失効。六月二三日、昭電疑獄事件。七月一五日、教育委員会法公布。一二月一八日、経済安定九原則発表。
昭和二四（一九四九）年	四〇歳	二月、松竹『鐘の鳴る丘』（第二部）。平和への祈りを込めて《長崎の鐘》を作曲。藤山一郎の歌唱によりヒットする。同月新譜で台詞無しの《フランチェスカの鐘》が発売される。一一月、松竹『鐘の鳴る丘』（第三部）。	四月、《青い山脈》（服部良一・作曲）が藤山一郎と奈良光枝の歌唱によって発売され。映画の封切りを待たずに大ヒットする。六月一日、門田ゆたか、織井茂子、コロムビア入社。八月一日、美空ひばり、コロムビア入社。《悲しき口笛》がヒットし注目される。	三月七日、ドッジ・ライン。四月二五日、1ドル＝360円の単一為替レート実施。七月五日、下山事件、同月一五日、三鷹事件、八月一七日、松川事件。同月二六日、シャウプ勧告発表。税制改革実施。
昭和二五（一九五〇）年	四一歳	《イヨマンテの夜》が伊藤久男のダイナミックな歌唱によってヒットする。一月八日、歌謡番組『今週の明星』が放送開始。古関はオープニングテーマを作曲。九月、松竹『長崎の鐘』。一一月二三日、福島市新開座で催されたのど自慢大会の審査委員として来福。一二月『さくらんぼ大将』の構想を練るために飯山、茂庭を訪れる。	五月八日、放送されたラジオ歌謡・《白い花の咲く頃》で岡本敦郎が注目され、レコードもヒットする。二葉あき子が歌唱する《水色のワルツ》もクラシック系歌謡曲の名曲として好評を得る。一〇月一日、丘十四夫（灯至夫）コロムビア入社。	一月七日、千円札発行。五月三日、吉田茂、東大総長南原繁を「曲学阿世」と非難。六月二五日、朝鮮戦争勃発。同月二六日、『チャタレイ夫人の恋人』押収。七月、レッドパージ始まる。八月一〇日、警察予備隊令公布。

年	年齢	古関裕而の事項	音楽界の出来事	社会の出来事
昭和二六（一九五一）年	四二歳	一月三日、第一回のNHK紅白歌合戦で大トリの藤山一郎が古関メロディー《長崎の鐘》を歌う。一月四日、『さくらんぼ大将』放送開始（昭和二七年三月三一日まで放送）。六月一〇日、古関裕而、菊田一夫、古川ロッパ、夏川静江ら『さくらんぼ大将』の出演者・スタッフ一行が舞台となった飯坂町を訪れる（七日福島到着）。一一月四日、『ジロリンタン物語』放送開始（昭和二七年一〇月二六日まで放送）。	津村謙が歌うタンゴ歌謡・《上海帰りのリル》がヒットするが、この年は、美空ひばりの《越後獅子の唄》《私は街の子》《ひばりの花売娘》《あの丘越えて》などのヒットが目立つ。クラシック系歌謡曲では伊藤久男の名唱・《あざみの歌》などのラジオ歌謡がヒットする。また、《アルプスの牧場》のヒットで灰田勝彦の人気が復活する。	四月一一日、マッカーサー解任。九月八日、サンフランシスコ平和条約、日米安全保障条約調印。同月一〇日、『羅城門』ベニス映画音楽祭大賞受賞。
昭和二七（一九五二）年	四三歳	一月新譜でメルヘン抒情歌謡の《あがれの郵便馬車》（岡本敦郎・歌唱）が発売。四月一〇日、NHK連続ラジオ・ドラマ『君の名は』放送開始（二九年四月八日まで放送）。六月、熊本中央放送二五周年記念式典に古関夫妻が招待され、その帰途、長崎に寄り、故永井隆博士の如己堂を訪れる。	一月三日、第二回NHK紅白歌合戦に出演予定の松島詩子が交通事故で出場不能。同月三〇日、オペラ夕鶴（團伊玖磨・作曲）初演。二月二五日～二八日、二期会の正式旗揚げ公演・《ラ・ボエーム》が日比谷公会堂で上演。この年からジャズブームが到来する。一二月三〇日、中山晋平逝去。	二月二八日、日米行政協定調印。五月一日、血のメーデー事件。七月二一日。破壊活動防止法。八月一三日、IMF・世界銀行に加盟。一〇月一五日、警察予備隊、保安隊に改組。
昭和二八（一九五三）年	四四歳	一月九日、東映『ひめゆりの塔』が封切られる。三月二二日、NHK放送文化賞受賞。九月、松竹『君の名は』（第一部）。一〇月、東宝『太平洋の鷲』。一二月、松竹『君の名は』（第二部）。一二月三一日、第四回NHK紅白歌合戦で伊藤久男・《君、いとしき人よ》と織井茂子・《君の名は》による「君の名は」対決が満場を湧かせる。	二月一日、NHK、テレビ本放送開始。雪村いづみが《想い出のワルツ》でビクターからデビューし、前年《テネシーワルツ》をヒットさせた江利チエミ、美空ひばりと共に三人娘を形成する。この年、《六甲おろし》の創唱者バリトン歌手立川澄人（清登に改名）、オペラ『椿姫』のジェルモン役でデビューする。	三月五日、スターリン歿。六月二日、内灘米軍試射無期限使用決定。七月二七日、朝鮮戦争休戦協定。一〇月二日、池田・ロバートソン会談。一二月二四日、奄美大島返還日米協定調印。

昭和二九（一九五四）年	四五歳	四月、連続ラジオ・ドラマ『由紀子』放送開始。四月、松竹『君の名は』（第三部）。五月、《福島音頭》を作曲し福島市に献呈する。八月、松竹『君の名は』（総集編）。この頃、菊田一夫が東宝の演劇担当重役に就任する。一二月三一日、第五回NHK紅白歌合戦において映画『君の名は』のヒットもあり、伊藤久男が《数寄屋橋エレジー》を熱唱。	七月三一日、リートのベルカントで古関裕而のクラシック系歌謡曲を美しく歌唱した藤山一郎がコロムビアを退社し、レコード会社の専属アーティストに終止符を打つ。歌舞伎ソングの《お富さん》の大ヒットによって春日八郎がスターダムに登りつめる。岡晴夫、キングからマーキュリーへ移籍。	三月一日、ビギニ環礁におけるアメリカの水爆実験で第五福竜丸が被爆。同月八日、MSA協定（日米相互防衛援助協定）。四月二一日、犬養健法相、検事総長に指揮権発動。六月八日、新警察法。同月九日、自衛隊法公布。一一月二四日、日本民主党結成（総裁・鳩山一郎）。
昭和三〇（一九五五）年	四六歳	五月八日、菊田一夫氏との対談「告白もまた楽し」が『内外タイムス』に掲載。夏、軽井沢で石坂洋次郎、志賀直哉、西條八十ら諸氏の訪問を受ける。一二月三一日、第六回NHK紅白歌合戦で織井茂子が《黒百合の歌》を歌い『君の名は』の衰えない人気をアピールする。また、大トリの藤山一郎が古関メロディーの《ニコライの鐘》を歌い、古関裕而に代表されるクラシック系歌謡曲の健在ぶりをしめし万雷の拍手を浴びる。	レコード会社の歌謡曲の企画・製作が大きく変化し、クラシック系歌謡曲が後退する。作曲家は演歌系が中心となり、歌手も戦前派のクラシック系歌手、音楽学校派の美声系歌手が紅白歌合戦に出場するとはいえ、ヒットチャートの主流ではなくなる。船村徹作曲の望郷演歌・《別れの一本杉》（春日八郎・歌唱）、三橋美智也が歌う《おんな船頭唄》（山口俊郎・作曲）、島倉千代子の泣き節による《この世の花》（万城目正・作曲）などがヒットし演歌系歌謡曲の全盛が到来する。	四月一八日、アジア・アフリカ会議。八月六日、第一回原水爆禁止世界大会。九月一三日、砂川基地反対闘争始まる。一〇月一三日、社会党統一大会。一一月一五日、自由民主党結成（55年体制スタート）。

昭和三一（一九五六）年	四七歳	二月九日、東宝ミュージカル第一回公演・『恋すれど・恋すれど物語』を初公演。出演は東宝の喜劇俳優総出演・エノケン（榎本健一）、古川ロッパ、越路吹雪、宮城まり子。三月、『忘却の花びら』がNHK連続ラジオ・ドラマの最後となり、これ以後、菊田一夫とのコンビで舞台芸術音楽へと創作の場が本格的に移る。三月中旬、胃潰瘍の摘出手術。七月五日、東宝ミュージカル第二回公演・『俺は知らない』（菊田一夫・作）『太陽の娘』（高木史朗・作）の二本立てで開幕する。	六月二日、戦前の古関メロディーを数多く編曲した奥山貞吉逝去。女性の幸福を歌った《ここに幸あり》以外は、三橋美智也が歌う《リンゴ村から》《哀愁列車》など演歌系歌謡曲がヒットを占める。この年、石原裕次郎が《狂った果実》でテイチクからデビューする。NHK紅白歌合戦の戦前派歌手の大トリは紅組・笠置シヅ子・《ヘイヘイ・ブギ》、灰田勝彦・《白銀の山小舎》が最後となる。	二月二四日、フルシチョフ、スターリン批判。五月九日、日本登山隊マナスル登頂。六月一一日、憲法調査会法公布。七月二日、国防会議構成法公布。同月一七日、「もはや戦後ではない」（『経済白書』）。一〇月一九日、日ソ共同宣言。同月二三日、ハンガリー事件起こる。同月二九日、スエズ戦争勃発。一二月一八日、国際連合加盟。
昭和三二（一九五七）年	四八歳	一月、『忘却の花びら』（前編）が東宝で映画化される。後編は七月の封切り。四月二五日、芸術座公演『暖簾』の初日、出演・森繁久彌、三益愛子。同月には『日曜名作座』放送開始。一〇月、古関の母校・福島商業が創立六〇周年を迎え、古関裕而・作曲の新校歌《若きこころ》が発表される。一一月、福島第二小学校校歌が創立六〇周年を記念して古関裕而の手により作曲される。作詞は野村俊夫。	一月二七日、佐々木俊一逝去。美空ひばり、《長崎の蝶々さん》で、NHK紅白歌合戦に出場し演歌系歌手では初めて紅組大トリを務める。白組大トリは三橋美智也・《リンゴ花咲く故郷へ》。菊田一夫（東宝取締役）、芸術座を開館し東宝演劇部の総指揮を執る。映画、舞台の原作、脚本、演出において古関裕而の音楽と共に精力的に活動する。	一月二九日、南極予備観測隊、昭和基地上陸。六月二一日、岸・アイゼンハワー共同声明発表。八月二七日、東海村原子力研で原子の灯ともる。一〇月四日、ソ連人工衛星打ち上げ成功。
昭和三三（一九五八）年	四九歳	一月一日、『風雲三十三年の夢』（一月一日～二月九日まで／芸術座）を公演する。二月一日、高木史朗演出による『アイヌの恋歌』上演。四月一日『まり子自叙伝』（四月一日～六月二二日／芸術座）を公演する。一二月三〇日、『花のれん』（一二月三〇日～一二月二九日／芸術座）を公演する。一二月三一日、第九回NHK紅白歌合戦で伊藤久男が初めて古関メロディーの《イヨマンテの夜》を歌う。	二月、日劇で第一回「ウエスタンカーニバル」が開催。五月一一日、仁木他喜雄逝去。前年一一月新譜で発売されたフランク永井による吉田メロディー・《有楽町で逢いましょう》が俄然ヒットし都会派ムード歌謡が注目される。藤山一郎がこの紅白から東京放送管弦楽団指揮で出場。	三月九日、関門国道トンネル開通。四月一日、売春防止法適用。一二月二三日、東京タワー完成。

昭和三四（一九五九）年	五〇歳	一二月、芸術座公演・『がめつい奴』上演。出演・榎本健一、三益愛子。大好評で続演され一〇ヶ月のロングランの記録を樹立。一二月三一日、第一〇回NHK紅白歌合戦で伊藤久男が《サロマ湖の歌》を歌いクラシック系歌謡曲、古関メロディーの人気の根強さを証明する。	四月、ストラヴィンスキー来日。この年、九月一二日、小沢征爾ブザンソン国際指揮コンクールで第一位になる。第一回日本レコード大賞大賞曲に水原弘が歌った《黒い花びら》（中村八大・作曲）が選ばれる。歌唱賞はフランク永井・《夜霧に消えたチャコ》。	一月一日、キューバ革命。四月一〇日、皇太子ご成婚。一一月二七日、安保改定阻止の労組・全学連のデモ隊、国会構内乱入。
昭和三五（一九六〇）年	五一歳	六月、福島県と福島民友社と共催で「スカイラインの歌」と「磐梯・吾妻小唄」の歌詞が一般から公募。七月二六日、福島民友紙面で内海久二、片山信次郎の作品が当選歌となり発表される。一〇月、菊田一夫の少年時代の丁稚奉公の苦境を劇化した『がしんたれ』が上演。二月、コロムビア歌手守屋浩、鳴海日出夫、能沢佳子を招いて福島公会堂において発表会が開催される。同月、『東宝グランド・ロマンス「敦煌」』上演。中村萬之助、市川中車、高島忠夫、八千草薫らが出演。舞台でスクリーンフィルムを使用。	秋、近衛秀麿、ABC交響楽団のヨーロッパ演奏旅行に指揮者として渡欧する。古関裕而が音楽監督を務める菊田一夫、舞台の原作・脚本・演出に邁進する劇作家の生活向上を目的として、川口松太郎、中野実、北条秀司らと「劇作家四人の会」を結成する。橋幸夫が《潮来笠》（吉田正・作曲）を歌い一〇代演歌歌手でデビューする。美空ひばり、《哀愁波止場》（船村徹・作曲）で日本レコード大賞歌唱賞。「船村情歌」が演歌系歌謡曲の頂点に立つ。	五月一九日、新安保条約・協定強行採決。六月一〇日、ハガチー事件、同月一九日、新安保条約自然成立。一〇月一二日、浅沼社会党委員長刺殺事件。
昭和三六（一九六一）年	五二歳	五月、一〇周年記念自衛隊選定歌《この国は》を作曲。レコードは伊藤久男の歌唱で六月新譜で発売。同月、特撮怪獣映画『モスラ』（東宝）が公開される。古関メロディーの《モスラの歌》が好評となる。一〇月、『放浪記』上演、芸術祭賞とテアトロン賞を受賞。一二月三一日、第一二回NHK紅白歌合戦で伊藤久男が古関メロディーの《メコンの舟唄》を熱唱する。	一月一六日、古川ロッパ逝去。三月八日、松平晃逝去。四月一七日、東京音楽祭開幕。ロカビリー、ツイストの全盛のさなか、村田英雄が歌う《王将》（船村徹・作曲）がヒットする。フランク永井のリバイバルによる《君恋し》が日本レコード大賞、大賞曲となる。	一月三日、アメリカ対キューバ国交断絶。六月一二日、農業基本法。九月一日、日本赤十字、愛の献血運動開始。一〇月二日、大鵬・柏戸横綱昇進。

昭和三七（一九六二）年	五三歳	三月、逍遥歌として作られた《福商青春歌》がNHK『歌は生きている』で紹介される。四月七日、『太平洋戦争と姫ゆり部隊』が公開され、主題歌は古関が作曲。一〇月、芸術座公演・『悲しき玩具』上演。一一月芸術座公演『あの橋の畔で』、松竹で映画化され、一部から四部まで古関が音楽を担当する。主題歌の《夕月》は島倉千代子の泣き節をいかして作曲。	田端義夫、《島育ち》でカムバック（翌年紅白初出場）。島倉千代子NHK紅白歌合戦で紅組大トリを三年連続務める。	二月一日、東京人口一〇〇〇万人突破。八月一二日、堀江謙一、ヨットで太平洋横断。一〇月二二日、ケネディー、キューバ海上封鎖。一一月九日、日中総合貿易に関する覚書調印（LT貿易始まる）。
昭和三八（一九六三）年	五四歳	三月、福島の本宮高校講堂で「伊藤久男歌手生活三〇周年記念音楽会」が開催。古関はこれを祝し《あぶくま川》を献呈する。巨人軍三〇周年を記念して、《巨人軍の歌～闘魂こめて～》を作曲する。	舟木一夫が《高校三年生》（遠藤実・作）でデビューし、前年の《下町の太陽》（倍賞千恵子・歌唱）、日本レコード大賞受賞曲《いつでも夢を》（橋幸夫、吉永小百合・歌唱）とともに青春歌謡の全盛期を迎える。	三月三一日、吉展ちゃん誘拐事件。八月五日、部分的核実験停止条約。一一月二二日、ケネディー大統領暗殺。
昭和三九（一九六四）年	五五歳	二月、『東宝グランド・ロマンス「蒼き狼」』上演。一〇月一〇日、世紀の若人の祭典・東京オリンピックの入場行進において《オリンピック・マーチ》が演奏される。日本のスーザと讃えられ世界の古関としての声価を得る。一二月三一日、第一五回紅白歌合戦で、藤山一郎・《長崎の鐘》、伊藤久男・《イヨマンテの夜》が歌われ、古関裕而のクラシック系歌謡曲が再評価され、戦前派歌手のなつかしの名曲ブームをもたらす。	クラウンから、西郷輝彦が《君だけを》でデビューし、青春歌謡の御三家。橋・舟木・西郷が揃う。美空ひばりが紅組大トリに返り咲き以後、昭和四七年まで九回連続大トリを務める。	四月一月、IMF8条国に移行。同月二八日、OECD加盟。六月、中国の文化大革命運動始まる。一〇月一日、東海道新海戦開通。同月一〇日、東京オリンピック開催。一一月一七日、公明党結成。

昭和四〇（一九六五）年	五六歳	一月、菊田一夫演出、古関裕而音楽監督による『サウンド・オブ・ミュージック』上演。出演・淀かおる、高島忠夫。六月、映画を舞台で劇化した『終着駅』上演。出演・市川染五郎、那智わたる。	東海林太郎が歌謡界で初めて紫綬褒章に輝く。一二月二九日、古関が敬愛してやまなかった山田耕筰が逝去。この年、古賀政男が美空ひばりの《柔》で日本レコード大賞を受賞する。	一月一一日、中教審、期待される人間像。二月七日、アメリカ北爆を開始。六月二二日、日韓基本条約。八月一九日、佐藤栄作首相、沖縄訪問。一〇月二一日、朝永振一郎ノーベル物理学賞受賞。
昭和四一（一九六六）年	五七歳	四月二九日、若山牧水の《阿武隈の歌》の歌碑が板倉神社に建立され、古関裕而の指揮のもとに地元のコーラスと参加者の合唱が境内に響きわたる。一一月、「東宝グランド・ロマンス『風と共に去りぬ』より《スカーレット・オハラ》と《タラの歌》がコロムビアから発売。一二月、伊達郡保原町立富成小学校校歌作曲。野村俊夫とコンビを組んだ最後の校歌。	一〇月二七日、野村俊夫逝去。古賀政男、美空ひばりの歌唱による《悲しい酒》でギター演歌を完成させる。橋幸夫が《霧氷》（吉田正・作曲）で二度目の日本レコード大賞受賞。舟木一夫は《絶唱》で歌唱賞を受賞する。	一月一三日、古都保存法公布。同月二一日、日ソ航空協定。四月二〇日、日産・プリンス合併。六月二九日、ザ・ビートルズ来日。
昭和四二（一九六七）年	五八歳	三月、大正時代の牛鍋やの主人の繁昌記・『あかさたな』。出演・三木のり平、森光子。五月、『太宰治の生涯』。	日本レコード大賞の大賞曲にジャッキー吉川とブルー・コメッツの《ブルー・シャトー》が選ばれ、GSブームが頂点に達する。	四月一五日、美濃部亮吉東京都知事誕生。八月三日、公害対策基本法。一〇月二〇日、吉田茂歿。一一月一五日、日米共同声明。
昭和四三（一九六八）年	五九歳	五月、『まぼろしの邪馬台国』。六月、藤浦洸とのコンビで作曲した《早慶讃歌》が発売される。九月、東京百年を記念して《この空は》《この花この鳥》を作曲する。	四月三日、東京12チャンネル（現・テレビ東京）で「なつかしの歌声」が始まる。古賀政男、紫綬褒章。	五月八日、イタイイタイ病を公害病と認定。六月、小笠原諸島返還。七月一日、核兵器拡散防止条約。一〇月一七日、川端康成ノーベル文学賞受賞。同月二三日、明治百年記念式典。一二月一〇日、三億円強奪事件発生。

昭和四四（一九六九）年	六〇歳	六月、菊田一夫脚色による『若きウエルテルの悲しみ』（帝国劇場）。長年の作曲生活における功績が認められ紫綬褒章授与される。一二月、『浅草交響楽』（帝国劇場）。	「NHK思い出のメロディー」が始まる。服部良一、紫綬褒章。森進一、《港町ブルース》で日本レコード大賞最優秀歌唱賞。	一月一八日、安田講堂、機動隊乱入。六月二八日、新宿西口地下広場反戦フォーク集会。七月二〇日、米のアポロ11号月面着陸。一一月二一日、佐藤・ニクソン会談、共同声明で沖縄返還を表明。
昭和四五（一九七〇）年	六一歳	七月五日、《わらじ音頭》の発表会に出席するため故郷福島を訪れる。その際、古関の祖先が寄進した「祓川橋」の復元工事を視察する。	二月一九日、中野忠晴逝去。四月九日、《船頭可愛や》の作詞者・高橋掬太郎逝去。	三月一四日、日本万国博覧会開催。同月三一日、日航機よど号ハイジャック事件。七月一八日、東京光化学スモッグ被害続出。一一月二五日、三島由紀夫割腹事件。
昭和四六（一九七一）年	六二歳	二月、翌年開催予定の札幌冬季オリンピック賛歌・《純白の大地》、《スケーター・ワルツ》がコロムビアから発売される。三月、恩師遠藤喜美治逝去。一〇月三日、川俣ライオンズクラブ結成五周年記念式典に出席。この年、『放浪記』（三月二日〜五月二七日／芸術座）『夜汽車の人』（一〇月二日〜一二月二七日／芸術座）を公演する。	森進一、《おふくろさん》で二度目の日本レコード大賞最優秀歌唱賞。紅白歌合戦では三年連続大トリを務める。	四月一四日、米、対中国接近政策発表。六月一七日、沖縄返還協定。八月一五日、ニクソン、ドル防衛新経済策発表（金・ドル交換停止）。九月二七日、天皇・皇后、訪欧に出発。一二月一八日、1ドル＝308円の新為替レート決定（二〇日から実施）。
昭和四七（一九七二）年	六三歳	札幌冬季オリンピック（二月三日から一一日間）において《純白の大地》を作曲。一〇月一日、「オールスター家族対抗歌合戦」（フジテレビ）の審査委員長を務める。この年、『墨東綺譚』（三月四日〜四月二八日／芸術座）『道頓堀』（一〇月九日〜一二月二七日／芸術座）を公演する。	一〇月四日、東海林太郎逝去。淡谷のり子、紫綬褒章。戦後の歌謡界の女王美空ひばり、この年を最後に紅白から姿を消す。天地真理が日本レコード大賞大衆賞を受賞し、「天地真理ブーム」が到来する。	二月三日、札幌冬季オリンピック開催。同月一九日、浅間山荘事件。三月七日、連合赤軍リンチ事件発覚。五月一五日、沖縄返還。六月、田中角栄、「日本列島改造論」発表。九月二九日、日中共同声明。

昭和四八（一九七三）年	六四歳	二月、《日も風も星も》（「ロータリークラブの歌」）を作曲する。三月二一日、本宮市で伊藤久男歌手生活四〇周年記念・「伊藤久男　ふるさとに歌う」が開催。四月四日、菊田一夫逝去。古関は半生の良き友を失う。芸術座公演『道頓堀』が菊田一夫との名コンビの遺作となる。九月、古関裕而の画集『風景の調べ』が刊行。一一月一三日、サトウ・ハチロー逝去。一二月三一日、第二四回NHK紅白歌合戦に特別出演の藤山一郎がサトウ・ハチロー作詞による古関メロディーの《長崎の鐘》を独唱し古関もパイプオルガンを演奏。	六月二日、日本のオーケストラの発展史において山田耕筰と双璧を成し、その発展に寄与した近衛秀麿が逝去する。小澤征爾、ボストン交響楽団の音楽監督に就任する。この年、藤山一郎、渡辺はま子、紫綬褒章。この年の日本レコード大賞は五木ひろしが受賞し、ポップス演歌の時代が到来する。	一月二七日、ベトナム和平協定調印。八月八日、金大中事件発生。一〇月六日、第四次中東戦争。石油危機（オイルショック）始まる。同月二三日、江崎玲於奈ノーベル物理学賞。
昭和四九（一九七四）年	六五歳	三月、菊田一夫演劇祭の一つとして『放浪記』が公演される。古関は丘灯至夫の母校、郡山商業を丘と共に訪れ公演を行う。この年、『不滅の歌声藤山一郎レコード大賞特別賞紫綬褒章授章記念』に古関裕而の新曲《わかい東京》《追憶》《若人の街》が収録される。	宮田東峰、勲三等瑞宝章。六月二一日、小唄勝太郎逝去。フォークと演歌を融合させた森進一の熱唱・《襟裳岬》が日本レコード大賞受賞。五木ひろし、《みれん》で最優秀歌唱賞を受賞。	一月以後、オイルショックによる狂乱物価続く。八月八日、ウォーターゲート事件、ニクソン大統領辞任（九日、後任フォード）。同月三〇日、三菱重工業ビル爆破事件。一〇月八日、佐藤前首相ノーベル平和賞受賞。
昭和五〇（一九七五）年	六六歳	二月一六日、NHKビッグショー「古関裕而　青春・涙・哀愁」が放送される。同ワンマンショーでは歌謡番組『今週の明星』が番組の後半に再現される。一一月一三日、古関は《郡商青春歌》と新応援歌の《闘魂》を作曲し、その発表会が催される。	四月二九日、古賀政男、勲三等瑞宝章。六月二五日、門田ゆたか逝去。同年一月新譜発売の《別れの鐘》が遺作となる。この年は「国際婦人年」であり、松任谷由実、中島みゆきらニューミュージック系の女性シンガー・ソングライターの活躍が始まる。	四月五日、蒋介石歿。六月三日、佐藤栄作歿。同月一九日、国際婦人年世界会議（メキシコ・シティ）。七月一九日、沖縄国際海洋博覧会開催。一一月一五日、第一回先進国首脳会議開催。

昭和五一（一九七六）年	六七歳	一月一八日、古関裕而の最初のヒット曲である《船頭可愛や》を歌った音丸逝去。七月、『日曜名作座』で芥川龍之介の『地獄変』が放送され、文芸作品を彩る古関メロディーが再認識される。早稲田大学大隈庭園内に《紺碧の空》の記念碑建立。	三月二二日、日本オペラの最大の功労者、テノールの藤原義江逝去。	一月八日、周恩来歿。二月四日、ロッキード献金事件表面化。七月二七日、東京地検、田中角栄前首相逮捕。九月九日、毛沢東中国主席歿。一一月一〇日、天皇在位五〇年式典。
昭和五二（一九七七）年	六八歳	二月新譜発売の《津和野慕情》（岡本敦郎・歌唱）を最後に《福島行進曲》以来の歌謡曲の作曲生活に終止符を打つ。八月、夏の甲子園に母校福島商業が出場する。一〇月六日、日本教育新聞に「わが師わが母校」を掲載。その中で、古関は遠藤喜美治、橘登、坂内萬、丹治嘉市を紹介。	演歌に転向した石川さゆりが《津軽海峡・冬景色》をヒットさせる。沢田研二が日本歌謡大賞と日本レコード大賞を受賞。	二月二三日、日本初の静止衛星「きく２号」打ち上げ。七月一日、二〇〇カイリ漁業専管水域実施。同月二三日、文部省、小中学校の新学習指導要領で「君が代」を国歌と規定。九月三日、王貞治、７５６本で通算本塁打世界記録達成。五日、国民栄誉賞。
昭和五三（一九七八）年	六九歳	八月一二日、日中平和友好条約が締結され、これよって、歌謡番組における古関裕而の軍国歌謡の放送が自粛される。一一月、福島ライオンズクラブが、若山牧水の歌碑を福島市民会館前に建立。若山牧水の短歌に旋律を付けた《白鳥の歌》（藤山一郎、松田トシ・独唱）が芸術歌曲として再評価される。	七月二五日、古賀政男逝去。国民栄誉賞受賞。服部良一、勲三等瑞宝章。一二月八日、江口夜詩逝去。	三月二六日、社会民主連合結党。五月二〇日、新東京国際空港（成田）開港。七月一九日、栗栖統幕議長の緊急時における「自衛隊超法規行動」発言が問題化。八月一二日、日中平和友好条約。一一月二七日、「日米防衛協力のための指針」閣議決定。
昭和五四（一九七九）年	七〇歳	二月二八日、古関の母校福島商業が創立八〇周年の記念事業として、「福商青春歌碑」を建立され、除幕式が挙行される。古関の恩師丹治嘉市が碑に「福商青春歌由来記」を揮毫し、古関の業績を讃える。三月、福島市名誉市民となる。四月五日、名誉市民第一号の推戴式が福島市民会館で挙行。五月六日、ＮＨＫ『明るい農村』に出演。勲三等瑞宝章、レコード大賞特別賞。	三月一三日、藤浦洸逝去。前年の《勝手にシンドバット》でデビューした「サザンオールスターズ」がバラード《いとしのエリー》で人気を得る。淡谷のり子、勲四等旭冠章。	一月一三日、国公立大学共通一次試験実施。五月二日、日米首脳会談、経済摩擦首脳会議開催。六月一二日、元号法公布施行。同月二八日、第五回先進国首脳会議（東京サミット）。一二月二七日、ソ連、アフガニスタンに侵攻。

昭和五五（一九八〇）年	七一歳	日劇にて作曲生活五〇周年記念ショーを開催する。五月、古関裕而自伝『鐘よ鳴り響け』を主婦の友社より刊行。六月二〇日、赤坂プリンスホテル「古関裕而さんを祝う会」が挙行。七月、妻金子逝去。この年、古関は《川俣町民の歌》を作曲。	演歌の八代亜紀が日本歌謡大賞と日本レコード大賞の二冠を受賞する。	五月二四日、JOC、モスクワ五輪不参加を正式表明。六月一二日、大平正芳首相急死。同月二二日、衆参同日選挙。九月九日、イラン・イラク戦争勃発、二三日、イラク軍、イランに侵攻。
昭和五六（一九八一）年	七二歳	八月、丘灯至夫・作詞、古関裕而・作曲による《ふくしま盆唄》が発表される。	カラオケブームにより演歌ブームが再来する。	二月二三日、ローマ法王来日。三月一六日、第二次臨時行政調査会発足。五月一日、対米自動車輸出自主規制声明。一〇月一九日、福井謙一、ノーベル化学賞。
昭和五七（一九八二）年	七三歳	一一月、古関裕而作曲による郡山商業の青春歌記念碑が建立。	四月二九日、春の叙勲で藤山一郎、勲三等瑞宝章。一〇月二六日、灰田勝彦逝去。数々の古関メロディーを歌い上げた伊藤久男、レコード大賞特別賞を受賞。	二月八日、ホテルニュージャパン火災。四月二日、フォークランド紛争。六月二三日、東北新幹線開業。八月二四日、拘束名簿式比例代表制の参議院議員選挙法公布。一一月一五日、上越新幹線開業。
昭和五八（一九八三）年	七四歳	四月二五日、古関の終生の友であり楽友でもあった伊藤久男が歌手生活五〇周年を前に逝去。五月、月刊『信夫野』に晩年の故郷への想いを語る。健康を害し作曲活動を一時中断。	一〇月一二日、堀内敬三逝去。細川たかし、《矢切りの渡し》で日本レコード大賞二連覇の快挙を成す。	一月一七日、中曽根首相訪米、「日本列島不沈空母」発言。三月、国立歴史民俗博物館開館。
昭和五九（一九八四）年	七五歳	二月、相馬郡鹿島町立鹿島中学校校歌作曲。六月二四日、「オールスター家族対抗歌合戦」を降板する。	四月二四日、霧島昇逝去。六月一九日、松原操（ミス・コロムビア）逝去。古関メロディーを彩った歌手たちの訃報が相次ぐ。五木ひろし《長良川艶歌》で日本歌謡大賞と日本レコード大賞を獲得。殊にレコード大賞は二回目の受賞。都はるみ引退。	一月一九日、ロス疑惑、三浦事件報道。七月一日、総務庁発足。八月七日、臨時教育審議会発足。一一月一日、新紙幣発行。

昭和六〇（一九八五）年	七六歳	三月、福島市立清水中学校校歌を作曲。阪神タイガースが二一年ぶりの優勝を果たし、《六甲おろし》が大ヒットする。心不全で倒れ、入退院を繰り返す。	七月二七日、内田栄一逝去。一二月三一日、《六甲おろし》をレコードに吹込んだバリトン歌手立川清登逝去。	五月、男女雇用機会均等法成立（翌年四月施行）。八月一二日、日航機群馬県御巣鷹山中に墜落。同月一六日、科学技術万国博覧会開催。九月二二日、プラザ合意。一〇月、阪神タイガース二一年ぶり優勝。
昭和六一（一九八六）年	七七歳	三〇年間担当していたNHKラジオ『日曜名作座』を健康状態がすぐれず降りる。作曲生活に終始符を打ち引退する。	一月三一日、宮田東峰逝去。アイドル歌手の中森明菜が日本レコード大賞二連覇達成する。	四月二六日、チェルノブイリ原子力発電所大規模爆発事故。一一月一五日、伊豆三原山噴火。
昭和六二（一九八七）年	七八歳	『日曜名作座』担当三〇年の功績が讃えられ、放送文化基金個人部門賞受賞。	一二月二日、伊藤武雄逝去。ＮＨＫ紅白歌合戦にソプラノ歌手の佐藤しのぶが初出場し、久々に声楽家の出場が話題となる。	四月一日、国鉄民営化しＪＲ新会社11社発足。一二月、米ソＩＮＦ全廃条約。
昭和六三（一九八八）年	七九歳	三月、聖マリアンナ医大病院に脳梗塞で入院する。一一月一二日、福島市制八〇周年を記念して古関裕而記念館がオープン。	四月二日、菅原明朗逝去。光ＧＥＮＪＩが《パラダイス銀河》で日本レコード大賞を受賞し、これでアイドル系歌手の四連覇が達成される。	三月一三日、青函トンネル開業、四月一〇日、瀬戸大橋開通。七月六日、リクルート疑惑表面化。
平成元（一九八九）年	八〇歳	八月一八日午後九時三〇分、古関裕而逝去。	六月二四日、美空ひばり逝去。国民栄誉賞。	一月七日、昭和天皇崩御、平成と改元。四月一日、消費税実施。六月三日、天安門事件。

【著者】

菊池清麿

…きくち・きよまろ…

1960年生まれ。伝記作家、音楽メディア史研究家。明治大学政治経済学部政治学科卒業、同大学大学院政治経済学研究科政治学専攻博士前期課程修了。淑徳大学エクステンション講師。学部時代は古賀政男の明治大学マンドリン倶楽部で音楽を、橋川文三の日本政治思想史ゼミで思想史を研鑽。当初、橋川文三のゼミ（日本政治思想史）だったが、橋川死去のため後藤総一郎の第二ゼミとなる。大学院で後藤総一郎に柳田國男の思想を学び、柳田の農政学を中心に民俗学への思想研究をおこなった。日本政治思想史専攻。音楽では声楽を学び一時期、演奏家としても活動。主な著書に『藤山一郎　歌唱の精神』（春秋社）『国境の町　東海林太郎とその時代』（北方新社）『中山晋平伝 近代日本流行歌の父』（郷土出版社）『日本流行歌変遷史　歌謡曲の誕生からＪ・ポップの時代へ』（論創社）『私の青空　二村定一　ジャズ・ソングと軽喜劇黄金時代』（論創社）『評伝古関裕而　国民音楽樹立への途』（彩流社）『評伝服部良一　日本ジャズ＆ポップス史』（彩流社）『天才野球人　田部武雄』（彩流社）『評伝古賀政男　日本マンドリン＆ギター史』（彩流社）『昭和演歌の歴史　その群像と時代』（アルファベータブックス）『昭和軍歌　軍国歌謡の歴史　歌と戦争の記憶』（アルファベータブックス）等がある。

Sairyusha

［新版《しんぱん》］評伝《ひょうでん》　古関裕而《こせきゆうじ》

二〇二〇年五月十五日　初版第一刷

著者――菊池清麿

発行者――河野和憲

発行所――株式会社 彩流社
〒101-0051
東京都千代田区神田神保町3-10
電話：03-3234-5931
ファックス：03-3234-5932
E-mail：sairyusha@sairyusha.co.jp

印刷――明和印刷（株）

製本――（株）村上製本所

装丁――中山銀士＋金子暁仁

ISBN978-4-7791-2674-1 C0073

http://www.sairyusha.co.jp